세기의
스파이

| 개정판 |

The Spy of the Century

TOP SECRET

세기의 스파이

개정판

박상민 지음

좋은땅

목차

VII 세기의 스파이 두목들

_ 나치

_ 소련

_ 영국

숙명적 미지의 존재 '스파이'

첩보사諜報史에 정통한 전문가들은 첩보원의 직업적 기원에 대해 인류 역사에서 가장 오래된 직업 중 하나라고 말한다. 이 말에 전적으로 동의하지 않더라도, 고대부터 현재에 이르기까지 국가를 만들고 지탱하는 데 정치가나 무인武人 같은 겉으로 드러난 권력자 외에도 배후에서 정세를 움직인 '미지의 존재'가 있었을 것이라는 짐작은 얼마든지 가능하다.

일례로 중국 고전에는 이런 미지의 존재가 가져오는 위력을 간단하고 명쾌하게 정리해 놓은 말이 있다. 지금으로부터 약 2천 5백 년 전 쓰인 『손자병법孫子兵法』의 유명한 한 구절을 옮겨 본다. 知彼知己 百戰不殆(지피지기 백전불태)는 '상대를 알고 나를 알면 백번 싸워도 위태롭지 않다'는 말이고, 不知彼而知己 一勝一負(부지피이지기 일승일부)는 '상대를 알지 못하고 나를 알면 한 번 이기고 한 번 진다'는 뜻이며, 不知彼不知己 每戰必殆(부지피부지기 매전필태)는 '상대를 모르고 나를 모르면 싸움 마다 반드시 위태롭다'는 의미다. 우리가 일상에서 잘못 써 왔거나 원문을 응용(?)해서 써 온 '지피지기 백전백승'이라는, 매우 친숙한 예로 첩보활동을 단적으로 설명하고 중요성을 강조해 봤다.

거두절미하고 이 구절에 나오는 이른바 '알다知'라는 말이 주는 함의는 매우 강력하고 다채롭다. 동양뿐 아니라 서양에서도 이와 유사하게 '지능'을 뜻하는 인텔리전스Intelligence를 첩보의 대표적 용어로 쓰고 있는 것은 우연이 아닌 듯하다. 흥망을 가르는 전쟁에 앞서 먼저 적을 알아야 하고 그래야 지지 않는다는 것, 또 나를 안다는 것에는 스스로를 무장武裝하는 것 외에도 상대의 염탐廉探을 허용하지 않도록 방비防備한다는 의미도 담겨 있다. 이는 첩보諜報와 방첩防諜이라는 현대적 개념을 모두 포함한다는 점에서 깊고 유구한 역사성을 느낄 수 있는 대목이다.

그런데 이토록 오래전부터 이뤄져 온 행위와 그 존재에 대해 정작 우리는 아는 바가 거의 없다. 단지 그런 일이 있었고 그런 역할을 하는 사람들이 있었을 것이라고 짐작만 할 뿐이다. 인류의 역사를 전쟁의 역사라고 평가하는 사람들이 있는 만큼 그에 앞선 '염탐과 방비'는 중요한 덕목이었을 텐데도 말이다. 이렇게 중대한 역할을 수행한 그들은 왜 수 천년 동안 기억되지 못했을까? 그 이유는 우선 상대를 알기 위해서는 더없이 은밀해야 하고 절대로 드러나거나 드러내서는 안 되는 첩보가 갖는 태생적 비밀주의 때문이다. '그것을 내가, 또는 우리가 했노라'고 떠벌리는 순간 위험은 닥치고 목숨까지 위태로워진다. 여기에 더해 남의 말을 엿듣고 염탐하는 행위가 점잖지 못하며 천박한 행위로 간주돼 터부시 된 탓도 있다. 세작細作, 간자間者, 간첩間諜이라는 용어에서 풍기는 부정적 뉘앙스를 필자만 느끼는 것은 아닐 것이다. 이런저런 이유로 우리가 첩보원이라 부르는 소위 '스파이SPY'들은 지난 수세기 동안, 또한 지금도, 그리고 앞으로도 실체가 드러나지 않는 숙명적 미지의 존재일 수밖에 없다.

스파이를 통해 본 역사 다큐멘터리

그럼에도 사람들은 이런 드러나지 않은 것에 대해 더 많은 '호기심'을 갖기 마련이다. 문제는 우리의 호기심을 충족하고 사실을 정확히 알기에는 기록되고 남겨진 것이 너무 없다는 점이다. 앞서 밝혔듯 첩보의 속성이 철저한 비밀주의에 기반하기 때문에 흔적을 남기지 않기도 하거니와 그 실체를 밝히려 해도 많은 시간이 흘러 그나마 있던 흔적마저 사라지고 때로는 은폐된다. 따라서 현실에서 스파이들이 숨 쉬는 곳은 오로지 소설이나 영화, 드라마 같은 가상의 공간이며 허무맹랑하고 과장된 무용담으로 엮인 활극이 사실상 전부다. 이 분야에 관한 국내 사정은 더 척박하다. 도서의 경우만 해도 지금까지 출간된 '미지의 존재, 스파이'를 드러내는 이야기는 대부분 영국을 필두로 미국, 일본에서 발간된 저술서를 번역해 옮긴 것들이다. 이 책 역시 언론인으로 군사 분야 전문가이면서 '스파이 르포'의 대가인 어니스트 볼크먼Ernest Volkman의 저서들에 많은 영감을 받았다는 점을 밝혀 둔다.

하지만 세계적인 첩보사의 대가도 스파이들의 무용담에 많은 분량을 할애했을 뿐, 왜 그들을 조명해야 하는지에 대해서는 미흡했다. 개별 스파이를 무용담에 집착해 그들이 갖는 역사적 가치를 간과하는 것은 소설 같은 창작물과 다를 바 없다. 『세기의 스파이』가 라디오 연재 내내 역사적 사건을 언급하며 스파이를 조명하려 한 것은 이런 까닭이다. 제한된 범위 내에서 그들의 발자취에 대해 철저히 사실에 근거하고자 했고 역사적 사건과 스파이들의 상관관계를 밝히고자 많은 노력을 기울였다. 이 책은 스파이를 단지 숨어서 활동한 일개 염탐꾼이나 가상의 인물이 아니라 사건에 지대한 영향을 미친 '역사의 일부'로 바라보려 했다. '스파이를 통해 본

역사는 과연 어떤 모습일까?'라는 생소한 관점도 제시하고자 했다. 필자 입장에서 『세기의 스파이』는 스파이를 통해 본 '역사 다큐멘터리'라 말하고 싶고 독자들이 책을 덮을 때쯤 그 의미를 알게 될 것이라 믿는다.

한 권의 책으로 엮어 내기까지 직접적인 동기가 된 국방홍보원의 FM 라디오 제작진에 대한 고마움을 빼놓을 수 없다. 특히 국내 최고 안보 전문가로 프로그램을 진행하셨던 문성묵 장군께 깊은 감사의 말씀을 전하고 싶다. 오랜 기간 군에 몸담으며 남북 군사회담 대표 등 안보 최일선에서 맹활약하신 분 앞에서, 글로 배운 안보를 풀어 놓자니 긴장감도 컸지만 넓은 아량으로 대해 주신 점에 감사드린다. 또 프로그램을 제안받지 않았다면 차일피일 미뤄졌을 것이 분명한 '스파이 연재'에 동기를 부여하고 난해한 표현도 방송에 적합하게 구성해 준 한보람, 조한나 작가들께도 감사드린다.

아울러 이번 개정판은 앞서 출간한 초판에서 개별 스파이마다 반드시 주목해야할 높은 가치에도 불구하고 소홀하게 다뤘던 행적이나 활동의 배경이 된 역사적 사실, 그리고 일부 오류를 보완하고 수정하는 데 노력을 아끼지 않았다. 또한 가독률을 고려한 디자인으로 독자들이 더욱 읽기 편하고 이해하기 쉽게 꾸며 준 좋은땅 출판사 측에도 감사를 전한다.

박상민

I

순교자 스파이

01

엘리 코헨

Eli Cohen 1924~1965 -Mossad-

 엘리 코헨Eli Cohen은 이스라엘의 대외정보기관인 모사드의 첩보원으로 건국 초기 최대 적대국 중 하나인 시리아에 침투해 전설적인 활약을 펼친 것으로 유명하다. 리하르트 조르게Richard Sorge 제2화 참조, 볼프강 로츠 등과 함께 세계 첩보사史에서도 가장 위대한 스파이 중 한 명으로 꼽힌다. 본래는 군 정보기관인 아만의 해외공작원으로 파견됐다가 후반기 모사드에 영입됐다.

 이스라엘이 작은 영토와 이슬람 국가에 둘러싸인 유대 국가라는 불리한 여건에도 불구하고 지금의 풍요를 일궈 온 배경에는 코헨 같은 일선 첩보원들의 희생과 헌신이 있었다.

이스라엘의 대對시리아 침투 작전 배경

이스라엘은 1948년 독립전쟁에서는 승리했지만 건국 후에도 주변국과의 갈등은 끊이지 않았다. 이중 국경을 접한 이집트Egypt, 시리아Syria, 요르단Jordan은 호시탐탐 이스라엘에 대한 무력 점령을 노리고 있었다. 특히 이스라엘 북쪽에 있던 시리아는 골란고원Golan Heights에 비밀 벙커를 짓고 많은 수의 병력을 배치해 수시로 정착촌을 포격하는 등 위협을 가했다. 그러나 벙커는 일급기밀이었고 실체를 알 수 있는 방법이 없었다. 이스라엘이 코헨을 앞세워 침투 작전을 구상하고 실행한 데는 이 같은 골란고원을 포함한 시리아의 군사 전력 및 동향 정보가 절실했기 때문이다.

실제로 이스라엘은 적국 내부에 깊숙이 침투한 첩보원들의 헌신에 힘입어 1967년 '6일 전쟁Six-Day War 제3차 중동전쟁'에서 주변 3국을 차례로 격파했고 코헨의 영웅적 활약 덕분에 골칫거리였던 골란고원의 상당 부분을 수중에 넣는 수확을 거둔다. 하지만 그는 조국의 승리를 보지 못한 채 간첩 혐의로 시리아 방첩대에 체포돼 처형되는 비운을 맞는다.

최고의 스파이, 그는 누구인가?

엘리 코헨은 1924년 이집트 알렉산드리아Alexandria에서 태어난 시리아계 유대인이다. 아버지 샤울이 시리아 알레포 태생으로 알려져 있다. 20세 무렵인 1944년 카이로 파루크 대학을 다니던 시절 무슬림 형제단Muslim Brotherhood에 집단 괴롭힘을 당해 학교를 그만두게 됐고 이 시기부터 유대 민족주의인 '시온주의Zionism' 운동에 적극적으로 참여한다. 이후 1948년 이스라엘이 독립 선포와 함께 단행한 대규모 유대인 이주계획인 '고센 작전Operation Goshen'에 참가해 이집트에 있는 유대인들을 이주시키는 데 힘을 보태며 비밀임무에 발을 들여놓았다. 1953년까지 알리야 베트Aliyah Bet라는 특무조직이 주도한 이 작전으로 약 1만 명이 넘는 유대인이 이스라엘로 유입됐다. 이 기간 코헨의 가족도 텔바이브 근교 바트 얌Bat Yam으로 옮겨 왔으나 그는 현지에 남아 또 다른 여러 비밀 작전에 참여한다.

1954년에는 이집트에 주둔한 영국군의 철수를 막기 위해 이스라엘 국방부가 벌인 테러 작전에 가담했다. 당시 국방부 장관이면서 배후 총책으로 알려진 핀하스 라본Pinhas Lavon의 이름을 따서 소위 '라본 사건Lavon affair, Operation Susannah'으로 알려진 이 테러 작전은 이집트 내 영국과 미국 등 서방 주요시설에서 폭발이 일어나 영국이 수에즈Suez 일대 주둔군을 그대로 유지하도록 하기 위한 특단의 행동이었다. 작전을 맡은 군 정보기관 아만Aman은 현지 유대인들을 시켜 폭발을 일으키고 이를 서방에 반대하는 이집트인들의 소행으로 꾸밀 계획이었다.

그러나 작전이 실행되고 얼마 지나지 않아 전모가 밝혀지면서 이스라엘 출신 주동자 2명이 사형당하고 여러 명이 무기징역 등 실형을 선고받는다. 이때 코헨도 이집트 방첩대에 체포됐지만 테러 조직과의 관련성이 입증되지 않아 증거 불충분으로 풀려났다. 그는 이후에도 삼엄한 감시 속에서 비밀임무를 수행하던 중 수에즈 전쟁Suez Crisis(제2차 중동전쟁) 직후 이집트 정부의 유대인 탄압이 한층 강화되면서 1956년 12월 추방됐다. 이렇게 이스라엘 생활을 시작한 코헨은 몇 년 뒤 해외공작원Katsa으로 선발된다.

그런데 코헨의 초기 이주 생활과 소속에 대해서는 전문가들마다 다소의 이견이 있다. 일설에 따르면 그는 귀국 직후인 1957년부터 아만의 방첩부에서 분석관으로 일하다가 적성에 맞지 않아 사직하고 보험회사 등에서 일했다. 더욱 코헨은 이 기간 모사드로 옮기기 위해 지원했으나 탈락했다는 말이 있다. 반면 『20세기 첩보전의 역사Espionage』를 쓴 어니스트 볼크먼Ernest Volkman은 코헨이 "1952년 모사드에 선발돼 첩보원 훈련과정을 거친 후 이집트에 다시 투입됐다"면서 줄곧 모사드 소속이었다고 주장했다. 이와 관련해서는 모사드를 집중적으로 연구한 미카엘 바르조하르Michael Bar zohar와 니심 미샬Nissim Mishal이 펴낸 『모사드Mossad』를 참고해 볼 필요가 있다. 이들은 "코헨이 (이주 초기) 일반 회사에서 회계사 등 평범한 직장인으로 지냈던 적이 있다"며 "1950년대 후반 시리아에서 활동할 공작원을 찾던 '아만'이 시리아계인 코헨을 영입했다"는 조사결과를 내놨다.

실제 1950년대 후반 이스라엘은 요르단강Jordan River 지류를 네게브Negev 사막으로 끌어들이는 관개사업灌漑事業에 들어가는데 시리아가 강 상류를 막아 계획을 방해하려 했다.—이는 강의 흐름을 바꿔 이스라엘을 고립시키려 주변 아랍국이 추진한 이른바 '대對이스라엘 수로계획' 중 핵심 사업이다.— 그렇지 않아도 시리아는 골란고원에 많은 비밀 벙커를 짓고 다수의 병력을 배치해 유대인 정착촌을 포격하는가 하면 때로는 무장병력을 침투시켜 정착민들을 공격하는 등 주변 적대국 가운데서도 가장 직접적이고 위협적인 행동을 보이고 있었다. 이에 아만은 다마스쿠스Damascus에 침투해 시리아를 전방위로 정탐할 공작원을 찾던 중 비밀임무 경험이 풍부한 코헨을 영입했다는 설이 정설로 굳어지고 있다.

코헨의 농락, 다 털린 시리아

이처럼 코헨이 첩보계에 공식적으로 첫 발을 내디딘 과정에 대해서는 전문가들마다 조금씩 다른 견해에도 불구하고, 그가 1960년 시리아를 겨냥한 해외공작원으로 선발됐다는 것에는 이견이 없다. 그는 이로부터 약 6개월에서 1년여의 훈련을 거쳐 1961년 2월 이름을 '카멜 아민 타베트Kamel Amin Thaabet'로 바꾸고 성공한 시리아인 사업가로 위장해 첫 번째 공작지인 아르헨티나로 떠나게 된다. 그의 첫 해외공작지로 아르헨티나가 꼽힌 이유는 시리아 침투를 보다 용이하게 하기 위해서였다. 이는 본국 공략에 앞선 일종의 '사전 정지작업整地作業'으로 당시 그곳에는 시리아, 레바논, 팔레스타인 이민자로 구성된 아랍 공동체가 있었다. 무엇보다 본국에서 온 바트당Syrian Ba'ath Party의 주요 인물들이 대거 모여 있었다.

코헨은 부에노스아이레스Buenos Aires에 도착한 직후 '성공한 사업가'답게 막대한 자금력을 앞세워 시리아 거주민 공동체를 직접 건설하며 인맥을 넓혀 나갔고 시리아계 잡지 『아랍월드The Arab World』의 편집장인 압델 라티프 하산이라는 인물을 포섭하는 데도 성공했다. 특히 7월에는 하산의 소개로 시리아 대사관 무관이던 아민 알 하피즈Amin al Hafiz 장군을 만나면서 그의 첩보 활동은 커다란 전기를 맞는다. 하피즈는 훗날 바트당이 일으킨 쿠데타를 통해 국방부 장관을 거쳐 총리와 대통령으로 시리아 최고 권좌에 오르는 인물이다. 코헨은 자금력과 사교성을 바탕으로 하피즈와 두터운 친분을 쌓아 갔고 그즈음부터 본격적인 시리아 침투 계획을 세운다. 그는 정부 및 군부軍部 고위 관계자들에게 "오랜 해외 생활에 싫증을 느껴 시리아로 귀국하겠다"며 소개장을 받아 냈다. 그러고는 곧바로 이스라엘로 돌아와 시리아의 정치상황과 주요인물을 재차 숙지하는 등 침투 준비에 만전을 기한다. 이것이 그에게는 두 번째 해외공작이지만 사실상 궁극적인 계획이었다.

1962년 1월 준비를 마친 코헨은 이탈리아 제노바를 출발해 레바논 베이루트를 거쳐 시리아 다마스쿠스에 들어갔고 정관계, 군부에 대한 방대한 지식과 아르헨티나에서 쌓은 교분을 바탕으로 권력 핵심부에 접근한다. 그는 이미 아르헨티나에서부터 가구 사업을 벌여 거부巨富가 된 것으로 시리아 고위층에 알려져 있었으며 이를 통해 정관계 및 군부 요인들과 그 부인들에게 귀금속, 모피 코트 등 사치품으로 환심을 사면서 신뢰를 얻어 나갔다. 또 시시각각 변화하는 정치상황에도 관심을 기울여 바트당에 많은 기부금을 내놓으며 정당 지도자들과도 끈끈한 유대관계를 형성했다. 이 가운데에는 아르헨티나에서부터 친분을 맺어 온 하피즈 장군도 있었는데 이러한 코헨의 노력은 얼마 지나지 않아 커다란 결실로 이어진다.

1963년 3월 바트당 내 군부 세력이 기존 관료 정권를 몰아내고 쿠데타 1963 Syrian coup d'état를 일으켜 하피즈 장군이 국방부 장관에 오른다. 이어 그는 7월에 또 한 번의 쿠데타를 통해 혁명평의회RC 의장에 오르며 사실상 시리아의 최고 권력을 장악했다.—코헨의 소속이 아만에서 모사드로 바뀐 것도 이 시기로 추정되며 당시 이집트에서 활약 중이던 모사드의 또 한 명의 전설적인 스파이 볼프강 로츠Wolfgang Lotz(제22화 참조) 역시 이때 같은 소속 변화를 겪는다.—

한편 시리아 정치지형의 급변에 따라 호재를 만난 코헨은 신분 위장과 교분을 더욱 돈독히 하기 위해 정부 각료를 비롯한 군부 실세들을 초청해 환락의 비밀파티를 열고 장소를 제공하는 등 한층 적극적인 활동을 벌였다. 이에 더해 이들과의 환담에서 이스라엘에 대한 이야기가 나올 때면

의도적이고 노골적으로 "이스라엘은 아랍의 가장 지독한 적이다"라고 목소리를 높였고 "반反이스라엘 활동을 더 강화해야 한다"고 역설했다. 코헨이 그럴 때마다 군 관계자들은 "이스라엘과 싸울 준비가 돼 있다"며 군 작전과 신무기 정보 등에 대해 가감 없이 알려줬다. 이렇게 해서 나온 군사 정보를 비롯한 고급 정보들은 고스란히 이스라엘로 보내진다.

이때 코헨의 첩보력이 얼마나 정교했는지는 본국에 전달된 보고서들을 보면 알 수 있다. 보고서에 따르면 그는 고위 장교들의 이름과 역할은 물론이고 극비 군사 명령 및 방어 시설에 대한 도면을 입수했고 근래 들여온 신무기와 운용 능력 그리고 공군 조종사의 명단에서 숙련도까지 세세하게 파악하고 있었다. 이와 관련해 당시 시리아군 고위직에 있던 한 인물은 후에 "코헨이 모르는 군사 기밀은 없었다"고 말했을 정도다. 아울러 코헨은 하피즈의 절대적 신뢰를 등에 업고 바트당 국방위원에 위촉됐으며 국방부 차관급으로 예우받을 만큼 권력의 중심으로 파고들었다.

적국에는 치욕을, 조국에는 영광을

이렇게 코헨은 활동기간 시리아의 권력 핵심부를 농락하며 '적국에는 치욕을, 조국에는 영광을' 각각 안긴다. 이스라엘 입장에서 이 기간 그가 남긴 발자취는 가히 천금보다 소중한 것들이 많다. 그중에서도 특별히 코헨의 공헌을 꼽자면 먼저 요르단강의 흐름을 바꿔 이스라엘을 곤경에 빠뜨리려던 '시리아(아랍)의 음모'를 저지했다는 점이다.

1964년 말 이스라엘 북부지역인 텔단Tel Dan에서 시리아 무장병력이 비무장이던 이스라엘 농민들을 공격한다. 이듬해 초까지 약 세 차례에 걸쳐 이어진 이 공격은 그간 시리아가 골란고원에 배치한 군대로 인근 정착민들을 위협했던 것과 같은 맥락의 행동이었다. 그러나 이스라엘의 대응은 이전과 크게 달랐다. 마치 '기다렸다'는 듯 전차와 기관포 같은 중화기重火器가 등장해 시리아군의 진지를 파괴했고 주력기인 미라주Mirage Ⅲ 전투기까지 동원해 파상적인 공세를 펼쳤다. 또한 이들은 일대 진지를 파괴하는 것에 그치지 않고 시리아가 요르단강의 흐름을 바꾸려 건설해 놓은 수로와 장비 일체를 파괴했다. 이 공격으로 시리아의 음모, 나아가 아랍국이 세운 '대對 이스라엘 수로계획'은 완전히 무력화된다.

반면 시리아군은 당시로는 최신예 전투기인 미그MiG 21기를 보유하고도 공격을 막아 내지 못했는데 이유는 공군 조종사들이 미그기에 숙련돼 있지 않았기 때문이다. 이 교전과 관련해 훗날 시리아 고위 장교 중 한 명은 "(비무장 농민들에 대한) 공격을 계획한 인물 중 한 명이 코헨이다"라고 밝혔다. 이런 증언과 정황을 종합하면 코헨이 조종사들의 숙련도를 파악해 전투에 나설 수 없다는 사실을 알고 시리아군을 '섣불리' 움직이도록 부추겨 이스라엘에 반격 기회를 준 것이라는 해석이 가능하다. 그의 침투와 위장이 얼마나 성공적이었는지 짐작할 수 있는 대목이다.

이와 함께 이스라엘에는 골칫거리였던 골란고원의 시리아군 주둔 현황을 속속들이 파악한 것도 그의 공헌 중 하나다. 코헨은 시리아에 침투한 직후 권력 핵심부를 집중 공략했고 이 중 군부는 '궁극의 타깃'이었다. 군부의 주요 인물들 역시 코헨의 명성이 높아 갈수록 그와 친분을 맺기 위해 안간힘을 썼다. 이 과정에서 코헨은 시리아군 참모총장의 인척 등을 통해 골란고원을 포함한 남쪽 국경지대 군사시설을 여러 차례 방문할 수 있었다. 이 시찰에서 그는 그간 동족들을 괴롭혀 온 비밀 벙커의 위치와 내부 시설 및 전차, 야포 등의 주둔 상황을 면밀히 파악했다. 특히 당시 이스라엘은 시리아가 골란고원에 1개 방어선만을 구축한 것으로 알고 있

골란고원 방문 코헨(중앙)은 이곳의 비밀벙커 위치와 주둔상황을 면밀히 파악해 이스라엘에 전했다. 이 정보들은 1967년 벌어진 '6일 전쟁'에서 시리아를 격파하는 데 결정적 요인이 된다.

었으나 코헨이 직접 방문해 확인한 결과 실은 '3중重 방어선'을 구축하고 있다는 사실을 알게 된다.

여기에 더해 그는 기지機智를 발휘해 비밀리에 설치한 벙커마다 그늘을 겸한 위장용으로 유칼립투스Eucalyptus 나무 심기를 제안하고 실행시켰는데 이 아이디어는 '6일 전쟁' 중 이스라엘군이 나무를 표식으로 시리아군 벙커를 격파하는 중요한 역할을 했다. 이에 힘입어 이스라엘은 현재까지 골란고원의 약 3분의 2에 해당하는 영토를 점령하고 있다.

하지만 제아무리 적국의 권력자들을 농락한 최고의 스파이라 해도 가족에 대한 그리움과 이중생활에서 오는 긴장감, 상부의 방대한 정보 요구량에 대해서는 극도의 피로감을 갖지 않을 수 없었다. 그는 시리아 공작기간 3차례에 걸쳐 이스라엘을 비밀리에 다녀갔으며, 1964년 11월 셋째

아이 샤울Shaul의 출산을 보기 위해 방문했을 때는 이런 어려움을 직접 토로했을 정도로 지쳐 있었다. 당시 코헨은 시리아 복귀를 '거부'하고 본국에 남겠다는 의사를 분명히 했으나 모사드가 불허하면서 이것이 그에게는 생애 마지막 가족 상봉이자 모국 방문이 되고 만다.

탄로 난 정체, 종착지로 향하는 침투 작전

1965년 들어서서도 시리아에서 코헨의 입지는 탄탄한 듯 보였다. 그렇지만 예기치 않은 돌발 변수가 도출되면서 위기가 닥친다. 그해 1월 시리아 방첩대가 다마스쿠스 주재 외국 공관에서 의문의 전파로 인한 통신장애 신고를 받았다. 인도 대사관이 몇 개월 전부터 뉴델리로 보내는 무전에 방해전파가 잡힌다고 불만스럽게 신고한 것이 화근이었다. 그러나 이때 시리아 기술과 장비로는 이 전파의 정체를 찾아낼 수 없었다. 이에 시리아는 소련 군사고문단에 지원을 요청한다. 여기서 나선 것이 소련의 군정보기관인 연방군 정보총국GRU이다. 하지만 탐지 차량까지 동원해 수색에 나선 GRU도 처음에는 발신 시간이 짧아 구체적인 발신처를 밝히는 데는 실패했다. 이윽고 방첩대와 GRU는 예상 발신처 주변을 암흑 상태로 만들어 전파의 정확한 위치를 찾아냈다. 코헨은 암흑 상태에서도 배터리를 이용해 교신을 이어 갔고 그러던 중 송신지점이 발각되면서 체포된다. 방첩대는 그에게서 무전기, 필름, 암호가 적힌 메모 등 증거물도 압수해 스파이 혐의를 입증했다.

코헨의 발각과 관련해서는 시리아 고위층의 두터운 신뢰에도 의심을 거두지 않았던 비밀정보국의 '그림자 추적'도 한몫했다. 당시 정보국 수장이던 아흐메드 수에다니Ahmed Su'edani 대령은 본래 아무도 믿지 않는 성격인데다 그간 이스라엘의 군사 동향을 면밀히 따져 본 결과 여러 미심쩍은 부분을 포착한다. 이에 고위층에 스파이가 있을 것으로 확신하고 비밀리에 뒷조사를 벌였다. 이 조사 대상에는 코헨도 포함돼 있었으며 이러한 정보국의 움직임을 그 역시 직감한 것으로 보인다. 코헨이 이스라엘을 마지막으로 방문했을 때 모사드에 시리아 복귀를 거부한 것도 이런 위기를 감지했기 때문이라는 견해가 많다.

코헨의 체포 소식이 전해지자 시리아는 삽시간에 충격에 빠진다. 즉각적으로 계엄령이 선포돼 그와 관계를 맺었던 60여 명이 체포됐고 약 4백여 명이 소환 조사를 받는 등 엄청난 파장이 일었다. 아르헨티나에서부터 교분을 쌓아 온 하피즈는 충격과 배신감에 치를 떨며 그를 직접 심문하고 조사에서 드러난 협조자들을 색출해 투옥시켰다. 코헨에게도 극심한 고문을 가해 범행 일부를 자백 받았으며 비공개 군사재판을 열어 사형을 선고했다. 훗날 하피즈는 심문 과정에 대해 "코헨에게 코란Koran을 암송해 보라고 했으나 몇 구절도 제대로 말하지 못했다. 그 순간 유대인임을 알았다"고 밝혔다. 하피즈는 코헨과의 친분에 대해서는 "전혀 친하지 않았다"고 극구 부인했다.

사태가 심각한 국면으로 치닫자 이스라엘은 구명 활동에 나선다. 프랑스에 협조를 요청해 사형 집행을 막으려 했고 교황청과 국제인권단체 등에도 탄원서를 보내 시리아를 압박했다. 심지어 당시 외무부 장관이었던 골다 메이어Golda Meir는 시리아의 우방인 소련에까지 협조를 요청했다. 뿐만 아니라 수백만 달러 상당의 물품 공급 등 금전적 보상 및 이스라엘에 체포된 11명의 간첩 혐의자와 맞교환까지 제안했으나 모두 묵살된다.

이처럼 이스라엘의 외교적 노력에도 코헨 처리에 대한 시리아의 입장이 완강했던 데에는 그가 다량의 고급 국가, 군사 기밀을 알고 있었다는 점이 가장 큰 이유다. 이에 더해 고위층 요인들에게 환락을 제공한 것이 코헨이니 그들의 은밀한 사생활까지 모두 파악하고 있었다. 한마디로 시리아에게 코헨은 너무 많은 것을 알고 있는 극도의 '위험인물'이었던 것이다. 또 시리아의 정치 상황도 코헨에게는 불리하게 작용했다. 하피즈의 정적들이 이 사건을 문제 삼아 공세모드를 취했기 때문이다. 결국 이스라엘의 모든 제안은 거부됐고 코헨은 1965년 5월 18일 다마스쿠스 중심가 마르제 광장Marjeh Square에서 공개 교수형에 처해진다. 시리아 방송과 신문은 이를 여과 없이 내보내 스파이의 최후를 앞다퉈 전했으며 교수형이 집행되고 6시간이 지나도록 시신을 광장 한복판에 그대로 방치해 구경거리로 삼았다.

반면 이스라엘에는 무거운 침묵이 깔렸고 가족들에게는 위로가 이어졌다. 영웅적 행위에 대한 치하로 거리와 학교 등에 그의 이름이 헌사 됐으며 그를 추모하거나 소개하는 신문기사와 책자가 발간됐다. 얼마 뒤 이스라엘은 코헨의 시신이라도 돌려 달라고 요구했으나 이것 역시 묵살됐다. 41세라는 짧은 생을 비극적으로 마감한 코헨의 유해遺骸에 대해서도 시리아는 함구했다. 그렇지만 그의 비극적 죽음에도 불구하고 이스라엘은 이미 시리아의 거의 모든 기밀을 보유하고 있었고 이 정보들은 1967년 6월 벌어진 '6일 전쟁'에서 시리아를 굴복시키는 견인차가 된다. 코헨은 죽음 직전 가족에게 남긴 편지에서 "지나간 일에 눈물 흘리며 시간을 보내지 말라. 더 나은 미래를 기대하며 스스로에게 집중하길 원한다"는 말을 남겼다.

02

리하르트 조르게

Richard Sorge 1895~1944 -GRU-

리하르트 조르게Richard Sorge는 소련Soviet Union(현 러시아)의 군 정보기관인 연방군 정보총국GRU 소속 첩보원으로, 제2차 세계대전 기간 일본에서 활약하며 독일의 침공으로 패망에 직면한 소련에 결정적 첩보를 제공해 위기에서 구해낸 인물이다. 이에 소련에서는 그를 영웅이라 칭송하며 '위대한 스파이'로 기렸고 이런 존경심은 현재의 러시아로 이어졌다.

정황은 조금 다르지만 모사드의 순교자 엘리 코헨Eli Cohen의 경우처럼 당대 최고의 스파이면서도 적국에 체포돼 처형되는 비극적 운명을 맞았다.

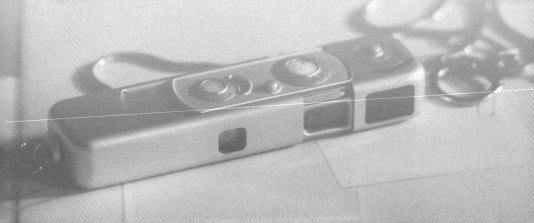

GRU의 대對일본 침투 작전 배경

리하르트 조르게는 중국과 일본을 주요 무대로 활약한 첩보원으로 특히 일본에서 활동하던 시기를 전후해 유럽과 아시아의 정세는 급박했다. 유럽에서는 아돌프 히틀러Adolf Hitler를 위시한 나치가 약진해 주변국을 긴장시켰고 아시아에서는 군국주의 일본이 만주사변滿洲事變에서 승리하며 소련과 국경에서 대치했다. 소련의 관심은 상당 부분 독일 등 유럽에 있었으나 나치의 저인망식 탄압으로 활동이 자유롭지 못했다. 이 시기 GRU는 독일과 일본이 화친을 통해 동서를 양분한 점을 이용해 일본에서 독일의 동태를 살피는 것이 수월하다는 판단을 내린다. 아울러 일본의 정치, 군사적 움직임도 요주의 대상이었다.

당시 독일과 일본, 소련은 각각 불가침 협정을 맺으며 나름대로 균형을 확보하고 있었다. 그러나 독일이 1941년 6월 전격적으로 소련을 침공하면서 이 균형은 순식간에 깨지고 만다. 독일과 일본의 협공 위기에 직면한 소련은 동아시아 전선에서 일본의 침공 여부에 따라 존망의 기로에 선다. 이때 조르게는 '일본이 소련을 공격하지 않고 남하할 것'이라는 결정적 첩보를 타전하며 승리의 견인차가 된다. 이런 공헌에도 불구하고 얼마 뒤 그는 악명을 떨치던 일본의 방첩대에 걸려들어 체포됐고 1944년 처형돼 생을 마감했다.

위대한 스파이, 그는 누구인가?

남의 말을 염탐하고 상대의 필살기必殺技를 은밀히 빼돌리는 첩보원은 직업 성격상 태생에서 죽음에 이르기까지의 일생이 불분명한 경우가 많다. 이에 비해 리하르트 조르게의 이력은 이례적으로 대단히 상세하게 알려져 있다. 이는 소련 시절 '영웅' 칭호를 받아 국가적 위인으로 추앙받은 때문으로 보인다.

1895년 러시아제국 시절 카프카스Caucasus 이남 바쿠Baku(현 아제르바이잔 수도) 태생인 조르게는 이름에서 알 수 있듯 독일의 피가 흐르는데 독일인 아버지와 러시아인 어머니 사이에서 태어났다. 아버지의 숙부인 프리드리히 조르게Friedrich Sorge는 칼 마르크스Karl Marx의 비서였으며 헤이그 대회 이후에는 인터내셔널 뉴욕본부 서기장을 지냈다. 반면 인척의 이런 이력과 달리 그는 아버지의 영향으로 어려서부터 '제국주의자'에 가까운 극우적 세계관을 갖고 성장한 것으로 알려졌다. 조르게는 3세가 되던 때 독일로 이주해 청년기를 맞는다. 당시 그는 독일제국에 대한 사랑이 남달랐던 청년으로 1914년 제1차 세계대전이 발발하자 종군, 참전해 빼어난 활약으로 훈장을 받았을 정도로 용맹했다.

그러나 1916년 서부전선에서 포탄에 심한 부상을 당하고 병원에 입원해 있는 동안 운명적 변화가 찾아온다. 이 시절 사귄 간호사를 통해 공산주의 이론에 영향을 받아 좌파적 세계관을 갖기 시작했고 이어진 러시아혁명Bolshevik Revolution에 커다란 충격을 받는다. 이에 종전 직후 베를린, 킬 대학을 거쳐 함부르크 대학에서 정치학 박사 학위를 받는 등 충실히 이론적 체계를 쌓아 갔다.

그러던 1919년 독일 공산당KPD이 결성되자 함부르크 지부에 가입해 본격적인 공산주의자의 길을 걷기 시작했으며 얼마 후 활동 무대를 프랑크푸르트로 옮겨 서구 마르크스주의 연구의 거점이 되는 '사회과학 연구원IFS' 창립을 도왔다. 이어 1924년 4월 프랑크푸르트에서 열린 제9차 독일 공산당 대회에서 요인들에 대한 경호와 의전을 맡아 소련에서 파견된

오시프 피아트니츠스키Osip Piatnitsky, 오토 쿠시넨Otto Kuusinen 등 코민테른 간부들과 친분을 맺는다. 대회가 끝난 뒤 이들은 조르게에게 모스크바 코민테른 본부에 합류할 것을 권유했다. 이렇게 해서 그해 12월, 모스크바를 찾은 그는 코민테른 국제연락부에 배속돼 활동을 시작한다. 특히 이때 이 조직은 소련 최초의 공안정보기관 체카CHEKA의 후신인 합동국가정치국OGPU을 도와 정보수집 임무도 겸하던 곳이었다.

다만 이 기간 조르게는 첩보 활동보다는 덴마크, 노르웨이, 스웨덴, 중국 등을 두루 방문해 사정을 살피고 관련 내용을 볼셰비키 기관지나 잡지에 기고하는 언론인의 역할을 주로 했으며 일부 국가에서는 공산당 조직을 심는 일도 했다. 한동안은 미국 할리우드에 머물면서 조직망 구축을 도왔다는 말도 있다.

이에 힘입어 1929년 무렵 조르게는 특히 어학 분야에서 발군의 실력을 보이고 있었는데 독일어와 영어는 물론 불어, 러시아어, 중국어, 일본어 등에 능통했다. 더욱 그동안 기고와 조직망 구축을 위해 각국을 방문해 온 덕에 정치, 군사적 변화 등 정세에도 해박한 식견을 갖고 있었다. 이런 실력과 경험은 정보당국에 어렵지 않게 포착됐고, 줄곧 그를 눈여겨본 연방군 정보총국GRU의 수장 얀 베르친Yan Berzin에 의해 해외공작원으로 영입되면서 비로소 첩보계에 발을 들여놓는다. 초기 조르게는 언론인으로 위장해 영국과 독일에서 활동하며 점차 단순한 공산주의자에서 첩보원으로 변신해 갔다. 이렇게 탁월한 어학 능력과 식견에 첩보계 경험까지 쌓아 가던 조르게에게 1930년 중대한 임무가 맡겨진다. GRU가 그에게 "중국 상해上海에 침투해 첩보망을 구축하고 동아시아의 동향을 파악하라"고 명령한다. 소련이 자랑했던 '위대한 스파이 조르게'의 전설적 활약이 대부분 중국과 일본에서 쓰인 만큼 이 변화는 사실상 전설의 시작인 셈이다.

GRU의 명령에 따라 그는 프랑크푸르트 자이퉁Frankfurter Zeitung 특파원이라는 위장 신분으로 상해에 들어갔고 여기서 중국 공산당과 모택동毛沢東을 취재하던 미국 출신의 좌파 언론인 아그네스 스메들리Agnes Smedley와 일본 아사히신문 기자로 활동하던 공산주의자 오자키 호즈미尾崎秀実 등을 만나 정보를 교류했다. 또 이 과정에서 독일 출신으로 공산주의 지하 활동을 벌여 온 루스 쿠친스키Ruth Kuczynski(제16화 참조)를 영입하면서 중국 내 첩보망은 한층 광범위하고 탄탄해진다. 이때 조르게에 의해 발탁된 쿠친스키는 훗날 '스탈린의 최고 여성 스파이'라는 찬사를 받으며 동구권 여성 스파이의 대명사로 성장하는 인물이다.

중국에서 조르게는 독일 신문 특파원이라는 이점을 활용해 당시 국민당군軍 총사령관이던 장개석蔣介石을 포함, 그를 지원하려 파견돼 있던 독일 군사고문단장 한스 폰 젝트Hans von Seeckt 등 요인들에게 접근한 후 다량의 기밀정보를 빼냈다. 이 중에는 극비 군사동향도 많았는데 특히 국민당군의 움직임을 파악해 모택동의 공산 혁명군이 이들의 비행기를 파괴하거나 무기를 탈취하도록 도왔다. 또한 독일이 중국과 우호관계를 끊고 일본과 동맹을 추진할 것이라는 첩보도 입수해 모스크바로 보냈다.—이런 움직임은 몇 년 뒤 독일과 일본이 국제 공산주의에 대응한다는 명분으로 맺게 되는 '방공협정防共協定'으로 구체화된다.— 그 사이 1931년 일본이 만주사변을 시작으로 이듬해에는 제1차 상해사변을 일으켜 만주국이라는 괴뢰정권을 수립하면서 동아시아 정세가 크게 요동친다. 같은 시기 독일에서는 히틀러가 이끄는 나치당NSDAP이 약진해 정치권력을 장악하며 유럽을 긴장시켰다. 이때부터 GRU는 조르게를 도쿄東京로 보내 독일과 일본에 대한 감시를 강화할 필요가 있다는 판단을 내린다.

일본에서 독일을 염탐하다

당시 소련 최고 권력자인 이오시프 스탈린Joseph Stalin의 최대 관심사는 나치가 장악한 독일의 동향이었다. 그럼에도 GRU가 최고의 스파이로 두각을 나타내고 있던 조르게를 일본으로 보낸 이유는 두 가지다. 먼저 중국에서 얻은 독일과 일본의 동맹 움직임에 대한 첩보를 도쿄 정보원들이 모두 놓치는 바람에 그에 따른 문책으로 이들을 숙청했다. 이것은 자연히 정보 공백사태를 불러왔고 일본에 새로운 첩보망을 구축해야 하는 필요성이 제기된다. 두 번째는 독일과 일본의 관계가 친밀해진 만큼 감시가 삼엄한 독일보다 일본에서 양국의 계획을 엿듣는 편이 수월하다고 판단했다. 독일에서는 나치가 약진한 이후 SS보안대SD 등을 앞세운 친위대가 맹위를 떨치고 있어 첩보 활동이 쉽지 않았다. 이에 더해 조르게가 중국과 일본 등 아시아에 대한 문화적 이해가 풍부하고 식견이 넓다는 점도 주요한 발탁 이유가 됐다. 그는 이미 중국에서 상당한 수준의 첩보망을 구축하고 작전을 벌여 온 예가 있다. 따라서 조르게는 이 시기 일본에 파견될 수밖에 없는 최적의 조건을 갖추고 있었다.

한편 GRU가 조르게를 일본에 파견하기에 앞서 선행한 것이 있다. 바로 일본 내 첩보망 구축과 운영 전반의 결정권을 모두 조르게에게 일임했다는 점이다. 이는 독일 못지않은 통제국가였던 소련의 입장에서는 대단히 파격적인 조치로 그 정도로 그를 신뢰했다고 볼 수 있다.

이렇게 GRU의 결정이 내려지고 조르게는 중대한 두 가지 일을 처리한다. 하나는 기초적인 조직체계를 구축하는 것으로 붉은 군대 장교이면서 무선전신 전문가인 막스 클라우센Max Clausen과 GRU 소속 브랑코 보우켈리히Branko Vukelic를 차출한다. 이 중 보우켈리히는 크로아티아 혈통

위대한 스파이 리하르트 조르게 활동기 모습. 사진=BArch

의 유고슬라비아인으로 조르게와 마찬가지로 얀 베르친에 의해 GRU에 영입된 인물이다. 그는 언론인으로 위장하고 조르게에 앞서 일본에 침투해 활동 중이었다. 아울러 중국 첩보망의 일원이었던 일본인 공산주의자 오자키 호즈미와 진보적 인물 미야기 요토쿠宮城与徳도 끌어들여 첩보팀을 구성한다. 또 하나 신분 세탁을 겸한 위장 잠입은 숙제였다. 조르게는 팀을 구성한 직후 곧장 독일 베를린Berlin으로 날아갔고 여기서 나치 선정성 관료들의 눈에 들어 독일 신문들이 합동으로 파견하는 일본 주재 특파원을 따낸다. 뿐만 아니라 당시 선전성 장관으로 '히틀러의 입'을 자처하던 요제프 괴벨스Joseph Goebbels는 조르게가 베를린을 떠날 때 작별인사로 저녁 식사를 함께했을 정도로 친분이 두터웠다.

하지만 조르게가 어떻게 삼엄한 나치 관료들과 이토록 두터운 친분을 쌓았으며 나치 관료들이 그의 과거 공산주의 전력을 어째서 놓쳤는지는 의문으로 남아 있다. 이에 대해서는 첩보사 최고 전문가인 어니스트 볼크 먼도 "알 수 없다"고만 밝혀 여전히 베일에 싸여 있다.

인력 차출과 신분 위장을 마친 조르게와 첩보팀은 1933년 8월 미국 뉴욕New York을 경유해 9월 요코하마로 일본에 잠입한다. 이때부터 그는

'세기의 스파이'가 될 준비를 착실히 쌓아 갔다. 그 첫 단계로 언론인 신분을 이용해 독일 대사관의 무관인 유진 오트Eugen Ott 대령에게 접근하는 데 성공한다. 오트 대령이 일본어를 못하는 데다 일본 사정에도 밝지 않다는 점을 이용해 일본 사정을 전해 주는 대신 독일 상부의 내부 동향을 들을 수 있었다. 이와 함께 그는 세포망을 확대해 조직을 점차 늘려 갔고 일본 정부의 대외정책에 대해서는 사소한 것까지 모두 수집했다.

이런 가운데 1936년 일본 육군의 청년장교 1천 483명이 '천황 중심의 친정親政체제'를 요구하며 반란를 일으키는 2.26 사건이 일어난다. 조르게는 이 사건을 향후 일본의 대외정책을 가늠할 수 있는 중대한 분수령으로 보고 관심을 기울였다. 그 결과 이 사건 이후 일본은 파시즘에 기반한 군국주의를 한층 가속화시킨다. 이는 '일본이 앞으로도 전쟁을 통한 팽창을 계속할 것'이라는 분석을 낳기에 충분했고 만주국 건국으로 일본과 국경을 접한 소련에는 위협이었다. 이에 더해 같은 해 11월 일본이 독일과 방공협정을 체결하며 사실상 소련을 압박하면서 우려는 한층 커진다. 단 일본이 독일과 힘을 합쳐 소련을 공격할지 그렇지 않으면 자원이 풍부한 남반구로 군대를 돌릴지에 대해서는 치열한 논쟁이 이어지고 있었다.

조르게는 이러한 급박한 정세 변화를 하나도 빠짐없이 포착해 장문의 분석 보고서로 만들어 GRU에 보냈으며 오트 대령에게도 전달해 신뢰를 얻었다. 이에 힘입어 조르게는 독일 대사관의 또 다른 무관은 물론 게슈타포 장교인 요제프 마이징거Josef Meisinger와도 허물없이 지내는 사이가 된다. 이어 그는 1938년 오트 대령이 주일 대사로 임명되면서 대사관 정보관에 올라 이곳을 드나드는 모든 공문서를 자유롭게 볼 수 있을 정도로 입지를 굳힌다. 아울러 조르게는 오자키 호즈미, 브랑코 보우켈리히 등을 정계 및 군부 깊숙이 침투시켜 일본의 정치, 군사 동향도 세세하게 파악하도록 했다. 이는 본래 GRU가 조르게를 일본으로 보내 양국 모두의 움직임을 파악하겠다는 목적을 고스란히 실현시킨 것으로, 이 같은 일거양득─擧兩得은 1940년 9월 독일 · 일본 · 이탈리아가 3국 군사동맹Tripartite Pact을 맺은 이후 절정의 빛을 발하게 된다.

역사를 바꾼 타전… "일본은 남하한다"

실제 3국이 동맹을 맺고 얼마 지나지 않아 조르게는 오트에게서 충격적인 말을 듣는다. 그것은 본국의 지휘부가 소련을 침공하기로 내부 방침을 정했다는 것이다. 조르게는 서둘러 이 사실을 모스크바로 타전해 대비책을 강구토록 독려했다. 그러나 스탈린은 이 첩보를 과소평가해 주목하지 않고 그대로 흘려버리는 실수를 범한다. 결국 조르게의 첩보는 1941년 6월 22일 나치가 감행한 '바바로사 작전Operation Barbarossa'으로 현실이 됐고 독일은 소련의 붉은 군대를 연파하며 모스크바 턱밑까지 진격했다. 이것만으로도 스탈린은 커다란 위기에 빠졌지만 문제가 하나 더 있었다. 동아시아에서 국경을 접한 일본군의 동향이다. 일본이 독일과 합세해 동쪽에서 공격해 올 경우 소련은 속수무책 당할 수밖에 없는 그야말로 '풍전등화風前燈火'에 놓이게 됐다.

이때 스탈린이 조르게의 독일 침공 첩보에 주목하지 않은 데는 당시 국제 관계를 염두에 둔 측면이 강해 보인다. 소련은 독일과 1939년 8월 독 · 소 불가침협정을 통해 상대 영토를 침공하지 않기로 약속했다. 또 소련은 1941년 4월 일본과도 똑같은 협정을 맺었는데 스탈린은 이들 협정을 상당히 신뢰한 듯하다. 여기에 더해 스탈린 자신이 잔혹하고 비열한 방식으로 권좌에 오른 만큼 권력에 대한 '집착과 의심'이 지배했을 가능성도 있다. 사실 당시 스탈린은 조르게의 정보를 과소평가하기도 했지만 의심하기도 했다. 스탈린은 조르게뿐 아니라 서방에 침투한 자국 스파이들에 대해서도 줄곧 독일과 일본에 포섭된 '이중 스파이'라는 의심을 갖고 있었다.

그렇지만 독일의 침공이 현실로 나타나자 조르게의 가치는 재평가됐고 다급해진 GRU는 더 많은 정보를 요구한다. 독일이 소련을 침공하던 시기 일본에서는 여전히 '북상할 것인가? 남하할 것인가?'를 두고 격론을 벌이고 있었다. 히틀러는 소련군의 분산을 위해 일본이 움직여 줄 것을 요청했고, 일본 내 강경파들도 독일과 맺은 방공협정 및 군사동맹을 들어 히틀러의 요청을 받아들일 것을 압박했다. 하지만 시베리아의 혹한과 소련의 전력이 예상 밖으로 강하다는 점에 침공을 반대하는 목소리도 만만치 않았다. 더욱 이 기회에 천연 자원이 풍부하고 열강들이 영향력을 잃어 무주공산이 된 동남아 등 남반구를 손에 넣자는 주장이 제기되면서 논의는 한층 길어졌다.

그러던 1941년 9월 6일, 격론 결과 일본은 어전회의御前会議를 통해 남하정책을 골자로 하는 '제국국책수행요령帝国国策遂行要領'을 확정하며 만주에 주둔해 있던 병력을 이동시키기로 결정한다. 이 첩보는 고노에 후미마로近衛文麿 총리의 측근으로 암약하던 오자키 호즈미의 귀에 들어갔고 조르게는 약 한 달 여간 독일 대사관과 일본군의 동향 등을 면밀히 파악하는 치밀한 검증 끝에 첩보에 확신을 갖는다. 그러고는 10월 4일 마침내 "일본이 소련을 침공할 의사가 없다, 남하를 결정했다"라는 내용을 모스크바로 타전한다.

앞서 한 번의 판단 착오가 가져온 '대재앙'으로 위기에 몰려 있던 스탈린은 이번에는 조르게의 타전에 주의를 기울였다. 스탈린은 이 내용을 바탕으로 그간 일본군의 침공에 대비하고 있던 극동·시베리아군 18개 사단, 2천여 대의 화기를 서부전선에 집중하는 승부수를 던진다. 그 결과 독일군의 파죽지세를 꺾으며 모스크바를 방어할 수 있었고 종국에는 히틀러와의 대결에서 승리를 거머쥔다. 바로 조르게의 활약과 첩보가 소련을 패망 직전에서 건져 낸 것이다.

반면 조르게는 소련을 구하는 빼어난 활약을 펼쳤음에도 정작 자신은 구하지 못했다. 일본이 조르게와 첩보팀의 움직임을 눈치 챈 것은 1938년 무렵으로 특별고등경찰特高에 의해 다량의 무선이 도쿄 시내에서 소련과 중국 방면으로 흘러 나가는 징후를 포착하면서부터다. 이때 조르게 첩보팀에서 무선전신을 담당했던 막스 클라우센은 직접 조립한 단파 송신기와 시중에서 구입한 라디오를 개조한 단파 수신기를 이용해 GRU와 교신하고 있었으며 실내 안테나와 휴대용 무선장치로 주택 밀집지 여러 거점을 돌며 감시망을 따돌렸다. 사정이 이렇다 보니 특고도 다년간 발신처를 특정하지 못한 것은 물론 이들이 주고받는 암호도 해독할 수 없었기 때문에 내용이 무엇이며 발신자가 누구인지도 파악하지 못했다.

그러다 1939년 키타바야시 토모北林トモ 등 일본 내 공산주의자들의 활동을 수사하는 과정에서 실마리가 잡히게 된다. 일본 공산당 내에 비밀 조직이 있고 이중에 오자키 호즈미와 미야기 요토쿠가 눈에 띈 것이다. 특고는 이들이 모두 리하르트 조르게와 관련이 있다는 점을 확인하고 1941년 10월 18일 그를 체포한다. 조르게도 이미 특고의 움직임을 감지한 터라 일본을 빠져 나가 소련으로 도피할 기회가 있었으나 당시 사귀고 있던 일본인 여성을 만나기 위해 도쿄에 머물다 포위망에 걸려들었다.

그러나 이것은 특고가 첩보팀의 스파이 활동을 특정해 수사를 벌인 것은 아니고 단지 일본인 공산주의자들과 공통적으로 관련 있는 '수상쩍은'

한 외국인을 체포한 것에 불과했기 때문에 막상 조르게를 체포하고도 처음에는 그가 정확히 누구며 어떤 기관 소속이고 무엇을 했는지에 대해서는 전혀 알지 못했다. 이 같은 조르게에 대한 무지는 일본 당국자들만은 아니었다. 독일 대사관의 오트 대사와 게슈타포 장교 마이징거조차 이때까지 조르게를 나치 당원이면서 독일 군 정보기관인 압베르Abwehr 요원으로 여기고 있었다. 이런 이유로 이들은 일본 당국이 조르게를 체포한 것에 대해 외무성에 공식적으로 이의를 제기하는 등 강하게 반발했다.

하지만 조사에서 스파이 활동을 입증할 만한 증거가 속속 수집됐고 조르게도 혐의를 인정하면서 논란은 가라앉는다. 특고는 조르게를 처형이 임박한 1944년까지 조사했으며 이 과정에서 그가 소련을 위해 일했고 그의 첩보가 나치의 패배를 불렀다는 사실을 알게 된다. 이 기간 일본은 조르게를 미끼로 소련에 포로 교환 등을 요구했으나 스탈린이 이를 거부하면서 러시아 혁명 기념일이던 11월 7일 스가모巢鴨 구치소에서 처형이 집행됐다. 교환 협상과 관련해 소련이 왜, 일본의 요구를 들어주지 않았는지에 대해서는 정확히 알려지지 않았고 스탈린이 독일의 침공을 오판한 자신의 실수를 숨기기 위해 조르게를 희생시켰을 것이라는 추측만 있어 왔다. 이에 대해서는 당시 소련이 불가침 협정을 맺고 있던 일본과의 관계 악화를 우려해 그의 존재를 부정했다는 관측이 유력하다. 아울러 NKVD(훗날의 KGB) 수장이던 라브렌티 베리야Lavrenty Beriya(제30화 참조)가 조르게를 자신이 숙청한 GRU 전 수장 '얀 베르친의 심복'으로 여겨 죽음에 이르게 내버려 뒀다는 주장도 있다.

조르게는 스탈린과 베리야가 모두 사망하고 난 1964년 11월 소련과 독·일의 전쟁을 막기 위해 활약한 인물로 재평가돼 '영웅 훈장'을 추서받으며 명예를 회복했다. 소련이 붕괴된 지금도 러시아 고위층과 외교관

들은 일본을 방문하거나 부임할 때마다 도쿄 근방에 있는 그의 묘소를 찾
아 참배하는 것을 관례로 여기며 존경을 표하고 있다.

Ⅱ

이중 스파이

03

듀스코 포포프

Dusko Popov 1912~1981 -MI5 / Abwehr-

 듀스코 포포프Dusko Popov는 제2차 세계대전 중 영국의 국 내 첩보 및 방첩기관인 MI5와 나치 독일의 군 정보기관인 압 베르Abwehr를 넘나든 이중 스파이다. 연합군 승리의 단초 가 된 영국의 교란·기만 프로젝트 '더블크로스 시스템Double-Cross System'의 핵심 요원 중 한 명이며 일부 논란에도 불구 하고 일본의 진주만 기습 징후를 미리 알아내 가장 먼저 미국에 전한 것으로 알려져 있다.

낙천적인 성격에 작전 중에도 돈과 여자를 밝히는 쾌락주의자로 영화 「007」 시리 즈의 제임스 본드 모델 중 한 명으로 평가받는 인물이다.

MI5의 대對나치 기만 작전 배경

듀스코 포포프는 '변호사'라는 별도의 직업을 갖고 있던 사실상 아마추어 스파이다. 또 활동했던 기간도 고작해야 5년에서 길게 봐도 10년이 채 되지 않는다.—이는 포포프 자신이 훗날 집필한 회고록을 포함해 영국 정부가 현재까지 공개한 공식 기록을 토대로 한 것이다.— 그는 이 짧은 시기에도 헤픈 씀씀이를 과시하며 숱한 미녀들과 염문을 뿌렸고 이를 부끄럽게 여기지도 않았다. 그럼에도 세기의 스파이로 그를 주목해야 하는 '특별한' 이유가 있다. 포포프가 2차 대전의 굵직한 전황을 다양하게 볼 수 있는 스펙트럼Spectrum 같은 존재이기 때문이다.

그가 첩보원으로 족적을 남긴 시기는 '전쟁이 막 개전된 1939년부터 나치와 일본이 패망하고 종전이 된 1945년까지'다. 개전 초기 나치 독일은 무서운 기세로 주변국인 네덜란드, 벨기에에 이어 프랑스까지 점령하며 중립국을 제외한 사실상 유럽 전역을 장악했다. 이에 아돌프 히틀러 Adolf Hitler는 바다 건너 영국이 고립을 피하기 위해 외교적 협상에 나설 것으로 예상했다. 하지만 히틀러의 이 같은 계획은 빗나갔고 영국은 전의를 불태우며 응전을 선포한다. 이때 영국은 파죽지세의 독일에 비해 전세戰勢에서는 크게 밀려 있었으나 상당 수준의 첩보 역량을 모으고 히틀러의 도발에 맞섰다. 이를 증명하듯 영국은 나치를 상대로 한 첩보전에서 창의적이고 강력한 무기들을 여럿 선보이는데 그 핵심 고리 중 하나가 바로 듀스코 포포프다.

'엄친아' 스파이, 그는 누구인가?

듀스코 포포프는 20세기 들어 가장 부침이 많았던 지금의 세르비아Serb (전 유고슬라비아) 태생이다. 포포프는 1912년 오스트리아 · 헝가리제국 시절 티텔Titel의 세르비아계 유복한 가정에서 태어나 남부러울 것 없이 풍족하게 자랐다. 할아버지 때부터 광업과 소매업 등에 걸쳐 여러 기업체를 소유하고 있었고 은행업에도 성공한 부유한 집안이었다. 포포프가 성장하던 시기 발칸반도Balkan Peninsula 인접 국가들은 내분과 해체, 붕괴, 편입 등으로 바람 잘 날이 없었지만 그의 가족은 막대한 재력을 바탕으로 정치적 혼란과 무관하게 풍요롭고 여유로운 생활을 영위했다.

포포프와 가족들은 화려한 파티를 즐길 수 있는 고급 저택에 살며 아드리아 해안Adriatic coast을 연못 삼아 하인까지 대동하고 요트 여행에 나설 정도로 줄곧 호화로운 생활을 즐겼다. 이런 집안의 재력에 더해 명석한 두뇌를 갖고 태어난 그는 이미 10대 시절부터 독일어, 프랑스어, 이탈리아어에 능통했고 청년기에는 베오그라드 대학University of Belgrade을 거쳐 독일 프라이부르크 대학University of Freiburg 법학부에 진학해 박사학위를 받는 등 전형적인 '엄친아' 과정을 밟으며 성장한다.

대학 시절 포포프는 주로 유흥가를 전전하며 카페와 클럽을 제집처럼 드나들었고 여성들과 관계를 갖는 것에만 집착했을 뿐 본래 정치 따위의 복잡하고 골치 아픈 세상사에는 관심이 없었다. 그렇지만 이 시기 불어닥친 '나치 광풍'에 대해서만큼은 심한 혐오와 반감을 가져 스스로 "독일인이 아니기 때문에 히틀러와 나치에 충성할 의무가 없다"라는 확고한 신념하에 신문 기고를 통해 나치를 조롱하고 청년 당원들과 격한 설전을 벌이는가 하면 반反나치 활동을 행동으로 옮기다 게슈타포Gestapo에 체포된 일도 있었다. 특히 이 과정에서 같은 학교 동기생이면서 역시 반나치주의 자인 조니 젭슨Johnny Jebsen과 깊은 친분을 맺게 되는데, 이는 훗날 그가 첩보계에 발을 들여놓는 동시에 '이중 스파이Double Agent'의 길에 들어서는 중대한 계기가 된다.

졸업 후에는 1939년부터 유고계 채권은행단에 상법 전문 변호사로 입사해 포르투갈 리스본Lisbon에서 채권단의 이익을 대변하는 일을 했다. 당시 포포프는 다양한 언어를 자유자재로 구사하며 각국의 고객을 상대하는 등 제법 능력 있는 변호사로 이름을 얻고 있었다. 나치 독일의 군 정보기관인 압베르가 그에 대한 포섭공작에 들어간 것이 이 시기로, 이때 리스본은 정치적 중립지대여서 각국의 첩보전이 치열하게 벌어지던 곳이다.

압베르는 명석하고 외국어에도 능통한 포포프를 포섭하기 위해 대학 동기인 젭슨을 접근시킨다. 두 사람은 1940년 2월 베오그라드Belgrade에서 만나 그간의 소회를 나누며 재회를 기뻐했다. 그러다 얼마가 지나 젭슨이 압베르에 들어간 사실을 털어놓으며 협조를 요청한다. 포포프는 학창 시절 지독한 반나치주의자였던 절친이 극악무도한 나치에 협조하고 있다는 것에 심한 충격을 받았으나 곧 내막을 알고는 안도한다. 실제 영국 옥스퍼드 대학University of Oxford에서 유학하던 젭슨은 전쟁이 발발하자 독일군에 징집될 위기에 몰린다. 이에 일선 전투부대에서 벗어날 요량으로 압베르를 자원했다. 더욱 젭슨은 압베르뿐만 아니라 영국 MI5에도 협조하고 있던 '이중 스파이'였고 이러한 실체를 알게 된 포포프도 제안을 흔쾌히 받아들인다. 이어 그는 유고슬라비아에 있는 영국 공관을 찾아가 여권 담당관으로 위장해 있던 MI5의 클레멘트 호프Clement Hope에게 압베르와 젭슨에 관한 사실을 털어놓으며 영국에 협력할 뜻을 밝혔다. 젭슨과는 이미 협력 관계에 있던 MI5가 포포프의 제안을 승인하면서 짧지만 굵은 당대를 대표하는 소위 '바람둥이 이중 스파이'가 탄생했고 전쟁 기간 내내 역사에 남을 첩보전에 참여하게 된다.

더블크로스 작전과 세기의 첩보

이렇게 해서 이중생활에 돌입한 포포프는 압베르에는 영국 현지에서 첩보를 수집하겠다는 이유를 들어 근거지를 런던London으로 옮기고 장차 MI5와 MI6를 중심으로 해군정보국NID 및 군 당국이 이중 스파이를 관리하기 위해 구성한 범정부적 비밀기구인 더블크로스 위원회(20인 위원회 Twenty Committee)를 통해 관리되면서 나치에 대한 기만 작전을 벌였다. 이때 더블크로스 위원회가 운용한 이 이중 스파이 시스템은 보통 '더블크로스 작전(세기의 첩보전 제9화 참조)'으로 일반에 많이 알려진 세기의 첩보전 중 하나로, 공식적으로는 1941년 1월 위원회가 구성되면서 시작된 것으로 알려져 있으나 포포프와 젭슨의 경우처럼 이전부터 MI5의 주도로 일부 물밑 가동된 것으로 추정되고 있다.

아울러 영국이 배신과 기밀누설 우려에도 불구하고 위험천만한 이중 스파이 작전을 범정부 차원에서 실행할 수 있었던 데에는 또 하나의 세기의 첩보전으로 손꼽히는 '울트라 작전Operation ULTRA 세기의 첩보전 제6화 참조'이 주요하게 작용했다. 나치 독일이 사용한 가공할 암호생성기인 에니그마Enigma와 업그레이드 버전인 로렌츠Lorenz의 비밀을 풀기 위해 시작된 울트라 작전은 1940년 1월 독일 공군의 암호가 최초로 해독된 이래 천재 수학자 앨런 튜링Alan Turing이 설계한 해독기에 힘입어 이후 육군과 해군, 압베르의 암호까지 해독해 내는 눈부신 성과를 올린다. 이에 영국 정보당국은 울트라를 기반으로 미리 조작한 정보를 더블크로스 스파이들에게 주고 이것이 나치 수뇌부로 전달되는 과정을 속속들이 염탐했다. 이로 인해 이중 스파이들의 변심이나 기밀누설 같은 위험성이 크게 줄어든 것은 물론 기만 정보의 흐름을 면밀히 파악하며 초반 불리했던 전세戰勢를 차츰 반전시키는 교두보를 마련한다.

여기서 포포프는 근거지인 런던과 주요 활동무대인 리스본을 부지런히 오가며 MI5가 승인한 정보를 압베르에 보내 교란했고 이를 알지 못한 독일은 그에게 상당액의 공작금을 지급하는 등 전폭적으로 지원했다. 특히 포포프는 1940년 7월 영국 침공을 노리며 독일이 단행한 '바다사자 작전 Operation Sea Lion'을 좌절시키는 데 공헌하며 진가를 드러내기 시작한다. 개전 이후 네덜란드와 벨기에, 프랑스를 차례로 무릎 꿇린 히틀러는 이번에는 바다 건너 영국 점령을 노려 파상 공세에 나선다. 그러나 영국군의 강한 저항에 부딪혀 공격은 번번이 실패로 돌아갔다. 이 과정에서 그는 영국의 군사력을 상당 부분 과장한 '가짜' 정보를 압베르를 통해 나치 수뇌부에 전달하면서 잇단 실패로 예봉이 꺾인 히틀러가 결국 침공계획을 포기하게 만드는 단초를 제공했다.

이처럼 나치의 영국 침공을 좌절시키는 데 일조한 포포프는 얼마 후 2차 대전의 물줄기를 바꾸는 동시에 자신의 이름을 역사에 새길 '세기의 첩보'를 입수하는 데도 성공한다. 1941년 나치 수뇌부는 미국의 군사력에 대한 정보 수집을 위해 "미국 내에 스파이망을 조직하라"고 압베르에게 명령했고, 압베르는 이 임무를 포포프에게 맡긴다. 그리고 그를 미국에 침투시키기로 하고 마이크로필름으로 제작된 '정찰 목록'을 전달했다. 그런데 이 목록에는 일본의 위탁으로 미 해군 태평양함대가 있는 진주만 Pearl Harbour에 대한 상세한 정찰을 요청하는 내용이 한 페이지에 걸쳐 담겨 있었다. 이는 곧 MI5의 정보 분석을 거친 결과 일본이 미국(진주만)

진주만의 비극 일본군의 공격을 받아 화염에 휩싸인 채 침몰 중인 미 해군 전함 애리조나.

을 기습하려는 목적이 있는 것으로 판단했다. 더욱 앞서 포포프는 젭슨에게서 "일본은 이탈리아 해군이 주둔해 있던 타란토Taranto를 영국 해군이 기습 공격한 것에 대해 알고 싶어 한다"는 말을 들은 뒤라 이 추정은 매우 신빙성 있게 여겨졌다. 이에 포포프는 8월 기밀을 들고 미국으로 건너가 연방수사국FBI 뉴욕지부를 방문해 "일본이 진주만을 기습할 가능성이 있다"는 경고와 함께 마이크로필름을 넘겼다. 며칠 후에는 MI5의 주선으로 FBI 수장이던 존 에드거 후버John E. Hoover(제40화 참조)와도 만나 같은 내용을 전달했다.

이것이 모두 사실이라면 실제로 일본이 그해 12월 진주만을 기습했기 때문에 그는 최소 4개월 전 '진주만의 비극'을 예견했다고 볼 수 있다. 반면 후버는 포포프가 영국과 독일을 넘나드는 이중 스파이라는 사실과 미국에서 보인 여러 방탕한 행각에 그다지 신뢰하지 않았고 도리어 만남에서는 격한 핀잔과 모욕을 주며 '경고'를 귀담아 듣지 않았다.

그렇지만 당시 후버가 이 같은 태도를 보인 데는 나름대로 이유가 있었다. 2002년 영국 국립문서보관소TNA가 공개한 포포프 관련 활동 보고서에 따르면 그는 대단한 능력의 '이중 스파이'였음이 분명하다. 그러나 이와 함께 미국에 체류하는 동안 많은 액수의 경비를 썼고 특히 여배우 시몬느 시몽Simone Simon 등과 염문을 뿌리며 '플레이보이'적 면모를 유감 없이 발휘했다. 또한 체류 내내 호화 저택에서 지내며 고급 승용차를 몰았고 아이다호로 스키여행을 다니는 등 여유로운 생활을 즐겼다. 이뿐 아니라 한적한 곳에 별장을 마련해 마치 휴가라도 온 것처럼 시간을 보낸 것으로 돼 있다. 보고서는 이 기간 포포프가 낙하훈련에 단 한 번 참가한 것 외에 첩보원으로서 어떠한 역할도 하지 않은 것으로 적고 있다. 후버와의 만남에도 미모의 여성을 동반하고 나타나, 후버로부터 "당장 미국을 떠나지 않으면 매춘법Mann Act으로 체포하겠다"라는 말을 들었을 정도로 자유분방하면서도 속물적 기질을 거리낌 없이 드러냈다.

그럼에도 불구하고 당시 후버가 포포프의 경고를 무시한 것에 대해 전후 미국 내에서도 많은 논란이 된 바 있는데 이는 한 '바람둥이 스파이'의 경고를 무시한 대가가 너무 컸기 때문이다. 이와 관련해 1982년 미시간대학Michigan State University의 역사학자인 레슬리 라우트 등은 FBI 파일 조사 결과를 바탕으로, "후버는 포포프가 비밀리에 미국을 방문했던 것을 한 달 뒤인 9월 프랭클린 루스벨트Franklin Roosevelt 대통령에게 보고했으나 '진주만의 조류와 방위 능력에 관한 정확한 정보를 염탐하기 위해 왔다'는 핵심내용은 보고하지 않았다"고 주장했다.

다만 이것과는 좀 다른 주장도 있어 또 다른 종류의 논란이 엄존한다. 우선 앞서 포포프가 경고했다는 과정이 대부분 훗날 발간된 그의 회고록에 기초하고 있어 철저히 주관적 입장이 반영됐다는 지적이다. 이로 인해 일부에서는 진실의 경계가 모호하다는 입장이다. 전후 일본 언론인인 콘노 츠토무今野勉는 "당시 일본이 독일 정보국을 신뢰하지 않았고 해군이 진주만에서 별도 첩보 활동을 벌이고 있었다"며 "포포프의 주장이 과장됐거나 조작됐을 수 있다"고 말했다. 하지만 콘노도 포포프가 압베르에서 건네받은 '정찰 목록'에 일본이 진주만에 대한 첩보를 요청하는 내용이 포함됐던 것은 인정했다.

엉뚱 발랄 스파이 "난 진지하지 않아 생존"

훗날의 평가와 논란이 어떻건 적어도 당시에 포포프는 미국을 방문해 독일과 영국 양측 모두에 만족한 결과를 안겨 주지 못했다. 그는 압베르에 적절한 변명을 대며 리스본으로 귀환했고, 압베르는 런던에서 고급 정보들을 수집하라고 지시한다. 이렇게 다시 유럽으로 돌아온 포포프는 이전처럼 '더블크로스 시스템'하에서 이중생활을 계속해 나갔으며 1943년 7월에는 연합군의 시칠리아 상륙 작전Operation Huskey에 앞서 실행된 사체기만 공작인 '민스미트 작전Operation MINCEMEAT 세기의 첩보전 제15화 참조'에도 참여해 거짓 정보로 연합군의 상륙을 도운 것으로 알려져 있다. 방식은 물론 MI5가 준 그럴듯한 거짓 정보를 압베르에 전달해 독일 측이 기만을 진실로 믿게 만드는 것이었다.

그러던 1944년 4월 압베르는 어렴풋이 포포프를 의심한 것으로 영국은 판단했다. 절친이면서 같은 더블크로스 스파이인 젭슨이 게슈타포 Gestapo에 체포된 것도 이때다. 젭슨은 리스본에서 나치 방첩국이 낌새를 차리고 파 놓은 함정에 빠져 체포된 뒤 베를린 게슈타포 본부로 압송됐으며 심한 고문 끝에 처형된 것으로 추정되고 있다.

나치가 포포프에 대해서도 비슷한 의심을 품었을 가능성은 있지만 같은 시기 연합군이 지상 최대의 작전으로 불리는 노르망디 상륙 작전(1944년 6월 6일)을 위해 군사적 움직임을 한층 강화한 터라 신경은 온통 그것으로 향했다. 연합군은 기만술의 일환으로 포티튜드 작전Operation Fortitude을 실행하며 영국 도버와 가까운 프랑스 북부 파 드 칼레Pas de Calais나 노르웨이 해안으로 상륙할 것처럼 속였다. 이와 함께 포포프를 포함한 더블크로스 스파이들도 같은 보고서를 일제히 타전한다. 해안을 방어하던 에르빈 롬멜Erwin Rommel도 불리한 지형과 기후, 날씨 등을 감안해 칼레 쪽을 주요 상륙지점으로 봐 병력을 집중시켰으며 심지어 작전을 전후한 시기에는 휴가나 훈련 등으로 지휘부도 공백에 빠지면서 연합군은 2차대전의 승기를 잡게 된다.

한편 이중 스파이로 연합군 승리에 기여한 포포프는 전후 영국 정부로부터 훈장과 시민권을 부여받았고 프랑스에 머물다 1981년 사망했다. 그는 1974년 회고록『스파이: 카운터스파이Spy: Counterspy』를 통해 자신의 활약을 담은 비화를 세상에 알렸다. 포포프는 여기서 "내가 위험한 삶 속에서 생존할 수 있었던 것은 너무 진지하지 않았기 때문이다"라고 말해 그간 가벼운 언행에 대한 비판을 특유의 낙천성으로 반박했다.

흥미로운 것은 전시 MI6 소속으로 후에 「007」 시리즈의 작가로 성공한 이안 플레밍Ian Fleming(제21화 참조)이 한동안 더블크로스 스파이들을 관리한 바 있는데 이때 포포프와 함께 리스본의 카지노를 자주 드나들었다는 말이 있다. 이 때문에 이야기 속 주인공 제임스 본드James Bond의 낙천적이며 화려한 플레이보이 기질이 포포프를 모델로 한 것 아니냐는 추측이 있어 왔다.

04

조지 블레이크

George Blake 1922~2020 -MI6 / KGB-

조지 블레이크George Blake는 영국의 대외정보기관인 MI6(SIS)에서 활동한 첩보원이다. 그러나 활동 기간 소련의 KGB와 내통하며 다량의 정보를 누설한 이중 스파이였다. 특히 냉전 초반 미국과 영국이 공동으로 벌인 굵직한 대소對蘇 공작을 KGB에 미리 알려 대처하도록 했고 이중 행각이 발각돼 수감 중이던 1966년 탈옥해 소련으로 탈출했다.

탈출 뒤에는 국가 영웅으로 추앙받으며 KGB에서 고문 등을 역임했다. 또한 같은 반역을 저지르고 소련에 머물던 도널드 맥클린, 헤럴드 킴 필비 등 소위 '캠브리지 5인조Cambridge Five'의 핵심 인물들과 친분을 맺기도 했다.

조지 블레이크의 활동기 배경

조지 블레이크가 첩보 활동을 시작한 때는 나치와 일본이 몰락한 제2차 세계대전 말기부터 서방 자유 진영과 동구 공산 진영이 대립한 이른바 '냉전Cold War'이 도래한 때다. 이 시기 미국과 소련을 중심으로 양대 진영은 2차 대전을 막 끝내고 아시아에서는 한국전쟁으로 한차례 무력 충돌을 빚었고 유럽에서는 독일을 양분해 치열한 첩보전을 벌이고 있었다. 당시 유럽에서의 첩보전 양상은 영국과 독일이 주도권을 잃고 미국 CIA와 소련 KGB의 대결로 재편돼 있었다. 그러나 영국의 MI6는 전통적 첩보 역량을 바탕으로 독자 활동을 활발히 벌였으며 이 과정에서 미국의 동맹국으로 CIA 작전에 상당 부분 개입한다. 당시 MI6 소속이었던 블레이크도 주요 작전에 투입돼 고급 정보를 손쉽게 입수할 수 있었고 이를 고스란히 KGB에 넘겼다.

블레이크가 첩보사에 남을 세기의 '이중 스파이Double agent'가 된 배경에는 이처럼 당시 도래한 냉전체제가 절대적 영향을 미쳤다. 아울러 그는 당대 두 진영이 가장 첨예한 대결을 벌였던 아시아(한국)와 유럽(베를린)을 모두 경험한 몇 안 되는 인물로도 기록되고 있다.

세기의 '이중 스파이', 그는 누구인가?

조지 블레이크는 1922년 네덜란드 로테르담Rotterdam에서 이집트계 유대인인 아버지와 네덜란드인 어머니 사이에서 태어났다. 이때 그의 이름은 게오르그 베하르George Behar였고 훗날 영국으로 탈출해 성姓을 바꾸게 된다. 그의 아버지에 대해서는 사업가, 외교관 심지어 비밀 첩보원이었다는 설이 있어 왔으나 2013년 영국의 스파이 전문가 로저 허미스톤 Roger Hermiston의 조사에 따르면 영국군으로 제1차 세계대전에 참전해 공로훈장을 받은 바 있다.

블레이크의 성장기에는 다소 수수께끼 같은 시기가 존재하는데 아버지 가 사망한 1936년부터 1939년까지의 약 3년간이 그것이다. 이 기간 그 는 아버지의 유언에 따라 이집트 카이로Cairo에 있는 친척에게 맡겨져 영 국인 학교에 다닌 것으로 알려져 있고 여기서 사촌이면서 좌파적 인물인 헨리 큐리엘Henri Curiel을 만난다. 그의 일생을 살피다 보면 추후 이중 행 각과 관련해 '반역의 징후'라 할 수 있는 두 번의 커다란 변곡점이 나타나 는데 큐리엘과의 만남은 사실상 그 첫 번째 변곡점이다.

블레이크보다 여덟 살이 많았던 큐리엘은 이때 이미 공산주의를 바탕 으로 한 뚜렷한 세계관을 갖고 있었으며 몇 해 뒤 이런 사상을 토대로 이 집트 해방전선HAMETU을 창설해 이끈다. 또 1952년에는 가말 압델 나세 르Gamal Abdel Nasser 등이 일으킨 혁명에 적극적으로 참여해 이집트에 서 군주제를 무너뜨리는 데 힘을 보탰다. 이후에도 큐리엘은 이집트뿐 아 니라 아프리카 등에서 반反식민주의 운동을 지원하며 공산주의에 기반한 민족주의 운동을 활발히 전개했다. 이와 관련해 1976년 프랑스의 한 언 론은 그를 KGB와 연결된 테러지원의 우두머리로 지목한 바 있고 블레이 크는 소련으로 탈출한 뒤 가진 인터뷰에서 "마르크스주의자인 큐리엘과 의 만남이 큰 영향을 미쳤다"고 밝히기도 했다. 그렇지만 블레이크가 카 이로에서 어떻게 생활했는지에 대해서는 전혀 알려진 것이 없으며 단지 "큐리엘이 첩보원 자질을 알아보고 마르크스주의를 주입했다"는 주장만 있다. 이에 대해서는 블레이크도 달리 언급한 것이 없어 어떤 영향을 어 떤 식으로 받았는지는 불분명하다.

한편 블레이크는 18세가 되던 1940년 네덜란드로 돌아온다. 그러나 이때는 2차 대전이 개전된 뒤였고 나치 독일이 네덜란드를 무력 점령하면서 많은 사람들이 구금됐다. 블레이크도 독일군에 의해 구금됐으나 나이가 어리다는 이유로 석방된다. 이후 저항운동에 가담했다가 게슈타포Gestapo에 쫓기는 처지에 놓이자 1943년 피터 드 브리라는 가명으로 스페인 지브롤터를 경유해 영국으로 탈출했다. 그는 여기서 앞서 탈출해 있던 어머니와 동생 등 가족들을 만났고 성도 '블레이크Blake'로 바꾼다.

훗날 블레이크는 첩보사에 가장 유명한 이중 스파이 중 한 명으로 이름을 남기게 되는데, 그가 첩보계와 인연을 맺기 시작한 것은 영국에 정착하고 1년이 지난 1944년 특수작전집행부SOE: Special Operations Executive를 통해서다. 당시 블레이크가 몸 담았던 SOE는 2차 대전 중 영국 정부가 운영한 전시 비밀조직으로, 나치 독일 등의 지배하에 있는 유럽 전역에서 첩보 정찰 및 비정규전 전개, 현지 저항운동 지원 등을 수행했다. 사실상 적지에서 작전을 펴는 만큼 잠입 국가의 문화와 언어에 대한 지식과 능력을 갖춘 요원이 우선 선발됐다. 당초 그는 공군을 지원했지만 독일어와 네덜란드어에 능통했던 이유로 연합군사령부에서 통역을 담당했으며 종전이 가까워질 무렵에는 중위로 진급해 한동안 방첩부대를 이끌었던 것으로 알려졌다.

이 기간 블레이크는 MI6 소속의 아이리스 피크Iris Peake라는 여성을 사귀며 결혼까지 꿈꾸고 있었으나 '영국식 혈통주의'를 내세워 그가 유대인이라는 점을 못마땅하게 여긴 여성 측 부모의 반대로 깨지는 아픔을 겪는다. 일부에서는 블레이크가 추후 반역적 이중 행각을 하게 된 배경에 이 아픈 경험이 영국인에 대한 복수심으로 표출됐다는 주장을 펴기도 하나 다소 과장된 해석으로 보인다.

전후 1946년에는 해군정보국NID으로 옮겨 독일 함부르크에서 U-보트 선장 등의 심문을 담당하기도 했고 이듬해에는 캠브리지 대학 러시아어 과정을 거쳐 외무부에 들어갔다. 그런데 이 시기 MI6는 극동아시아에 대한 중요성이 부각되자 한국 서울Seoul에 지부를 신설하기로 하고 책임자로 전시 SOE와 NID를 거친 블레이크를 임명한다. 이렇게 해서 그는 1948년 외교관 신분의 부영사로 위장해 서울을 찾았다. 서울에서 그의 임무는 공산 국가인 북한, 중국, 소련 등을 감시하고 극동에서 정보를 수집하는 것이었다. 그러던 1950년 6월 한국전쟁이 발발했고 북한군이 단숨에 서울을 점령하면서 다른 외교관들과 함께 포로로 붙잡힌다. 그로부터 약 3년간 이어진 포로생활은 그의 일생에서 두 번째 중대한 변곡점이 되는데, 이 기간 커다란 심적 변화를 겪기 때문이다.

블레이크는 전쟁 내내 평양과 압록강 등지 수용소로 끌려다니면서도 칼 마르크스Karl Marx의 저서를 비롯해 많은 공산주의 관련 서적을 탐독한 것으로 전해진다. 또한 북한 측 민간인 마을에 대한 '미군'의 폭격으로 많은 사람들이 희생되는 것을 보고 전쟁의 참상을 깨닫는 동시에 내면에서 점차 분노를 키우기 시작한다. 결국 그의 이런 변화는 북한 측 사람들의 눈에 들었고 이들의 주선에 따라 소련 KGB 간부들과의 비밀회동으로 이어졌다. 이 회동에서 블레이크는 소련을 위해 일하기로 약속하면서 장차 서방을 뒤흔들 세기적 이중 스파이의 탄생을 예고한다.

기밀은 누설하고 동료는 팔아먹고

그러고는 변심을 숨긴 채 포로 교환협상에 따라 1953년 4월 석방돼 '영웅'으로 불리며 영국으로 화려하게 귀환한다. 영국에서 블레이크는 간단한 조사를 거친 후 MI6에 재배치됐다. 또 같은 MI6의 여직원인 길리안 앨런Gillian Allan과 결혼해 가정도 꾸렸다. 이렇게 귀국 이후 적응과 함께 사실상 '침투'를 마친 그는 1955년 마침내 당대 세계 첩보전의 중심지인 독일 베를린Berlin에 입성해 본격적인 이중 행각을 시작한다.

이곳에서 블레이크가 맡은 임무는 동독 등에 침투한 MI6의 조직망을 관리하는 것이었다. 특히 그가 베를린에 도착했을 때는 미국 CIA가 소련 및 공산권을 염탐하기 위해 베를린 지하에 터널을 뚫어 도청기를 심는 이른바 '베를린 터널 작전'이 막 시작되던 시기다. 정식 명칭 '황금 작전 Operation GOLD 세기의 첩보전 제26화 참조'으로 명명된 이 공작은 CIA가 베를린의 소련 진영 지하까지 터널을 뚫어 도청실을 설치하고 이곳을 오가는 막대한 양의 통신정보를 엿듣는 계획이었다.

CIA는 이 계획을 MI6가 오스트리아 빈Vienna에서 벌인 소위 '실버 작전Operation Silver'을 모델로 1951년부터 구상하기 시작했으며 실행 이후 소요된 경비만 당시 금액으로 약 6백 50만 달러로 알려졌다. 이 금액은 현재가치로 5천 8백만 달러가 넘는 블록버스터급 작전이다. 작전은 터널이 완공된 직후인 1955년 5월부터 1956년 4월 소련 측에 발각될 때까지 약 11개월간 이어졌고 CIA는 이를 통해 상당량의 '황금같이 값진 정보'를 확보했다고 자평했다. 하지만 CIA가 밝힌 것처럼 작전은 투자 대비 실효성은 크지 않았다는 지적이 많은데 기밀이 사전에 소련 측에 모두 넘겨지면서 실질적으로 작전을 벌인 기간이 예상보다 크게 짧았기 때문이다.

이처럼 CIA가 막대한 자금과 인력을 쏟아부은 거대 작전이 '단명短命'한 데에는 그만한 이유가 있었고, 그 중심에는 블레이크가 있다. 실제로 그는 영국으로 귀환해 MI6에 재배치될 당시 소련의 전화 회선을 도청하는 부서에 배치된다. 바로 이때 CIA는 황금 작전을 MI6와 공동으로 실행하

베를린 터널 작전 CIA와 MI6가 야심차게 추진한 도청 작전은 사전에 블레이크에 의해 KGB에 누설됐다. 터널 내부에 구축된 도청장비들을 살펴보는 소련 장교. 사진=BArch

기로 하고 도움을 요청한다. 이에 두 기관 관계자들은 런던에 있는 칼튼가든Carlton Gardens에서 만나 첫 회의를 가졌고 블레이크도 이 회의에 참석해 기록을 담당한다. 그는 회의 직후 여기서 기록한 모든 정보를 KGB에 넘긴 것으로 후에 확인됐다.

블레이크에게서 정보를 건네받은 KGB도 매우 조심스럽게 움직였다. KGB는 블레이크라는 이중 스파이의 존재를 숨기기 위해 CIA가 터널을 파도록 내버려 두는 대신 자신들의 주요 정보는 이곳 회선을 통하지 않도록 했다. 심지어 이들은 CIA를 완벽하게 속여 넘길 요량으로 관련 사실을 군정보기관인 GRU나 동독에 배치된 군사령부에도 알리지 않는 등 치밀하게 대비했다. 그러면서도 터널 발견 때는 국경 경비병들이 집중호우에 도청실을 '우연히' 발견한 것으로 꾸며 CIA를 조롱하기까지 했다.

활동 기간 블레이크의 이중 행각은 이뿐만이 아니다. 그는 황금 작전을 누설하는 동시에 자신이 관리하던 동독 내 MI6 조직망도 소련에 넘겼다. 이로 인해 40명이 넘는 요원들이 KGB에 노출됐고 후에 블레이크가 검거될 때 보복 조치로 체포되거나 살해되는 등 심각한 전력 손실을 야기한다. 이와 관련해 '영국 언론'의 보도를 전제로, 그는 소련으로 탈출한 뒤 가진 현지 매체와의 인터뷰에서 "활동 기간 약 6백 명이 넘는 동료 요원을 넘겼다"고 밝힌 것으로 전해져 충격을 던졌다. 또 블레이크는 1953년부터 CIA에 협조해 온 GRU 소속의 표트르 포포프Pyotr Popov의 신상도 넘겨 발각되도록 했다. 포포프는 2차 대전 이후 CIA가 처음으로 포섭한 GRU의 고위 장교로, 그는 소련의 유도미사일 및 핵잠수함 동향 등 고급 군사정보를 미국에 전달해 온 인물이다. 다만 포포프의 정체가 발각된 배경에는 블레이크에 의한 밀고설 외에도 뛰어난 방첩능력을 자랑하던 KGB의 치밀한 조사에 의해 발각됐다는 설과 모스크바 주재 미 대사관에 있던 CIA 접선자에 배신당했다는 주장이 함께 존재한다.

꼬리 잡힌 반역, 그리고 대탈출

그렇지만 이런 블레이크의 반역적 이중 행각은 오래가지 않아 꼬리가 잡히기 시작한다. 그는 황금 작전이 소련에 발각된 직후인 1956년 영국으로 돌아와 외무부에 근무하고 있었다. 그런데 이에 앞서 그는 베를린에 있는 동안 서독의 겔렌 조직Gehlen Organization 소속의 호르스트 에이트너Horst Eitner와 관계를 맺고 있었다. 에이트너는 블레이크와 마찬가지로 KGB에 포섭된 이중 스파이로 이 사실을 두 사람 모두 알고 있었다. 이에 1961년 2월 에이트너가 서독 경찰에 체포되면서 블레이크의 이중 행각을 실토한다. 서독은 에이트너에 대한 경찰의 심문 보고서를 영국에도 전달했으나 어쩐 일인지 보고서는 무시되고 만다. 이는 당시 영국, 미국 할 것 없이 서방 정보기관 내부에 KGB를 돕는 이중 스파이들이 광범위하게 퍼져 있던 때라 영국 방첩기관인 MI5 내에 암약하던 이중 스파이에 의해 보고서가 의도적으로 무시됐거나 사건이 상당 부분 축소된 때문으로 추정된다.

실제 캠브리지 5인조의 일원인 앤서니 블런트Anthony Blunt도 줄곧 MI5에 있으면서 주요 작전을 소련에 넘긴 바 있다. 다만 블런트는 1951년 캠브리지 5인조의 동료들인 도널드 맥클린Donald Maclean(제23화 참조)과 가이 버지스가 소련으로 탈출한 뒤 활동이 급격히 위축됐으며 후에도 이 사건과의 관련성은 입증되지 않았다. 따라서 블런트 외에 밝혀지지 않은 또 다른 '누군가'에 의해 블레이크의 정체가 은폐된 것으로 보인다.

이렇게 고비를 넘겼다고 생각하는 사이, 이번에는 폴란드 출신의 미하일 골레니예프스키Michael Goleniewski가 서방으로 망명해 블레이크의 행각을 폭로한다. 본래 골레니예프스키는 폴란드군의 방첩기관GZI WP 소속이었으나 소련 측과 내통하며 내부 정보를 전달하고 있었다. 그러다 1959년부터는 CIA와도 선이 닿아 폴란드, 소련의 정보를 미국과 영국 등 서방에 전달하며 소위 '삼중스파이Triple Agent'로 활동 중이었다. 그랬던 그의 증언이다 보니 이 폭로는 매우 믿을 만했다. 더욱 골레니예프스키가 서방으로 망명한 이유도 블레이크의 행각과 무관치 않은데 대략의 이야기는 이렇다.

폴란드 고위 장교가 CIA와 내통하는 사실을 알게 된 블레이크는 KGB에 "CIA가 폴란드에 고위급 정보원을 두고 있다"고 보고한다. 그렇지만 이때까지 블레이크와 KGB 모두 그가 골레니예프스키라는 것은 알지 못했다. KGB로부터 이 사실을 전해 듣고 위험을 직감한 골레니예프스키는 그 즉시 KGB가 서방에 구축한 다량의 스파이 명단을 들고 탈출한다. 이 명단에 블레이크가 있었으며 서독 연방정보국BND의 하인츠 펠페Heinz Felfe 역시 KGB에 협력해 왔다는 사실이 확인된다. 아울러 골레니예프스키는 망명 직후 베를린 터널 작전을 들어 "CIA와 MI6가 조지 블레이크라는 두더지에 뚫려 있었다"고 밝혀 충격을 던졌다.

이런 증언과 증거에 따라 레바논 아랍연구소MECAS에서 아랍학을 공부하기 위해 베이루트에 머물던 블레이크는 곧바로 영국으로 소환돼 체포된다. 이후 조사에서 그는 대부분의 혐의를 인정했으며 이중 스파이 활동에 대해 "포로시절 협박과 회유를 받았느냐"는 질문에는 "자발적인 선택이었다"고 답했다. 그리고는 비공개 재판을 통해 징역 42년형이 확정돼 웜우드 스크럽스Wormwood Scrubs 형무소에 수감된다. 블레이크의 체포에 KGB는 동독 등에서 활동하던 MI6 조직망을 일거에 궤멸시키는 것으로 보복했다. 이때 동독에서만 40명의 요원이 체포 또는 살해됐는데 그에게 내려진 42년의 형기는 여기서 희생된 요원들을 1년씩 추산해 언도한 것으로 전해진다. 그러던 1966년 10월 그는 감옥에서 만난 아일랜드출신의 과격분자 숀 버크Sean Bourke의 도움으로 탈옥에 성공해 이듬해 1월 함부르크와 베를린을 거쳐 모스크바로 탈출했다.

블레이크는 소련에서 1970년 레닌 훈장을 받았고 KGB 해외 담당 부서인 제1총국의 고문과 소련 과학 아카데미IMEMO에서 각각 일했다. 연방붕괴 후에도 모스크바에 거주하면서 2007년 공로 훈장을 받았으며 90세가 되던 2012년에는 블라디미르 푸틴Vladimir Putin 대통령으로부터 축하메시지를 받는 등 국가 영웅으로 대접받다 2020년 98세의 나이로 사망했다.

05

헤럴드 '킴' 필비

Harold 'Kim' Philby 1912~1988 —MI6 / KGB—

헤럴드 '킴' 필비Harold 'Kim' Philby는 제2차 세계대전과 냉전기에 걸쳐 MI6(SIS)에서 활동한 첩보원이면서, 영국의 대표적인 스파이 조직인 '캠브리지 5인조Cambridge Five'의 일원으로 약 30년 가까이 소련과 내통하며 다량의 정보를 넘긴 이중 스파이다. 특히 MI6에서 대소對蘇 첩보담당을 맡았고 절정기에는 미국 워싱턴 책임자로 임명돼 조직 최고 지위를 넘봤을 만큼 고위직에도 올랐다.

그러나 1963년 정체가 탄로 나자 소련으로 탈출했으며 이후 레닌 훈장을 받고 기념우표가 발행되는 등 영웅 대접을 받다 1988년 사망했다. 근현대 첩보사를 통틀어 최대 이중 스파이라는 평가를 받는 인물이다.

헤럴드 '킴' 필비 활동기 배경

헤럴드 '킴' 필비는 조지 블레이크George Blake와 같은 시기, 같은 조직에서 소련을 위해 활동한 이중 스파이라는 점에서 상당 부분 닮아 있다. 이들이 발각된 시점도 1960년대 초로 엇비슷하다. 하지만 필비는 나이와 경력에서 블레이크에 비해 약 10년 이상 앞서 있었고 지위에서도 한 차원 높았다. 따라서 그가 소련에 누설한 정보의 양과 질은 블레이크를 크게 능가하는 것으로 파악되고 있다.

필비가 MI6에서 첩보원 활동을 시작한 것은 제2차 세계대전이 개전된 직후였으나 그의 이중 행각에 커다란 영향을 미친 것은 이보다 앞선 약 10년 전으로 거슬러 올라간다. 그가 대학에 다니던 시절은 전 세계적으로 '붉은 10년'이라고 불릴 정도로 공산주의를 바탕으로 한 좌익세력이 맹위를 떨치던 시기다. 특히 1929년 미국에서 시작된 대공황이 세계를 덮치면서 계층 간 불균형이 심화됐고 자본주의 모순이 극단적으로 드러났다. 이때부터 그는 철저한 마르크스주의자가 된다.

이후 2차 대전을 거치고 서방과 동구의 갈등이 본격화돼 아시아에서는 한국전쟁이 터졌으며 유럽, 중동, 중남미 등지에서도 양대 진영은 사사건건 날카롭게 대립했다. 이런 상황에서 필비는 MI6 고위직에 올라 영국과 미국의 주요 작전 등 동향을 모조리 소련에 넘겼다. 아울러 블레이크와 마찬가지로 동구권에 침투한 MI6 요원들의 신상자료도 넘기는 등 첨예한 냉전기에 동료, 조직, 조국, 나아가 동맹국까지 위험에 빠뜨리는 '막장 행각'을 벌였다.

'막장' 이중 스파이, 그는 누구인가?

헤럴드 '킴' 필비는 1912년 대영제국 시절 인도 펀자브의 암발라Ambala에서 식민지 행정관이던 존 필비John Philby의 아들로 태어났다. 아버지 존은 사우디아라비아의 건국에도 관여한 유명한 아랍 전문가다. 필비의 이름에서 '킴Kim'은 아버지가 붙여 준 애칭으로 『정글북』으로 유명한 영국 소설가 러디어드 키플링Rudyard Kipling의 소설에서 따왔다. 이야기 속 주인공과 닮았다고 해서 그렇게 붙였고 이후에도 그를 '킴'이라고 불렀다.

어린 시절 영국 공립학교 웨스트민스터 스쿨을 거친 필비는 1929년 캠브리지 대학 트리니티 칼리지Trinity College에 입학해 역사와 경제학을 전공했다. 그런데 당시 영국은 세계적인 대공황의 여파로 사회적 모순이 극단적으로 드러난 상태였고 때를 같이해 유럽에서는 파시즘Fascism이 창궐한다. 이에 캠브리지 대학에는 파시즘에 대항해야 한다는 인식이 늘면서 대안으로 공산주의 사상에 매료돼 공산당에 가입하는 학생들이 많았다. 필비의 운명도 여기서 큰 전환점을 맞는다. 나중에 이중 스파이로 동료가 되는 4명의 친구들을 만나게 되는데, 이들은 훗날 '캠브리지 5인조 Cambridge Five'라고 불리며 영국의 대표적인 반역자가 된다.

캠브리지 5인조란 캠브리지 대학 출신의 엘리트 5명이 구성한 스파이 조직으로 킴 필비를 비롯해 도널드 맥클린Donald Maclean 제23화 참조, 가이 버지스Guy Burgess, 앤서니 블런트Anthony Blunt, 존 케른크로스John Cairncross가 그들이다. 이들 중 케른크로스에 대해서는 다소의 논란이 있었으나 당시 소련 측 관리관이었던 유리 모딘Yuri Modin이 후에 회고록을 통해 일부 행적을 언급했다. 이들은 2차 대전 개전을 전후로 각기 주요 기관에 침투해 소련에 다량의 고급 정보를 누설한다. 활동 기간 블런트는 국내기관인 MI5에 들어갔고, 필비와 버지스는 대외기관인 MI6에서 이중행각을 벌였다. 또 맥클린은 주로 외무부에서, 케른크로스는 국무조정실, 외무부, 블리츨리파크 암호연구소 등을 옮겨 다니며 기밀을 누설했다.

이와 함께 필비는 대학의 사회주의협회에도 가입해 노동당 선거운동을 도왔으며 졸업 무렵이던 1933년에는 독일을 방문했다가 나치의 반유대주의 정책을 접하고는 심한 충격에 빠진다. 그는 마르크스주의 경제학자인 모리스 도브Maurice Dobb를 만나 "공산주의에 생애를 바치려면 어떻게 하면 되느냐?"고 물었고, 도브의 소개로 만난 지인을 통해 오스트리아의 지하조직을 권유받는다. 이렇게 해서 어학연수를 핑계 삼아 오스트리아 빈Vienna으로 향한 필비는 여기서 나치에 탄압받아 피신해 온 난민들을 도왔다.

또한 이 과정에서 공산주의 활동을 펴던 유대인 여성 엘리스 '릿지' 콜맨Alice 'Litzi' Kohlmann을 만나 이듬해 2월 결혼해 영국으로 돌아왔다. 귀국 후에는 릿지의 주선으로 런던 대학원에 있던 체코 출신의 유대인 아놀드 도이치Arnold Deutsch라는 인물을 만난다. 당시 도이치는 대학원에 연구원 자격으로 체류하고 있었으나 실제로는 소련 KGB의 전신인 NKVD의 모집책 겸 관리관이었으며 필비는 그를 만나 스파이가 되겠다고 결심했다. 이때 NKVD는 중동에서 활동 중이던 필비의 아버지 존을 영국 첩보원으로 지목하고 있었다. 이에 필비의 충성심도 알아볼 요량으로 아버지 서재에서 가장 중요한 서류를 사진으로 찍어 오도록 요구했고, 그는 이를 성실히 수행한다. 아울러 필비는 부모의 계급과 신분에 대한 강한 경멸, 증오를 도이치에게 자주 피력했으며 캠브리지 동료들인 맥클린과 버지스도 소개하는 등 향후 조직적 반역 행위의 토대를 닦았다.

이런 식으로 소련을 위해 일하기로 한 필비는 도이치의 명령과 수월한 염탐을 위해 언론사에 들어간다. 그는 이 기간 여러 언론사를 옮겨 다녔고 그중 『월드 리뷰 오브 리뷰스World Review of Reviews』라는 월간지에서는 편집장을 역임하기도 했다. 특히 공산주의자라는 본래의 성향을 숨기기 위해 영국의 파시스트 극우단체인 '영국·독일 우호협회'에 가입해 우익에 눈도장을 찍는다. 그러고는 협회 대표로 독일을 방문해 나치의 핵심인물 중 한 명인 요아힘 리벤도르프Joachim von Ribbentrop와 만나는 등 철저한 위장 활동을 벌였다. 이런 모습을 전향으로 오해한 일부 친구들은 그와 절교를 선언하는 경우도 있었다. 몇몇 기록에 따르면 필비는 이렇게 쌓은 우익 이미지를 바탕으로 영국과 소련의 군사력을 비교하는 기사들을 쓴 것으로 알려져 있으며, 이 기사들을 통해 영국의 군사력을 자연스럽고 세세하게 소련에 알리는 방식으로 기밀을 유출했다는 주장이 있다.

이와 동시에 필비는 캠브리지 동료들과의 조직적 반역활동을 모의하는 작업도 본격화한다. 이 시기 외무부에 들어간 맥클린, 그리고 BBC에서 프로듀서로 활동 중이던 버지스와 긴밀한 협력체계를 구축했다. 당시 맥클린은 NKVD의 또 다른 관리관인 테오도르 말리Theodore Maly의 지휘 아래 이미 활동에 들어가 있었고 버지스에 대해서는 평소 괴팍하고 불안정한 성격으로 인해 포섭을 망설였으나 고심 끝에 합류시켰다.—버지스는 얼마 뒤 MI6에서 '선전 및 파괴 등 비정규전'을 담당하는 섹션Section D에 소속돼 활동하게 되며 MI5에 있던 블런트를 끌어들인다.— 이러한 여러 활동에도 불구하고 적어도 이때까지 필비는 스파이라기보다는 이념을 추종하는 공산주의자에 가까웠다. 단 1934년부터 그가 영국 상류층의 나치 지지자 명단을 소련에 넘겼다는 말이 있고 기자로 군사동향을 파악한 점을 들어 이 기간을 스파이 활동기에 포함시키는 견해도 있다.

망명자의 고변… 위기의 초보 스파이

그러던 1936년 스페인 내전이 발발하자 좌파 사회주의 정부에 반발한 프랑코 측 '우파 민족주의 진영을 염탐하라'는 소련의 명령를 받고 스페인으로 향한다. 처음 필비는 프리랜서 기자로 활동했으나 아버지의 연줄을 통해 영국의 유력 일간지인 더 타임스The Times의 특파원 자리를 따낸다. 그는 이런 지명도를 이용해 프란시스코 프랑코Francisco Franco 측에 접근했고 열렬한 우익 인상을 심으며 환심을 샀다. 그리고 여기서 얻은 정보를 소련에 전달한다. 또 귀족부인과 불륜 관계를 맺어 우파 진영의 정보를 입수하기도 했다. 아울러 이 시기 NKVD는 프랑코에 대한 암살계획을 세우고 보안상 취약점을 파악하도록 지시했으나 필비와 그를 감독하던 관리관이 "가능성이 희박하다"고 보고하면서 계획은 백지화됐다.

한편 스페인 내전이 종결됨과 동시에 첫 임무를 마친 필비는 런던으로 돌아와 MI6에 입사하기 전까지 언론인으로 영국 사정을 충실히 소련에 전한다. 하지만 필비는 스페인 내전으로 스파이 임무를 시작한 시기부터 MI6에 발을 들여놓기 전까지 본인의 인지 여부와는 상관없이 약 3차례의 고비를 넘기게 된다.

그 첫 번째로 그는 스페인 내전 기간 목숨을 잃을 위기가 있었는데 1937년 12월 테루엘Teruel 전투를 취재하던 중 차량이 공화파에게 수류탄 피습을 당하는 일이 벌어진다. 이 일로 동승했던 3명의 기자는 모두 사망했으나 필비는 구사일생으로 목숨을 건졌다. 이와 관련해 훗날 필비를 조명하는 과정에서 사망한 기자들 중에 필비의 스파이 행위을 눈치 챈 사람이 있었고 위험을 제거하기 위해 계획적으로 사건을 일으켰을 것이라는 의혹이 제기된 바 있다. 이는 단순히 일종의 '음모론'으로 볼 수 있지만 그렇게만 보기에는 이후 벌어진 사건과도 관련성이 있다.

필비에게 닥친 두 번째 위기가 바로 신분 노출이기 때문이다. 1937년 소련 GRU의 장교 출신인 발터 크리비츠키Walter Krivitsky가 대숙청을 피해 프랑스로 망명한다. 그 뒤 미국으로 옮겨 저술활동을 하던 크리비츠키는 1940년 실시된 MI5의 심문에서 스페인 내전을 언급하며 "소련 스파이로 일하는 상류층 출신의 저널리스트가 있다"는 말을 한다. 그렇지만 영국 측은 이 저널리스트가 필비일 것이라는 데까지는 생각이 미치지 못했다. 왜냐하면 당시 필비는 극우 성향의 기사를 쏟아냈고 피습 사건 후에는 프랑코에게 '훈장'을 받았을 정도로 확고한 우익 인물로 각인돼 있었기 때문이다. 역사에 만약이란 없지만 이때 MI5가 크리비츠키의 말을 좀 더 세심하게 파악했다면 이후 서방 세계를 뒤흔든 '막장 이중 스파이'는 태어나지 못했을지 모른다. 물론 그렇더라도 영악한 필비는 다른 방식으로 위기를 모면했을 가능성은 있다.

이 기간 필비에게 닥친 세 번째 위기는 그가 숭배하던 소련의 정치 상황에서 날아든다. 스탈린Joseph Stalin에 의해 1936년부터 대숙청이 시작됐고 기존 NKVD도 그 대상이었다. 이 숙청에서 필비와 끈끈한 연을 맺어 온 아놀드 도이치, 테오도르 말리 등 관리관들이 독일 스파이로 몰려 처형된다. 그러나 이보다 더 필비를 충격에 빠뜨린 것은 1939년 스탈린이 '공공의 적' 나치와 불가침 협정을 체결한 것이다. 당초 필비가 공산주의자의 길을 택한 것에는 나치로 대표되는 파시즘에 대항하려는 목적도 있었으므로 이는 충격이 아닐 수 없었다. 이에 그는 한동안 심한 내적 동요를 일으킨 것으로 알려졌으며 소련 정보기관과의 접촉을 일시 두절하기도 했다.

하지만 2차 대전이 발발하면서 필비도 움직임을 재개한다. 1940년 봄,

그는 특파원 자격으로 영국 원정군과 함께 프랑스에서 종군기자로 활동했다. 그러다 프랑스 공방전이 나치의 승리로 끝나면서 영국으로 탈출한다. 귀국길에 그는 열차에서 정보기관을 출입하던 보수 성향의 선데이 익스프레스Sunday Express지 여기자와 동승하게 되고 여기서 첩보 활동에 대한 지대한 관심을 전달한다.

그리고 그해 7월 MI6로부터 연락을 받은 필비는 먼저 조직에 침투해 섹션 D에서 선전부문을 맡고 있던 버지스의 도움을 받아 면접 즉시 채용됐다.—필비가 MI6에 어렵지 않게 채용된 데에는 버지스가 면접 자리에 입회했다는 말이 있을 정도로, 그의 영향력이 주효했다. 앞서 여기자를 동원한 이유는 자신의 첩보 활동에 대한 관심을 주변에 미리 알려 버지스와의 유착 이미지를 불식시키기 위한 계획된 행동으로 추정된다.— 또 그에 대한 신원보증은 아버지의 지인이던 MI6 부국장이 직접 맡았다. 당시 영국 외무부와 정보기관은 상류층 출신자들 간의 개인적 친분을 바탕으로 채용이 이뤄지는 등 매우 보수적이고 배타적으로 운영되고 있었다. 이러한 비합리적 조직문화는 필비가 정부 주요 기관에 아무런 장애물 없이 침투하는 근본적 원인이 됐다.

이렇게 해서 MI6에 입성한 그는 처음에는 버지스가 소속돼 있던 섹션 D에 배치된다. 그러나 며칠 후 섹션 D가 전시 임시기구인 특수작전집행부SOE로 흡수되면서, 여기서 스파이 교육을 받으며 첩보계에 본격적으로 발을 들여놓는다. 그런데 이때 필비에게는 선천적인 문제가 있었던 것으로 전해진다. 어떤 주장에 따르면 그는 말을 더듬는 습관이 있었으며 이로 인해 MI6에서 그를 현장 요원보다는 내근직에 적합하다고 판단했다는 것이다.

반면 그는 훗날 이중 스파이 혐의를 전면 부인하는 자리에서는 이런 습관을 전혀 드러내지 않았다. 이 때문에 현장에서 보고되는 첩보를 관장하는 '내근직을 따내기 위해 위장된 행동을 한 것이 아니냐'라는 의심을 사기도 했다. 사실이 어떻건 그는 이후 조지 블레이크를 능가하는 세기의 이중 스파이가 되는 발판을 마련한다. 이유는 필비가 스파이 교육을 받은 직후 배치 받은 부서가 MI6에서도 노른자위로 통하는 대외 방첩담당인 섹션 V(Five, 로마숫자 5)였기 때문이다. 섹션 V는 적국의 첩보 활동을 모니터링하는 동시에 국내 방첩기관인 MI5와 긴밀히 협력하는 임무도 맡아 양대 기관을 모두 염탐하기에는 최적의 부서였다.

MI6 입성, 거침없는 반역 행각

필비로서는 이것으로도 이중 행각을 벌이기에 충분했지만 행운은 한 번 더 찾아온다. 2차 대전에서 스페인과 포르투갈의 이베리아 반도Iberian Peninsula는 스파이 활동의 최전선이었다. 이 가운데 지브롤터 해협Strait of Gibraltar은 지중해 진출입의 관문인 만큼 전략적 가치가 매우 높았다. MI6는 필비가 기자로 스페인 내전을 누볐던 경험을 높이 평가해 부서에 배치하는 즉시 마드리드, 리스본, 지브롤터, 탕헤르로 이어지는 서부 지중해 조직망을 관리하도록 하면서 내부적으로 중책을 맡긴다. 여기서 필비는 블리츨리파크의 암호분석가들이 해독한 해독문을 활용해 해협의 제해권을 장악하려던 독일 군 정보기관 압베르Abwehr의 조직망을 교란하는 등 심각한 타격을 입힌다. 이런 성과에 고무된 MI6는 그를 섹션 V의 부책임자로 승진시키는 동시에 장차 연합군 반격의 교두보가 될 북아프리카와 이탈리아도 맡기며 절대적 신뢰를 보냈다.

그러나 이 기간에도 필비가 소련의 스파이 활동을 겸하고 있다는 사실을 MI6는 알지 못했다. 그는 런던 주재 소련 대사관 직원으로 위장한 NKVD의 유리 모딘과 꾸준히 접촉하며 동구권에 침투한 동료 요원들의 신상 자료를 넘기는가 하면 독일 내 반反나치 세력과 영국 정부의 접촉을 방해했다. 아울러 필비는 전후 사정까지 고려한 치밀한 누설행각도 벌여 많은 희생자를 낸다. 1943년 9월 압베르의 이스탄불 담당관이었던 에리히 베르메렌Erich Vermehren 부부가 게슈타포Gestapo의 반나치 소탕작전을 피해 다량의 기밀문서를 들고 영국으로 망명한다. 그런데 베르메렌이 가져온 문서 중에는 독일 내 가톨릭계 상류층의 반나치 '반공주의자들'의 명단도 있었다. 전쟁이 끝날 경우 이 반공주의자들이 전후 독일의 정치 지도자가 될 것으로 여겨 영국은 이를 소련에 넘겨주지 않았다. 그렇지만 필비는 이 문서들을 빼돌려 소련에 넘겼고, 소련군이 독일 점령 과정에서 극심한 혼란을 틈타 명단에 적힌 반공주의자들을 대부분 살해한 것으로 전해진다.

그럼에도 이런 사실을 몰랐던 당시 MI6 수장 스튜어트 멘지스Stewart Menzies는 필비의 능력을 높이 평가했고 심지어 외무부의 스카우트 제안을 거절했을 정도로 그를 아꼈다. 전문가들은 "필비가 재능 있는 중간 간부로 인정받았으며 유망주로 불렸다. '언젠가는 부서 전체 책임자가 될 것'이라는 평가를 받았을 정도로 높은 인기를 누렸다"고 당시의 분위기를 설명했다.

이 같은 주변의 평가를 반영하듯 희대의 이중 스파이에게 1944년 또 하나의 전기가 찾아온다. 종전이 다가오면서 그간 소홀했던 "대對소련 부서를 재건하라"는 상부 지시가 떨어진 것이다. 이와 관련해 일각에서는 필비가 멘지스에게 전후에 생길 소련과의 갈등을 고려해 부서 설립을 설득했다는 주장이 있다. 무엇보다 MI6 수뇌부는 이 일을 필비에게 맡기게 되는데 결과적으로 이것은 MI6 본부 내에 KGB(이하 소련의 정보기관은 KGB로 통칭함)지부 창설을 도운 것이나 다름없는 어처구니없는 결정이 된다. 이 시기 필비의 행각에 대해 가장 먼저 떠올릴 수 있는 속담은 '고양이에게 생선을 맡겼다'이다. 하지만 그의 지위와 기간을 보면 그냥 생선 정도가 아니라 아예 '생선 가게'를 통째로 맡긴 꼴이 됐다.

실제 필비는 그해 9월 소련 담당부서인 섹션 IX(Nine, 로마숫자 9)의 재건과 함께 책임자에 올라 날개를 달았고 훗날 얻게 되는 '두더지 중의 두더지, 이중첩자 중의 이중첩자'라는 악명의 서막을 올린다. 그는 부서를 재건하는 과정에서 소련 내부 반정부 세력을 규합하는 작업도 병행하며 일종의 '조직망'을 만들었으나 책임자에 오른 직후 이를 고스란히 KGB 손에 쥐어 줬다. 이에 조직망을 거머쥔 KGB가 반정부 세력을 이용해 도리어 MI6에 역정보를 흘려 교란을 일으키면서 영국을 혼란에 빠뜨린다.

또 필비는 동구권의 망명 희망자들을 사전에 파악해 이들의 탈출을 돕는 것처럼 하면서도 탈출 시기와 경로, 방법 등을 소련에 미리 알려 작전을 무력화시키기도 했다. 전후 공산 정권에 반발한 알바니아인들을 망명시키기 위해 미국과 영국이 공동으로 실행한 밸류어블 작전Operation Valuable이 대표적으로, 이 계획은 필비에 의해 참담한 실패로 돌아갔고 서방으로 망명하려던 희망자와 그 가족을 포함해 수천 명이 목숨을 잃었다. 특히 이 공작에서 필비의 교활함은 극단적으로 드러난다. 그는 우선 망명 희망자를 파악해 MI6에 알려 내부에서 환심을 사거나 신뢰를 얻었다. 그러면서도 이들의 탈출 시각 등 관련 정보는 KGB에 넘겨 행동 즉시 체포하도록 했다. 같은 이유로 동구권을 상대로 실행된 서방의 많은 노력은 대부분 물거품이 되고 만다. 문제는 이 같은 실패 원인을 MI6가 도무지 알지 못했다는 점이다.

영국 비밀정보국 필비가 소속됐던 MI6(SIS)는 세계 3대 정보기관으로 평가 받고 있으나 냉전기에는 잦은 스파이 사건으로 몸살을 앓기도 했다.

　그렇다고 필비가 두더지로 실력을 뽐내는 와중에 정체가 탄로 날 위기가 전혀 없었던 것은 아니다. 1945년 8월 터키 이스탄불Istanbul에 주재하던 KGB 고위 간부 콘스탄틴 볼코프Konstantin Volkov가 영국에 망명신청을 한다. 이때 볼코프는 필비 등의 이름을 언급하지는 않았지만 영국 외무부와 정보기관에 거물 이중 스파이가 있다는 언질을 하고 이는 곧장 수장 멘지스에게 보고된다. 그러나 멘지스가 볼코프에 대한 신병확보 임무를 소련 부서 책임자인 필비에게 맡기면서 두더지의 정체를 밝힐 기회가 날아가고 만다. 처음 이 소식을 접했을 때 필비는 한동안 혼란에 빠졌으나 이내 KGB 관리관과 연락을 취해 작전을 세우고는 이스탄불로 날아갔다. 결국 필비의 수중에 들어간 볼코프는 망명 직전 KGB에 납치된 것으로 꾸며져 모스크바 항공편에 실린다. 당시 볼코프와 그의 아내는 진정제를 맞고 붕대에 온몸이 칭칭 감긴 채 항공기에 실렸으며 소련에 도착해 모진 고문 끝에 처형된 것으로 알려졌다. 사정이 이런 데도 필비는 1945년 소련에서는 적기훈장ORB을, 이듬해 영국에서는 대영제국 훈장OBE를 각각 받는 웃지 못할 일이 있었던 것으로 후에 확인됐다.

두더지 대왕… 미국의 곳간을 털다

한편 필비가 '두더지 중의 두더지' 소위 '두더지 대왕'이라는 악명을 드날린 이유에는 영국과 MI6의 정보만을 빼돌린 때문은 아니다. 미국 등 동맹국들의 정보도 빼내 막대한 손실을 끼쳤고 그 결과 국제적 이중 스파이로 첩보사에 남게 됐다.

필비의 이중 행각을 꿈에도 몰랐던 MI6는 1949년 9월, 그를 1등 서기관 신분의 정보 책임자로 임명해 미국 워싱턴Washington DC에 파견한다. 이는 영국의 정보뿐 아니라 당시 세계 최고 정보기관으로 떠오른 미국 중앙정보국CIA의 기밀까지 염탐할 수 있는 기회가 됐다. 필비는 워싱턴에서 "영국과 미국 간에 정보 협력을 더욱 강화해야 한다"고 독려하며 다녔고, 당대 CIA 방첩담당 일인자로 성장하던 제임스 앵글턴James Angleton(제39화 참조)을 자주 만나 교류했다. 두 사람은 전쟁 기간 앵글턴이 유럽에서 OSS의 대외방첩부X-2 요원으로 복무하던 시절부터 친분을 맺기 시작해 이미 잘 알던 사이다. 또 영·미 최상위 정보책임자 간에는 '앨링턴 홀Arlington Hall'로 불리던 미 육군 통신정보국SIS: Signal Intelligence Service에도 영향력을 발휘해 극비작전의 요약본을 정기적으로 받아 봤다.

이런 활동에 힘입어 그는 이 기간 상당량의 고급 정보를 입수한다. 특히 이 중에는 한국과 관련된 정보도 소련에 넘긴 것으로 알려져 있는데 영국군이 한국전에 참전하면서 동맹국으로 미군의 작전 계획을 상세히 파악할 수 있었다. 이 정보에는 6.25 개전을 전후한 동북아 정세를 비롯해 개전 이후 중국군의 개입 여부와 전략, 주요 전력, 그리고 더글러스 맥아더Douglas MacArthur의 동향 및 판단, 심지어 유엔군의 북진계획까지 포함됐던 것으로 전해진다. 아울러 소련은 미국이 핵무기 없이 전쟁을 치를 것이라는 사실도 미리 알고 있었다. 이는 중국이 참전에 앞서 미국의 핵무기 사용을 가장 우려했던 것과 맥을 같이한다는 점에서 한국전의 전세를 가른 중대한 판단 근거가 됐다.

이렇듯 귀중한 정보들은 내부 고위직에 암약하던 두더지에 의해 모스크바로 전달된 것은 물론이고 혈맹을 자처하던 중국과 북한에 공유됐을 가능성이 크다는 분석이다.—일련의 정보들은 필비 외에도 요직에 침투해 있던 도널드 맥클린 등 캠브리지 5인조가 합심해 빼돌린 것들이지만 본 글의 특성을 감안해 그의 활동을 부각해 기술한다.—

더욱 당시 미국은 윌리엄 프리드먼William Friedman이 이끌던 SIS가 주축이 돼 소련의 비밀 암호를 푸는 이른바 '베노나 계획project VENONA 세기의 첩보전 제21화 참조'도 추진하고 있었다. 여기서 미국은 소련이 상당수의 스파이를 서방에 보내 주요 정보를 빼내고 있다는 사실을 알게 된다. 필비가 이 사실을 KGB에 전한 것은 두말할 여지가 없다. 그러나 바로 이 '베노나 계획'으로 희대의 이중 스파이와 캠브리지 일당의 마각도 서서히 정체를 드러내기 시작한다.

베노나 계획은 2차 대전 중이던 1943년 미국의 SIS에 의해 시작된 비밀 작전으로 오랜 시행착오 끝에 1946년 12월 언어학자 겸 암호 해독가인 메레디스 가드너Meredith Gardner가 첫 해독에 성공한 이후 부분적으로 성과를 거둔다. 가장 먼저 드러난 성과로는 전쟁 기간 맨해튼 계획Project MANHATTAN(세기의 첩보전 제11화 참조)에 잠입해 소련에 핵무기 개발 정보를 통째로 넘긴 소위 '원자폭탄 스파이' 클라우스 푹스Klaus Fuchs(제6화 참조)를 적발한 것이다. 1950년 1월 FBI와 MI5 등 양국 방첩당국은 푹스 체포 이래 미국인 접선자인 해리 골드Harry Gold와 또 다른 정보루트였던 데이비드 그린글래스David Greenglass 그리고 줄리어스 로젠버그Julius Rosenberg, 에델 로젠버그Ethel Rosenberg(제20화 참조) 부부 등을 연이어 체포한다.

나아가 방첩당국은 1951년 미국에서 활동 중인 '호머Homer'라는 소련 스파이가 있다는 것을 알고 수사를 벌여 그가 영국 외무부에 근무하는 도널드 맥클린이라는 사실도 밝혀냈다. 이에 필비는 동료의 발각 사실을 당시 KGB 관리관이던 유리 모딘에게 알렸고, 모딘은 서둘러 맥클린을 소련으로 탈출시킬 계획을 세운다. 그런데 여기서 돌발 변수가 발생했다. 맥클린을 소련으로 탈출시키려는 순간 동행했던 가이 버지스도 함께 망명을 시도한 것이다. 이때 버지스의 돌출 행동이 왜 일어났는지는 알 수 없다. 다만 당시 버지스는 심각한 알콜 중독에 심리 상태가 극도로 불안정했던 정황이 여러 군데서 드러난 바 있어 그렇게만 추측할 뿐이다.

그러나 이들에게 더 심각한 것은 급박한 사정을 전달한 '제3의 인물'이 필비일지 모른다는 의심으로 귀결되도록 했다는 점이다. 실제로 이때 양국의 방첩당국은 워싱턴에서 버지스와 필비가 함께 지냈던 사실을 알고 심문을 진행하기도 했으나 직접적인 증거를 찾는 데는 실패했다. 그렇지만 필비도 이 일로 MI6 수장을 목전에 두고 '해고 처분'을 받아 조직을 떠나는 신세가 된다. 그럼에도 적어도 이때까지는 필비의 실체가 공개적으로 드러난 것은 아니며 이후 사건은 묻히고 다소 잠잠해지는 듯 했다.

벗겨지는 정체… 대단원을 향하는 막장 행각

그러다 1954년 4월 KGB 대령이던 블라디미르 페토로프가 망명해 한동안 수면 아래 묻혀 있던 맥클린과 버지스의 스파이 행위를 재차 폭로하면서 다시 쟁점이 된다. 페토로프는 "1951년 초 런던에서 맥클린이 극비 문서를 KGB 관리관에게 건네는 것을 봤다"고 증언했다. 그러면서 "두 사람이 '제3의 인물'에게 발각과 관련된 경고를 받았다"고 강조해 의혹에 불을 붙였다. 이듬해인 1955년 9월에는 영국 언론이 맥클린과 버지스가 소련으로 망명한 사실을 확인 보도한다. 이전까지 당국에서는 두 사람이 종적을 감춘 것에 대해 단지 '외교관 실종'이라는 어정쩡한 용어로 사태를 무마해 왔다. 그러자 FBI 수장 존 에드거 후버John E. Hoover(제40화 참조)는 '제3의 인물이 헤럴드 킴 필비며 영국이 그를 체포하지 않는다'라는 불만을 간접적으로 드러내 논란에 기름을 붓는다. 이런 식으로 필비를 둘러싼 사건이 재차 쟁점화됐고 급기야 영국 의회 마커스 립튼 의원이 제3의 인물로 '필비'를 지목하면서 그의 이름이 사실상 처음으로 공개 거론된다.

반면 필비는 기자회견을 열어 의혹을 전면 부인했다. 그는 이때 더듬거리지 않는 말투로 침착하고 호소력 있게 반박해 반향을 일으켰다. 특히 당대 마녀사냥의 대명사인 '매카시즘McCarthyism'을 앞세워 자신을 이념논쟁의 피해자로 포장하며 여론을 반전시키는 수완을 발휘한다. 이에 영국 외무부는 "필비를 제3의 인물로 단정할 증거가 없다"라고 결론 내렸고 앞서 실명을 거론했던 립튼 의원까지 사과하며 논란은 유야무야 마무리된다.

이중 행각을 시작한 이래 최대 위기를 넘긴 필비는 이후 MI6 동료인 니콜라스 엘리엇Nicholas Elliott의 주선으로 중동 담당 정보 수집위원으로 위촉되는 동시에 옵저버The Observer와 이코노미스트The Economist의 특파원으로 레바논 베이루트에 파견돼 첩보 일선에 복귀했다. 1956년 8월 베이루트로 간 필비는 외형상 기자로서 MI6 임무를 재개했고 이와 함께 한동안 연락을 두절했던 KGB가 안전을 확인하고 접촉을 시도해 오면서 이중 행각도 다시 시작된다. 그가 베이루트에 도착하고 얼마 지나지 않은 10월엔는 영국, 프랑스, 이스라엘이 수에즈 운하의 지배권을 노려 이집트를 공격한 제2차 중동전쟁Suez Crisis이 발발했으며 이 계획을 소련에 누설했다는 의혹이 있다.

그러던 1961년 12월 KGB의 거물 아나톨리 골리친Anatoliy Golitsyn이 망명해 '캠브리지 5인조'의 존재를 폭로한다. 더욱 골리친은 심문에서 필비가 KGB 측과 접촉한 흔적을 일부 제시한 것으로 알려져 신빙성을 높였다. 이에 따라 MI6도 내부 이중 스파이 수사에 들어가 전처 '릿지'의 주변을 집중 조사한 결과 그가 1934년 소련 NKVD에 포섭됐다는 사실을 알게 된다. 믿었던 동료의 배신을 알게 된 엘리엇은 참담한 심경으로 그에 대한 심문을 자원해 베이루트로 날아갔다. 처음 심문에서 필비는 이중 행각을 완강히 부인했으나 사면을 조건으로 제한된 범위에서 혐의를 인정하며 길고 긴 두더지 생활을 사실상 마감한다. 그러고는 추후 심문을 재개하려 했지만 1963년 1월 23일 베이루트 주재 영국 대사관이 주최한 만찬에 얼굴을 비춘 뒤 자리를 슬그머니 빠져나와 모스크바로 탈출했다. 이와 관련해서는 영국이 국제적 스캔들을 우려해 그의 망명을 묵인했다는 주장이 나온 바 있다.

소련 망명 이후 필비는 KGB에서 고문으로 일했고 1980년에는 레닌 훈장을 받았으며 초상화가 새겨진 우표도 발행되는 등 영웅 대접을 받는다. 하지만 그는 망명지에서 그다지 행복하지 못했다. 필비는 당초 망명 이전에 KGB로부터 대령에 임명될 것이라는 언질을 받았으나 끝내 계급은 주어지지 않았다. 도리어 모스크바 도착 직후 영국으로의 재탈출을 우려한 KGB가 경호를 이유로 가택연금에 버금가는 감시를 벌이는 통에 수년간 심한 제약을 받는다. 사정이 이렇다 보니 본업인 일선 첩보 활동은 꿈도 꿀 수 없었고 술과 고독, 불륜 등의 일탈이 늘 그를 따라다녔다. 그럼에도 사망 직전까지 영국과 MI6를 조롱하며 "영국에서 스파이 활동은 식은 죽 먹기였다"는 말을 남기고 1988년 사망했다.

FOCUS 팅커 테일러 솔저 스파이

헤럴드 '킴' 필비의 행각에 대해 당시 일각에서는 "영화에서나 볼 수 있는 일이다"라고 충격을 대신했고 이후 그를 모티브로 한 영화가 실제 만들어져 주목받은 바 있다. 국내에는 2012년 소개된 영화 「팅커 테일러 솔저 스파이 Tinker Tailor Soldier Spy」가 바로 그 작품이며 킴 필비를 핵심 모델로 조지 블레이크의 행각도 일부 차용했다. 다만 스토리는 이중 스파이의 활동을 다루는 것은 아니고 색출 과정을 그린다.

영화는 1970년대 냉전이 한창이던 시절 영국의 비밀정보국을 배경으로 한다. 일명 '서커스'로 불리는 정보국

팅커 테일러 솔저 스파이 이 영화는 냉전기 영국 정보국을 배경으로 거물 이중 스파이의 색출 과정을 사실적으로 그린 작품이다. 킴 필비를 모티브로 쓰인 존 르 카레의 동명소설을 원작으로 하고 있다. 국내 개봉 당시의 홍보 포스터. 사진=씨네마진DB

의 총책임자인 컨트롤은 어느 날 내부에 '이중 첩자(두더지)'가 있다는 낌새를 알아차리고 비밀리에 현장 요원을 정보 전달자가 있는 헝가리로 급파한다. 그러나 이 요원은 현장에서 피습당해 체포되고 모처로 끌려가 모진 고문을 당한다. 그 시각 정보국 '서커스'에서는 헝가리 작전이 실패한데 대한 책임을 지고 컨트롤이 사임한다.—영화 타이틀에 '팅커, 테일러, 솔저'라는 암호명은 컨트롤이 두더지 색출을 위해 임의로 붙인 호칭이다.—이와 함께 극중 주인공인 심복 '스마일리George Smiley'도 사직한다.

이후 은퇴한 컨트롤은 지병으로 사망하고 계속된 제보에 정부 고위 관계자는 스마일리를 비밀리에 불러 두더지 색출을 부탁한다. 단 조건은 정보국 밖에서 극비로 수사해 달라는 것이었다. 스마일리는 정보국 소속 중에 그나마 믿을 만한 요원인 피터와 함께 두더지 색출에 나선다. 이때부터 스마일리는 그간 정부 관계자에 제보를 했던 비밀요원 리키를 만나 조사를 벌이고 내부에 실제 첩자가 있다는 사실을 알게 된다. 그렇지만 첩자의 실체에 대해 상세히 알고 있던 소련 정보요원이 본국으로 소환돼 살해되면서 사건은 미궁을 헤맨다.

한편 정보국에 소속된 피터를 통해 내부 기록을 살피던 스마일리는 리키의 통화 내역이 사라진 점 등을 수상히 여기며 헝가리 사건을 중심으로 원점에서 재수사에 들어간다. 이 과정에서 헝가리 파견 요원이 생환을 조건으로 영국에 돌아와 일반 학교에서 교사를 하고 있고 두더지가 서커스와 별도의 안전 가옥을 마련해 소련 스파이들과 내통하고 있다는 사실을 알아낸다. 곡절을 거친 조사 끝에 결국 스마일리는 이중첩자를 색출하고 그가 서커스의 주요 책임자라는 점과 헝가리에서 현장요원이 살아온 이유 등을 알게 된다.

영화가 실제와 다른 점이 있다면 '필비 사건'에서 필비는 안전하게 소련으로 탈출했으나 여기서는 두더지를 사살해 처단하는 것으로 끝을 맺는다. 마치 조국을 배신하고 많은 동료를 희생 시킨 필비 등 이중 스파이들을 징벌하고자 하는 작가의 속내가 드러나는 설정으로 읽힌다. 난해하고 복잡한 스토리, 음울한 분위기와 화려한 액션신도 없어 「007」 등 할리우드식 첩보물에 맛을 들인 이들에게는 큰 실망을 안긴 작품이다. 실제 개봉 당시 게리 올드맨, 콜린 퍼스 등 초호화 캐스팅으로 영국에서는 3주에 걸쳐 박스오피스 1위에 올랐지만 국내에서는 그다지 큰 성공을 거두지 못했다. 그럼에도 여기서 주목해야 할 것이 있다.

영화 속 이중 스파이가 상당한 고위직이었다는 점에서 킴 필비를 연상케 한다는 것 외에 동명 소설 원작자 존 르 카레John le Carré도 눈여겨봐야 할 인물이기 때문이다. 원작자 존 르 카레는 '블레이크와 필비 사건'이 있었던 1960년대 초반까지 영국 외무부에서 근무한 경력이 있고 또 한동안 MI6에도 몸담았던 것으로 알려져 있다. 더욱 놀라운 것은 필비가 소련에 넘긴 MI6 요원들의 파일 속에 현역 시절 작가의 신상(본명: 데이비드 콘웰 David Cornwell)도 포함돼 있었다는 것이다. 이로 인해 작가의 첩보원 활동은 사실상 종지부를 찍게 됐다는 주장이다. 이에 대해 존 르 카레는 긍정도 부정도 하지 않았다. 단지 그는 원작 후기를 통해 "개인적으로 이들을 잘 알지는 못하지만 블레이크에게는 이상한 동정심이 들고 필비는 아주 싫어한다"고 말해 결말의 처단 장면이 단순한 상상력이 아닌 비열한 이중 스파이에 대한 작가 방식의 보복이지 않았나 짐작케 한다.

06

클라우스 푹스

Klaus Fuchs 1911~1988 -GRU / KGB-

클라우스 푹스Klaus Fuchs는 독일 출신의 물리학자다. 1933년 나치의 탄압을 피해 영국으로 망명한 그는 제2차 세계대전 기간 서방 진영이 극비리에 추진한 원자폭탄Atomic Bomb 개발 계획에 참여한다. 여기서 푹스는 핵심 정보를 소련으로 빼돌리는 전대미문의 스파이 행각을 벌였다. 그러나 영국의 정부통신본부GCHQ에 꼬리가 잡혀 스파이 혐의로 복역했고 석방된 뒤에는 동독East Germany에서 연구 활동을 벌이다 1988년 사망했다.

냉전기 소련을 비롯한 중국 등 공산 진영이 서방의 예상을 깨고 일찌감치 핵무기 개발에 성공할 수 있었던 데에는 푹스가 전달한 순도 높은 양질의 정보가 절대적으로 공헌했다는 평가다.

클라우스 푹스 활동기 배경

클라우스 푹스는 물리학자로 직업 첩보원도 아닌데다 그나마 스파이로 활동한 기간도 1941년에서 1950년까지 10년 남짓에 이른다. 그럼에도 불구하고 '세기의 스파이'로 그를 주목하는 이유는 물리학자라는 직업에서 알 수 있듯 빼돌려진 정보의 실체가 인류의 역사를 뒤바꿀 만큼 엄청난 것이었기 때문이다. 푹스가 연구에 참여해 스파이 행각을 시작한 시기는 2차 대전 초반으로, 이 시기 유럽과 아시아는 나치와 일본의 호전성에 시달리며 전 세계적으로 포성이 그치지 않았다. 반면 후에 냉전기 들어 최대 적수가 되는 미국과 소련은 나치와 일본을 '공동의 적'으로 맞아 연합 전선을 구축하고 있었다. 그렇지만 서방은 은밀하게 가공할 비밀병기 개발에 나섰고 가장 먼저 영국이 위장 계획에 돌입해 과학자들을 끌어모았다. 이 계획은 마침내 미국으로 옮겨져 세계 최초의 원자폭탄 개발계획인 '맨해튼 계획Project MANHATTAN 세기의 첩보전 제11화 참조'으로 발전한다.

푹스는 영국에서부터 계획에 참여해 누구보다 내용을 잘 알고 있었으나 그의 실체는 독일에서부터 마르크스주의로 무장한 철저한 공산주의자였다. 푹스는 영국과 미국이 엄연한 연합국인 소련에 핵무기 개발 정보를 공유하지 않는 것에 불만을 갖기 시작해 향후 서방의 핵무기 독점을 우려하며 누설의 길을 택하게 된다. 아울러 그의 스파이 활동기 중 말기에 해당하는 1950년에 한국에서 6.25 전쟁이 일어났는데 스탈린과 김일성이 전쟁을 개시할 수 있었던 배경에는 그를 포함한 동시대 스파이들이 소련에 전달한 미국의 핵무기 관련 동향이 영향을 미쳤다는 견해가 있다.

원자폭탄 스파이, 그는 누구인가?

클라우스 푹스는 1911년 독일 마인츠 근교 뤼셀스하임Rüsselsheim에서 태어났다. 아버지 에밀 푹스Emil Fuchs는 루터교 신학자 겸 목사였다. 훗날 그의 스파이 행각 바탕에는 공산주의 사상이 큰 작용을 하는데 이는 아버지를 비롯한 가풍에 영향 받은 바가 크다. 왜냐하면 아버지부터가 열렬한 공산주의자였고 종전 후 1949년에는 동독 라이프치히 대학Leipzig University에서 신학교수를 지냈던 좌파적 지식인이었다. 이런 환경 탓에 그는 어려부터 자연스럽게 공산주의 사상을 체득한다. 그런데 집안의 사상적 배경은 어린 푹스를 다소 곤혹스럽게 하는 일도 있었다. 그의 이름에 푹스Fuchs는 독일어로 '여우'를 뜻한다. 여기에 친구들이 공산주의를 상징하는 색깔인 붉은색Red을 붙여 '붉은 여우'라고 놀리며 조롱했다는 일화가 전해진다.

이렇게 유쾌하지만은 않은 기억을 갖고 자란 그는 1930년 라이프치히 대학에 입학했으나 곧 아버지를 따라 킬 대학University of Kiel으로 옮겨 수학과 물리학을 공부한다. 여기서 푹스는 친형인 게르하르트Gerhard와 함께 독일사회민주당SPD에 가입해 본격적인 활동가로 변신했다. 그렇지만 얼마 지나지 않아 노선 갈등이 불거져 탈퇴하고 독일공산당KPD에 가입한다. 당시는 아돌프 히틀러Adolf Hitler가 이끌던 나치당NSDAP이 득세하던 시기로, 공산당과 나치당은 잦은 물리적 충돌을 빚는 등 심하게 반목했다. 이 과정에서 푹스도 나치 청년당원들에게 집단 폭행을 당하고 강물에 내던져지는 봉변을 겪기도 한다. 그러던 1933년 1월 히틀러가 총리에 올라 정치권력을 장악하자 나치당 세력이 강한 킬을 떠나 베를린에 있는 카이저 빌헬름 물리학 연구소Kaiser Wilhelm Institute for Physics에 들어간다.

하지만 이곳에서의 생활도 그리 오래가지 못했다. 같은 해 2월 27일 독일 의회 의사당에서 화재가 일어났고 나치는 이를 '공산주의자들이 폭동을 일으키려는 신호'라고 규정하며 대대적인 탄압을 시작한다. 이와 함께 푹스도 연구소에서 추방되는 비운을 맞게 되면서 탄압을 피해 망명을 권유하는 동료들의 제안을 받아들여 9월 영국으로 탈출했다.

이렇게 영국에서 망명 생활을 시작할 무렵 그는 장차 자신의 운명을 바꿀 만한 중대한 만남을 갖는다. 영국인 후원자의 도움으로 브리스톨 대학University of Bristol 물리학과에 진학하는 동시에 후에 노벨상을 수상하게 되는 네빌 모트Nevill Mott 교수의 연구 조교로 들어간 것이다. 여기서 푹스는 양자역학 등의 논문을 발표해 박사학위를 취득했다. 또 같은 이유로 독일을 탈출해 에딘버러 대학University of Edinburgh에서 연구하고 있던 저명한 과학자 막스 보른Max Born 밑에서도 일하며 연구를 이어 갔다. 이에 힘입어 그는 1937년 영국 왕립학회 논문집에 방사선 연구에 대한 논문을 다수 발표해 명성을 얻었고 에딘버러 대학 연구원 자리도 따내는 등 성공적으로 정착했다. 이와 함께 1939년 8월에는 영국 국적을 신청한다.

그 사이 독일에 남아 있던 가족들은 나치의 탄압에 심한 고초를 겪고 있었다. 아버지와 형은 실직에 이어 옥고를 치렀고 누나는 자살했으며 여동생은 가까스로 미국으로 탈출했다. 영국에서 성공만 있을 것 같았던 푹스에게도 위험이 닥치기는 마찬가지였다. 국적을 신청하고 한 달 뒤 히틀러가 전격적으로 폴란드를 침공해 2차 대전이 시작된다. 이로 인해 적성국 국적자들이 대거 수용소로 보내졌으며 당시로서는 독일인이었던 푹스도 예외는 아니었다. 그는 연합국이 캐나다 퀘벡주 셔브룩Sherbrooke에 마련한 강제 수용소로 이송됐다. 그럼에도 이 기간 연구를 계속해 핵 이론을 포함한 4편의 논문을 발표하는 등 왕성한 학구열을 불태운다. 이후 1940년 말 막스 보른이 그에 대한 반反나치 증빙자료를 제출하면서 수용소에서 풀려나 영국으로 돌아올 수 있었다.

'누설의 길' 붉은 여우, 스파이가 되다

한편 푹스는 영국으로 돌아오고 얼마 후 또 한 번의 운명적 기회를 맞이한다. 앞서 브리스톨 대학에서 만난 네빌 모트가 그를 세계 정상급 물리학자 반열로 이끌었다면 이번에는 영국의 신무기 개발계획에 참여하게 된 것이다. 영국은 1941년 5월부터 역시 독일에서 망명한 저명한 과학자 루돌프 파이어스Rudolf Peierls를 중심으로 버밍엄 대학University of Birmingham에서 '튜브 합금Tube alloy 프로젝트'라는 연구를 진행 중이었다. 그런데 이 연구는 실은 원자폭탄 개발계획으로 외부의 눈을 피하기 위해 명칭을 일반적인 과학 프로젝트로 위장하고 있었다. 푹스는 평소 친분이 있던 파이어스의 도움으로 연구에 참여하는 기회를 얻는다. 이때 파이어스는 푹스의 거처가 마땅치 않은 것을 알고 부부가 사는 자신의 집에서 기거하도록 배려하는 등 그를 매우 아끼고 신뢰했다. 또한 이듬해 정부도 영국 국적을 부여하며 한결 가볍게 연구에 임하도록 돕는다.

그러나 푹스의 생각과 행보는 이와는 달랐다. 우선 그는 이 계획이 생뚱맞은 명칭으로 치장하고 있지만 가공할 '핵무기 개발계획'이라는 것을 금방 알아챘다. 아울러 영국이 미국과는 연구 성과 등 정보를 공유하면서도 같은 연합국인 소련에는 극비로 하고 있다는 것에 불만을 갖기 시작한다. 나아가 만약 계획이 성공해 서방 진영이 가공할 무기를 개발하기라도

한다면 힘의 균형은 그대로 무너져 전후 공산주의 활동은 크게 위축될 것이라는데 생각이 미친다. 이에 푹스는 영국에서 활동하던 공산주의 단체와 접촉을 시도했다. 그는 가장 먼저 캐나다 수용소에서 정치 회합을 주도하며 끈끈한 인연을 맺어 온 독일인 공산주의자 한스 칼레Hans Kahle를 만나 이런 사실을 털어놓았다. 칼레는 독일공산당KPD 당원으로 스페인 내전에도 참전해 프란시스코 프랑코가 이끌던 우파에 맞선 전력이 있는 왕성한 활동가였다. 이어 푹스는 칼레의 절친이자 역시 독일공산당 출신으로 런던 정경대학London School of Economics에 있던 유르겐 쿠친스키Jürgen Kuczynski와 접촉한다.

당시 유르겐 쿠친스키는 공산주의자라는 정치 성향 외에 또 다른 막강한 배후와 선이 닿아 있었는데, 그것은 바로 소련의 군 정보기관인 GRU다. 더욱 그의 여동생은 훗날 GRU 최고의 여성 스파이로 명성을 얻게 되는 루스 쿠친스키Ruth Kuczynski(제16화 참조)로 '세기의 스파이' 중에서도 최고로 손꼽히는 리하르트 조르게Richard Sorge의 수재자다. 루스 쿠친스키는 앞서 영국 옥스퍼드셔에 침투해 이미 탄탄한 조직망을 구축해 놓은 상태였고 GRU는 그녀를 푹스의 공식 접선책으로 임명한다. 이렇게 GRU 런던지부와 접선망을 구축한 푹스는 이때부터 정식 암호명Rest을 부여받아 핵심 정보를 소련에 넘기게 된다. 사실상 본격적인 스파이 활동을 시작한 것이다.

영국에서 연구를 진행하는 동안 푹스는 프로젝트와 관련된 자료들을 빼내 마이크로필름으로 찍고 자신의 소견을 덧붙여 쿠친스키에게 전달한 것으로 알려졌다. 이 같은 푹스와 GRU의 소위 '런던 밀월'은 그가 1943년 맨해튼 계획에 참여하기 전까지 계속된다. 이와 관련해 전문가들은 한동안 중대한 의문을 제기해 왔다. 어려서부터 마르크스주의 사상을 갖고 공산당 활동까지 했던 푹스가 어떻게 이런 중대한 극비 계획에 참여할 수 있었느냐는 게 의심의 골자다. 이로 인해 푹스의 자료를 관리했던 MI5 내부에 KGB 이중 스파이가 침투해 있었을 것이라는 주장이 유력하게 제기된 바 있다. 그렇지 않고는 최고 방첩기관이 그의 사상적 편향성과 전력을 간과했을 리가 없다는 것이다. 실제 훗날 MI5 내에 푹스에 대한 기록이 조작된 것으로 확인됐으나 누구의 소행인지는 끝내 밝혀내지 못했다.

이어 1943년 11월 푹스는 루돌프 파이어스 등과 미국으로 건너가 본격적으로 '맨해튼 계획'에 참여했고 이듬해 8월에는 계획의 심장부인 뉴멕시코주 로스앨러모스Los Alamos 연구소로 옮겨 간다. 같은 시기 소련도 푹스의 정보를 손쉽게 전달 받을 수 있는 루트를 마련한다. 런던에서 주요 채널이었던 GRU를 대신해 뉴욕에 지부를 두고 있던 KGB(당시 NKGB)에 관리권을 넘기고 미국인 공산주의자인 해리 골드Harry Gold를 새로운 접선책으로 임명해 교류토록 했다.

미국에서 맨해튼 계획에 참여하는 동안 푹스는 이론물리부문 책임자인 저명한 한스 베테Hans Bethe 밑에서 연구하며 플루토늄의 핵분열 및 폭탄 제작에 적지 않은 힘을 보탠다. 이러한 그의 능력은 당대 천재들이 집결한 로스앨러모스에서도 단연 눈에 띄는 것이었고 거의 모든 정보에 접근할 수 있는 권한을 가졌을 만큼 인정받았다. 그러나 이렇게 연구하고 입수한 성과들을 수차례에 걸쳐 해리 골드를 통해 고스란히 KGB에 전달한다. 푹스는 맨해튼 계획에서 최대 도전과제 중 하나로 여겨졌던 폭탄의 폭발유도 방식과 관련해 플루토늄탄Plutonium Bomb의 핵심기술이라 할 수 있는 '내파 설계법'도 빼돌려 소련의 추격에 결정적 단초를 제공했다. 심지어 그는 1945년 7월 16일 새벽 뉴멕시코주 사막지대에서 실시된

팻 맨 제2차 세계대전 기간 미국이 맨해튼 계획을 통해 개발한 플루토늄 핵폭탄이다. 푹스는 이 폭탄의 핵심기술인 '내파 설계법' 등 주요 정보를 빼돌려 전후 소련의 핵무장을 도왔다.

원자폭탄의 시제폭탄인 가제트The Gadget에 대한 폭발실험Trinity Test에도 참여해 여기서 채집된 모든 정보를 소련에 넘겼다. 다만 그는 이 기간 KGB가 골드를 거쳐 전달한 약 5백 달러 상당의 공작금에 대해서는 거부한 것으로 알려져 일련의 누설 행각이 철저히 사상적 신념에 따른 행동임을 분명히 했다.

핵기술 절도사건… 꼬리 잡힌 붉은 여우

그런데 푹스가 비밀을 누설한 것과 관련해 이를 몰랐던 미국은 이로 인해 전쟁 막바지 다소 실소를 자아낼 수 있는 에피소드를 하나 만들었다. 물론 이 이야기는 가공할 원천기술을 도난당하고 냉전기 군비 경쟁에서 소련의 추격을 허용한 미국의 입장에서는 뼈아픈 것이다. 1945년 7월 26일 유럽 전선에서 나치를 굴복시킨 미국, 영국, 소련 그리고 중국은 독일 포츠담Potsdam에서 회담을 갖고 "일본이 굴복하지 않으면 파멸할 것"이라며 최후통첩을 날렸다. 이후 본회의 말미에 미국의 트루먼Harry Truman이 소련의 스탈린Joseph Stalin에게 귓속말로 "파괴력이 큰 신무기를 개발했다"고 말했다. 당시 트루먼은 스탈린이 화들짝 놀라 "'그것이 무엇이며 어떻게 만들었느냐?'고 꼬치꼬치 캐물으면 어떡하나?" 하는 걱정을 하고 있었다고 한다. 그러나 스탈린은 특별한 반응을 나타내지 않았고 의례적 인사말 외에는 관심을 보이지 않았다. 이에 트루먼은 스탈린이 원폭의 위력이나 중요성을 전혀 모르는 것으로 판단했다는 이야기다.

반면에 이미 소련은 계획의 심장부에 침투해 있던 푹스를 통해 원폭 정보의 상당량을 보유하고 있었으며 더욱 회담 직전 미국이 뉴멕시코주 사막지대에서 실시한 폭발 실험 보고서까지 몽땅 손에 쥐고 있었다. 트루먼은 소련이 첫 번째 핵실험에 성공한 1949년 8월 29일이 돼서야 이때 자신의 생각이 착각이었음을 깨닫는다.

2차 대전은 일본이 연합국의 최후통첩을 거부함에 따라 최초의 원자폭탄 실전實戰 사용이라는 기록을 남긴 채 막을 내렸지만 푹스의 누설 행각은 전쟁이 끝난 뒤에도 계속됐다. 그는 1946년 초까지 로스앨러모스에 머물며 잔여 연구를 돕다 8월 영국으로 돌아와 영국의 핵무기 개발 프로그램에서 이론물리부문을 지휘한다. 이 기간에도 KGB 담당관이었던 알렉산더 페클리소프Alexander Feklisov를 수차례 만나 개량 핵무기 실험 결과와 우라늄 235의 주요 데이터를 넘겼다.

특히 1947년 미국, 영국, 캐나다 3개국 정부는 핵 관련 정보 교환을 위해 원자력 연합정책위원회CPC라는 최상위 기밀회의를 연다. 이 회의에는 미국의 핵물질 생산량 등이 담긴 동향보고서가 제출됐다. 푹스도 회의에 참석했고 여기서 입수한 동향보고서를 빼돌려 소련에 전달한다. 단 회의에는 헤럴드 '킴' 필비와 함께 캠브리지 5인조로 활동했던 도널드 맥클린 Donald Maclean(제23화 참조)이 영국 측 연락관으로 참석하고 있었다. 따라서 이 보고서가 푹스에 의해 넘겨졌는지 맥클린에 의해 넘겨졌는지는 다소 불분명한 측면이 있다. 그럼에도 미국의 핵개발 동향이 이 회의를 기점으로 소련에 전달된 것은 분명해 보인다. 보고서에 따르면 이때 미국은 한 달에 100킬로그램의 우라늄과 20킬로그램의 플루토늄을 생산하고 있었고 이 정도로는 당장 소련을 상대로 핵전쟁을 벌일 수 없다는 판단을 한다. 일부 연구가들은 이러한 판단이 한국전쟁에도 영향을 미쳐, 스탈린은 '미국이 핵무기를 쓸 수 없을 것'이라 확신하고 김일성을 지원했다는 분석을 내놓기도 했다.

이런 식으로 푹스의 누설행각은 1949년 5월까지 이어진다. 하지만 그의 활동도 서서히 종착역에 다다른다. 같은 해 미국과 함께 소련의 암호해독 프로그램인 '베노나 계획project VENONA 세기의 첩보전 제21화 참조'을 수행해 온 영국의 통신 정보기관인 정부통신본부GCHQ가 푹스와 관련한 메시지를 해독해 낸 것이다. 암호를 해독한 GCHQ는 2차 대전에서 맹활약했던 블리츨리파크 암호연구소에 기원을 둔 기관으로 1946년 창설됐다. 성격상 이어 1952년 창설된 미국의 국가안보국NSA과 같은 조직이다. 블리츨리파크가 전쟁 중 독일의 첨단 암호생성기인 에니그마와 로렌츠를 무력화시키며 전세를 역전시키는 데 공헌한 만큼 암호해독 분야에서는 당시 미국이나 소련을 능가하는 상당한 노하우를 갖고 있었다. 이를 GCHQ가 고스란히 흡수한 것이니 이들의 해독력이 갖는 신뢰성은 대단히 높았다.—KGB가 푹스와의 교신을 단절한 것이 바로 이 시기로, KGB

는 헤럴드 '킴' 필비를 통해 푹스의 발각 사실을 전달받았다.— GCHQ로부터 해독 자료를 건네받은 MI5는 추가 조사를 벌여 마침내 10월 '원자폭탄 스파이' 푹스를 체포했다.

그러나 MI5는 푹스를 체포하고도 큰 고민에 봉착한다. 법원에서 혐의를 입증하기 위해서는 그의 활동 배경이 된 원자폭탄 개발계획은 물론이고 당시 진행 중이던 최상위 극비작전인 '베노나 계획'까지 노출해야 하는 위험을 감수해야 했다. 따라서 MI5가 선택할 수 있는 방법은 오로지 푹스의 자백뿐이었다. 이에 방첩분야에서 가장 유능했던 윌리엄 스카든 William Skardon이 나선다. 스카든은 1950년 1월 심문에서 푹스를 구슬러 범행 일체를 자백 받아 재판에 넘길 수 있었다. 푹스는 그해 3월 재판에서 영국 국적을 박탈당하고 징역 14년형을 선고받아 복역하던 중 1959년 풀려나 동독으로 이주했다. 동독에서 그는 칼 마르크스 훈장Order of Karl Marx 등을 받고 국민적 영웅으로 대접받았으며 드레스덴 공과대학 TU Dresden 교수를 거쳐 로센도르프 연구소HZDR 부소장을 지내다 1988년 사망했다.

한편 푹스는 소련 외에 중국의 핵무장에도 일부 공헌한 것으로 추정되고 있다. 중국은 정부 수립 이후 소련의 지원하에 원자폭탄 개발에 나섰으나 1959년 양국 간 갈등으로 소련이 지원을 철회하고 기술진을 철수시킨다. 이에 중국에서 원자폭탄 개발을 주도하던 전삼강钱三强 박사 등이 동독을 방문해 푹스를 만났고 이 자리에서 폭탄 개발과 관련된 '연구 노트' 등 의미 있는 정보가 전달됐다는 주장이 있다.

07

올레그 펜코프스키

Oleg Penkovsky 1919~1963 –GRU / CIA–

 올레그 펜코프스키Oleg Penkovsky는 소련 연방군 정보총국 GRU 소속으로 냉전기 미국의 CIA, 영국의 MI6와 접선해 군사 기밀 등 주요 정보를 다수 넘긴 이중 스파이다. 특히 그가 서방 에 넘긴 정보 가운데 소련의 미사일 전력은 냉전기 최대 위기 였던 1962년 쿠바 미사일 사태 당시 미국 대통령 존 F. 케네 디John F. Kennedy의 판단을 돕는 핵심적 근거가 됐다. 그러나 KGB의 정교한 방첩 망에 걸려들어 체포돼 1963년 처형됐다.

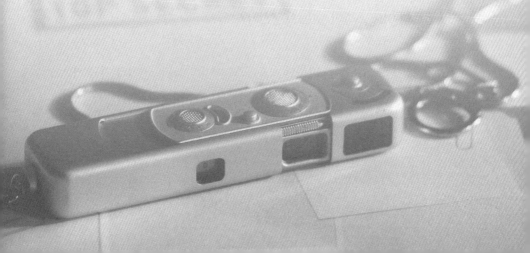

올레그 펜코프스키 활동기 배경

올레그 펜코프스키는 소련의 입장에서는 국익을 해친 반역자지만 서방에는 군비軍備 경쟁에서 공산 진영의 기세를 꺾는 데 결정적 역할을 한 영웅으로 평가받고 있다. 실제 20세기 들어 시작된 양대 진영의 전통적 갈등구조를 감안하면 이런 상반된 평가는 너무나 당연하다. 더욱 조지 블레이크George Blake나 헤럴드 '킴' 필비Harold 'Kim' Philby 같은 인물이 서방에만 있었다면 양대 진영의 경쟁은 동구권의 일방적 승리로 끝났을지 모른다. 당시 소련을 중심으로 공산 진영에서도 미국과 영국을 위해 내부에서 이중 행각을 벌였거나 망명 등의 형태로 투항해 다량의 정보를 전한 인물들이 상당수 있었다. 그중 한 사람이 바로 동토凍土의 이중 스파이 펜코프스키다.

그가 첩보원으로 활동한 시기는 제2차 세계대전이 종식된 1946년부터 1962년까지다. 이 가운데 이중 스파이로 활동한 기간은 2년가량이다. 이 시기 미국과 소련은 각각 동서를 양분해 치열한 이념 경쟁을 벌였고 핵무기와 미사일 전력을 앞세워 심각한 대립각을 세웠다. 급기야 1962년에는 냉전기 최대 위기로 꼽히는 '쿠바 미사일 사태Cuban Missile Crisis'가 발생해 세계는 일촉즉발의 핵전쟁 위기로 치닫는다.

동토의 이중 스파이, 그는 누구인가?

올레그 펜코프스키는 1919년 카프카스(코카서스 Caucasus)지역 광산 기술자의 아들로 태어났다. 그러나 그가 어린 시절을 어떻게 보냈는지는 알려진 것이 거의 없다. 펜코프스키가 다수의 기록에 공통적으로 등장하는 시기는 주로 그의 나이 20세이던 1939년이다. 이때 그는 키예프 포병학교Kiev Artillery Academy를 졸업하고 장교로 임관한다. 이어 1940년 벌어진 소련과 핀란드의 이른바 '겨울전쟁Winter War'에 참전했고 곧바로 나치독일이 소련을 침공하자 대독전쟁對獨戰爭(제2차 세계대전)에도 종군했다. 그는 어린 나이에도 불구하고 전쟁 기간 빼어난 활약을 펼쳐 최연소 중령으로 진급하는 등 초고속 승진가도를 달린다. 또 이와 함께 장성의 딸과 결혼하면서 처가와 친분이 있던 군내 실력자 세르게이 바렌소프Sergei Varentsov 원수와도 끈끈한 인연을 맺은 것으로 알려져 있다.

당시 그는 총망받던 육군 장교로 떠올라 있었으며 여기에 후견인을 자처한 군내 실력자 바렌소프의 후광에 힘입어 1946년 GRU에 들어가 정보관을 시작으로 첩보계에 발을 들여놓는다. 이후에도 30세이던 1949년 대령으로 진급해 출세 가도를 쾌속으로 질주했고 1955년에는 터키에서 해외 정보관 생활도 했다. 특히 이 시기 바렌소프를 통해 KGB와 GRU에서 연이어 수장을 역임한 소련 정보기관의 거물 이반 세로프Ivan Serov와도 친분을 맺은 것으로 전해졌으며 이로 인해 장성 진급에도 아무런 어려움이 없을 것으로 예측됐다.

하지만 시련이 시작된 것은 바로 이때부터다. 펜코프스키가 장성 진급을 눈앞에 둔만큼 KGB가 신분조회에 나섰다. 다만 이것은 펜코프스키를 겨냥한 것은 아니고 소련에서는 늘 있던 정례 절차였다. 그런데 여기서 예상치 못한 사실이 드러난다. 당초 1920년 질병으로 사망했다던 아버지가 실은 1919년 러시아 내전 당시 볼셰비키군Red Army(적군)에 맞서 반볼셰비키군White Army(백군)으로 싸우다 전사했다는 것이다. 그가 아버지의 활동과 사망을 일부러 숨기려 했는지는 알 수 없다. 그럼에도 확실한 것은 이로 인해 펜코프스키는 출세는커녕 사상과 충성심마저 의심받는 등

곤경에 처하게 됐다는 점이다. 아니나 다를까 이런 우려는 곧 현실로 닥치게 되는데 우선 그는 앞서 해외 근무지로 예정됐던 인도 발령이 취소되면서 심한 불안감에 휩싸인다. 사정이 이렇다 보니 진급은 생각할 수도 없는 상황이 됐고 결국 개인적 불이익과 불안감은 체제에 대한 환멸로 돌변하면서 이중 행각을 결심하는 촉매제가 된다.

이러한 극심한 내적 갈등이 최고조에 달할 무렵 펜코프스키가 서방과 내통을 결심하고 채널 확보를 위해 선택한 방식은 변수와 위험성에서 첩보사에 남을 만큼 유명한 일화로 꼽힌다. 1960년 여름 밤 모스크바의 한 다리Moskvoretsky Bridge 위에서 산책을 하던 미국인 유학생 2명을 발견한 그는 다짜고짜 다가가 2통의 편지를 쥐어 주며 "CIA에 전해 달라"는 말을 남기고 사라진다. 이들은 갑자기 벌어진 상황에 어리둥절했고 가끔 KGB가 이런 방식으로 서방인들을 옭아매 간첩혐의를 씌운다는 생각으로 공포감에도 사로잡혔다. 그렇지만 고심 끝에 펜코프스키의 부탁대로 편지를 미국 대사관에 전달하기로 결정한다. 이어 대사관에서 개봉한 한 통의 편지에는 "미국을 위해 스파이를 하겠다"라는 말과 함께 이름과 계급, 소속이 적혀 있었고 또 한 통에는 향후 접선 방식을 알려 주는 내용이 담겨 있었다.

CIA는 처음에 편지를 받아 보고는 이것이 소련의 기만공작일지 모른다고 판단해 극도로 경계했다. 그도 그럴 것이 당시 펜코프스키의 신분과 배경을 조사한 결과 굳이 반역 행위를 해야 할 이유가 없었기 때문이다. CIA의 조사에 따르면 그는 헌신적인 공산당원에 승승장구를 거듭해 온 장교였다. 역설적으로 CIA가 펜코프스키에게 손을 내밀기로 결정한 이유도 바로 이것이다. 그런 소위 '잘나가는' 장교가 많은 변수와 위험을 무릅쓰고 편지를 전한 배경에 대해서는 조심스레 알아볼 필요가 있다는 판단을 내린다.

이에 CIA는 편지에 적힌 대로 펜코프스키와 은밀히 접선을 시도했다. 이 접선에서 그는 CIA의 의심을 불식시키기 위해 일급기밀에 해당하는 소련의 군사기술이 담긴 문서들을 마이크로필름에 담아 전달한다. 아울러 서방 정보기관들이 눈에 불을 켜고 입수하고자 했던 GRU의 암호체계와 해외에서 활동 중인 요원 수백 명의 신상도 넘겼다. 이렇게 건네받은 문서들에 대해 CIA는 하나같이 입수가 불가능한 일급기밀들이라는 것에 놀라며 단박에 경계심을 푼 것은 물론, 자신들이 상상도 못한 '대어大魚를 낚았다'는 것을 비로소 깨닫는다.

실제 펜코프스키는 진급이 좌절된 직후부터 각종 기밀이 보관된 GRU의 서고를 드나들며 정보를 수집했고 이 가운데는 그간 소련이 자랑해 온 대륙간탄도미사일ICBM을 비롯해 최신예 준중거리미사일MRBM인 SS-4(R-12) 등 주요 미사일 전력의 제원과 설계도 등이 포함돼 있었다. CIA는 전달된 정보의 양과 질을 감안해 이때부터 영국의 MI6와 공동으로 이른바 '펜코프스키 관리작전'에 들어갔고 한동안 크게 위축돼 있던 정보활동에도 활기를 띠기 시작한다.

본격적인 이중 행각… 그리고 핵전쟁 위기

이중 행각을 결심한 속사정이 어떻건 당시 펜코프스키는 서방 정보기관들에게는 그야말로 구세주 같은 존재였다. 이때 핵무기는 물론이고 미사일 전력의 핵심인 로켓 기술 등 군비 경쟁에서 소련의 기세가 하늘을 찌르고 있었기 때문이다. 소련은 1957년 10월 최초의 인공위성인 스푸트니크Sputnik 1호를 지구 궤도에 쏘아 올리는 데 성공했고 곧이어 최초의 생명체(Dog)를 실은 발사체를 또 다시 쏘아 올리며 화려한 우주쇼를 선보인다. 물론 미국이 이러한 소련의 우주쇼를 넋 놓고 구경만 한 것은 아니다. 이에 질세라 1958년 2월 첫 위성인 익스플로러Explorer 1호를 발사하며 맞불을 놨다. 미국은 또 CIA 주도 아래 1955년부터 공중 정찰기의 대명사인 U-2기를 개발해 항공정찰을 강화하고 있었으며 1960년에는 기상위성인 타이로스Tiros를 발사해 소련의 예봉을 꺾고자 안간힘을 썼다.

그러나 소련은 이를 비웃기라도 하듯 1961년 최초의 유인 우주선 Vostok 1 발사에 성공하며 주도권을 놓지 않았다. 이렇게 군비의 상징인 로켓 경쟁에서 소련은 언제나 미국을 한 발씩 앞서는 양상이 이어졌고 미국은 항공정찰에서 얻어 낸 정보들마저 불명확한 것들이 많아 심각한 혼란을 겪고 있었다. 이에 더해 1960년 5월 U-2 정찰기가 소련에 의해 격추되는 사건이 발생하면서 미국이 소련의 군사력을 정확히 알기 위해서는 새로운 활로를 찾아야 하는 상황에 직면한다.

이 시기 소련의 기세가 얼마나 높았는지를 여실히 보여 주는 사례가 있다. 스탈린에 이어 권력을 장악한 니키타 흐루시초프Nikita Khrushchev는 "소련 로켓으로 공중에 나는 파리도 명중시킬 수 있다"며 공공연히 자신감을 피력했다. 이런 자신감은 반대로 서방에는 소련의 미사일 전력이 미국보다 우위에 있다는 점을 자연스레 인정하도록 하는 분위기가 된다. 이와 관련해 당시 M16 워싱턴 책임자였던 모리스 올드필드Maurice Oldfield는 "펜코프스키는 기도에 대한 신의 응답이다"라고 말했을 정도로 서방 정보당국자들 사이에 내재했던 공포와 불안감은 실로 대단했다.

반면 서방 정보당국은 얼마 지나지 않아 그간 하늘을 찔렀던 소련의 자신감이 모두 허구이자 허세였으며 자신들이 괜한 공포감에 사로잡혀 있었음을 알게 된다. 1961년 펜코프스키가 무역대표단으로 위장해 런던을 방문하면서 비로소 CIA · MI6 공동관리팀을 조우하는데 이 자리에서 소련 미사일 전력의 실상이 밝혀진다. 이 조우에서 펜코프스키는 소련의 미사일 부대는 단 몇 기만으로 구성됐을 뿐이며 이마저도 당초 설계한 만큼의 사정거리를 날아간 적이 없다고 폭로한다. 또한 소련 내에서 연료 공급이 원활하지 않아 운용에 어려움을 겪고 있다는 점과 미사일의 유도시스템이 제대로 작동하지 않고 있다는 사실도 전했다. 정보당국이 그의 전갈을 종합한 결과 오히려 서방 미사일 전력이 소련을 압도하고 있다는 결론에 이른다.

한편 런던 방문을 마치고 소련으로 돌아온 직후 펜코프스키는 해외 출입에 제한이 가해져 접선에 어려움을 겪는다. 이에 MI6는 외교관으로 위장해 모스크바에 주재하던 소속 첩보원 루어리 치점의 부인 쟈넷 치점 Janet Chisholm을 접선책으로 임명해 펜코프스키를 돕도록 했다. 쟈넷은 결혼 전에 MI6에서 내근직으로 근무한 경험이 있어 비밀임무의 특징을 잘 알고 있던 여성이다. 그리고 엔지니어이면서 소련 등 동유럽을 상대로 사업을 벌여 온 그레빌 윈Greville Wynne을 설득해 배달책으로 끌어들였다.

그 사이 펜코프스키는 종전처럼 다량의 기밀정보가 보관된 GRU 서고를 드나들며 미사일 배치 현황과 핵연료 생산 및 보관소의 위치 등을 수집했다. 그는 이렇게 확보한 정보들을 모두 마이크로필름으로 찍고 캔디 상자에 담아 쟈넷에게 전달한다. 쟈넷이 산책으로 위장해 아이들을 데리고 '약속된' 공원으로 나가면 펜코프스키가 아이들에게 접근해 캔디 상자를 선물인 양 건네거나 주변 무인포스트를 통해 전달하기도 했다. 그러면 무역을 이유로 모스크바를 방문한 그레빌 윈이 출국할 때 들고 나오는 방식이다.

그러던 1962년 펜코프스키는 장차 첩보사에 자신의 이름을 남길 만한 대형 사건과 마주한다. 미국과 소련 간에 핵전쟁 위기로까지 치달았던 '쿠바 미사일 사태'가 그것이다. 평소와 다름없이 정보활동을 벌이던 그는 흐루시초프가 비밀리에 쿠바에 핵탄두 장착이 가능한 준중거리미사일 SS-4 기지와 발사대를 건설하고 있다는 사실을 알아낸다. 미국으로서는 자신의 등 뒤에 핵미사일 기지가 건설된다는 것에 위협을 느끼지 않을 수 없었다. 이에 항의를 섞어 사업 중단을 요구했으나, 소련은 "단지 쿠바 주둔군을 위해 '방어용' 대공미사일 발사대를 짓고 있을 뿐이다"라고 발뺌하며 건설을 이어 갔다. 또한 소련은 자신들이 보유한 미사일ICBM이 핵탄두를 장착하고 어디든 날아가기에 충분히 강력하기 때문에 "굳이 해외에 기지를 건설할 이유가 없다"는 묻지도 않은 답변을 덧붙여 미사일 전력을 우회 과시하기도 했다.

그러자 펜코프스키는 SS-4 미사일의 발사대 모양과 형태가 상세히 담긴 기밀자료를 미국에 전해 소련의 '방어용 대공미사일 기지'라는 해명이 거짓임을 알렸다. 이와 함께 그는 소련의 ICBM 위력이 크게 과장된 것으로 미국이 강경하게 나가면 소련이 물러설 것이라는 조언도 곁들였다. 그는 앞서 소련의 미사일 전력 대부분이 '허구'라는 점을 서방 정보당국에 알린 바 있어 이는 매우 신빙성 있게 받아들여졌다.

이런 팽팽한 긴장 속에 미국의 케네디 대통령은 쿠바로 향하는 모든 선박에 검역을 강화할 것과 관타나모 기지에 병력을 증파할 것을 지시한다. 특히 케네디는 "미국은 쿠바에서 발사되는 핵미사일이 서반구 어느 나라를 공격하든 이를 소련이 미국을 공격한 것으로 간주하고 전면적인 대응 공격에 나설 것"이라는 강경한 입장을 천명했다. 이 말은 곧 '가공할 핵전쟁'이 실제 발발할 수 있다는 경고로 받아들여지면서 한층 더 긴장을 고

조시킨다. 이처럼 사태는 10여 일에 걸쳐 일촉즉발 위기로 치닫는다. 하지만 좀처럼 물러서지 않는 케네디의 기세에 흐루시초프가 협상안을 제시하며 극적으로 진정 국면에 접어들어, 마침내 '미국이 쿠바를 침공하지 않는다면 소련도 미사일 기지를 건설하지 않는다'는 궁색한 조건에 합의하며 사태는 사실상 미국(케네디)의 승리로 마무리된다.

KGB의 두더지 사냥… 덫에 걸린 이중첩자

반면 미국이 승전보를 준비하던 그 시각 견인차 역할을 했던 펜코프스키는 그리 길지 않은 꼬리를 밟힌다. 내부 방첩 활동을 벌여 온 KGB가 1962년 10월 22일 그를 간첩혐의로 체포한 것이다. 이때 KGB가 펜코프스키의 이중 행각을 적발한 데는 다소 우연이 곁들여져 있다. 반대로 펜코프스키의 입장에서는 너무 '운이 없었다'라고 표현할 수 있다. 그러나 결과적으로는 KGB의 잘 짜인 '정교한' 첩보망이 만든 성과로 봐야 할 것이다. 왜냐하면 이들의 수사가 처음부터 펜코프스키를 지목해 벌어졌던 것은 아니고 통상적인 첩보 활동에서 실낱같은 꼬리가 잡혔기 때문이다.

미국에서 공작활동을 벌이던 KGB는 통신정보기관인 국가안보국NSA 소속의 잭 던랩Jack Dunlap이라는 육군 하사관을 포섭해 놓고 있었다. 그를 통해 다량의 정보를 입수하는 과정에서 소련의 고급 군사기밀이 미국으로 흘러가고 있다는 사실을 알게 된다. 무엇보다 정보의 질로 봐서 출처가 군내 고위층일 가능성이 높다고 판단한 KGB는 모스크바 본부를 통해 군 고위 인물들을 중심으로 광범위한 조사에 들어간다. 이 과정에서 또 하나의 중대한 변수가 도출됐다. 다름 아닌 영국 외교관으로 위장한 MI6의 루어리 치점으로, 그는 이미 조지 블레이크에 의해 신분이 노출돼

있던 인물이다. KGB는 이것도 놓치지 않았다. 결국 루어리에 대한 전방위 감시 끝에 그의 부인 쟈넷과 펜코프스키가 수차례 접선하는 것을 확인하고 심증을 굳힌다.―이로 인해 당시 접선책이 '치점'이 아니었다면 펜코프스키의 행각은 발각되지 않았거나 좀 더 오래 지속됐을 것이라는 게 다수 전문가들의 견해다.―

이후 KGB는 물증을 확보하기 위해 펜코프스키의 방에 몰래카메라로 덫을 설치했고 영상에는 그가 GRU에서 빼낸 기밀문서를 카메라로 찍거나 옮겨 적는 장면이 포착됐다. 이렇게 체포된 펜코프스키는 1963년 반역죄와 간첩죄로 재판에 회부돼 그해

법정에 선 이중첩자 1963년 군사재판을 받기 위해 법정에 들어서는 펜코프스키. 그는 이 재판에서 간첩죄로 사형을 선고받는다.

5월 처형되면서 짧지만 굵은 이중 행각에 종지부를 찍는다.

한편 그의 처형 방식에 대해서는 정확히 알려지지 않았으나 현재까지 대략 세 가지설이 전해진다. 첫 번째는 용광로 처형설이다. 이는 이 분야에 정통한 스파이 전문가 어니스트 볼크먼Ernest Volkman의 조사 내용으로 신뢰성이 높다. 그는 이 용광로 처형 방식을 GRU의 전통적 반역자 처단 방식이라고 소개한 바 있다. 단 볼크먼도 자신의 저서 말미에 "천천히 밀어 넣었다고 한다"라고 적어 사실에 무게를 두면서도 전언을 바탕으로 한다는 점을 분명히 했다. 두 번째로는 산 채로 화형을 당했다는 설이 있

다. 이것도 목격자 증언은 아니며 후에 GRU에 있다 망명한 소련 장교가 "펜코프스키인지는 모르겠지만 GRU 본부에서 어떤 대령이 화형을 당하는 '영상'을 본 적이 있다"라고 증언한 사례가 있다. 이에 따라 그 '어떤 대령'이 혹시 펜코프스키 아니냐는 추측이 있었다. 세 번째로는 즉결 처형식 총살형을 당했다는 설이다. 이는 그의 신분이 군인이기 때문에 반역자라고 해도 신분을 존중해 그런 방식을 택했다는 말이 있다.

아울러 펜코프스키 사건과 관련해서는 한 가지 더 짚어 봐야 할 것이 있다. 바로 '의혹에서 체포까지'에서 보여 준 소련 KGB(국가보안위원회)의 방첩기능이 공포감을 불러올 정도로 무섭고 완벽했다는 점이다. 실제로 KGB는 냉전기 동안 내부적으로는 강압성에서 나치의 비밀경찰인 게슈타포Gestapo를 능가할 정도로 악명을 떨친 바 있다. 대내적으로 미국 FBI나 영국 MI5처럼 정보수집 외에도 방첩기능까지 담당했던 것에서는 차이가 없지만 '개인'보다 '체제'를 중시하는 전체주의 환경 탓에 강압 강도가 한층 컸던 것으로 보인다. 또 그 유래를 조금 살펴보면 이는 최초 전신이었던 체카Cheka의 '체제 수호'에 기반한 공안, 방첩기능이 여러 차례 개편에도 불구하고 변함없이 이어진 데 기인한다.

특히 1934년 NKVD로 개편된 후에는 조직 내 국가안보총국GUGB이라는 비밀경찰이 창설돼 운영됐다. 당시 GUGB는 조직 내에서도 대단히 막강한 영향력을 발휘했던 것으로 알려져 있으며 이후 NKGB 창설에서는 중추적 역할을 했을 만큼 핵심 기능으로 자리했다. 그 성격과 기능은 1954년 고스란히 KGB로 흡수된다. 펜코프스키와 관련해서는 조직 내 제3국에 '군사방첩' 부문을 두고 광범위한 레이더망을 가동하고 있었다.

08

조너던 폴라드

Jonathan Pollard 1954~ -ONI / LEKEM-

조너던 폴라드Jonathan Pollard는 미 해군정보국ONI 산하 비밀기관인 대테러경보센터ATAC에서 활동했던 유대계 미국인이다. 그러나 미국에서 상당량의 정보를 빼내 이스라엘의 극비조직인 레켐LEKEM에 전한 이중 스파이였고 1985년 FBI에 발각돼 종신형을 선고받아 30년을 복역했다.

일명 '폴라드 사건'은 기존 적대국을 상대로 했던 다수 스파이 사건과 달리 동맹국을 상대로 벌어졌다는 점에서 차별화되며 이에 따라 이스라엘의 핵관련 비밀 조직인 레켐이 노출됐고 미국의 노여움을 풀기 위해 해체됐다.

이번 편은 약 1년여의 스파이 행각으로 감옥에서 30년을 복역한 '문제적' 스파이와 그와 동시에 몰락한 이스라엘의 최상위 보안 등급의 정보조직에 관한 이야기다.

레켐과 폴라드의 대미對美 첩보전 배경

레켐과 조너던 폴라드가 미국에서 활동을 본격화한 시기를 전후해 중동의 정세는 하루가 다르게 급변하고 있었다. 특히 1978년 미국, 이집트, 이스라엘은 캠프 데이비드에서 평화협정Camp David Accords을 맺으며 우호 관계를 선언했지만 시리아, 리비아, 이라크 등 주변국은 여전히 이스라엘을 눈엣 가시로 여겼다. 이로 인해 이스라엘은 적대국에 대한 더 많은 정보를 필요로 했으나 미국이 협조적이지 않다고 판단했고 심지어 1983년 10월 모사드는 레바논에 평화유지군 자격으로 주둔해 있던 미 해병대에 대한 과격단체의 테러계획1983 Beirut barracks bombings을 사전에 눈치 채고도 방조하는 등 양국 관계에는 깊은 불신이 쌓여 있었다.

또한 이 시기 미 국무부 고위 간부가 팔레스타인 측과 비밀 회동을 갖고 이스라엘에 대한 압력 방안 등을 논의한 것으로 알려지면서 대미 첩보전의 필요성이 부각된다. 아울러 레켐은 미국의 첨단 무기체계에 군침을 흘리며 원천적 과학기술을 효과적으로 빼낼 방안을 모색하던 중 폴라드가 이중 행각을 자처하고 나서면서 동맹국을 상대로 한 위험천만한 첩보 작전에 돌입한다.

문제적 스파이, 그는 누구인가?

조너던 폴라드는 1954년 텍사스주 갤버스턴Galveston의 동유럽계 정통파 유대인 가정에서 태어났다. 어린 시절 미생물학자인 아버지 모리스 폴라드Morris Pollard가 노트르담 대학University of Notre Dame 교수로 가면서 대학 소재지인 인디애나주 사우스 벤드South Bend에서 성장한다. 이 과정에서 부모는 그에게 유대인의 정체성을 심기 위해 많은 노력을 한 것으로 전해졌다. 하지만 불행히도 이 같은 부모의 노력은 그가 과격 성향의 시온주의자(유대 민족주의)로 성장하는 발판이 됐으며 훗날 스파이 행위로 이어지는 사실상의 근본적 원인이 되고 만다.

이런 조짐은 성장기에도 일부 드러난 바 있는데 그는 부모의 엄격한 교육 덕분에 어려서부터 이스라엘에 대한 강한 동족의식을 가질 수 있었다. 반면에 때로는 이것이 도를 넘어 간혹 돌출적이고 과격한 양상을 보이기도 한다. 실제 그는 1970년 처음으로 이스라엘의 레호보트Rehovot에 있는 웨이즈만 과학연구소Weizmann Institute of Science를 방문하는 프로그램에 참여했다. 그런데 여기서 동급생들과 말다툼 끝에 폭력사태를 벌여 병원에 입원하는 일이 벌어진다. 다툼의 이유는 알려지지 않았으나 후에 이 프로그램을 주최했던 한 관계자는 그를 '트러블 메이커Troublemaker'로 지목했다.

이처럼 폴라드는 괴짜적 성격에도 불구하고 머리가 좋고 명석해 고등학교를 졸업한 뒤에는 미국 명문 스탠퍼드 대학Stanford University에서 정치학을 공부했고 프랑스 파리 대서양 연구소에서 연수 과정도 거친 것으로 알려졌다. 그는 이 시기 불법 약물을 복용하는 등 일탈적 행동을 벌이는가 하면 동급생 등 지인들에게는 이스라엘과 관련된 믿기 힘든 말을 하고 다녔다. 몇몇 지인에 따르면 폴라드는 스스로 이스라엘 방위군IDF에서 대령을 지냈고 키부츠에서 경계 근무를 서던 중 아랍인을 죽였다고 주장했다. 또 그는 아버지가 CIA 요원이며 1968년 프라하의 봄Prague Spring 당시 체코슬로바키아를 탈출했다는 '망상'과도 같은 자랑을 늘어놓기도 했다. 물론 지인들 중에 이 말을 믿은 사람은 아무도 없었다고 한다.

이후 대학원을 수료한 그는 1979년 첩보원이 되기 위해 CIA에 지원했지만 거짓말 탐지기 검사에서 과거 약물복용 사실이 드러나 탈락했다. 그러나 그해 9월 해군정보국(당시 NIC, 현 ONI)에 군무원으로 들어가면서 첩보계에 발을 들여놓는다. 처음에 폴라드는 정보국 산하 해양정보센터NOSIC와 정보지원센터NISC 등을 거치며 소련에 관한 정보 분석업무를 맡았다. 그리고 얼마 뒤 해군의 인적정보HUMINT 지원을 위해 구성된 임시조직인 태스크포스NIC/TF 168로 옮기게 되는데 여기서 그는 특수정보 사용허가 등급SCI-level을 받아 '1급 기밀Top Secret'에 자유롭게 접근할 수 있었다. 이 기간에도 폴라드는 간혹 앞서 보였던 것과 같은 망상적 언행을 보여 주변으로부터 의심과 우려를 낳기도 한다. 이로 인해 정보국 상부에서는 한동안 그를 2급 기밀Secret에만 접근할 수 있게 하고 정신과 전문의를 통해 정신질환 여부를 검사하도록 조치했다. 그러는 사이 업무 평가에서 우수한 평가가 내려졌으며 때를 같이해 전문의도 "정신질환이 없다"라는 소견을 내놓아 다시 최고 기밀을 취급할 수 있게 된다.

하지만 이것은 그의 깊숙한 내면에서 꿈틀대며 때로는 과격성향으로 드러나는 이스라엘에 대한 지나친 애착과 동족의식을 얕본 결과였다. 몇 년 후 미국 전역을 떠들썩하게 만드는 이 과격파 시온주의자는 자신이 거친 여러 부서에서 이스라엘 관련 정보를 대할 때마다 이스라엘의 협조자가 되겠다고 스스로 다짐했고, 그 '위험한' 구상을 실현시키기 위해 동분서주하던 중 마침내 기회를 맞이한다.

'누설의 길' 찾는 과격파 시온주의자

1984년 4월 경 뉴욕에서 한 유대계 의사가 주최한 만찬이 열렸고 폴라드도 초대됐다. 바로 여기서 장차 그의 운명을 바꾸는 중대한 만남이 이

루어진다. 당시 뉴욕 대학New York University 컴퓨터 공학과에서 석사과정에 있던 이스라엘 공군 아비엠 셀라Aviem Sella 대령을 만난 것이다. 셀라 대령은 1981년 이스라엘이 감행한 이라크 핵원자로 폭파 작전인 '바빌론 작전Operation Babylon'에 참여했던 인물로 이미 유대인 사회에서는 유명 인사였다. 만찬에서 셀라를 만난 폴라드는 자신이 해군정보국 산하 비밀 조직에서 근무하고 있다는 사실과 미국 정보기관들이 이스라엘에 비협조적이라는 불만을 털어놓는 등 생각을 소상히 밝혔다.

이에 흥미를 느낀 셀라는 이후에도 폴라드를 여러 차례 만나는 동시에 본국에도 이 같은 내용을 보고했다. 당초 그는 폴라드를 'FBI 요원'으로 의심하기도 했으나 곧 신뢰하게 된다. 이어 셀라는 평소 알고 지내던 뉴욕 주재 이스라엘 영사관의 과학담당 주재관인 요셉 야구르Yosef Yagur에게도 이 사실을 알렸다. 그런데 이 야구르라는 인물의 실제 정체는 이스라엘 과학정보국으로 알려진 극비조직 '레켐LEKEM 라캄'의 대미 담당 책임자였다. 셀라를 통해 폴라드의 신상과 생각을 전해들은 야구르는 그길로 본국 레켐 본부에 이 사실을 타전한다.

한편 야구르의 보고를 받은 이스라엘 레켐 본부에서도 본격적인 폴라드를 활용한 대미공작에 들어간다. 여기서 이스라엘 첩보계에서도 전설로 꼽히는 라피 에이탄Rafi Eitan이 직접 나선다. 본래 샤바크와 모사드를 두루 거친 그는 특히 모사드가 창설과 함께 쌓아 올린 두 개의 금자탑인 '아이히만 체포 작전Operation EICHMANN 세기의 첩보전 제29화 참조'과 검은 9월단 응징작전인 '신의분노 작전Operation WRATH OF GOD 세기의 첩보전 제34화 참조'을 각각 현장에서 지휘한 전설적인 스파이다. 이때 에이탄은 1981년부터 레켐의 수장을 맡아 미국의 거점지역인 워싱턴DC, 뉴욕, LA, 보스턴 등에 지부를 설치하며 조직을 확대해 나갔고 미국 내에서 활동할 공작원을 찾고 있었다. 여기에 미 정보조직에 몸담고 있던 폴라드가 스파이를 자처하자, 1984년 11월 에이탄은 폴라드 부부를 프랑스 파리 Paris로 불러 야구르를 접선책으로 정하고 첩보 활동에 필요한 지침과 절차를 알려 준다. 폴라드는 이보다 앞선 6월 정보국 조직개편에 따라 산하 해군 대테러경보센터ATAC로 자리를 옮긴 상태였다.

이렇게 해서 폴라드는 꿈에도 그리던 이스라엘을 위한 스파이 활동에 들어간다. 그는 이후 적대국인 시리아와 리비아, 이라크, 이란 등의 무기 현황과 위성사진 등 미 정보기관이 수집한 군사자료들을 빼내 레켐에 전했다. 또 소련이 이들 아랍 국가에 제공하고 있는 상세한 무기 내역과 위성사진이 포함된 SS-21 미사일 등의 정확한 위치가 담긴 자료도 건넸다. 이외에도 중동을 포함한 미국의 대외정책에 대한 자료들도 상당수 전달된다. 이에 대해 훗날 이스라엘 정부 관계자는 "이스라엘의 관심 사안에 대한 워싱턴의 생각을 알 수 있었고 그에 대응할 수 있는 시간을 확보할 수 있었다"고 했을 정도로 주요 정보들이 넘겨졌다. 이렇게 폴라드가 보내온 자료들은 그간 정보에 목이 말랐던 이스라엘과 에이탄을 만족시키기에 충분했으나 정작 이것의 결말이 레켐의 해체로 이어질 줄은 아무도 몰랐다.

들통난 누설 행각, 체포와 해체

실제 레켐은 이때까지도 이스라엘 대내외적으로 최상위 극소수만 알고 있던 철저한 베일의 조직이었다. 그 이유는 이들의 주된 임무가 '핵무기 개발'을 위한 해외 과학기술 정보 수집이었기 때문이다. 여기서 이스라엘의 정보기관 체계를 잠깐 살펴보면 해외 정보를 담당하는 모사드Mossad

와 국내 정보 및 방첩을 맡고 있는 일명 '신베트Shin Bet'로 알려진 샤바크 Shabak, 그리고 군 정보기관인 아만Aman 등이 3대 정보공동체를 구성하고 있다.

그러나 레켐은 이들과 별도로 1957년 다비드 벤 구리온David Ben-Gurion 총리의 특명으로 만들어졌다. 특히 창설에는 지난 2014년까지 대통령을 지내기도 했던 시몬 페레스Shimon Peres가 젊은 시절 국방부 고위직에 있는 동안 깊숙이 개입했던 것으로 전해진다. 이스라엘 방위군에서 보안책임자로 있던 베냐민 블룸버그Benjamin Blumberg가 초대 수장을 맡아 1981년까지 약 24년간 재임했으며 바통을 이어받은 라피 에이탄이 1986년까지 지휘했다. 이 기간 이스라엘은 레켐을 중심으로 핵무기 개발을 위한 각종 프로그램을 가동했던 것으로 추정되고 있다. 실례로 레켐은 1960년대 이스라엘이 핵무기 개발을 위해 단행한 '플럼뱃 작전Operation PLUMBAT 세기의 첩보전 제33화 참조'을 배후에서 주도했으며 1970년대에는 우라늄 수입을 위해 남아프리카 공화국에서 백인 우월정책을 돕는 공작을 벌였다. 또 독일 핵 기술자를 설득해 비밀문서를 빼내기도 했다.

이외에도 핵무기 기술뿐만 아니라 여러 첨단 무기에도 관심을 기울여 1968년에는 프랑스 미라주 전투기의 설계도를 빼내 이스라엘이 자체 제작할 수 있게 했다. 일부에서는 이때 설계도를 빼낸 것이 모사드라는 주장도 있지만 이는 사실과 다르고—통상 레켐이 빼낸 정보는 국가안보회의 등에서 모사드에 의해 보고되거나 공개됐기 때문에 그렇게 알고 있다. 조직을 철저히 숨기기 위한 방책이다.— 이와 동시에 미국으로 활동 반경을 넓히자 FBI가 그 존재를 감지하기 시작했다.

레켐은 극비조직의 특징을 십분 이용해 정보와 장비 수집에 절도, 매수, 밀수 등 불법적 방법도 서슴지 않았다. 폴라드 사건이 있던 1985년에도 미국에서 핵무기 기폭 장치를 밀수하려다 적발된 사례가 있다. 활동기간 전 세계 17개국에서 30여 개 위장 업체를 운영하며 막대한 수익을 올렸고 수익의 대부분은 이스라엘로 보내졌다. 그렇지만 이렇듯 최고의 보안과 핵심부의 비호에도 불구하고 이들의 운명은 '문제적' 스파이 폴라드와 함께 그 면면이 노출되면서 결국 몰락의 길에 들어선다.

1985년 폴라드의 스파이 행각은 절정에 이른다. 이때 그는 미국의 외교 암호 체계와 중동, 동유럽에서 활동하는 미국 첩보원들의 신상도 이스라엘에 넘긴 것으로 알려졌다. 그러다 기밀 자료들을 정해진 방식으로 분류하지 않는 것을 주변 동료가 수상히 여기면서 꼬리가 잡히기 시작한다. 또 본래의 업무인 대테러와는 상관없는 소련의 무기체계 등에 대한 기밀에 지나치게 관심을 기울이는 것도 의심을 샀다. 이어 FBI가 폴라드를 심문했지만 대부분 거짓말로 밝혀졌고 사내 CCTV를 통해 그가 분류된 문서를 빼돌리는 듯 의심스런 장면도 포착됐다. 그럼에도 이때까지는 폴라드가 기밀을 유출했다는 물증이 없었고 수사에 적극적으로 협조하고 있었기 때문에 기소는 되지 않았다. 그렇다고 FBI가 모든 의심을 거둔 것은 아니다. FBI는 그를 구금하지 않은 상태로 가까운 거리에서 감시를 계속했다. 그러던 11월 21일 발각을 우려한 폴라드가 워싱턴 주재 이스라엘 대사관에 망명을 요청하는 과정에서 경비원에 의해 제지당하는 일이 벌어진다. FBI는 즉각적으로 폴라드를 체포했는데 당시 그의 손에는 무게만 32킬로그램에 달하는 기밀문서가 가득 담긴 가방이 들려 있었다. 사건을 공모했던 아내도 이튿날 검거되면서 시온주의 과격분자의 스파이 행각은 막을 내린다.

아울러 같은 해 레켐은 밀수 사건에도 연루돼 미국의 노여움이 극에 달하자 이를 무마하기 위해 1986년 활동을 잠정 중단했다가 이듬해 해체를 공식화했다. 폴라드는 이후 재판에서 유죄가 인정돼 종신형을 선고받아 30년을 복역한 끝에 2015년 11월 20일 가석방으로 풀려났다.

📖FOCUS 미국 해군정보국ONI 약사… 창설 및 근황

미 해군정보국ONI: Office of Naval Intelligence은 육군의 정보보안사령부 INSCOM, 공군의 정보감시정찰국AFISR, 해병대 정보부MCIA와 함께 국방부 산하 주요 4개 군 정보기관 중 하나다.

미 해군이 별도의 정보국을 창설하게 된 계기는 남북전쟁이 끝나고 해군 전력이 크게 약화되면서 시작됐다. 이때 유럽에서는 영국, 독일, 프랑스, 러시아 등이 아시아에서는 일본이 해군력을 근대화하면서 강한 전력을 보유하게 된다. 이들 국가에 비해 미국은 뒤떨어진 전력으로 해상력이 크게 취약했다. 이에 1880년대 들어 윌리엄 헌트William Hunt 해군장관이 약화된 해군력에 경종을 울리며 자문위원회를 설치하는 등 근대화의 필요성을 주장한다. 당시 그는 여러 근대화 방안을 내놓는데 그중 하나가 바로 정보국 창설이다. 헌트는 1882년 3월 3일 해군성령을 발표하며 항해사Bureau of Navigation 아래 '정보과'를 편성해 구상을 실현시켰다. 현재 미 해군정보국은 헌트가 해군성령을 발표한 이날을 공식 출범일로 삼고 있다. 이는 미국 정부가 운영하는 정보공동체 중 사실상 가장 오래된 기관으로 기록되고 있다. 이로 인해 조직 규모에 비해 구성원들의 자부심은 상당히 높은 것으로 알려졌다.

이렇게 시작된 ONI는 1916년 미국이 제1차 세계대전에 참전하면서 존재감을 발휘할 기회를 맞는다. 하지만 장비와 역량에서는 크게 떨어져 정보 수요의 대부분을 영국에 의존하는 등 문제점을 노출했다. ONI는 전쟁

해군정보국 ONI는 미국 정보공동체 가운데 가장 오랜 역사와 전통을 자랑하는 비밀기관으로 2차 대전을 거치며 급성장해 현재는 군사 이동에서 무기 거래, 해양 투기에 이르기까지 전 세계 바다를 실시간 감시하고 있다. 사진=ONI

이 끝난 1920년 한때 독립기관으로 발전할 가능성도 엿보였으나 무선 감청과 암호 해독이 비윤리적이라는 반발에 부딪혀 도리어 요원수가 감소하는 등 크게 위축된다. 그 결과 1934년 정보부서는 약 20여 명 수준의 왜소한 규모로 시련기를 보내야 했다.

그러다 제2차 세계대전을 기점으로 ONI는 재도약의 호기를 맞는다. 1938년부터 미 육군의 통신정보국SIS은 일본이 외교통신에 사용하던 퍼플PURPLE 암호 생성기를 해독하는 이른바 '매직MAGIC 작전'을 벌여 일부 성과를 거두고 있었다. 그렇지만 일본 해군이 이와는 별도의 JN-25라는 암호체계를 사용한데다 미국은 통합적 정보 정책에 실패하면서 1941년 12월 진주만 기습을 허용하고 만다. 이후 ONI는 일본 해군의 JN-25 해독에 사활을 걸어 마침내 1942년 3월 해독에 성공하면서 이어 벌어진 미드웨이 해전Battle of Midway에서 미 해군이 승리를 거머쥐는 데 견인차 역할을 했다. 또 ONI는 유럽 전선에서도 독일 해군의 U-보트 잠수함 암호와 에니그마 탈취 작전에도 참가해 U-보트를 대서양에서 격퇴하는 데도 크게 공헌했다. 이런 전과에 힘입어 ONI 일부 부서는 전쟁 중 독립 부처로 창설되기도 했으며 이 가운데 해군 사진해독 센터는 함대의 작전 수행에 많은 영향을 미쳤다.

전후 ONI는 이 같은 성과를 바탕으로 광범위한 전파감청망을 구축하고 해외 탐지 시스템, 해양 감시 시스템, 잠수함 및 잠수 무기 시스템에 관한 음향 정보 수집SOSUS을 주로 하며 발전을 거듭해 왔다. 또한 민간 선박의 이동 정보를 수집하는 유일 정보기관으로 세계 무기시장 정보와 마약, 방사성 폐기물 해양투기 감시 등도 맡고 있다. 1993년에 설립된 국가해사정보센터NMIC에서는 ONI가 입수한 전자 사진, 전파 음향 정보를 분석하며 전 함정의 이동을 실시간으로 추적하고 있다. ONI는 각 지구 정보부 및 각 함대 정보과에 편성돼 있으나 다른 정보기관과 달리 방첩 요원은 없다.-방첩 및 대테러는 NCIS가 담당- 각 지구 정보부는 ONI의 작전 통제권에 있으며 각 함대 정보과는 함대 사령관에 직속돼 전술 및 첩보, 안보 임무를 수행한다. 해군 주재 무관은 ONI의 지휘 아래 첩보 활동을 하지만 전군 무관들의 수집정보를 집약하는 국방정보국DIA과 국무부에서도 감독을 받는다. 본부는 메릴랜드주 슈틀랜드Suitland의 국가해사정보센터에 있다.

09

올드리치 에임스

Aldrich Ames 1941~ -CIA / KGB-

올드리치 에임스Aldrich Ames는 미국 중앙정보국CIA에서 32년간 분석관과 공작관을 지낸 인물이다. 그러나 1985년부터 약 9년에 걸쳐 소련 KGB와 내통하며 주요 정보를 넘긴 이중 스파이다.

특히 그는 1983년부터 공작본부에서 대對소련 첩보 및 역정보 책임자를 맡기도 했으며 이러한 직분을 이용해 소련에서 활동하고 있던 협력자들을 팔아넘기고 그 대가로 사치스런 생활을 해 오다 FBI에 검거됐다.

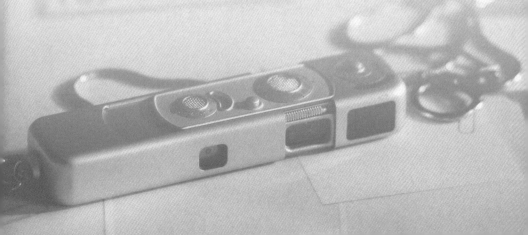

에임스 활동기 배경 '첩보전의 세계대전'

올드리치 에임스가 활동한 시기는 주로 1970년대와 80년대로 미·소 간 냉전의 한가운데였다. 이때 양측은 상대의 약점을 하나라도 더 찾기 위해 사상 유래를 찾기 힘든 사생결단식 첩보전을 전개하고 있었다. 가히 첩보로 벌이는 세계대전이라 해도 무방할 만큼 치열한 시대였다. 미국은 CIA와 FBI가 최전선에서 활발한 물밑전을 벌였고 소련은 KGB와 GRU 가 미국의 후방을 뒤흔들며 진검 승부를 펼쳤다. 당시 첩보전 양상은 '누 가 적진에 더 많은 첩자Mole를 심느냐'였고 이로 인해 포섭과 배신, 역逆 공작 경쟁이 치열했다. 자연히 아군 진영에 숨은 반역자를 찾기 위한 대 대적인 색출 작전도 심심치 않게 전개돼 유난히 국제적 스파이 사건이 빈 발했던 때다.

이 시기 미국은 GRU의 거물 드미트리 폴리야코프Dmitri Polyakov(제26 화 참조) 등 다수를 포섭해 막대한 정보를 캐내는 동시에 자국에 침투한 스파이에 대해서도 일제 소탕작전을 벌였다. 이에 질세라 소련도 금전을 목적으로 접근한 CIA 소속의 '파렴치한' 에임스 등을 이용해 기밀 정보를 빼내고 많은 미국 협조자들을 색출, 처형 하는 등 서로 '물고 물리는 배반 의 고리'가 복잡하게 얽혀 있었다.

'파렴치한' 이중 스파이, 그는 누구인가?

올드리치 에임스는 1941년 미국 위스콘신주 리버폴스River Falls에서 태어났다. 아버지 칼튼 에임스Carleton Ames는 리버폴스 대학에서 강사로 일하다가 1952년 CIA 관리관으로 들어갔고 동남아시아에서 약 3년여를 보낸 뒤 버지니아 본부Virginia Headquarters에서 나머지 경력을 쌓았다. 아버지의 이런 이력은 훗날 에임스가 일천한 실력과 변변치 않은 인성에도 불구하고 CIA에 자리를 잡는 데 커다란 자산이 된다. 실제 그는 고등학교 재학시절부터 아버지를 도와 낮은 보안등급의 CIA 문서를 분류하는 일을 하며 기초적인 경험을 쌓았다. 고등학교를 졸업한 후에는 시카고 대학University of Chicago에 진학해 문화와 역사를 전공했으나 2년 만에 중퇴하고 노동자, 도장공, 극장 기술보조 등의 일을 전전했다.

그러던 1963년 CIA에 낮은 단계의 기밀문서를 다루는 사무직으로 채용된다. 에임스는 이와 함께 조지 워싱턴 대학George Washington University에 들어가 학창시절 못다 했던 학구열을 불태우며 학사학위를 따냈다. 그러고는 1969년 CIA가 마련한 경력자 연수 프로그램에 참가해 공식적으로 첩보계에 발을 들여놓는다. 평소 품행이 단정하지 못했던 그는 특히 술과 관련된 많은 추문을 뿌린 것으로 알려져 있으며 연수 과정에서도 예외는 아니었다. 그럼에도 직무 평가에는 별반 큰 영향을 미치지 않았고 동료였던 낸시 세게바스Nancy Segebarth와 결혼해 가정도 꾸렸다. 연수 후에는 터키 앙카라Ankara에서 해외 공작관으로 공산주의 조직에 침투해 첩보망을 심는 임무를 맡아 부분적인 성과를 거두기도 한다. 이에 힘입어 1972년 미국으로 돌아와 버지니아 본부에서 소련 및 동유럽SE: Soviet-East European 담당으로 4년간 경력을 쌓았다. 여기서도 그의 못된 술버릇과 빈틈 많은 성격은 몇 번에 걸쳐 드러났는데 한번은 뉴욕 지하철에서 기밀이 담긴 서류 가방을 분실하는 어처구니없는 실수를 저지르기도 했다. 그러나 CIA는 그에게 구두 문책만 내린다.

그렇게 몇 해가 더 지난 1981년 에임스는 멕시코시티Mexico City로 발령받았고 여기서 문란한 사생활의 절정을 연출한다. 이듬해부터 CIA 내부 규정을 어기고 콜롬비아 대사관에 근무하던 로사리오 카사스Rosario Casas라는 여성 정보제공자와 불륜을 저지른다. 그런데 이 '카사스'라는 여성과의 만남은 추후 그가 이중 스파이의 길로 들어서는 결정타가 되고 만다. 왜냐하면 그는 1983년 카사스와 결혼하기 위해 부인 낸시와 이혼했다. 이 과정에서 부채를 짊어지는 동시에 위자료로 3년간 총 4만 6천 달러를 지급하기로 하면서 심한 금융 압박에 시달린다. 때를 같이해 그해 9월 CIA는 그에게 대소련 방첩Counterintelligence 부문을 맡겼는데, 여기서 에임스는 KGB와 GRU의 거의 모든 정보에 접근할 수 있었고 CIA는 물론 FBI의 계획도 사전에 파악할 수 있었다. 마침 부채와 위자료 문제로 궁핍해진 통장 잔고를 걱정하던 그는 이때부터 소련을 위한 이중 스파이를 고려하기 시작한다. 이에 더해 카사스의 허영과 헤픈 씀씀이도 그의 일탈을 부추겼다.

이렇게 돈 걱정으로 근심의 나날을 보내던 그는 마침내 1985년 4월 워싱턴 주재 소련 대사관을 찾아가 이중 스파이가 되겠다는 의향을 밝히며 그 자리에서 5만 달러를 요구한다. 에임스는 후에 체포된 뒤 열린 FBI 조사에서 당시 상황에 대해 "부채 압박이 심했다"는 점을 강조했고 "내통을 위한 많은 준비가 돼 있지 않았지만 한번 넘은 선을 돌아올 수도 없었다"고 진술해 금전적 이유로 반역자가 됐음을 자백했다. 에임스의 갑작스런 출현에 소련 측은 처음에 큰 신뢰를 보이지 않았으나 CIA 내부에 관계망을 구축할 수 있다는 판단이 내려짐에 따라 그의 요구를 들어주었다.

계약이 성사되고 첫 거래에서 거액까지 거머쥔 에임스는 얼마 후 소련 측에 CIA와 FBI가 비밀리에 추진해 온 최상위 레벨의 정보들을 유출하면서 가치를 증명하기 시작한다. 특히 그가 초기에 소련에 넘겨 준 정보 중에는 양대 기관이 길게는 수십 년에 걸쳐 애써 구축한 포섭망이 상당수 포함돼 있었고 이중에는 KGB와 GRU에서 미국을 위해 일하던 또 다른 이중 스파이들의 명단이 들어 있었다. 에임스는 소련 내 미국 협조자들에 대한 밀고가 '돈이 된다'는 점과 이들을 제거함으로써 자신의 발각 가능성을 줄일 수 있다는 간교한 판단하에 스스럼없이 명단을 넘겼다. 이때 노출된 보리스 유진Boris Yuzhin, 세르게이 모토린Sergei Motorin, 발레리 마르티노프Valery Martynov는 소련 대사관 직원으로 위장한 KGB 요원이었고 드미트리 폴리야코프는 GRU 소속의 고위 장교였다. 이들은 모두 FBI가 오랜 기간 동안 공을 들여 포섭했으나 에임스의 밀고로 본국으로 소환돼 처형되거나 중형을 선고받았다.

배반의 고리와 파렴치한의 최후

그런데 여기서 주목해야 할 인물이 한 사람 있다. 바로 GRU 소속으로 장성將星에까지 올랐던 거물 이중 스파이 드리미트리 폴리야코프다. 폴리야코프는 FBI가 벌인 다년간의 포섭작전에서 협력자가 된 인물로 이제막 이중 스파이가 된 에임스에 의해 신분이 노출될 때까지 약 25년간 미국을 위해 일했다. 젊은 시절에는 소련 군부에서도 유망주로 꼽혔던 그는 1951년 30세의 나이에 해외 요직 중 하나인 유엔 대표부에 파견돼 공작관을 지낸 인물이다.

하지만 체제에 급속히 환멸을 느끼며 1961년부터 FBI와 접촉하기 시작했다. 그가 이중 스파이가 된 이유는 미국의 풍요로움에 비해 자국의 빈곤과 불공평함에 커다란 절망과 분노를 느낀 때문으로 알려져 있다. 더욱 그 이면에는 그의 개인적 아픔이 깃들어 있다. 일설에 따르면 그의 아들이 중증에 걸려 사경을 헤매고 있었고 이를 치료할 수 있도록 당 고위층에 의료기술이 발달한 뉴욕행을 건의한다. 그러나 이 요구는 묵살돼 아들은 병으로 사망한다. 반면 소련의 공산당원과 고위 관료들은 각종 특혜와 특권을 누리며 호화로운 생활을 하고 있었다. 사정이 이러하니 폴리야코프의 눈에 체제가 좋게 보일 리 없었다. 결국 FBI에 협력하기로 한 그는 이후 소련의 군사기밀과 미국 내 다수 두더지들의 신상 등을 전한다.

이 과정에서 폴리야코프는 미 국가안보국NSA 소속 하사관 잭 던랩Jack Dunlap과 육군 중령 윌리엄 훼일런William Whalen 등이 KGB와 GRU에 협력하고 있다는 사실을 알렸다. 이중 던랩은 앞선 '올레그 펜코프스키 Oleg Penkovsky'편에서 소개한 것처럼, 펜코프스키가 KGB에 발각되는데 단초를 제공한 인물이다. 이렇게 노출된 이들은 모두 FBI에 체포돼 중형을 선고받거나 추적 과정에서 자살했다. 또한 폴리야코프는 CIA에도 다량의 군사 기밀을 넘겼고 소련의 핵무기 실태가 담긴 중대 보고서 등도 유출했다. 그렇지만 그의 장기 암약은 어처구니없게도 한 술버릇 고약한 미국인 배반자에 의해 발각돼 1988년 처형되면서 막을 내린다.

이처럼 폴리야코프라는 거물 두더지를 잡는 데 공헌한 에임스의 이중 행각은 갈수록 그 규모와 횟수에서 상상을 초월하며 몸집을 불린다. 이와 함께 그의 텅 비었던 은행 계좌도 나날이 살을 찌워 갔다. 그렇다고 이 기간 에임스에게 위기가 전혀 없었던 것은 아니다. 무엇보다 공들여 구축한 소련 내 첩보망이 일거에 사라지자 CIA와 FBI는 일대 혼란에 빠졌고 내부 첩자가 있음을 감지한다. 때마침 KGB 고위층이던 비탈리 유르첸코 Vitaly Yurchenko가 망명해 미국 내 두더지의 실체가 밝혀질 기회가 찾아온다.

그러나 이때도 진범으로 다른 CIA 요원인 에드워드 하워드Edward Howard라는 인물이 지목되면서 에임스는 위기를 넘기고 유유히 다음 근무지인 이탈리아 로마Rome로 날아갔다. 로마에서도 그는 특유의 문란하고 방탕한 생활을 한 것으로 알려졌으나 미국으로 돌아온 1991년까지 소련 내 협조자들의 명단이 포함된 기밀문서에 접근할 수 있는 권한을 여전히 부여받고 있었다. 에임스는 이러한 권한을 이용해 소련 대사관의 세르게이 추바킨Sergey Chuvakhin 등을 꾸준히 접촉하며 상당량의 기밀과 협조자들을 넘기고 그 대가로 총 4백 60만 달러를 챙겼다. 그는 이 돈으로 54만 달러짜리 대저택과 5만 달러짜리 고급승용차를 사들이는 등 사치스런 생활을 이어 갔다.

그러나 이러한 지위와 수입에 비해 과한 씀씀이는 결국 화를 부른다. 이때까지도 미국은 연이어 소련 내 첩보망이 손상된 것과 관련해 눈에 불을 켜고 방첩활동을 벌이고 있었다. 이에 더해 1989년 11월 동료 중 한 명이 그와 부인의 부유한 생활을 상부에 보고한다. 에임스는 감찰에서 소비한 돈의 대부분은 재혼한 부인 카사스가 콜롬비아 본가에서 받은 재산이라고 둘러대며 의심을 피해 갔다. 아울러 거짓말 탐지기 검사에서도 별다른 혐의점이 드러나지 않아 의혹은 그대로 무마되는 듯했다. 반면 당시 검사관이 적절한 반응을 유도하지 않았다는 주장이 제기된 데 이어 사치스런 생활 역시 지속적으로 주목받으면서 의혹은 쉽게 사라지지 않았다. 이에 따라 CIA에 FBI가 결합한 합동감시팀이 구성돼 에임스의 차량에 몰래카메라를 설치하는 등 일거수일투족을 밀착 감시하게 된다. 그러던 1993년 그가 콜롬비아에서 소련 스파이와 접선했다는 결정적 증거가 나오면서 1994년 2월 21일 검거됐다. FBI가 이날을 검거일로 택한 이유는 에임스가 며칠 뒤 모스크바Moscow를 방문하기로 돼 있었기 때문이다. 자칫 낌새를 알아차리고 돌아오지 않을 수 있다는 우려가 반영된 조치였다.

파렴치한 스파이의 최후 에임스는 순전히 돈을 목적으로 기밀을 넘기고 협력자들을 팔아치웠다. CIA · FBI 합동수사
팀에 체포되는 장면. 사진=CIA

    한편 에임스는 체포 당시 FBI 수사관에게 "당신, 실수하는 거야!"라며
으름장을 놓았지만 조사와 재판에서 진상이 낱낱이 드러나 종신형을 선고
받고 펜실베니아 교도소에 수감됐다. 미국 정부는 에임스에 의해 약 1백
건의 비밀 작전이 노출됐으며 10명 이상의 소련 협조자가 목숨을 잃은
것으로 파악하고 있다. 그는 "활동기간 소련인 망명자들에 의해 정체가
탄로 날 것을 가장 두려워했다"고 진술했다.

🔫 FOCUS 미국 중앙정보국CIA 약사··· 창설 및 근황

    미국 중앙정보국CIA: Central Intelligence Agency은 많은 설명이 필요 없
을 정도로 최고 기관으로 손꼽히는 세계적인 정보기관이다. 특히 동구권

의 몰락 이후에는 '정보기관=CIA'라는 공식이 성립될 정도로 비밀기관의 대표 브랜드가 됐다. 하지만 연역에서는 영국이나 독일, 러시아에 비해 상당히 늦게 출발했다. 이는 미국이 여타 강대국들과 달리 통합적 대외 정보체계에 큰 관심을 두지 않았고 국무부와 국방부, 해군, 연방수사국 등 개별 조직을 운영하는 데 치중했기 때문이다.

CIA의 효시라고 할 수 있는 기관이 공식적으로 만들어진 것은 제2차 세계대전이 한창이던 1942년 6월로, 프랭클린 루즈벨트Franklin Roosevelt 대통령의 지시로 변호사 겸 육군 소장 윌리엄 도노번William Donovan(제38화 참조)이 창설한 전략사무국OSS이 있다. OSS는 2차 대전 중 요원들을 작전지역에 투입해 각종 정보활동을 벌이는 등 활약했으나 이때까지도 단순한 전시조직으로 인식돼 종전 직후인 1945년 9월 해체된다. 그러다 냉전이 확대되면서 '평시 종합적이고 체계적인 중앙정보기관의 필요성'이 제기돼 1946년 해리 트루먼Harry Truman 대통령에 의해 중앙정보단CIG이 창설된 데 이어 1947년 국가안전보장법이 제정되면서 중앙정보국CIA으로 개편됐다.

CIA가 배출한 유력 인물로는 제40대 미국 대통령을 지낸 조지 부시George H. W. Bush(아버지 부시)가 1976년 1월부터 약 1년간 국장을 역임한 바 있으며 냉전기를 거쳐 FBI, DIA 등 명실상부한 미국 정보기관들을 총괄하는 역할도 했을 만큼 전성기를 누렸다. 반면 2004년부터는 총괄 지위를 국가정보국DNI에 내줬고 2014년에는 테러 용의자들에 대한 불법적이고 잔혹한 고문 실태가 공개돼 물의를 빚는 등 현재는 전성기 시절에 비해 위상과 권한이 크게 약화된 상태다.

10

블라디미르 베트로프

Vladimir Vetrov 1932~1985 -KGB / DST-

블라디미르 베트로프Vladimir Vetrov는 소련 KGB에서 대령을 지낸 고위급 첩보원으로 프랑스 정보기관인 국토감시국DST에 기밀 자료를 유출해 서방을 도운 이중 스파이다. 공학자 출신으로 KGB에서 과학 정보를 담당했던 '라인 엑스Line X'의 책임자였으나 냉전 후반기 체제에 환멸을 느껴 이중 행각을 벌이던 중 체포돼 1985년 처형됐다.

베트로프 스파이 사건은 소비에트 연방Soviet Union의 해체라는 역사적 변화를 예고하는 동시에 냉전체제 붕괴의 광범위한 배경을 단적으로 보여 준다는 점에서 첩보사적 의미가 매우 크다.

DST와 베트로프의 첩보전 배경

블라디미르 베트로프가 주로 활동했던 시기는 1960년대 중반부터 1980년대 초반까지다. 이 기간 소련과 KGB는 군사 분야를 포함한 모든 과학기술에서 자신들이 서방 진영에 비해 크게 뒤떨어지고 있음을 깨닫게 된다. 때를 같이해 취약성을 드러낸 경제체제로 인해 미국, 프랑스 등에 대적할 방위력 확보가 사실상 불가능하다는 판단은 커다란 위기의식으로 작용했다. 이에 소련은 이를 만회할 특단의 대책을 강구했고 그 방안 중 하나로 KGB 내에 서방의 첨단기술을 닥치는 대로 빼내는 과학 정보 전담부서인 '라인 엑스Line X'를 창설한다. 창설 후에는 세계 도처에 많은 요원들을 침투시켜 최신 과학기술 정보를 상당수 확보하는 데 성공했으며 군비 증강에도 발전을 이룬다.

그러나 조직의 리더이자 핵심 요원이었던 베트로프는 이 같은 성과에도 불구하고 정작 국민들의 생활은 나아지지 않은 채 도리어 더 궁핍해진다는 것에 불만을 가져 그간의 비밀임무를 서방에 알리기로 결심한다. 그의 이러한 결심은 라인 엑스의 몰락은 물론 나아가 소련이 미국의 군비 증강을 따라 잡으려다 경제 파탄으로 체제가 붕괴되는 결과를 초래하고 만다. 결국 이것이 냉전 종식終熄으로 이어진 여러 요인 가운데 하나라는 평가다.

'공학자' 이중 스파이, 그는 누구인가?

블라디미르 베트로프는 1932년 소련 시절 모스크바Moscow에서 태어났다. 그가 어린 시절을 어떻게 보냈는지에 대한 자세한 기록은 없으며,

청년기 들어 모스크바 바우만 대학Bauman MSTU에 진학해 컴퓨터 공학을 전공하고 졸업 후에는 모스크바 컴퓨터 기술ZAM에서 엔지니어로 일했다. 그가 KGB에 들어가 첩보원 생활을 시작한 것은 1957년이지만 이 기간 역시도 어떤 활동을 벌였는지에 대해서는 알려진 것이 거의 없다. 다만 비밀 임무를 위해 보충됐으며 1964년경 KGB 내에 비밀부서인 '라인 엑스'가 창설된 것으로 보아 이를 위한 배후 작업을 벌인 것으로 추정된다. 이어 라인 엑스가 본격적으로 가동되기 시작한 1965년 서유럽 총책으로 프랑스에 파견돼 약 5년간 활동한다. 이와 동시에 라인 엑스는 서방 각국에 요원들을 침투시켜 한 해에만 약 5천 건 이상의 최첨단 기술정보를 빼내 본국으로 보냈다. 이에 힘입어 소련은 짧은 기간, 빠른 속도로 첨단 기술을 적용한 신무기들을 보유할 수 있었고 그 내막을 알 리 없던 대다수 서방 국가들은 소련의 가파른 발전상에 긴장할 수밖에 없었다.

그러나 프랑스에서 활동하던 중 베트로프는 추후 자신의 운명을 바꾸는 중대한 만남을 갖는다. 바로 톰슨·CSF(현 탈레스)에서 엔지니어로 있던 쟈크 프레보스트Jacques Prévost라는 인물과의 만남이 그것이다. 두 사람이 처음 만난 시기와 장소는 분명하지 않지만 '교통사고'라는 특징적 상황을 통해 프레보스트가 베트로프에게 호의를 베풀면서 시작됐다는 것이 정설이다. 그런데 이때 프레보스트는 엔지니어라는 직업 외에 프랑스의 정보기관인 국토감시국DST과도 관계를 맺고 있었던 것으로 전해진다. 이에 따른다면 라인 엑스의 활동을 감지한 DST가 베트로프를 의심해 프레보스트를 의도적으로 접근시켰을 가능성이 크다. 실제 이 일이 있고 난 후 DST는 한동안 베트로프의 신분을 정밀 조사했고 그가 KGB의 고위 간부라는 사실을 알아낸다.

이후 1970년 베트로프가 모스크바로 복귀한 뒤에도 두 사람은 친분을 유지했는데 이 과정에서 DST는 베트로프가 체제에 강한 불만과 환멸을 느끼고 있다는 것을 알게 된다. 그렇지만 베트로프가 이중 스파이로 결심을 굳힌 것은 그로부터 10년 후로, 이때부터 DST는 프레보스트를 앞세워 장기간의 포섭작전에 들어간다. 그 사이에도 라인 엑스는 막대한 인력을 쏟아부으며 미국, 프랑스뿐 아니라 나토 동맹국 심지어 태국, 일본, 이란에 이르기까지 그야말로 전 세계를 상대로 '정보 사냥'에 열을 올리고 있었다.

이때 베트로프가 소속됐던 라인 엑스를 잠시 살펴보면, 이 조직은 KGB의 주요 3개 총국 중 핵심인 해외 담당 제1총국에서 과학기술을 담당했던 T국Directorate T에 창설된 비밀부서다. 앞서 '조너던 폴라드Jonathan Pollard' 편에서 소개했던 이스라엘의 레켐LEKEM이 핵무기 등 과학 정보를 주로 수집했다는 점에서 닮기는 했으나, 레켐이 모사드와는 별개의 독립기구였던데 비해 라인 엑스는 KGB의 하부조직이었다는 것이 다르다.

당시 KGB 제1총국에는 해외에서 활동할 요원 선발 등을 전담한 S국을 비롯해 대외 포섭과 방첩 등을 담당했던 K국, 정보 분석을 맡았던 I국 등 방대한 조직을 갖추고 있었다. 라인 엑스가 속했던 T국은 과학기술 정보를 중심으로 핵무기와 미사일, 우주, 바이오, 전자 등을 총망라한 첨단기술을 서방에서 빼내는 주무 역할을 했다. 이런 이유로 이들은 주로 석박사 학위를 가진 과학자들로 구성됐으며 첩보 활동 시에는 과학 참사관이나 무역 대표부원, 국영 항공사 직원, 신문기자 등으로 위장해 움직였다. 또 현지에 위장업체를 설립해 기술정보를 수집하고 서방 기술자와 과학자들을 매수해 자료를 넘겨받았다. 명령 체계에서는 소련의 군수산업 정보를 종합하고 필요 정보의 입수계획을 세웠던 군수산업위원회VPK를 최상부로, 이 위원회에서 계획서를 받아 전 세계에 잠입한 요원들에게 하달

루비얀카 청사 소련 시절 체카로 시작해 냉전기 국가보안위원회(KGB)가 사용했던 이 청사는 공산체제 붕괴 이후 현재는 러시아 연방보안국(FSB)이 본부로 사용하고 있다. 베트로프는 활동기 KGB 제1총국에서 과학 정보를 담당했다.

하는 방식으로 조직이 운영됐다.

　라인 엑스의 주요활동에 대해 베트로프가 DST에 제공한 1980년부터 1981년까지 소련의 정보수집 자료에 따르면 대상 국가별 비중에서 프랑스가 8퍼센트였고 미국이 무려 61.5퍼센트로 절반 이상을 차지했다. 사정이 이렇다 보니 정보 도난의 최대 피해국이었던 미국은 이미 라인 엑스의 활동을 감지하고 있었던 것으로 보인다. 이와 관련해 1970년대와 1980년대에 걸쳐 CIA의 경제고문을 지냈던 거스 와이스Gus Weiss 박사는 1974년 닉슨Richard Nixon 대통령에게 "소련이 KGB 요원들을 동원해 미국의 신기술을 빼내고 있다"는 내용의 보고서를 제출하며 이들의 위험성을 경고한 바 있다.

베트로프 문서와 CIA의 역공작

한편 모스크바에서 전 세계 라인 엑스 요원들이 수집한 정보를 감독하고 있던 베트로프는 1980년 기존 체제에 대한 불만이 폭발하면서 중대 결심을 한다. 이때까지도 DST는 사업가로 변신한 프레보스트를 통해 그를 관리하고 있었다. 그해 말 베트로프는 프레보스트와 접선해 DST에 협조할 뜻을 내비치며 일급기밀에 해당하는 다량의 문서를 전달한다. 이렇게 시작된 베트로프의 이중 행각은 1982년 2월까지 이어졌고 당시 위장 신분으로 16개국에 암약하던 라인 엑스 요원 약 250여 명의 명단과 4천 건 이상의 기밀 자료를 넘겼다. 또한 KGB뿐만 아니라 GRU와 소련 과학 아카데미Soviet Academy of Sciences 및 다른 기관의 요원들에 대한 상세한 정보도 건넸다. 이 같은 베트로프의 반역은 '체제 환멸'에서 비롯된 것이었으나 DST는 그에게 활동기간 총 2만 5천 5백 루블의 금전을 제공했다.

그러던 1981년 프랑스 정부와 DST는 베트로프가 전달한 기밀문서로 훗날 역사의 물줄기를 바꾸는 중대한 선택을 한다. 바로 그해 7월 열린 캐나다 오타와 정상회의Ottawa G7 Summit에서 미테랑François Mitterrand 대통령이 이른바 '베트로프 문서Farewell Dossier'를 미국의 레이건Ronald Reagan 대통령에게 전달한 것이다. 동서로 양분된 냉전 체제에서 협력 국가 간 정보 교류가 빈번한 시기였던 만큼 이것 자체는 그리 대단한 것은 아니다. 그렇지만 이 문서는 이듬해 CIA가 소련을 상대로 역공작을 펴는 데 핵심적인 근거자료가 됐다는 점에서 의미가 크다.

이렇게 미국으로 전달된 베트로프 문서는 한때 CIA 수장을 역임한 바 있는 부시George H. W. Bush 당시 부통령을 거쳐 CIA 수장이던 윌리엄 케이시William Casey에게 전달됐고, 케이시는 경제고문 와이스 박사와 백악관 NSC 보좌관이던 토머스 리드Thomas Reed 전 공군장관 등을 불러 문서의 활용방안을 논의한다. 처음에 문서를 본 이들은 미국과 일본 등지에 암약하고 있는 소련 스파이들에 대한 대대적이고 즉각적인 추방령을 고려했던 것으로 알려졌다. 그러나 CIA는 그보다 라인 엑스의 특징을 역이용해 잘못된 기술을 신기술로 위장시켜 빼 가도록 하는 역공작을 벌이는 것으로 결론을 내린다. 이에 따라 CIA는 소련 스파이들이 신기술을 시험할 때는 이상이 발생하지 않았다가 시스템을 운용할 때는 오작동이 일어나도록 바이러스를 심은 반도체 칩과 소프트웨어를 유출했다. 이를 까맣게 몰랐던 소련은 CIA의 예상대로 라인 엑스를 동원해 곧바로 이 장비를 입수했고 연간 80억 달러 규모의 막대한 수익을 올리며 자국의 경제를 지탱하던 시베리아 천연가스 라인Siberian Pipeline 운용 시스템에 사용한다. 그렇게 얼마가 지난 1982년 6월 30일 미국의 의도대로 시스템은 오작동을 일으켰고 마침내 거대한 폭발 사고로 이어졌다.

이에 대해 작전계획에 참여했던 토머스 리드는 훗날 자서전을 통해 "사고 이후 소련 과학자들이 더 이상 외국산 신기술을 사용하지 못하게 됐으며 이로 인해 경제 균형이 깨져 개혁과 개방의 길을 택할 수밖에 없었다"고 진단했을 정도로 소련은 심각한 후유증에 직면한다. 이처럼 베트로프가 DST에 전한 정보는, 당시로서는 쉽게 깨질 것 같지 않던 소련 체제와 동서 냉전의 균형을 단번에 허무는 숨은 기폭제가 됐다.

반면 미국이 역공작에 성공해 소련을 위기에 몰아넣기 직전 숨은 공로자인 베트로프는 너무나 어처구니없는 사건을 일으켜 경찰에 체포된다. 1982년 2월 그는 모스크바의 한 공원에 차량을 세운 채 여성과 밀애를 나누고 있었다. 이즈음 DST는 잦은 접촉에 따른 발각 위험을 우려해 일시 연락을 두절했고 그 역시 이중 행각에서 오는 심한 스트레스에 시달리며 과음을 한 상태였다. 베트로프는 차량에서 여성과 말다툼을 벌이던 중 흉기를 휘둘러 그녀에게 상처를 입힌다. 이때 그를 찾아온 KGB 동료가 차창을 두드렸다. 신경이 극도로 곤두서 있는 데다 만취상태였던 그는 그 자리에서 동료를 살해하고 만다. 베트로프가 이런 살인사건을 일으킨 이유는 자신의 이중 행각이 당국에 발각돼 동료 요원이 체포하러 왔다는 망상에 사로잡혀 있었기 때문이다. 이 사건으로 그는 검거돼 그해 가을 재판에서 12년형을 선고받는다. 하지만 그의 실수는 여기서 그치지 않았다. 감옥에 있는 동안 외부로 보내지는 편지에 과거 자신의 이중 행각을 언급한 것이다. 편지는 감시망을 가동 중이던 KGB에 포착되면서 추가 조사가 벌어졌고 조사에서 반역 행위의 전모가 드러난다. 이에 베트로프는 1985년 2월 총살형에 처해졌다.

한편 베트로프가 체포된 직후 미국과 프랑스 그리고 나토 동맹국들은 신분이 확인된 소련 스파이에 대한 대대적인 추방령을 내린다. 이로 인해 당시 프랑스에서만 47명의 KGB 요원들이 추방됐으며 룩셈부르크와 포르투갈을 제외한 미국과 서유럽 전역에서 1백 명이 넘는 스파이들이 추방됐다. 또 태국과 일본, 이란(18명)에서도 다수의 스파이들이 추방되면서 라인 엑스는 급속한 붕괴의 길을 걷게 된다. 아울러 공산 진영의 패권국이었던 소련도 몰락을 향한 급행열차를 타야 했다.

FOCUS 국토감시국DST… 프랑스의 옛 국내 방첩기관

프랑스의 정보체계는 세계 다수 국가들과 마찬가지로 해외, 국내, 군사를 나눠 정보공동체를 운영하고 있다. 여기에는 대외를 담당하는 해외안보총국DGSE과 국내를 담당하는 국내치안총국DGSI 그리고 군 정보기관인 군사정보본부DRM가 3대 주요 기관이다. 베트로프가 내통했던 DST:Direction de la Surveillance du Territoire는 우리 표현으로 '국토감시국 혹은 국토정찰국'이라고 해서 현 국내정보 및 방첩을 담당하는 DGSI의 전신 기관이다. DST는 2008년 경찰정보국RG과 통합돼 정보중앙국DCRI으로 개편됐다가 다시 2014년 DGSI로 재편됐다.

국내치안총국 DGSI는 DST에서 재편돼 현재 프랑스의 국내정보 및 방첩 임무를 맡고 있다.

　DST는 1934년 내무부 산하에 창설돼 국경경비와 통신감청을 주관했지만 나치 독일이 프랑스를 점령했던 1942년 해체됐다가 1944년 재창설됐다. 냉전기에는 대소련 등 공산 진영을 상대로 첩보전에도 참여했으나 공작보다는 주로 방첩 기능에 역점을 뒀고 방위산업 및 경제 등의 기술자산보호에도 힘을 쏟았다. 최대 성과로는 1980년 소위 '베트로프(암호명: 페어웰, Farewell) 문서'를 입수해 과학자, 외교관으로 위장한 채 암약해 온 대규모 소련 스파이 조직을 일망타진하는 데 공헌했다. 이런 전통을 이어 재편된 DGSI는 방첩과 대테러를 주요 임무로, 전자통신 감시 등 국가안전 전반에 걸친 광범위한 활동을 벌이고 있다. 21세기 들어 정보지형의 다변화로 최근에는 엔지니어뿐 아니라 프로그래머, 언어학자 등에 걸쳐 다양한 직종의 인재들을 영입해 활동 중이다.

Ⅲ

아시아 스파이

11

강생
康生 1898~1975 -중앙사회부-

강생康生은 중국공산당CPC 혁명기부터 중화인민공화국 수립 이후까지 공안 및 정보기관의 수장을 지낸 인물이다. 모택동毛澤東의 숙적이던 장개석蔣介石 축출에 일조했으며 정부 수립 이후에는 권력자로 대약진운동과 문화혁명 등을 주도했다.

반면 '도살자'라는 악명이 붙었을 정도로 잔혹한 성정을 바탕으로 줄곧 정적들을 숙청하는 데 앞장섰고 국민을 억압하는 데도 탁월한 재능을 발휘해 민심의 지탄을 받았다. 이로 인해 1975년 사망한 뒤에는 '인민의 적'으로 낙인 찍혀 제명당했다.

'도살자' 스파이, 그는 누구인가?

강생은 1898년 중국 산동성 제성현諸城县에서 장張씨 가문 지주의 아들로 태어났다. 어려서 우리식으로는 종가宗可라는 이름으로 불렸으나 후에 개명한다. 그의 나이 8세에 가문에서 설립한 학관에 들어갔으나 1911년 손문孫文이 주도한 신해혁명辛亥革命이 일어나 학관이 폐쇄된다. 이에 청도青島로 옮겨 중학교를 졸업했다. 이후 1917년 다시 고향으로 돌아와 교사 강습소를 졸업하고 이듬해부터 교사로 활동한다. 일부 기록에는 같은 제성현 출신으로 훗날 모택동의 네 번째 부인이 되는 강청江青을 만난 것이 이 시기로 알려져 있다. 그러던 1919년 강생은 항일반제抗日反帝 궐기인 5.4운동이 일어나면서 차츰 공산주의에 관심을 갖기 시작한다. 이어 1924년 상해로 가서 중국공산당CPC이 주도하는 상해 대학에 입학, 이론적 토대를 다지는 한편 1925년 공식적으로 공산당에 입당해 지역 당서기로 지하조직을 이끌며 노동자 봉기에 관여하는 등 활발한 활동을 펼친다.

하지만 이때까지 그는 정보계통과는 거리가 먼 단순한 열혈 공산주의자에 지나지 않았으며 얼마 뒤 장개석의 지시로 국민당이 공산당을 공격한 이른바 4.12 사건(상해 숙청)이 일어나자 가까스로 피신해 목숨을 건졌다. 이후 1928년 당 강소성위원회 이립삼李立三의 도시봉기 노선을 지지하며 수하로 들어가 조직국장에 올랐고, 이립삼의 천거로 1930년 중앙조직부에 들어가면서 비로소 중앙 무대로 진출한다. 이 과정에서 이립삼이 실각하자 곧바로 왕명王明에 접근해 살아남았다. 당시 중국공산당은 후에 중앙사회부中央社會部의 모태가 되는 당 정보기구로 중앙특별공작위원회 및 산하에 중앙특과를 운영하고 있었으며 창설을 주도한 주은래周恩来가

책임을 맡고 있었다.

강생은 1931년 1월 중국 공산당 제6기 전당대회를 통해 중앙조직부장
에 취임하는 동시에 주은래의 지휘 아래 중앙특과의 정보공작 책임자로
임명되면서 본격적인 첩보계통에 발을 들여놓게 된다. 이때 중앙특과는
상해를 근거지로 하고 있었으나 중국 전역에 걸쳐 공산당의 보안과 방첩
임무를 수행했던 것으로 알려졌다. 그는 1933년까지 상해에 머물며 지하
공작을 주도해 두각을 나타냈고 이런 활약에 힘입어 7월에는 중국공산당
의 코민테른 주재 대표단으로 선발돼 공산혁명의 모국이라 할 수 있는 소
련 모스크바Moscow에 입성한다. 그는 여기서 4년간 머물며 이름을 강생
康生으로 바꿨다. 개명改名과 관련해서는 공산당 활동을 시작하면서 위장
을 위해 여러 가명을 써 왔고 또한 모스크바 체류시절에는 소련식 이름을
사용했는데 이를 중국식으로 옮긴 것이 '강생康生'이라는 주장이다. 다만
그가 10대 시절 지주인 아버지에 반발해 성과 이름을 모두 바꿨다는 말
도 있다.

한편 이 시기 강생은 소련의 KGB(당시 NKVD)에서 첩보원 교육을 받으
며 노하우를 쌓는데 이는 훗날 그에게 명성과 악명을 동시에 안기는 바탕
이 된다. 그가 소련에 머문 지 1년여가 지난 1934년 말 소련공산당CPSU
의 지도자 중 한 명인 세르게이 키로프Sergei Kirov가 암살당한다. 이는 스
탈린Joseph Stalin에 의한 '대숙청Great Purge'의 신호탄이었고 정적 트로
츠키Leon Trotsky 일파에 대한 제거로 이어졌다. 이때 강생도 왕명의 지시
를 받아 소위 '반혁명제거국'이라는 비밀기구를 만들어 현지에 유학 중이
던 중국 공산당원을 트로츠키주의자로 몰아 공격하고 탄압하는 등 악명
의 서막을 올린다.

그렇게 소련에서 달콤한 철권의 맛을 본 그는 이후 장개석의 토벌군에

쫓겨 중국공산당이 천신만고 끝에 둥지를 튼 연안延安으로 귀국하며 본격적인 공산혁명 일선에 나섰다. 특히 귀국하고 얼마 지나지 않은 1938년 당내에 정보업무를 위해 창설된 중앙사회부中央社会部 수장에 올라 '모택동毛泽東의 비수'를 자임하며 내면 깊숙이 감춰왔던 잔혹성을 드러내기 시작한다. 그는 중앙사회부장에 오른 직후 가장 먼저 조선인 공산주의자

모택동과 강생 강생(우)은 공산혁명 기간 모택동(좌)의 비수를 자임하며 일본 및 국민당의 첩자, 정적, 반당분자들에 대한 처단과 숙청을 주도해 '도살자'라는 악명을 얻었다.

김산金山(님 웨일즈가 쓴 『아리랑』의 주인공)과 김찬 등을 비밀리에 처형한 것으로 알려져 있다. 강생이 김산을 처형한 이유에 대해서는 명확히 알려져 있지 않지만 정적 숙청의 일환으로 추정되며 당시 발발한 중·일 전쟁을 빌미로 일본의 스파이로 몰아 제거했다. 이후에도 강생은 1942년부터 모택동이 주도한 연안 '정풍운동整風運動'에 편승해 또 다른 수많은 정적을 스파이나 반당분자로 몰아 모진 고문 끝에 처형하는 소위 '적색 테러'를 일삼는다.

이로 인해 당시 공산당의 근거지였던 연안에는 '홍색 공포'라 불리는 말이 유행했고 강생에 대해서는 '도살자'라는 별칭이 따라 붙었다. 심지어 측근들조차 그의 심문과 처형 방식에 대해 혀를 내두르며 '지옥의 왕'이라고 불렀을 정도다. 이에 대해서는 현대 전문가들 역시 강생을 소련과 나치에서 각각 학살을 일삼은 '라브렌티 베리아Lavrentiy Beria 제30화 참조'와 '하인리히 히믈러Heinrich Himmler'에 비유했고 국내 유명학자인 도올 김

용옥 교수도 공개 강연을 통해 강생을 모택동과 함께 '중국의 근현대사를 망친 인물'로 지목하는 등 안하무인적 잔혹성을 호되게 비판했다.

'모택동의 비수'로 악명, OSS도 염탐

그렇다고 이 기간에 강생이 살육만을 일삼고 있었던 것은 아니다. 공산당의 정보 총책으로 상대에 대한 염탐도 빼놓지 않았다. 그는 소련 체류시절 탁월한 분석력과 판단력을 바탕으로 소련의 태도를 면밀히 관찰했고, 그 결과 소련이 겉으로 주장하는 것과 달리 중국공산당의 열렬한 후원자가 아니라는 생각을 갖게 된다. 강생은 이러한 대對소련관을 바탕으로 시기를 특정할 수 없지만 소련에 대한 다양한 정보를 수집하기 시작했으며 아울러 모택동 등 중국 지도자들을 염탐하는 KGB의 움직임에도 촉각을 세웠다. 또 효과적인 첩보 활동을 위해 중국 내 소련 스파이들에 대한 포섭공작도 다수 실행한 것으로 알려졌다. 다만 그 성과는 불분명하다.

이처럼 강생이 소련의 변심을 예상했고 국가적으로는 일본의 침략에 맞서고 있던 상황이었지만 정작 그의 최대 관심사는 이들이 아니었다. 당시 중국은 공산당과 국민당으로 나뉘어 군사적, 이념적 대립을 지속하고 있었다. 이에 따라 공산당과 합작 및 내전을 반복했던 국민당은 강생에게는 최대 적수였다.

이 중 국민당에서 정보 총책을 맡았던 대립戴笠(제35화 참조)이란 인물은 이미 강생을 능가하는 정보 인프라를 구축하고 '장개석의 검劍'으로 활약하고 있었다. 실제로 이때 대립은 국민당의 정보기관인 군사위원회 특무처의 수장으로 정보계통에서만큼은 자천타천 대륙 일인자로 평가받았다. 호색한에 성정이 불火 같고 잔혹성에서도 강생에 뒤지지 않지만 무분별한 살육보다는 공산주의자를 가려 혹독한 고문과 처형, 암살을 실행한 것으로 유명했다. 더욱 대립은 1942년 미국이 제2차 세계대전에 참전해 일본에 맞서게 되면서 미 해군 및 전략사무국OSS과 '중·미 합작조직SACO'을 구축하는 데 중추적 역할을 했다. 이들은 전쟁 기간 항일 게릴라를 조직해 일본에 맞서면서도 공산당에 대해서도 와해공작을 동시에 진행했다. 사정이 이렇다 보니 강생도 이들에 대한 첩보 활동에 열을 올리지 않을 수 없었다.

일설에 따르면 강생은 이때 OSS가 포섭한 중국인 정보조직에 침투하기 위한 공작을 벌였고 이 가운데에는 고위층의 소식을 들을 수 있는 무명無名의 정보통을 두고 있었던 것으로 알려졌다. 이 정보통을 통해 1946년 3월 뜻밖의 소식이 전해진다. 장개석의 검이었던 대립이 비행기 사고로 사망했다는 것이다. 이로 인해 일본에 승리하고 국공내전國共內戰이 본격화된 상황에서 국민당은 큰 손실을 봐야 했다. 대립의 사망과 관련해 공산정부 수립 이후 총리에 오르기도 했던 주은래는 "그의 사망으로 공산혁명을 10년 앞당길 수 있었다"라고 평했을 만큼 존재감은 막대했다. 반면 맞수가 사라진 강생은 모택동을 도와 국민당과 장개석을 축출하고 1949년 중화인민공화국 수립에 공헌한다.

그런데 이에 앞서 전쟁 기간 강생은 OSS에 잠입한 정보통에게 또 하나의 중대한 첩보를 입수한다. 다름 아닌 미국이 조기에 전쟁을 끝내기 위해 원자폭탄을 개발하고 있다는 소식을 전해들은 것이다. 소련에 대해 불신을 갖고 있던 그는 이 사실을 KGB에는 알리지 않은 채 은밀히 유럽 등에서 활동 중이던 중국인 과학자들을 끌어 모으기 시작했다. 정부 수립 이후로 이어진 중국의 원자폭탄 개발에 강생이 어느 정도 관여했는지는 별로 알려진 것이 없다. 단 OSS 정보를 바탕으로 그의 재임 동안 준비작업에 착수한 것은 분명해 보인다.

강생은 1946년 12월을 끝으로 중앙사회부를 떠나 산동성 인민정부 주석에 오르며 행정가로 변신하지만 그로부터 얼마 후 프랑스 파리의 퀴리연구소Curie Institute에 있던 전삼강錢三强 박사 등 과학자들이 잇달아 귀국해 중국과학원CAS 산하에 근대물리연구소(현 중국원자력연구소)를 설립한다. 바로 이들이 1964년 중국의 첫 원자폭탄 개발을 주도했다. 또 이중 일부 과학자는 소련이 핵개발 지원을 철회한 1959년 6월 이후 동독에 머물고 있던 핵물리학자 클라우스 푹스Klaus Fuchs와도 만난 것으로 추정되며 이로 인해 미국이나 소련 등에 비해 핵무기 개발 기간을 절반 이상 단축한 것으로 보고 있다. 미국의 전 공군장관인 토머스 리드Thomas Reed는 저서에서 "푹스가 중국 과학자들과의 만남에서 자신의 연구자료를 넘겼다"고 주장했다.

한편 첩보 일선에서 물러나 얼마간의 신병치료를 거쳐 본격적인 권력자로 변신한 강생은 정부 수립 이후 1958년에는 대약진운동大躍進運動을, 1966년부터는 문화혁명文化革命을 각각 주도해 수많은 희생자를 냈다. 특히 1968년에는 중앙사회부의 후신인 중앙조사부中央調査部를 장악하고 반대 세력과 우파, 수정주의자들에 대한 대대적인 숙청을 단행해 과거 도살자라는 악명을 거듭 확인시켰다. 아울러 여러 스파이 사건도 조작해 많은 수의 공산당 내 정적들을 제거했다. 이와 함께 대외정책에서 훗날 킬링필드 만행으로 유명해지는 캄보디아의 무장 세력 크메르 루즈Khmers Rouges를 지원한 것도 그의 강경하고 잔혹한 성향을 읽을 수 있는 대목이다. 그럼에도 그는 1973년 당 대회에서 부주석에 취임하며 권력 서열 4위에 올랐고 이듬해에는 정적 주은래, 등소평鄧小平 등에 칼끝을 겨눴으나 방광암이 발병해 1975년 파란만장한 삶에 종지부를 찍는다. 모택동은 강생을 진정한 '공산혁명의 전사'라고 추모했으나 모택동 사후 공산당 수 뇌부는 강생을 강청 등과 함께 '인민의 적'으로 규정해 당에서 제명했다.

FOCUS 중국 정보체계 약사… 과거와 현재

현재 중국의 공식 정보기관 체계는 국 가안전부MSS: Ministry of State Security와 인민해방군 총참모부 소속의 정보부대로 나뉜다. 이 중 국가안전부는 중국의 대내 외를 모두 담당하는 명실 공히 최고 정보 기관으로 첩보 수집 및 공작 활동은 물론 공안, 방첩 등에 이르기까지 전방위 임무 를 수행한다. 그러나 국가안전부가 지금

국가안전부 MSS는 현재 중국정보체계 에서 중추적 기관이다.

과 같은 현대적 의미의 정보기관으로 탄생하기까지는 많은 시간과 부침 을 겪었다.

중앙사회부… 국가안전부의 시초는 중화인민공화국이 수립되기 이전 인 1938년 중국공산당의 정보기구였던 '중앙사회부中央社会部'로 강생이 첫 수장에 올라 막강한 권한을 휘둘렀다. 당시 중앙사회부는 해외신문이 나 외신을 분석하는 일 외에도 중국 각지에 비밀 정보조직을 건설하거나 반당, 변절자를 처리했고 국민당에 대해서는 내부 상황 및 군 정보를 입 수하는 활동을 벌여 공산당의 승리를 견인했다. 이와 함께 1940년대 초 (연도 불명) 중앙사회부와 별도로 중앙정보부가 창설돼 역시 강생이 이끌 었다는 기록도 있다. 이후 정부가 수립된 1949년 중앙사회부에서 '중앙 조사부中央調査部'로 개편됐으며 이때부터 중국 해외 공관에 조사부 요원

으로 구성된 연구 단위를 갖추고 정보수집 활동을 벌였다.

국가안전부… 그러던 1966년부터 문화혁명이 시작되면서 일시 인민해방군 총참모부로 흡수됐다가 1977년 재건됐고 이어 1983년 기존 중앙조사부와 공안부 내 방첩부 그리고 인민군 참모부 일부를 묶어 비로소 지금의 국가안전부MSS를 창설하게 된다. 한편 관련 전문가들은 현재 중국 정보기관의 인프라를 미국과 러시아에 이어 세계 3위로 평가하는 만큼 이에 핵심인 국가안전부의 규모는 실로 방대할 것으로 보고 있다. 실제로 경쟁국인 타이완 정부가 2004년 발표한 자료에 따르면 국가안전부의 조직체계는 총 17개 국局체계에 별도로 약 9개의 부·국으로 이뤄져 있고 전문성에 따라 세분화돼 있다. 제1국에서 4국까지는 각 대륙을 나눠 담당하고 있으며 제5국부터 17국까지는 정보통신, 과학기술, 방첩, 암호 해독, 사이버 및 기업정보 수집 등 직능으로 나눠 운영 중이다. 국가안전부의 조직 규모에 대해서는 명확히 알려진 것이 없으나 해외 등에 요원 파견 시 신분 위장 수단으로 국영 신화사통신을 주로 사용해 왔는데 신화사는 중국 내에 31개 지부와 해외에 107개 지국을 두고 있다. 또 미 연방수사국FBI에 따르면 미국에만 약 3천개 이상의 중국 위장기업이 활동 중이다. 이 기업들에 대한 관리는 국가안전부 제17국에서 담당하고 있다.

인민군 참모부… 군 정보기관으로는 인민 해방군 총참모부 소속 제2부, 제3부, 제4부, 총정치부 연락부와 보위부 등이 군사 관련 첩보 및 방첩 임무를 수행하며 이 가운데 제2부가 군 정보활동의 총괄부서다. 또 통신 분야를 맡고 있는 제3부는 통신정보부라고도 하는데 산하 제2국에 별도의 해커부대를 운영 중인 것으로 알려져 있다. 지난 2014년 FBI는 이 해커부대 소속 장교 5명을 미국 내 기업들에 대한 해킹 혐의로 공개 수배한 바 있다.

12

도이하라 겐지

土肥原賢二 1883~1948 -일본제국 특무대-

 도이하라 겐지土肥原賢二는 제국주의 일본의 군 정보 및 공작 조직이었던 관동군 특무부대에서 활동한 인물로 1930년대 만주괴뢰국満州国 건국과 화북분리공작 등에서 주도적 역할을 했다. '모략의 대가'로 상상을 초월한 술수와 계략을 동원해 중국 침략의 교두보를 닦아 태평양 전쟁 말기에는 육군 대장까지 올랐다.

그러나 여러 악행이 밝혀져 도조 히데키 등과 함께 전후 A급 전범으로 분류돼 1948년 처형됐다.

'전범' 스파이, 그는 누구인가?

도이하라 겐지는 1883년 일본 오카야마岡山에서 태어났다. 청소년기는 센다이 예비군사학교仙台陸軍地方幼年学校에서 보낸 것으로 알려졌으며 이후 1904년 16기로 육군사관학교를 나와 육군대학을 졸업했다. 이후 1921년에서 1922년까지 1년간 영국, 미국 등 연합국들이 러시아의 볼셰비키 혁명세력을 견제하기 위해 단행한 시베리아 출병Siberian Intervention에 참전해 실전 경험을 쌓았으며 초창기 대부분의 경력을 중국 북부에서 보냈다. 이로 인해 그는 중국의 방언을 포함해 모두 11개에 달하는 언어를 구사할 수 있었던 것으로 전해진다. 그러나 본래 일천한 집안 환경 탓에 진급에서는 40세를 넘긴 1923년이 지나서까지 소령에 머물며 동기들에 비해 현저히 뒤떨어지는 양상을 보이고 있었다. 더욱 이 시기 그는 진급은 고사하고 군에서 강제 전역될 수 있다는 불안감에 사로잡히는 등 극심한 위기감을 느끼게 된다.

그런데 이러한 위기의식은 도리어 잠재돼 있던 그의 모사꾼적 기질을 깨우는 일종의 '불쏘시개'가 되면서 일대 전환점을 맞는다. 도쿄에 머물던 도이하라는 왕가의 왕자—히로히토 일왕의 숙부인 히가시쿠니 나루히코 왕자로 추정됨—를 알게 되고 이를 이용한 술수를 마련한다. 그 술수란 다름 아닌 15세 어린 사촌 여동생의 나체 사진을 찍는 것이었다. 이렇게 찍은 여동생의 사진을 바로 그 왕자에게 보냈고 사진에 매료된 왕자는 곧이어 여동생을 불러들여 얼마 뒤 첩으로 삼는다. 이렇게 사촌 여동생을 통해 왕자라는 든든한 배경을 갖게 된 도이하라는 마침내 1926년 중국 북경北京의 일본 대사관에 무관보로 입성하며 출세가도에 들어선다. 그렇지만 이것은 그의 출세에서 시작에 불과했다. 이때 그가 보좌한 무관은 훗날 일본 최대 군벌을 형성하며 총리에도 올라 태평양 전쟁을 주도한 도조 히데키東條英機(육사 17기)로 육사 기수에서는 그보다 한 기수 아래였다. 그럼에도 도조로 인해 도이하라는 추후 특무대장 등을 거쳐 육군 장성에까지 오르는 탄탄한 출셋길을 마련한다. 이는 그의 개인사에서 절박함이 가져온 성과라 하겠으나 반대로 아시아 전체에는 불행의 출발점이 되고 말았다.

한편 이렇게 시작된 북경 생활에서 그는 그간 감춰 왔던 술수와 모략의 재능을 마음껏 발휘하며 실력을 증명하기 시작한다. 도이하라는 여기서 태업, 요인 암살, 뇌물 제공, 부정부패 관여 등 다양한 술수와 공작을 벌였다. 이 기간 그의 소위 '북경 공작—만주滿州 시기와 구분하기 위해 임의로 명명함—' 중 손에 꼽을 수 있는 것은 크게 두 가지다.

하나는 중국 국민당 정부에 내부 사정을 알 수 있는 정보망을 구축하는 것이었다. 이를 위해 그는 이때 중국에서 가장 큰 사업가 조직으로 알려진 '안푸安福'라는 단체에 침투하는 공작을 벌인다. 침투 과정에 대해서는 알려진 것이 없지만 탁월한 공작 능력을 바탕으로 안푸의 회원 일부를 포섭하는 데 성공했다. 이로써 그는 이들을 통해 정부 고위층의 회의 내용 등 국가적 주요 정보들을 상세히 입수할 수 있었다. 북경 공작의 또 하나는 내부의 사정을 아는 것에 그치지 않고 내정에 개입하는 길을 찾는 것이었다. 이를 위해 도이하라는 다소 드라마 같은 상황을 연출한다. 암흑가 폭력배들을 고용해 이들을 반정부 시위자로 꾸며 정부 청사를 공격하도록 사주했다. 이 청부시위대의 폭력적 공격에 정부 관료들은 목숨을 위협받는 지경에 이르고 때마침 도이하라가 극적으로 나타나 관료들을 구해 내는 상황을 만들었다. 계략에 속아 도이하라 덕분에 목숨을 건졌다고 여긴 관료들은 이후 충실한 정보제공자가 됐고 그는 1929년 중국 국민당

정부의 군사 고문에까지 오른다.

이러한 활약에 힘입어 그는 1930년 대령으로 진급하는 동시에 도조 히데키, 이타가키 세이시로板垣征四郎 등과 어깨를 나란히 하며 당대 일본 군부 최강의 실세그룹이었던 이른바 '11인 모임Eleven Reliable'의 일원이 된다. 이 조직은 히로히토 일왕의 숙부이면서 고문인 히가시쿠니 나루히코東久邇稔彦 왕자의 비호 아래 막강한 권력을 행사했으며 테러 등을 통해 일본 내 전쟁을 반대하는 온건파를 무력화시키는 일도 했다. 아울러 도이하라는 천진天津의 특무대장에도 임명돼 비상의 날개를 단다.

현생 악마, 북경에서 만주로

하지만 이렇게 혁혁한 성과를 거두며 비상의 날개를 달게 한 북경 공작도 이후 실행된 '만주 공작'에 비하면 단순한 몸풀기에 지나지 않는다. 실제 그의 악명은 1931년 만주 일대를 포함, 중국 동북부 지역을 관장하는 봉천奉天 특무대장에 오르면서 본격화됐고 전후 A급 전범으로 분류된 이유도 주로 이때 벌인 '악행' 때문이다. 당시 일본 정부는 광물 자원이 풍부한 만주를 손에 넣기 위해 수단과 방법을 가리지 않던 시기로 마침 북경 공작을 눈여겨보다 그를 적임자로 선택한다. 특히 이를 위해 일본은 도이하라에게 "만주를 손에 넣는 일이라면 무엇이든 해도 좋다"며 전권을 준 것으로 알려졌다. 이런 전폭적 지원을 등에 업고 봉천 특무대장으로 취임한 그는 이후 만주 장악을 위한 교두보 확보에 나선다.

그런데 여기서 도이하라는 전대미문의 악마적 술수를 고안하며 훗날로 이어진 악명의 서막을 올린다. 그가 고안한 악마적 술수는 다름 아닌 중국인들을 아편阿片(마약)에 중독시켜 만주를 침탈하겠다는 소위 '아편 공작'이었다. 이를 위해 그는 약 8만여 명으로 이뤄진 중국계 범죄자를 비롯해 러시아계와 백러시아계 등으로 광범위한 조직망을 구축하고 아편 거래 시장을 손아귀에 넣는다. 그러고는 이 시기 유행하던 결핵을 퇴치한다는 명분하에 자신의 특무부대 부하들을 인도주의 단체 대표로 위장시켜 사람들이 밀집한 마을마다 수천 개의 보건소를 차리고 아편을 섞은 약을 치료제라며 나눠 주었다. 약을 복용한 수백만 명이 중독된 것은 물론이고 나아가 중독자들에게 아편을 지속적으로 공급해 사회 붕괴를 가속화시켰다.

이후에도 일본 정부를 설득해 필터에 아편과 헤로인Heroin을 소량으로 담은 '황금 박쥐Golden Bat'라는 담배를 출시하고 중국인들에게 팔아 다수 중독자를 양산하면서 막대한 이득도 챙겼다. 반면 이 담배는 수출용으로만 생산돼 일본에서는 판매되지 않았다. 이와 함께 도이하라는 러시아 내전으로 볼셰비키Bolsheviki를 피해 만주로 피신해 온 러시아계 여성들에게 음식과 피난처를 제공하는 등 호의를 베푸는 척하면서 아편에 중독시켜 매춘을 강요했고 이렇게 대규모 매춘조직도 구축했다. 이 매춘조직은 다시 중국인들을 아편에 중독시키는 또 다른 루트로 활용된다.

그러나 만주 침탈을 위한 도이하라의 술수와 모략은 이뿐만이 아니다. 1931년 9월 18일 그는 중국인들이 아편에 취한 사이 유조호柳條湖 인근 남만주 철도를 폭파하고 이를 중국군의 소행이라 주장하는 계략을 세운다. 이와 관련해 당시 봉천 특무대는 도이하라 명의로 일본 육군성에 보낸 전보 메시지를 통해 "18일 밤, 포악한 중국 군대가 봉천 북대영 서쪽에 위치한 남만철도를 파괴했으며 수비대를 습격해 충돌이 발생했다"고 거짓 보고한 기록이 있다. 이른바 '유조호 사건'으로 불리는 이 일은 결국 만주사변滿州事変의 도화선이 된다.

이와 함께 도이하라는 임시 봉천시장에도 올라 사태를 주도하게 되는데 유조호 사건 직후인 9월 22일 관동군 수뇌부가 모인 회의에서 '만주국滿州国' 건국을 강하게 주장한 것으로 알려졌다. 이 자리에서 그는 "만주와 몽골 문제를 한 번에 해결하기 위해서는 일본을 맹주로 하는 공화국을 건립해야 한다"고 말했고 아울러 그에 대한 해법으로 청나라의 마지막 황제였던 부의溥儀를 내세워 정부를 수립할 것을 제시한다. 그의 말대로 일본은 만주사변에서 승리한 직후 부의를 앞세워 1932년 3월 만주국이라는 괴뢰정권을 수립했다. 또한 도이하라는 부의를 내세우는 과정에서도 특유의 술수를 동원하는 등 적극적으로 개입했다. 그는 청나라의 붕괴로 폐위돼 천진天津에 머물던 부의를 만주지역으로 불러들이기 위해 과일이 담긴 바구니에 독사와 협박편지를 넣어 익명으로 전달한다. 이에 생명의 위협을 느낀 부의가 천진을 서둘러 탈출하도록 부추겼다. 이런 계략에 힘입어 만주국은 큰 어려움 없이 수립됐고 배후에서 혁혁한 공을 세운 그는 장성 진급과 함께 관동군 특무대장에도 오른다.

이어 도이하라는 중국 화북華北 지방을 국민당 정부로부터 분리하는 소위 '화북분리공작華北分離工作'도 주도해 하북성河北省에 기동방공자치정부冀東防共自治政府라는 또 하나의 친일 괴뢰정권을 수립한다. 아울러 중국 대륙에 대한 본격적인 침략이 시작되면서 남부에서도 아편 거래를 기반으로 폭동과 살인 등 사회불안 공작을 펴며 국민당과 장개석을 끊임없이 괴롭혔다. 이러한 활동에 힘입어 1936년에는 일본 대본영 산하 참모본부 내에 그의 이름을 딴 '도이하라 기관土肥原機関'이 창설됐을 정도로 능력을 인정받았으며 이후 제5군 사령관 등을 거쳐 1941년 마침내 육군대장에 올랐다.

반면 도이하라의 승승장구는 대장 진급과 함께 시작된 태평양 전쟁과

운명을 같이한다. 그해 12월 일
본이 하와이 진주만을 기습하면
서 미국이 참전해 전선이 확대됐
고 이에 따라 1943년 중국을 떠나
제7방면군 사령관으로 싱가포르
에 파견된다. 그러다 종전이 가까
워 온 1945년 4월 일본으로 돌아
와 육군 교육총감 및 제12방면군
사령관을 거쳐, 제1총군 사령관에

현생 악마 전범 재판 당시의 도이하라

임명됐으나 '무조건 항복'으로 종전을 맞는다. 종전 후에는 연합군 최고사
령부GHQ에 체포돼 극동국제군사재판極東国際軍事裁判에 회부됐는데 중국
의 장개석은 그의 아편 공작 등 악행을 들어 A급 전범에 포함시킬 것을
강력히 주장했다. 이에 재판부가 유죄 판결을 내려 1948년 12월 스가모
구치소에서 교수형에 처해졌고 이후 유골은 1978년 다른 전범들과 함께
야스쿠니 신사靖国神社에 합사됐다.

FOCUS 일본 정보체계 약사 Ⅰ… 태평양 전쟁까지

아시아에서는 비교적 근대화가 일찍 시작된 일본은 메이지 유신明治維
新을 계기로 정보수집에 대한 중요성이 부각돼 '군과 경찰'을 중심으로 국
가 차원의 체계적인 정보기관이 창설되기 시작한다. 특히 육군과 해군으
로 근대적 군 체계를 정비한 이후인 1878년 육군성 산하 참모국을 참모
본부로 확대, 승격했다. 이어 참모본부 내에 약 5개 부서를 만들어 그중
제2부에 정보파트를 설치해 운영했다. 기록에 따라 다소의 차이는 있지

만 제2부 내에 각 지역별 혹은 국가별로 활동 영역을 나눠 분담했고 이어 육군 소속의 정보 및 공작부대인 특무부대特務機関도 창설한다. 여기서 특징적인 것은 당시 군부의 주도권을 육군이 쥐고 있었기 때문에 정보 체계도 이에 맞춰 이루어졌다는 점이다. 실제 1881년에는 최초 349명으로 구성된 헌병대憲兵隊가 만들어져 방첩 임무를 주로 했는데 이 역시 육군성 소속이었다.

그러다 청일 전쟁清日戰爭을 전후해 내각총리였던 이토 히로부미伊藤博文의 제안으로 1894년 일왕 직속의 육군과 해군을 통솔하는 '대본영大本營'이 만들어지면서 해군에서도 별도 정보부서를 창설해 운영했다. 다만 해군 정보부의 비중은 육군에 비해 상대적으로 크지 않았다. 이렇게 군 정보체계가 확립된 이후에는 특무부대와 헌병대가 군의 핵심적 정보기구로 정착된다. 아울러 일본 군부는 나가노에 정보요원 양성학교를 설립해 우수한 인력도 육성했다. 또 1911년에는 총리 휘하 내무성 산하에 특별 고등경찰(특고)을 설치해 1928년 전국적 네트워크를 갖추고 민간인 사찰 및 정보활동을 벌였다. 정보계통 전문가들은 이들 특무부대, 헌병대, 특고 3대 조직이 일본 정보기관의 효시며 전후 정보체계에도 커다란 영향을 미친 것으로 보고 있다.

IV

여성 스파이

13

가와시마 요시코

川島芳子 1907~1948 −일본제국 특무대−

가와시마 요시코川島芳子는 청나라의 마지막 황족인 숙친왕 선기의 딸로 어린 시절 일본으로 입양돼 일본식 교육을 받고 관동군 특무부대에서 첩보원으로 활동한 인물이다. 중국식 이름은 금벽휘金璧輝다. 활동 기간 다나카 류키치田中隆吉, 도이하라 겐지土肥原賢二 등과 함께 만주괴뢰국 건국에 크게 공헌했으며 그 외에도 중국의 많은 주요 첩보를 일본에 넘겼다.

'비운의 공주', '남장여인男裝女人'이라는 독특한 코드에 출생에서 죽음에 이르기까지 시종 드라마틱하고 미스터리한 행적으로 드라마와 영화, 예능 프로그램 등을 통해 종종 회자되고 있다.

미스터리 스파이, 그녀는 누구인가?

가와시마 요시코는 1907년 북경에서 청나라 황족인 숙친왕 선기善耆의 열네 번째 공주(만주식 이름은 애신각라현우, 愛新覺羅顯玗)로 태어났다. 당시는 청나라 지배기로 이때까지 아버지 선기는 북경에서 2백 명이 넘는 하인을 거느리며 거대한 궁궐과 많은 땅을 소유하고 있었다. 그러던 1911년 신해혁명辛亥革命이 일어나 이듬해 청나라 황제가 퇴위되면서 황족들은 서둘러 북경을 탈출한다. 특히 이전부터 만주에 넓은 땅을 소유했던 아버지 선기는 내심 일본을 모델 삼아 입헌군주제에 의한 근대화 개혁을 목표하고 있었다. 이는 청나라를 온전히 보전해 러시아의 남하를 막으려는 일본의 이해와도 맞는 것으로, 이에 일본 군부에 연이 닿아 있던 가와시마 나니와川島浪速라는 일본인과 의형제를 맺는 등 깊은 친분을 갖고 교류했다. 나니와는 중국 최초의 근대적 경찰관 양성기관인 북경 경무학당을 창설하고 책임자를 지낸 인물로 경찰 행정을 관장하는 공순국工巡局 대신이었다. 두 사람은 이후 만주와 몽골의 독립이라는 이른바 '만몽 독립滿蒙 獨立'에도 뜻을 같이했으나 결국 실패하고 만다.

뜻은 꺾이고 사정이 여의치 않아진 선기는 딸을 나니와에게 양녀로 보내고, 이렇게 해서 '가와시마 요시코'라는 일본식 이름을 갖게 된다. 나니와 호적에 오른 가와시마는 1915년 일본으로 건너가 도쿄東京에서 중학교를 다니다 나가노長野로 이주해 고등학교에 들어갔다. 그녀는 여기서 말을 타고 통학해 주변의 이목을 끌었으며 인근 육군부대 소위를 만나 연애를 하기도 했다. 그러다 1922년 친아버지 선기가 사망하자 장례 등을 이유로 학교를 장기휴학하고 약 2년여 간 북경에 머물며 청나라의 마지막 황제였던 부의溥儀를 접견하기도 했다. 이후 일본으로 돌아왔지만 복학은 하지 않았다. 그리고 얼마 뒤 느닷없이 권총 자살미수사건을 일으켰고 이 일이 있은 직후 머리를 짧게 자르고 남자 옷을 입는 등 남장男裝을 하기 시작한다.

그녀가 자살을 시도하고 남장을 하게 된 이유에 대해서는 자세히 알려지지 않았으나 양아버지 나니와의 상습적 성폭행 혹은 성추행, 또는 실연의 아픔 때문이라는 등 의견은 분분하다. 이 가운데 당초 그녀가 입양될 때 친아버지 선기가 나니와에게 "자네에게 장난감(玩具, 노리개)을 진상한다"라는 이해하기 힘든 편지를 써 보냈다는 일부 기록이 있어 양아버지의 상습적 성폭행 의혹에 무게가 실린다. 그렇지만 가와시마의 개인적 불행과는 무관하게 그녀가 청나라 황녀라는 신분에 '남장'이라는 독특한 코드가 더해져 화제를 불러 모았고 이런 반향이 언론에까지 대서특필되면서 신드롬이라 불릴 만한 유행을 낳는 등 현재의 아이돌 스타 못지않은 유명세를 치르기도 했다.

한편 1925년 가와시마는 양아버지 나니와를 따라 만주로 건너가 비서로 일하며 정관계 및 군부 실력자들과 친분을 쌓는다. 그 가운데는 일본 관동군 참모총장이었던 사이토 히사시斎藤恒도 있었는데, 그를 통해 몽골 출신 장군의 아들인 간주르자브甘珠爾扎布를 소개받는다. 나니와도 간주르자브의 아버지와는 과거 만몽 독립운동에서 뜻을 같이했던 적이 있어 안면은 물론 평소 신뢰를 갖고 있었다. 이런 인연으로 가와시마는 20세가 되던 1927년 간주르자브와 여순旅順에서 혼례를 올린다.

그런데 당시 그녀는 내심 청나라의 황녀라는 자부심을 고스란히 갖고 있었을 뿐만 아니라 몰락한 왕조를 만주에서 되살리겠다는 원대한 야망을 품고 있었다. 실제로 청나라 멸망 이후 한족들은 '반청, 반만주'라는 이데올로기 아래 암암리에 만주족 탄압을 강화하고 있었다. 이에 만주족들은 한족의 핍박에 맞서 독립 국가를 세우려는 움직임을 보인다. 앞서 친아버지 숙친왕 선기가 일본과 결탁해 '만몽 독립'에 나섰던 것도 같은 취지로, 여러 의혹에도 불구하고 가와시마가 양아버지를 따라 만주로 간 것도 같은 이유로 보인다. 반면에 얼마 지나지 않아 남편에게 별다른 야망이 없다는 것을 알면서 깊은 실망에 빠진 그녀는 결혼생활이 독립국 건국이라는 대의大義에도 도움이 되지 못한다고 판단해 1930년 이혼한다.

그러고는 그해 상해上海로 건너가 자신의 야망을 실현시켜 줄 것이라 여긴 인물과 만나 교제를 시작한다. 그는 관동군 참모부 소속의 정보장교인 다나카 류키치田中隆吉로, 가와시마가 만주 시절 양아버지를 따라 관동군에 드나들면서 알게 된 이후 줄곧 친분을 맺어 온 사이다. 그렇게 시작된 이들의 관계는 이혼과 함께 상해에서 본격적인 연인관계로 발전한다. 특히 다나카는 당시 관동군에서 '모략의 대가'로 이름을 날리고 있던 도이하라 겐지의 수하이면서 그 역시 공작과 모략 분야에서 두각을 나타내고 있었다. 사정이 이렇다 보니 다나카는 가와시마의 속내를 간파하고 야망에 불을 붙인다. 일설에 따르면 이때 다나카는 "이제 만주국은 당신의 진정한 조국이 될 것이다. 일본과 만주가 손을 잡으면 중원은 모두 천황폐하와 부의溥儀 황제의 것이 될 것이다"라고 가와시마를 충동질했던 것으로 알려졌다. 이에 고무된 가와시마는 그 즉시 관동군에 들어가 스파이 훈련을 받는다. 여기서 그녀는 무기 사용법을 비롯해 암호 해독, 변장술 등 체계적인 교육을 받으며 비로소 스파이로 거듭났다.

일본의 스파이가 된 청나라 공주

이렇게 약 1년여의 강도 높은 훈련이 끝나고 마침내 1931년 11월 다나카는 가와시마에게 첫 임무를 하달한다. 그녀가 맡은 첫 임무는 청나라의 마지막 황후였던 완용婉容(완룽)을 천진天津에서 여순으로 빼돌리는 것이었다. 이에 앞서 일본은 9월 18일 소위 '유조호 사건'을 일으켜 만주사변을 촉발하고 도이하라 겐지의 주도로 역시 천진에 머물고 있던 마지막 황제 부의를 여순으로 탈출시키는 공작을 실행하고 있었다. 이듬해 3월 일본이 부의를 옹립해 만주국 건국을 선포한 만큼 그에 한축을 맡았던 가와시마의 역할도 적은 것은 아니었다. 더욱 청나라 황녀라는 그녀의 태생은 이 공작을 성공시키는 데 적지 않은 도움이 됐을 것으로 추정된다. 또 비슷한 시기 가와시마는 상해의 한 무도회에서 국민당에 요직으로 있던 손문孫文(쑨원)의 아들 손과孫科(쑨커)를 유혹해 정보를 빼내 실각에 이르게 했다는 말이 있다. 단 이때 손과가 국민당 행정원장에서 약 두 달 만에 물러난 것은 사실이나 이를 가와시마와의 상관관계에서 비롯됐다고 단정하기는 힘들다.

이처럼 당시 가와시마는 본래 숙원하던 만주족 주도의 독립국가 건국을 꿈꾸며 일본에 적극적으로 협력했고 소위 '상해 공작'에서 절정의 빛을 발한다. 1932년 1월 일본은 만주사변에 대한 국제사회의 관심을 돌리기 위해 서구 열강 등 외교가가 밀집한 상해에 눈독을 들였다. 이에 관동군 고급 참모였던 이타가키 세이시로板垣征四郎 주도 아래 다나카 류키치가 계략을 세우고 실행은 가와시마 요시코에게 맡겨진다. 가와시마는 다나카에게서 현금 2만 엔을 받아 먼저 중국인 노동자를 매수하고는 이들에게 상해에 머물던 일본인 승려들을 공격하도록 사주했다. 이 일로 승려 중 한 명이 살해되자 이를 빌미로 일본인들이 집단적으로 폭동을 일으킨다. 처음에는 진압을 위해 중국 경찰이 나섰으나 이내 또 다른 인명 피해가 발생하는 등 사태가 걷잡을 수 없이 커지면서 결국 '제1차 상해사변'이라는 중국과 일본의 군사적 충돌로 확대된다.

양국 간의 교전에서 중국군은 주력군이 배후에서 공격을 받는 등 부분적으로 타격을 입긴 했지만 병력을 증파할 경우 충분히 승산이 있었던 것으로 알려졌다. 그러나 공산당과도 대립하고 있던 국민당 정부가 확전에 따른 정치적, 군사적 부담 등을 고려해 병력을 철수시키기로 결정한다. 이를 전후해 가와시마는 중국군의 기밀과 동향, 군 배치 현황 등의 주요 정보를 캐내는 첩보 활동을 지속하며 일본의 승리를 견인했다. 이렇게 술수와 모략에 기반해 걸림돌을 하나씩 제거한 일본은 만주국 건국에 박차를 가할 수 있었다. 그런데 여기서 중국군의 철수와 관련해 일부에서는 소위 '가와시마 공작설'을 제기하기도 한다. 가와시마 공작설이란 상해사변 막바지 가와시마가 일본의 증파 병력을 과장한 거짓 정보를 중국 국민당 핵심부에 전달해 병력 철수가 이뤄지도록 했다는 것이다. 그렇지만 현재까지 알려진 그 '거짓 정보'라는 것이 지나치게 허술한 측면이 있고 중일 전쟁을 연구한 많은 학자들이 이를 '낭설'이라고 주장하고 있어 공작설의 신뢰성은 현저히 떨어진다. 그럼에도 청나라의 공주가 일본의 스파이로 변신해 만주국 건국에 적지 않게 공헌했다는 데에는 이견이 없다.

만주국이 건국된 후에는 부의의 측근으로 한때 궁녀장에 임명되기도 했으나 취임은 하지 않았고, 그녀를 모델로 일본작가 무라마츠 쇼후村松梢風가 소설 『남장 여인』을 발표해 '일본에 협력한 청나라 공주'로 언론에 집중 조명된다. 또 1933년에는 관동군이 열하성熱河省 진출을 위해 인근 마적들을 규합해 약 5천여 명 규모로 조직한 열하자경단熱河自警団(안국군)이라는 게릴라 부대의 총사령관을 맡으면서 일본과 만주 언론으로부터 '동양의 마타 하리', '만주의 잔다르크'라 불리며 크게 주목받았다. 이런 평판에 힘입어 그녀는 한동안 라디오 방송에 출연하고 노래를 녹음해 음반까지 내는 등 유명세를 이어 갔다.

반면에 가와시마는 1934년부터 일본의 만주국 운영과 대중국 정책 등에 대해 비판을 쏟아내며 대립각을 세워 군부와 경찰의 감시를 받는다. 그도 그럴 것이 그녀를 포함한 만주족들은 만주국을 청나라의 복원으로 받아들인 데 비해 일본은 단순한 대륙 침략의 발판 정도로 여기는 등 양측의 생각은 크게 달랐다. 일본이 가와시마의 가치에 회의를 갖기 시작한 것도 이 시기로, 그녀를 정보자산으로 간주해 비밀임무를 맡기기에는 너무 유명해졌다는 점도 부담이었다. 자연히 이때부터 스파이로서의 역할은 더 이상 기록되지 않았다. 그렇게 사실상 첩보 일선을 떠난 그녀는 1937년 일본이 천진을 점령하자 외모를 여장으로 되돌리고 '동흥루'라는 음식점을 경영하며 일본의 유명 정치인으로 전후 극우단체인 사사가와 재단(현 일본재단)을 창립하는 사사가와 료이치笹川良一와 교제하는 등 유력인의 지위는 여전히 유지했다.

그렇지만 가와시마는 당초 생각과 달리 만주국이 일본의 영향력 아래 놓인 '괴뢰국'으로 전락한 데다 자신이 도왔던 당국으로부터 감시 대상이 된 것에 대해서는 깊은 좌절감과 배신감을 갖고 있었다. 실제 그녀는 당대 유명가수로 평소 친동생처럼 여기던 야마구치 요시코山口淑子에게 보낸 편지에 자신을 '이용만 당하고 버려진 쓰레기'라고 표현하는 등 극심한 심적 고통을 토로했다. 이후에는 신병 치료를 위해 후쿠오카에 잠시 머물렀던 것으로 전해지며 1940년 한 차례 자전적 저술서를 출간한 기록이 있을 뿐 활동은 미미했다. 그러다 1945년 일본이 패망하고 중국 각지를 떠돌며 잠행하던 가와시마는 10월 북평北平에서 중국 국민당군에 붙잡혀 한간漢奸(매국노)으로 기소됐고 이어진 재판에서 사형 판결을 받는다. 판결 직후 그녀에 대한 구명활동도 일부 일어났으나 받아들여지지 않은 채 1948년 3월 총살형에 처해지면서 파란만장한 생을 마감한다. 이와 관련해 국민당은 일본에 적극적으로 협력한 가와시마의 매국적 행각에 더해 당내 추문이 포함된 그녀의 첩보 활동 내역이 상세히 밝혀질 경우 가뜩이나 급박해진 국공내전国共内戰 상황에서 심각한 타격을 입을 수 있다는 판단에 따라 서둘러 형을 집행했다는 후문이다.

![FOCUS] 일본 정보체계 약사 Ⅱ … 태평양 전쟁 이후

일본은 태평양 전쟁 이후 별도 중앙 중심적 대외정보기관을 창설하지 않는 대신, 총리 및 각 성省과 청廳에 정보체계를 분산해 두고 관방장관을 의장으로 하는 '내각정보회의内閣情報会議(합동정보회의)'를 통해 관리하고 있다. 이 회의에 참여하는 정보공동체의 대표적인 기관으로는 내각정보조사실, 법무성 공안조사청, 방위성 정보본부가 3대 기관으로 꼽힌다.

내각정보조사실… 먼저 내각정보조사실内閣情報調査室: CIRO은 일본의 가장 중추적 정보기구로 1952년 총리부 설치령에 따라 관방장관 산하에 창설된 '관방조사실'이 시초다. 이후 2001년까지 여러 차례 개편 과정을 거쳐 현재는 내각정보관을 중심으로 1차장, 4개 부문, 1분석관, 2개 센터를 두고 있으며 총리의 주요 정책 수행을 위한 정보 수집과 분석을 주로 하고 있다. 다만 원천 정보를 수집하기보다는 각급 기관이 얻은 정보를 종합적으로 관리하는 기구인 만큼 조직 규모는 그리 크지 않다.

공안조사청… 반면 법무성 공안조사청公安調査庁: PSIA은 자체 정보망을 바탕으로 국내외 첩보 활동을 벌이는 기구로 1952년 '파괴활동 금지법'이 제정 되면서 창설됐다. 초기 구성에는 태평양 전쟁 이전, 군 특무부대 출신의 첩보장교나 고등경찰 출신이 다수 포함됐던 것으로 알려졌다. 조직은 법무성 본청에 3국 3부 1연수소(주요 거점에 8개국, 지방에 14개 사무소)를 두고 있고 국내는 (1국)조사 1부가, 해외는 (1국)조사 2부가 각각 담당하고 있다.

일본 법무성 공안조사청은 자체 정보망을 바탕으로 국내외 첩보 활동을 벌이는 일본의 대표적 정보기관 중 하나다.
사진=박상민

정보본부 및 기타··· 방위성 정보본부情報本部: DIH는 1997년 창설된 군 정보기관으로 자위대 중장中将급을 본부장으로 6개 부서에 각 지역별로 통신소를 두고 있다. 부서 중 핵심으로는 통합정보부가 있는데 이들은 자위대에 직접 군사 정보를 지원하는 역할을 하며 긴급을 요하는 국내외 동향을 파악하는 것이 주된 임무다. 이외에도 경찰청 경비국, 외무성 국제통괄관조직, 해상보안청 정보조사실 그리고 정부가 지원하는 특정 민간기구 등이 내각정보회의를 구성하고 있다. 아울러 일본은 전범국이라는 명에에도 불구하고 전후 끊임없이 미국의 CIA를 모방한 대외정보기관 창설을 추진해 왔다. 이런 점에서 지난 2014년 발족한 일본 국가안전보장회의NSC의 사무국 격인 '국가안보국'은 향후 주시해야 할 기구라는 지적이 많다.

14

에이미 엘리자베스 소프

Amy Elizabeth Thorpe 1910~1963 —MI6 / OSS—

에이미 소프Amy Thorpe는 본래 미국인이지만 주로 영국의 대외정보기관인 MI6(SIS) 를 위해 활약했고 작전 기간 미국 전략사무국OSS과 합동작전에도 참여한 여성 스파이다. 뛰어난 미모와 명석한 두뇌, 무엇보다 첩보전에 대한 희열과 열정으로 무장하고 제2차 세계대전을 전후로 맹활약했다. 종전 무렵 재혼해 첩보계를 떠났다가 53세에 암으로 길지 않은 생을 마감했다.

활동 기간 미인계를 바탕으로 한 그녀의 활약상에 대해 다수 전문가들은 근현대 첩보사史를 통틀어 최고의 여성 스파이며 나아가 사실상의 진짜 '마타 하리Mata Hari'라는 평가를 내놓고 있다.

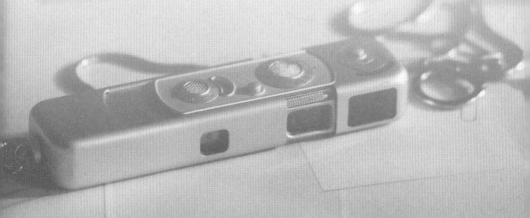

MI6와 에이미 소프의 첩보전 배경

2차 대전에서 나치에 맞서 혁혁한 전과를 올리며 연합군 승전에 단초를 마련했던 MI6와 에이미 소프의 첩보전은 당초부터 계획된 것은 아니었다. 소프가 첩보원 생활을 시작한 1937년은 전쟁이 발발하기도 전이며 심지어 민간인 신분이었다. 그러나 미인계에 기반한 '아마추어 스파이' 소프가 캐낸 정보의 질이 워낙 양질로 평가되면서 MI6를 사로잡았고 개전 후에는 MI6 내 안보조정국BSC이라는 윌리엄 스티븐슨William Stephenson(제31화 참조)이 이끄는 대미 비밀 조직에 소속돼 본격적으로 활동한다. 이때는 개전 초기로 히틀러의 기세가 유럽 전역을 휩쓸었으며 무솔리니Benito Mussolini의 이탈리아는 지중해 제해권을 장악해 영국을 궁지에 빠뜨렸다. 또 독일이 프랑스를 점령한 직후 한시적으로 들어섰던 친親나치 성향의 '비시정권Vichy France'은 북아프리카 식민지에 대규모 병력을 주둔시켜 연합군의 반격에 대비했다.

이런 상황에서 MI6와 소프는 이탈리아와 프랑스 비시정권을 상대로 차례로 대담한 첩보전을 감행하며 결정적 정보를 입수하는 데 성공, 마침내 연합군이 북아프리카와 지중해를 거쳐 유럽 진공에 나서는 발판이 된다. 특히 비시정권을 상대로 했던 대對프랑스 첩보전은 영화 같은 스토리와 소프의 열정적이고 대범함이 극대화된 공작으로 회자되고 있다.

미모의 스파이, 그녀는 누구인가?

에이미 소프는 1910년 미국 미네소타주 미니애폴리스Minneapolis에서 태어났다. 아버지 조지 소프George Thorpe는 미 해병대 장교였으며 어머니 코라 웰스Cora Wells는 주 상원의원의 딸로 명망 있는 집안이었다. 유복한 가정에서 명석한 두뇌에 수려한 외모를 갖고 태어난 소프는 성장기부터 그 빛을 발하며 주위의 시선을 한 몸에 받는다. 특히 1920년대 후반 아버지가 대령으로 전역한 후 법률 공부를 위해 정치, 외교 등 상류층 사교계의 중심지인 워싱턴Washington DC으로 이주하면서 소프의 미모는 진가를 발휘하기 시작한다. 당시 그녀는 훤칠한 키에 늘씬한 몸매, 신비스런 황갈색 머리결 등 영화배우를 능가하는 화려한 외모—현재 남아 있는 사진과 기록을 토대로 이때 소프의 외모와 관련해 전문가들은 할리우드 유명배우 제니퍼 로렌스Jennifer Lawrence와 상당 부분 흡사했을 것으로 보고 있다.—를 소유했던 것으로 알려졌으며 이로 인해 남성들의 구애와 관심이 끊이지 않았다.

이 과정에서 소프는 워싱턴 주재 이탈리아 대사관에 근무하던 해군 무관 알베르토 라이스Alberto Lais를 알게 된다. 다만 당시에는 소프의 나이가 18세에 지나지 않았고 라이스도 그녀를 나폴리Napoli를 사랑하는 감수성 예민한 소녀 정도로만 여겨 깊은 관계는 맺지 않았다. 이들은 훗날 2차 대전의 한가운데에서 재회한다.

그러다 그녀 나이 20세이던 1930년 많은 구애 남성들을 제쳐두고 느닷없이 영국 대사관에서 외교관으로 근무하던 38세의 아서 팩Arthur Pack과 결혼한다. 이는 팩의 끈질긴 구혼에 따른 것이기는 하나 그녀가 임신 상태였던 것이 주된 이유다. 사실 두 사람은 커다란 나이 차이만큼이나 성격, 기질 등이 달라 애초부터 맞지 않았다. 소프가 열정적이고 자유분방한 데 비해 팩은 자기중심적이고 권위적이었다. 실제 결혼 당시 소프는 임신 4개월이었는데, 팩은 결혼하고 불과 5개월여 만에 아이가 태어날 경우 자신에 대한 주변의 부정적 평판으로 진급 등에서 불이익이 닥칠 것을 우려한다. 이에 그는 출산이 가까워지자 여행을 핑계로 소프와 해외로 나가 아들(앤서니)을 낳고는 곧바로 입양을 보낸 것으로 알려졌다. 그럼에도 결혼 초기 그녀는 충실한 외교관의 아내가 되고자 노력했다. 사교계에서 남편의 능력과 경력을 알리기에 여념이 없었고 여러 나라의 언어를 배우는 데도 많은 공을 들였다.

그렇지만 얼마 뒤 소프는 지루한 일상, 그리고 남편과의 괴리에 염증을 느끼기 시작한다. 이런 상황에서 그녀의 빼어난 미모와 내재된 열정은 지속적인 염문으로 이어졌고 덩달아 남편과의 관계도 급속히 냉각돼 갔다. 반면 여러 차례의 일탈에도 불구하고 소프는 별다른 흥미와 만족감을 얻지 못한 채 쳇바퀴 같은 나날을 보내고 있었다. 때마침 딸 데니스Denise—그동안 소프는 팩과의 사이에서 두 차례 임신해 모두 유산한 것으로 알려져 왔으나 이는 사실이 아닌 것으로 확인됐다.—가 태어났지만 냉랭해진 부부 관계는 쉽게 좋아지지 않았다.

그러던 1936년 남편 팩이 스페인 마드리드Madrid로 발령받으면서 소프도 따라 나섰고, 여기서 그녀는 그토록 갈망하던 가슴 뛰는 운명적 경험을 한다. 부부가 마드리드에 도착하고 얼마 있지 않아 공화파와 프랑코파가 맞서는 이른바 '스페인 내전Spanish Civil War'이 발발한다. 내심 프랑코파에 동조한 그녀는 프랑코 측 병사들이 공화파에 포위돼 위험에 직면해 있는 것을 알고 이들을 자신의 차량에 숨겨 공화파가 지키는 검문소를 통과해 탈출시킨다. 이것은 아주 작은 일화에 불과했지만 내면에서 꿈틀대던 소프의 열정과 모험심을 자극하는 결정적 사건이 됐다. 이렇게 위험과 긴장의 짜릿한 전율을 맛본 그녀는 이후에도 감옥에 있던 포로를 빼내거나 포위망을 뚫고 구호품을 전달하는 등 스릴 넘치는 활동을 이어갔고 위기에 빠진 영국인들을 구출하는 작전에도 참여하는 등 차츰 비밀임무라는 마력에 빠져든다.

하지만 이때까지 소프는 첩보원이라기보다는 단순히 열정에서 비롯된 '모험'을 즐기는 외교관의 아내에 지나지 않았다. 더욱 이 시기 그녀는 자신이 도왔던 프랑코 측 동료에 의해 공화파에서 밀명을 받은 스파이로 모함을 당하는 등 일부 행적이 논란을 부른다. 이 일이 원인이 됐는지는 알 수 없으나 이듬해 남편 팩은 갑작스레 스페인에서 폴란드로 전출된다. 가뜩이나 냉랭하던 부부 관계는 이후 거의 파국으로 치달아 애정이 식어 버린 팩은 대사관에서 만난 여성과 외도를 시작했고 몇 개월 지나 뇌졸중으로 요양원에 입원한다. 소프도 남편을 따라 바르샤바Warsaw에 도착하긴 했지만 결혼 생활은 더 이상 관심사가 아니었다. 그녀는 스페인에서 겪은 짜릿한 긴장과 흥분을 고스란히 간직한 상태였고 이에 이전보다 더 적극적으로 '모험의 길'로 나선다.

사교계 여왕, 에니그마의 열쇠를 쥐다

소프는 외교관의 아내라는 지위와 빼어난 미모를 앞세워 폴란드의 외교가를 무대로 발을 넓혀 가던 중 한 젊은 외교관을 유혹하는 데 성공한다. 그렇게 밀애를 나누던 어느 날 그녀는 이 외교관으로부터 나치 독일의 동향과 관련된 중대한 정보를 입수한다. 중대한 정보란 히틀러가 당시 체코슬로바키아의 영토였던 주데텐란트Sudetenland를 병합하려 한다는 것이었다.—이 정보대로 주데텐란트는 다음 해 독일에 병합돼 2차 대전 기간 전차, 소총 등 전쟁물자 생산의 핵심기지가 된다.— 명석한 소프가 이것의 정보가치를 금방 알아챈 것은 물론이고, 그 길로 이 사실을 영국 대사관에 있던 바르샤바 주재 MI6 책임자에게 알렸다. 그렇지 않아도 주변국에 대한 독일의 침공 가능성이 갈수록 높아 가고 있었음에도 턱없이 부족한 정보력 탓에 애를 먹고 있던 MI6는 그녀의 전언에 관심을 기울였다. 내친김에 그녀는 그간 감춰 왔던 첩보 활동에 대한 의사를 적극적으로 피력하며 마침내 수락을 받아 낸다.

이에 힘입어 소프는 젊은 외교관과 더 자주 밀애를 나누며 더 많은 정보들을 입수해 MI6에 전달했다. 또한 그를 통해 고위층에도 수월하게 접근할 수 있었다. 빼어난 외모, 명석한 두뇌에 어엿한 경험까지 갖춘 사교계 여왕은 이후 마치 물 만난 고기처럼 폴란드의 외교가를 뒤흔들며 고위 관료들을 차례대로 포섭해 나간다.

그리고 얼마 후 바르샤바 주재 미국 대사가 주최한 한 파티에 초대됐다. 여기서 소프는 폴란드 외무부 장관이던 요제프 벡Josef Beck의 보좌관인 미셀 루비엔스키Michel Lubienski를 만난다. 준수한 용모에 직급도 높았던 그를 그대로 놓아 둘 그녀가 아니었다. 파티에서 소프는 루비엔스키의 마음을 어렵지 않게 사로잡는다. 이어진 여러 차례의 밀애를 통해 소프는 폴란드가 히틀러와 스탈린의 침공에 대비해 마련한 방어계획 등 순도 높은 정보들을 잇달아 입수한다. 사정이 이렇다 보니 당초 '우려 반 기대 반'으로 정규훈련을 거치지 않은 아마추어에게 첩보 활동을 수락했던 MI6도 점차 그녀의 가치를 인정하기 시작했다.

소프의 활약은 이후에도 계속된다. 그녀는 루비엔스키를 통해 폴란드가 독일이 사용하고 있는 난공불락의 암호생성기인 에니그마Enigma에 대한 해독작전을 벌이고 있으며 적지 않은 성과를 거두고 있다는 사실을 알아낸다. 나아가 폴란드 수학자들이 해독하기 시작한 에니그마 암호체계에 대한 정보를 일부 입수해 MI6에 전했다. 실제 폴란드는 정보국Biuro Szyfrów을 중심으로 1930년대 초부터 마리안 르예프스키Marian Rejewski,

헨리크 지갈스키Henryk Zygalski 등의 젊은 천재 수학자들을 참여시켜 에니그마의 비밀을 푸는 해독작전을 벌여왔다. 특히 이들은 각고의 노력 끝에 에니그마를 복제하는 데 성공하며 독일군의 암호를 해독해 내는 성과를 올린다.

반대로 이런 적대국의 움직임을 우려한 독일이 2차 대전 개전을 앞두고 개량된 에니그마를 사용하는 바람에 폴란드의 해독작전은 무력화됐으며 그간의 연구결과는 개전에 앞서 전량 영국으로 넘겨져 이른바 '울트라ULTRA 세기의 첩보전 제6화 참조'라는 작전명으로 원점에서 다시 시작된다. 물론 MI6는 굳이 소프가 아니더라도

에니그마 나치 독일이 사용했던 최강의 암호생성기.

평소 정보를 공유해 온 프랑스를 통해 폴란드가 이룩한 업적을 대략은 알고 있었다. 그럼에도 그녀가 빼낸 정보는 독일이 에니그마를 개량하던 시기와 맞물려 있었던 만큼 당시로서는 가장 진전되고 구체적이며 유효한 해독법이었을 것으로 보여 의미가 매우 크다. 또 프라하Prague로 루비엔스키와 여행을 떠난 소프는 여기서 히틀러가 체코슬로바키아를 해체하려는 '결정적 증거'를 입수해 MI6에 전한 것으로 알려졌다.

이 같은 눈부신 활약에도 불구하고 소프의 첩보기술은 문란한 사생활을 기반으로 하는 것이어서 이내 심각한 부작용이 뒤따른다. 그녀의 정

보 원천이라 할 수 있는 루비엔스키는 결혼한 유부남이었다. 이에 남편의 외도를 알게 된 그의 아내가 상관인 폴란드 외무부 장관뿐만 아니라 영국 대사에게까지 두 사람의 불륜사실을 문제 삼아 항의하는 등 말썽이 인다. 대사도 소프의 가치를 인정해 온 것은 사실이지만 자칫 대사관이 난잡한 추문에 휘말릴 것을 우려해 아서 팩을 칠레 산티아고Santiago로 발령내는 방식으로 소프를 폴란드에서 떠나도록 조치했다.

1939년 4월 쫓겨나듯 칠레에 도착해서도 소프는 첩보 활동을 계속하고자 했고 MI6도 그녀의 재능을 그대로 썩히고 싶지 않았다. 그리고 그해 9월 독일이 폴란드를 침공하며 2차 대전이 시작되자 MI6는 그녀에게 칠레의 지도층 인물 중 나치 동조자를 파악해 보고하라고 지시한다. 사교계의 여왕은 이번에도 칠레 상류층을 겨냥해 매혹적인 활동을 펼치며 인물들의 면면을 파악하고 보고서를 작성해 런던으로 보냈다. 이때는 남편 팩과의 관계도 다소 진정 국면에 접어들어 두 사람은 얼마간 관계 복원에 노력했으나 이미 식을 대로 식어 버린 애정은 쉽게 되살아나지 않으면서 결국 파경에 이른다.

스티븐슨과의 협업… 전설이 된 '달의 여신'

2차 대전이 본격화되던 1941년 초 소프는 미국 뉴욕New York에 있었다. 이 시기 그녀는 이혼의 아픔도 잊은 채 열정적으로 스파이 활동을 갈망했고 뉴욕은 '기회의 땅'이었다. MI6의 북중미 책임자인 윌리엄 스티븐슨과의 만남이 소프를 기다리고 있었기 때문이다. 당시는 전쟁이 유럽 전역으로 확산된 뒤로 더욱 앞선 1940년 6월 프랑스가 히틀러의 수중에 떨어지면서 영국은 고립무원의 위기에 직면한다. 개전 직후 영국 총리에 오른 윈스턴 처칠Winston Churchill로서는 대서양 건너 미국이 유일한 희망이었으나 미국은 이때까지도 중립적 입장을 고수하며 참전에 미온적이었다. 처칠은 이 같은 미국의 입장을 돌리기 위해 MI6 내에 안보조정국BSC: British Security Coordination이라는 비밀공작부서를 창설해 미국 내에서 여론전을 벌이는 등 대미對美공작에 들어간다.

여기서 지휘봉을 잡은 인물이 바로 처칠이 전폭적으로 신뢰했던 윌리엄 스티븐슨이라는 사업가다. 그는 전통적인 첩보계통의 인물은 아니었지만 탁월한 식견으로 나치의 의도를 미리 간파해 처칠의 신뢰를 얻었다. 스티븐슨이 지휘한 BSC는 1940년 5월부터 뉴욕에 위장 사무소를 차리고 활동에 들어가 있었다. 자신의 처지가 그렇듯 전형적인 첩보맨보다는 헌신적인 아마추어를 선호했던 스티븐슨이 소프를 눈여겨본 것은 너무나 당연하다. 아울러 이때 BSC에서 눈에 띄는 인물로는 훗날 작가로 「007」의 제임스 본드를 창조하게 되는 이안 플레밍Ian Fleming(제21화 참조)도 소속돼 활약했다.

한편 뉴욕에서 조우한 두 사람은 그 즉시 첩보전에 공감대를 형성했고 스티븐슨은 소프에게 신화 속 달의 여신인 '신시아Cynthia'라는 암호명을 부여하며 MI6 BSC 소속 요원임을 인증했다. 이어 그녀를 언론인으로 위장시켜 워싱턴 외교가에 침투하도록 한다. 무엇보다 스티븐슨은 소프의 재능과 잠재력을 높이 평가하며 틀에 박힌 스파이 훈련이 도리어 첩보 활동에 방해가 될 것으로 판단해 번거로운 과정을 유예해 줬고 작전에서도 상당 부분 전권을 할애하는 등 여러 현명한 배려를 아끼지 않았다. 이렇게 스파이로 공식 채용된 그녀는 그 길로 워싱턴 조지타운Georgetown에 거점을 마련하고 주특기인 미인계로 장차 연합군 승리의 발판이 될 굵직한 첩보전에 나서게 된다.

가장 먼저 소프는 오래전에 알았던 이탈리아 대사관의 무관 알베르토 라이스를 유혹해 해군 암호체계를 빼내는 공작에 들어갔다. 라이스와는 18세에 워싱턴 시절 이미 친분을 쌓은 사이였고 이젠 원숙해진 사교계의 여왕답게 한 파티에서 우연을 가장해 라이스에게 접근한다. 여기서 재회한 두 사람은 라이스가 소프의 이혼 사실을 알게 되면서 한층 가까워졌다. 이때 라이스는 60세의 나이에도 불구하고 소프의 매력에 잔뜩 빠져 있어 원하는 것은 무엇이든 들어줄 태세였다. 이에 더해 그는 심한 전쟁 혐오증도 드러내고 있었다.

이를 간파한 소프는 단도직입적으로 "이탈리아 해군의 암호체계가 필요하다"고 말했고 라이스는 암호 책임자의 이름과 처지를 전하며 "돈을 주면 쉽게 팔아넘길 것"이라고 알려주었다. 그의 말대로 MI6는 암호책임자 매수에 성공하며 이탈리아 해군의 암호문을 손에 넣는데, 이는 곧 1941년 3월 크레타 섬 부근 마타판 해전Battle of Cape Matapan에서 영국 해군이 이탈리아 해군을 물리치고 지중해 주도권을 장악하는 견인차가 된다.—단 라이스의 후손들은 그가 이탈리아 군을 배신했거나 군사기밀을 유출한 적이 없다며 이를 주장한 영국 작가 몽고메리 하이드Montgomery Hyde를 명예훼손 혐의로 고소해 '이탈리아 법원'에서 승소했으며 마타판 해전과 관련해서도 블리츨리파크의 암호 책임자였던 알프레드 딜윈Alfred Dillwyn의 해독 결과가 지대한 영향을 미쳤다는 반론이 있어, 다소 논란의 여지는 있다.—

이처럼 첫 번째 임무를 성공시킨 소프에게 하달된 두 번째 임무는 당시 독일에 점령당해 친나치 성향을 보이던 프랑스 비시정권Vichy French에 침투하는 것이었다. 이번 역시 암호문을 빼내는 공작으로 1941년 5월 시작돼 이듬해인 1942년 6월 마무리됐다. 그 사이 일본이 진주만을 기습하

면서 미국이 전격적으로 참전을 결정했고 윌리엄 도노번William Donovan
이 이끄는 전략사무국OSS도 창설돼 MI6와 합동작전에 들어간다.

이런 이유로 소프는 공작 후반에 MI6뿐만 아니라 스티븐슨의 허가 아
래 별도 암호명을 부여받아 OSS 요원으로도 활약한다. 특히 이 공작은 미
국 워싱턴에 주재한 프랑스 대사관을 대상으로 하는 것이어서 한때 미식축
구 선수로 이름을 날리다 변호사가 된 엘러리 헌팅턴Ellery Huntington을 팀
장으로 OSS가 상당 부분 관여했으며, 소프가 프랑스 대사관의 샤를 브루세
Charles Brousse라는 반나치 성향의 언론 담당관을 포섭하며 시작됐다. 포섭
방법은 특유의 미인계였으나 이번에는 이전과 좀 달리 소프 역시 브루세에
게 상당한 호감을 가져 두 사람은 연인관계로 발전한다. 이러한 브루세의 도
움으로 대사관 침투가 용이해진 그녀는 전직 금고털이범으로 직전까지 교
도소에서 복역하다 OSS에 고용돼 풀려난 조지아 크래커Georgia Cracker라는
요원과 함께 3차례의 피 말리는 시도 끝에 대사관 금고에 보관된 두 권에
달하는 묵직한 암호책자를 빼낸다. 이어 책자를 인근 거점으로 옮겨 암호
를 모조리 촬영하고는 감쪽같이 되돌려 놓는 방식으로 공작을 성공시켰다.

이런 과정을 거쳐 비시군의 암호를 해독한 연합군은 1942년 11월 이른
바 '횃불 작전Operation Torch'을 통해 프랑스령 북아프리카를 큰 희생 없
이 점령할 수 있었다. 훗날 스티븐슨은 소프의 활약을 대부분 증언하며
세상에 알렸고 비시정권을 상대로 한 공작에 대해서는 "연합군 10만 명
의 생명을 구했다"라고 평가했다. 그러나 소프의 첩보원 생활은 여기까지
였다. 포섭 대상에서 연인으로 발전했던 브루세와 1945년 결혼해 첩보계
를 떠난 그녀는 자신의 무용담을 담은 자서전 출간을 목전에 둔 1963년
암으로 세상을 떠나면서 '영원한 전설'이 됐다.

15

마가레타 젤러

Margaretha Zelle 1876~1917 ─마타 하리─

 일명 '마타 하리'로 알려진 마가레타 젤러Margaretha Zelle 는 제1차 세계대전 기간 독일과 프랑스 사이에서 이중 행각 을 벌인 것으로 알려진 대표적인, 그리고 전설적인 여성 스파 이다. 그러나 알려진 것과 달리 다수 전문가들은 그녀의 첩보 활동은 대단히 미미했으며 심지어 저급했다는 평가를 내놓기 에 주저하지 않는다. 실제로 현재 일반에 회자되고 있는 마타 하리의 전설적인 활 약상은 대부분 허구이거나 근거를 찾기 힘든 것이 많다.

그럼에도 성性을 앞세워 잠시라도 활동했던 것이 일반에 강하게 각인됐고 사후 에는 영화 등의 대중문화를 통해 재탄생하면서 지난 1백 년간 '전설의 주인공'으로, 혹은 '신비의 스파이'로 군림해 왔다.

신비의 스파이, 그녀는 누구인가?

마가레타 젤러, 즉 마타 하리Mata Hari는 1876년 네덜란드 북서부 레바르덴Leeuwarden에서 사업가인 아담 젤러Adam Zelle의 3남 1녀 중 둘째로 태어났다. 아버지는 모자 가게를 소유하고 있었으며 석유 사업에도 투자해 크게 성공하면서 그녀는 어린 시절을 매우 부유하게 보냈다.

그간 마타 하리와 관련해서는 출생설出生說부터 혼란을 야기할 만한 확인되지 않은 루머들이 난무해 왔다. 그 가운데 일반에 가장 많이 알려진 것으로는 본래 마타 하리가 신비스런 자바Java섬에서 태어났다는 이야기다. 이 이야기에 따르면 네덜란드인 탐험가 아버지가 인도네시아 자바섬을 여행하던 중 그곳 사원에서 현지의 아름다운 무희를 만났고 그 사이에서 태어났다는 것이 골자다. 실제 젤러는 검은 머리에 갈색 눈동자, 올리브색 피부 등 유럽인들이 보기에는 다소 이국적인 용모를 갖고 있었다. 이것이 이들에게는 '동양적' 외모로 비춰졌을지 모르지만 어머니는 네덜란드 북서부에 있는 프리슬란트Friesland 태생이다. 특히 출생에 대해서는 훗날 마타 하리로 변신한 젤러가 자신의 이미지 관리를 위해 스스로 조작한 흔적도 엿보인다. 일부 기록에 따르면 마타 하리는 자신을 "인도네시아 태생"이라며 "동양의 피가 흐르고 있고 아버지는 귀족 출신 장교였다"고 말하고 다녔다고 한다. 발언의 진위에 대해서는 확인할 길이 없으나 적어도 서구인들의 동양에 대한 막연한 환상이 사후 창작자나 호사가들의 가공된 이야기와 버무려져 그녀가 신비한 인물로 꾸며지는 데 큰 영향을 미친 것으로 보인다.

한편 유년기를 부유하고 행복하게 보낸 젤러는 13세 무렵부터 불행의 길에 들어선다. 1889년 아버지가 투자에 실패하면서 어머니와도 이혼해 가족들이 뿔뿔이 흩어졌다. 이것은 앞으로 전개되는 파란만장한 그녀 일생의 시작점이었으며 비극적 결말의 출발점이기도 하다. 이후 유치원 교사가 되기 위해 레이던Leiden에 있는 교육시설을 찾았지만 학교장의 끊임없는 성적 학대에 시달리다 탈출해 헤이그Hague의 삼촌 집으로 달아난다. 이때부터 빈털터리로 친척집을 전전하는 가난과 궁핍이 연속됐는데 어려서 부유하게 자란 탓에 젤러는 이 시기 시련을 한층 더 힘겹게 받아들이며 상류층에 대한 동경과 열망을 불태운다. 그러던 1895년 네덜란드 육군 대위 루돌프 맥레오드Rudolf MacLeod가 신문에 '구혼求婚광고'를 내자 이를 본 젤러가 응모하면서 두 사람은 그해 11월 암스테르담Amsterdam에서 결혼한다. 이에 그녀는 자신이 그토록 열망하던 부유한 상류층이 된 것으로 여겨 행복한 나날만이 기다릴 것이라는 기대에 부푼다.

그렇지만 얼마 지나지 않아 젤러는 자신의 처지가 기대와는 완전히 다르다는 사실을 절감해야 했다. 결혼하고 2년이 다 돼 가던 1897년 맥레오드는 인도네시아 자바섬에 배치된다. 그녀도 남편을 따라 이주해 그곳에서 1남 1녀를 낳았다. 이후 맥레오드는 승진에서 잇달아 좌절하며 알코올 중독과 외도로 일상을 보낸다. 여기에 상습적 폭행도 동반돼 그녀를 끊임없이 괴롭혔다. 이로 인해 상류층의 풍요를 기대했던 결혼생활은 빠르게 절망으로 얼룩져 갔다. 사정이 이렇다 보니 젤러는 남편과 거리를 뒀고 이때부터 인도네시아 전통 문화와 풍습에 심취하기 시작한다. 그중 그녀의 마음을 유독 사로잡은 것은 자바의 전통무용이었다. 이에 그 길로 무용단에 들어가 무용을 배우며 예명을 현지어로 '태양이 눈을 뜬다(의역: 여명의 눈동자)'라는 의미의 마타 하리로 짓는다.—다만 예명과 관련해서는 파리Paris에서 무희로 데뷔할 당시 지었다는 견해도 있다.—

그럼에도 상황은 나아지지 않아 1899년 급기야 아들 노먼이 사망하면서 불행은 절정으로 치닫는다. 문란한 생활을 하던 맥레오드가 매독에 걸린 것이 아이들에게 전염돼 아들은 사망하고 딸 루이스만 간신히 살아남았다. 결국 이런 위태로운 결혼생활은 1902년 두 사람이 헤어지는 것으로 일단락됐지만 불행이 끝난 것은 아니다. 그해 젤러는 딸—루이스는 1906년 양육권 분쟁이 불거져 남편 맥레오드에게 빼앗긴다.—을 데리고 막막한 생계가 기다리는 네덜란드로 돌아왔다. 그녀는 극심한 생활고를 해결하고자 이듬해 프랑스 파리로 이주해 서커스 단원과 그림 모델 등을 전전하며 고단한 생활을 이어 갔다.

그런데 이렇게 고된 일상을 보내던 그녀에게 어느 날 운명이 바뀔 만한 일이 벌어진다. 일설에 따르면 젤러는 친구의 생일 파티에 초대돼 막간 여흥에서 자바춤을 잠시 선보여 호평을 받는다. 또 춤을 본 사람들이 저마다 엄지를 추켜세우며 직업적인 댄서를 권유했다. 사실 당시 그녀의 춤 실력은 자바에서 어깨 넘어 눈동냥으로 배운 어설프고 조악한 수준에 지나지 않았으나 동양에 대한 막연한 환상을 갖고 있던 유럽인들은 생소한 몸짓을 이색적이고 신선하게 느낀 것으로 보인다. 그렇지 않아도 곤궁한 처지인 그녀는 주변의 호응에 힘입어 큰 망설임 없이 작은 살롱들을 중심으로 이 이색적인 춤을 추며 생계를 해결해 갔다. 그렇게 얼마가 지나자 춤은 저변으로 화제를 모으기 시작했고 입소문이 상류층까지 퍼지면서 유럽 무용계의 주목을 받기에 이른다. 이것은 아버지가 파산해 가족들이 뿔뿔이 흩어진 이후 온갖 불행으로 점철됐던 그녀에게는 커다란 반전의 신호였다.

생계형 무희에서 밤의 여왕으로

그리고 반전은 파리에서 시작된다. 1905년 3월 젤러는 동양 문화에 심취한 백만장자 기업가 에밀 기메Emile Guimet가 파리에 설립한 뮤제 기메 Musee Guimet에서 고혹적인 춤을 선보인다. 이 공연이 크게 성공하면서 그녀는 일약 유명 인사로 발돋움했다. 이어 유명 댄스홀인 물랭루주Moulin Rouge로 진출해 명성을 한층 높였다. 이 시기 젤러의 춤은 '일시적'으로 현대무용의 선구자인 이사도라 던컨Isadora Duncan에 비견될 정도로 커다란 반향을 불러 일으켰으며 이국적 풍경에 목말랐던 유럽인들에게는 '오리엔탈리즘Orientalism'이라는 환상을 눈으로 확인하는 계기로 평가받는다. 이 때문에 한동안 인도의 신비주의를 춤으로 승화한 루스 세인트 데니스Ruth St. Denis와도 비교됐을 정도로 수준 높은 평가와 인기를 구가했다.

이렇게 관객과 평단의 반응이 뜨거워지자 젤러는 아예 자신을 '자바의 공주'라고 자처했다고 하며 신성한 이미지를 강조하기 위해 힌두교 시바 신의 조각상과 이를 연상시키는 복장, 몸짓 등으로 호응을 유도했다. 아울러 극장 측도 그녀를 어린 시절부터 자바 사원에서 춤을 춰 온 것처럼 대대적으로 선전해 관객들을 끌어모았다. 젤러를 신비주의로 치장하는데는 언론도 빠지지 않았다. 그녀를 소개하는 기사에는 늘 '불가사의'나 '우아하다'라는 수식어가 따라붙기 일쑤였고, 하다못해 '비극적'이라는 말조차 예술적 완성도를 설명하기 위해 사용했을 정도로 유럽 전역이 마타 하리의 매력에 흠뻑 빠져 있었다.

하지만 본래부터 근본이 없었던 젤러의 춤은 초기 평단의 평가처럼 혁명적이지도 않았고 신성한 것은 더더욱 아니었다. 무대가 이어질수록 공연은 더 에로틱해졌으며 그저 관객들을 현혹하기에 바빴다. 실제 그녀의 춤은 자극적인 연출을 위해 일곱 겹의 얇은 옷을 하나씩 천천히 벗어 마침내 벌거벗은 몸을 드러내는 것이 전부였다. 나아가 공연에서 벌거벗은 모습을 사진으로 찍어 상업적으로 사용하는 일도 있었다. 이와 관련해 전문가

들은 현대적 의미로 따져 일종의 음란
한 '스트립쇼'였다는 견해를 밝힌다.
그럼에도 불구하고 유럽에서조차 당
시로서는 여성이 대중 앞에서 옷을 벗
는다는 것이 흔한 일이 아니었기 때문
에 이 역시 관객들의 호응을 얻는 데
성공한다. 이런 식으로 파리에서 성공
한 젤러는 '마타 하리'라는 이름으로
프랑스뿐 아니라 독일, 러시아 등에도
알려졌고 특별 공연 등의 명목으로 유
럽 전역을 돌며 공연한다. 이와 함께
많은 귀족과 정치인, 고위 장교 등 상
류 권력층이 그녀의 도발적 무대에 매
료되면서 앞다퉈 만나기를 숙원했으
며 만남은 속속 값비싼 매춘으로, 때
로는 염문으로 이어졌다.

마타 하리 화려했던 무희시절의 마가레타 젤러

　반면 젤러의 부와 명성은 그리 오래 지속되지 않았다. 특히 1910년 들
어 당초 '현대 무용의 선구자'라고 추켜세웠던 평론가들이 "마타 하리의
춤은 값싼 노출에 지나지 않는다"라고 혹평하는가 하면 취약한 춤 실력에
대한 의심과 비난, 경멸을 쏟아냈다. 아울러 공연이 선풍적 인기를 끌자
이를 모방한 무대가 유럽 전역으로 확산돼 희소성도 크게 떨어졌다. 무엇
보다 20대 후반이었던 젤러의 데뷔가 당시로서도 늦은 편에 속해 전성기
에 들어섰을 때는 이미 30대 중반을 향하고 있었다. 이로 인해 체중이 불
고 특유의 에로틱한 아름다움도 찾아보기 힘들게 되면서 급속한 쇠퇴기

로 접어든다. 따라서 그녀로서는 생존을 위한 또 다른 돌파구를 찾아야 하는 중대한 시점에 직면한다.

이때 젤러는 대부분이 매춘 상대이긴 하나 무희로 쌓은 명성을 바탕으로 각국의 고위층과 폭넓은 인맥을 형성한 상태로 이를 유럽 정보기관들이 줄곧 눈여겨보고 있었다. 이에 당시 자금력에서 러시아와 독일이 가장 풍부한 것으로 알려져 있었는데 이중에서 적극적으로 손을 내민 곳은 발터 니콜라이Walter Nicolai 대령이 이끌던 독일제국 육군정보국Abteilung IIIb이었다. 더욱 독일은 스파이 교육에서만큼은 경쟁국이 없었을 정도로 체계적인 시스템을 갖추고 있었다. 다만 독일에서도 젤러를 포섭한 인물과 시기가 기록마다 다르고 명쾌하지 않다. 복수의 기록을 종합해 보면 젤러가 포섭된 시기는 대략 1차 대전이 발발한 이후인 1915년 중반 이후로 추정된다. 이는 마타 하리로서의 마지막 공연이 1915년 3월로 기록돼 있기 때문이다.

여기에 더해 1차 대전이 개전되자 네덜란드는 중립을 선언하며 개입하지 않겠다는 입장을 밝힌다. 이로 인해 네덜란드 국적의 젤러는 비교적 자유롭게 국경을 드나들 수 있었다. 전쟁이 발발한 마당에 국경을 자유자재로 넘나들고 정관계 및 군부 권력층을 마음대로 만날 수 있는 마타 하리는 군침 도는 포섭대상이 아닐 수 없었다. 이후 시기를 특정하기는 쉽지 않지만 얼마간에 걸쳐 체계적인 스파이 교육을 받았다는 것에는 다수 전문가들의 견해가 일치하며 이 과정에서 여러 이견과 달리 유독 공통적으로 등장하는 인물이 한 사람 있다. 바로 엘스베트 슈라그뮐러Elsbeth Schragmueller라는 여성 스파이 양성자다.

쇠퇴기에 찾은 돌파구… 스파이가 된 무희

젤러는 포섭된 직후 스파이로서 자질이 부족하다는 판정을 받았고 이로 인해 정보국이 비밀리에 마련해 놓은 스파이 양성소에서 훈련을 받는다. 이 가운데 점령지 중 하나인 벨기에 앤트베르펜 양성소Kriegsnachrichtenstelle Antwerpen에서 훈련 과정을 거쳤다는 설이 가장 유력하며 이 양성소는 '여 박사Fräulein Doktor'라는 암호명으로 활동하던 슈라그뮐러가 책임자였다. 1886년 독일제국 태생의 슈라그뮐러는 암호 해독 분야에서 탁월한 능력을 발휘한 인물로 그 외에도 스파이들이 갖춰야 할 기만술을 현대적으로 체계화한 인물로 꼽힌다.

그러나 스파이 양성의 대가에게 체계적 훈련을 받았다고 해서 이후 '마타 하리' 젤러의 활약이 현재 일반에 알려진 것처럼 '전설적이었는가?'에 대해서는 부정적 견해가 지배적이다. 오히려 당시 슈라그뮐러는 젤러의 자질이 형편없는 것으로 평가했고 심지어 특유의 기만술 중 하나인 이른바 '희생양Scapegoat 작전'의 제물로 그녀를 활용했다는 주장까지 있다. 그도 그럴 것이 젤러는 이 훈련 이후 독일로부터 'H21'이라는 암호명과 함께 거액의 공작금을 받고 프랑스에 침투하게 되는데 일부 기록에 따르면 이 시기 그녀는 경제 상황이 파산에 이르는 등 어려움에 직면해 있었다고 한다. 애초부터 '금전Money'을 목적으로 첩보계에 발을 들여놓았을 가능성이 큰 대목이다.

젤러가 프랑스에서 보인 행각도 이와 무관치 않다. 프랑스에서 활동하던 그녀는 프랑스 정보국Deuxième Bureau으로부터 1백만 프랑을 받고 독일제국의 황태자인 프리드리히 빌헬름Friedrich Wilhelm 왕자에게 접근할 것을 제의받는다. 왕자를 통해 독일의 군사계획 등 주요 정보를 캐내려는 의도였다. 이에 젤러는 스페인에 주재하던 독일 무관—아놀드 칼레 소령으로 알려져 있음—을 만나 왕자와의 주선을 부탁하며 사실상 이중 행각을 벌이는 등 첩보 활동에 대한 뚜렷한 개념이나 신념이 없었다.

아울러 독일과 프랑스를 상대로 각각 실행한 활동에서 성과가 있었는지도 의문이다. 스파이 훈련을 마친 젤러는 프랑스에 침투한 직후 일부 권력층에 접근하는 것에는 성공했으나 여기서 수집해 보낸 정보라는 것이 대부분 정치인과 장교들의 성생활 등 잡설雜說 내지는 쓰레기 수준에 지나지 않아 전쟁과 관련된 정관계 및 군사 분야의 주요 정보를 원했던 정보국 수장 니콜라이 대령의 노여움을 산 것으로 전해진다. 또 프랑스 측 요구에 의해 실행된 빌헬름 왕자 포섭계획도 끝내 성공을 거두지 못한 것으로 보여 스파이로서의 자질뿐만 아니라 활약 역시 매우 미미했던 것으로 파악된다. 바로 이러한 그녀의 무개념, 무신념에 더해 미약한 자질은 독일 상부의 불신으로 이어져 이렇다 할 활약을 펼치기도 전에 전쟁의 제물이 돼 버리는 불행한 결과를 초래한다.—다만 젤러가 프랑스를 위해 활동하고 있다는 사실을 독일 측이 알고 정체를 노출시켰는지 여부는 확인되지 않았다.—

전쟁이 한창이던 1917년 1월 독일은 프랑스가 마타 하리의 암호명을 알고 있다는 사실을 짐작하면서도 대사관 간 전문을 통해 'H21'의 프랑스 재침투를 알렸고 젤러는 2월 13일 파리에서 방첩대에 체포된다. 더욱 독일은 침투와 함께 그녀의 계좌로 3만 마르크를 송금해 프랑스 방첩대의 의심을 부추겼으며 언론도 일명 '마타 하리'의 권력층 상대 매춘 행각을 첩보 활동과 연관 지어 선정적 보도를 무차별적으로 쏟아내 대중들의 이목을 집중시킨다. 그렇지만 이때까지도 젤러는 독일 고위층과의 친분을 언급해 이중 행각을 거듭 제안하는 등 사태의 심각성을 정확히 파악하지 못하고 있었다. 결국 프랑스 법원은 "마타 하리, 즉 젤러가 독일 측에 제공한 정보로 5만 명의 연합군이 목숨을 잃었고 프랑스 수송선에 대한 정보를 독일에 전달해 U-보트의 공격을 도왔다"라며 사형 판결을 내린다. 이에 따라 젤러는 그해 10월 15일 총살형에 처해지면서 41세의 나이로 파란 많은 생을 마감했다.

이렇게 지금까지 살펴본 것처럼 '마타 하리' 마가레타 젤러의 스파이 전력은 매우 미미하고 저급했다. 심지어 전쟁 기간 그녀를 직접 붙잡아 조사했던 영국의 MI5는 1999년 공개한 자료를 통해 "마타 하리가 그 어떤 군사정보도 독일 측에 넘긴 증거가 없다"라고 밝힌 바 있다. 1차 대전에서 영국은 독일을 상대로 암호전문에 대한 해독작전(세기의 첩보전 제2화 치머만 전보사건 참조)을 벌여 커다란 성과를 거둔 만큼 이 자료의 신뢰성은 매우 커 보인다. 이로 인해 프랑스가 젤러를 체포해 사형까지 집행한 것에 대해 판결문과는 다른 모종의 속내가 있었던 것 아니냐는 의혹이 줄곧 있어 왔다.

실제로 프랑스는 앞선 1916년 벌어진 솜 전투Battle of the Somme에서 약 20만 명이 죽거나 다치는 피해를 입는 등 잇단 작전 실패와 군내 폭동으로 심각한 몸살을 앓고 있었다. 이에 프랑스 정부는 국민적 원성을 돌릴 희생양이 필요했고 때마침 마타 하리가 눈에 띄면서 정관계, 군부, 언론 할 것 없이 그녀를 치명적 매력의 여성 스파이로 몰았다는 게 첩보사 전문가들의 지배적 견해다. 아울러 당시의 선정적 보도 등을 모티브로 사후 영화, 드라마, 소설 등에서 극적 효과를 높이기 위해 허구적 내용을 덧씌워 사실상 가공된 '신비하고, 전설적인 여성 스파이'가 창조됐다는 주장이 설득력을 얻고 있다.

16

루스 쿠친스키

Ruth Kuczynski 1907~2000 —GRU—

루스 쿠친스키Ruth Kuczynski는 독일 출신의 공산주의자로 소련의 군 정보기관인 연방군 정보총국GRU에서 활동한 여성 스파이다. 리하르트 조르게에 의해 첩보계에 입문했으며 서유럽의 스파이망인 '붉은 오케스트라'의 일원으로 맹활약했다. 또한 원자폭탄 스파이 클라우스 푹스의 핵심 접선책으로 핵무기 원천기술을 소련으로 빼돌리는 데 공헌했다.

이런 활약에 힘입어 전후에는 '스탈린의 최고 여성 스파이'라는 찬사를 받는 등 동구권을 대표하는 여성 스파이로 평가받고 있다.

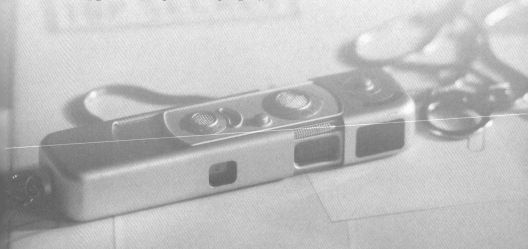

GRU와 쿠친스키의 첩보전 배경

루스 쿠친스키가 첩보원으로 활동을 시작한 시기는 중국 상해에 머물던 1930년대 초반이었으나 주요 경력은 스위스와 영국 등 주로 서유럽에서 쌓았다. 1930년대 후반의 유럽은 나치가 맹위를 떨치면서 일촉즉발 전쟁 분위기가 무르익고 있었다. 이로 인해 독일 공산당을 포함해 소련과 관련된 대부분의 조직들이 히틀러Adolf Hitler에 의해 철저히 봉쇄됐고 GRU는 이러한 급박한 정세변화에 시급히 대처해야 하는 상황에 내몰린다. 또 전운을 감지한 스탈린Joseph Stalin도 히틀러라는 위험한 적수를 상대할 새로운 정보망 구축이 절실했다. 그렇지만 나치의 지배력이 미치는 독일 내부에 무모하게 첩보망을 조직하기보다는 외곽에 연계 조직망을 만드는 편이 낫다고 판단한다. 이에 GRU는 레오폴트 트래퍼Leopold Trepper를 중심으로 프랑스와 벨기에, 스위스 등에 대규모 첩보망을 구축하게 되는데 훗날 나치 독일의 비밀경찰인 게슈타포Gestapo는 이를 '붉은 오케스트라'로 명명하고 대대적인 탄압 활동을 벌인다.

한편 같은 시기 쿠친스키는 스위스에 침투해 붉은 오케스트라의 일원으로 조직망을 구축했고 영국에도 침투해 첩보 활동에 들어간다. 이 기간 그녀는 줄곧 평범한 가정주부로 위장해 방첩망을 교란했으며 아버지, 오빠, 남편 등의 도움을 받아 주요 기밀을 소련에 전달해 스탈린을 도왔다.

동구권 대표 여성 스파이, 그녀는 누구인가?

루스 쿠친스키는 1907년 독일제국 시절 베를린Berlin의 유대계 가정에서 태어났다. 아버지 르네 쿠친스키René Kuczynski는 저명한 경제학자이면서 열렬한 공산주의자였다. 또 오빠 유르겐Jurgen Kuczynski 역시 아버지를 닮아 훗날 마르크스주의를 대표하는 경제학자로 성장한다. 이러한 가정환경 탓에 그녀는 청소년기부터 자연스럽게 공산주의 운동에 가담하기 시작해 17세에 '젊은 공산주의자들 모임KJVD'과 '레드 에이드Red Aid'라는 좌익 단체에서 활동하며 두각을 나타냈다. 이어 19세가 되던 1926년 사서 아카데미를 거쳐 베를린의 대형 출판사Ullstein Verlag에 입사하는 동시에 독일 공산당KPD에도 가입해 본격적인 운동가의 길에 들어선다.—일설에 따르면 이 시기 아버지 르네는 소련의 군 정보기관인 GRU와 연계돼 스파이 활동을 벌인 것으로 전해지지만 구체적인 활동 내역은 확인되지 않는다.—

그러던 1928년 쿠친스키는 공산당원으로 각종 좌익 활동에 참여한 것이 문제가 돼 해고되자 미국 뉴욕New York으로 건너가 서점에서 일했다. 여기서 그녀는 건축학을 공부하던 어린 시절 친구이면서 동료 공산주의자인 루돌프 함부르거Rudolf Hamburger를 만나 결혼한다. 그리고는 베를린으로 돌아와 마르크스주의 노동자 도서관MAB을 세우고 한동안 운영했다. 그렇게 얼마 지나지 않은 1930년 7월 남편 함부르거가 건설 붐이 한창이던 중국 상해上海로 발령받아 함께 이주한다. 상해에서 쿠친스키는 남편의 반대에도 불구하고 명석한 두뇌와 어려서부터 다져진 급진 성향을 바탕으로 공산주의 지하조직에 합류했고 외국인 거주지 노동자들을 규합해 투쟁 사업을 이끄는 등 눈에 띄는 활약을 펼친다. 다만 적어도 이때까지 그녀는 첩보계와는 거리가 먼 단순한 열혈 운동가에 지나지 않았다.

그랬던 쿠친스키에게 1933년 운명을 바꾸는 만남이 찾아온다. 당시 중국은 일본의 침략으로 위기에 직면해 있었으며 이와 함께 국민당과 공산당도 내전에 돌입한 상태였다. 이 가운데에는 미국 출신으로 중국 공산당의 혁명 과정을 줄곧 취재해 온 좌익 성향의 아그네스 스메들리Agnes Smedley라는 여류 작가 겸 기자가 활동 중이었다. 스메들리는 1929년 이미『대지의 딸Daughter of Earth』이라는 소설을 통해 명성을 얻고 있었으나 이보다는 전 세계 혁명 현장을 누벼 온 저널리스트로 '프리랜서 혁명가'라는 별명이 붙었을 만큼 열정의 소유자였다. 쿠친스키는 공산주의 지하 활동을 이끌며 스메들리와 자연스럽게 친분을 갖게 된다. 그런데 이때 스메들리는 중국뿐 아니라 미국, 영국, 독일, 일본에 이르기까지 다양한 국적의 저명인사들과 친분을 맺고 있었고 이들 중에는 언론인으로 위장해 중국 내 GRU 조직망을 관리하던 리하르트 조르게Richard Sorge도 있었다. 스메들리는 비슷한 시기 조르게가 일본에 침투하게 되자, 그에게 일본인 공산주의자였던 '오자키 호즈미尾崎秀実'를 소개했을 정도로 방대한 인적 네트워크를 구축하고 있었다. 이로 인해 스메들리는 종전 이후 미국으로부터 조르게 스파이망의 일원으로 지목되기도 했지만 밝혀진 것은 없다.

한편 스메들리를 통해 조르게를 소개받은 쿠친스키는 1934년 약 7개월여 간 모스크바Moscow에 머물며 본격적인 스파이 훈련을 받는다. 여기서 그녀는 무선 송수신기 사용법을 포함해 암호 취급법 등에 이르기까지 체계적인 훈련을 받았다. 그리고 '소냐Sonja'라는 암호명을 부여받고 만주 일대 조직망의 근거지인 선양瀋陽에 배속되면서 장차 동구권을 대표하는 전설적인 여성 스파이로서의 첫 발을 내딛는다. 또 이 기간 남편과 별거 중이었던 쿠친스키는 GRU의 수석요원 알프레드 슐츠를 만나 사귀며 딸까지 낳았으나, 알프레드는 1937년 스탈린이 단행한 대숙청 과정에서 목숨을 잃었다.—그녀는 후에 서유럽에 침투한 뒤 그의 성姓을 따 '소냐 슐

츠'라는 암호명으로 활동한다.— 당시 첩보 활동과 관련해 중국에서 그녀
의 활약상에 대해서는 이렇다 하게 전해진 것은 없다. 다만 조르게가 일
본으로 떠난 뒤 조직망에서 핵심적 역할을 수행하며 매우 높은 평가를 받
았던 것은 분명해 보인다. 실제로 1937년 소련은 쿠친스키를 대령으로
진급시키고 최고 군사훈장 중 하나인 적기훈장Order of the Red Banner을
수여하는 등 공로를 크게 인정했다. 이에 GRU는 그녀를 더 비중 있는 공
작에 투입하기로 하고 스탈린의 관심이 집중된 서유럽을 침투지로 결정
한다.

'붉은 오케스트라'의 일원이 되다

이 시기 서유럽에서는 나치의 위세가 하늘을 찌르고 있었으며 독일은
게슈타포와 SS보안대SD 등이 철통같은 감시망을 가동 중이었다. 이에 따
라 GRU는 독일 본토 대신 인접국에 조직망을 구축하기 위해 1938년 가
을 경 쿠친스키를 스위스에 침투시킨다. 이곳에서 '소냐 슐츠Sonja Schultz'
라는 암호명으로 활동에 들어간 그녀는 루돌프 뢰슬러Rudolf Roessler, 알
렉산더 라도Alexander Radó가 운영하던 루시 스파이망Lucy spy ring과 함
께 반나치·반파시즘 공작활동에 들어간다. 이 과정에서 한때 영국 공군
에 복무했던 알렉산더 푸트Alexander Foote라는 무선전신 기술자를 포섭
해 조직망에 배속시켰다.—푸트는 훗날 서방으로 전향해 쿠친스키의 정
체가 탄로 나는 데 단서를 제공하는 인물이다.—

이와 함께 GRU는 1939년부터 레오폴트 트레퍼라는 유대계 요원을 중
심으로 벨기에와 프랑스에도 차례로 스파이망을 만들어 기존 조직망과 연
계, 사실상 서유럽 전역을 활동범위로 하는 거대한 조직망을 구축한다.

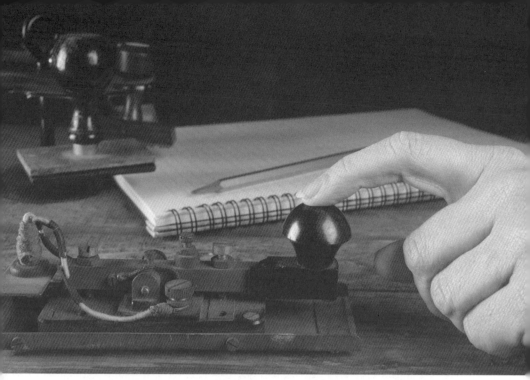

붉은 오케스트라 GRU는 1939년부터 독일을 제외한 서유럽 전역을 활동 범위로 대규모 스파이망을 조직했다. 그 존재를 감지한 나치의 게슈타 포는 스파이들의 무선통신 발신음에 비유해 조직망을 '붉은 오케스트라'라고 명명했다.

이들은 제2차 세계대전이 발발한 초기에는 주로 벨기에와 프랑스에서 독일군의 주둔 상황과 병력 규모, 병참 계획 등을 파악했으며 이후에는 히틀러의 소련 침공 계획인 바바로사 작전Operation Barbarossa도 사전에 입수해 스탈린에게 알리는 등 눈부신 활약을 펼쳤다. 그러나 1940년 11월부터 게슈타포에 의해 그 존재가 감지됐고 '붉은 오케스트라Red Orchestra, 독일명: Die Rote Kapelle'로 명명돼 대대적인 색출작전이 이어져 활동이 위축됐다. 그에 앞서 1939년 남편 루돌프 함부르거와 정식으로 이혼한 쿠친스키는 이듬해 초 GRU로부터 영국에 '붉은 오케스트라'를 구축하라는 지시를 받고 스위스를 떠난다. 그녀는 레온 비어튼Leon Beurton이라는 영국인 공산주의자를 만나 재혼해 수월하게 영국에 침투할 수 있었다. 이렇게 옥스퍼드셔Oxfordshire에 정착한 후에는 어린 아들을 앞세워 지극히

'평범한 가정주부'로 위장하며 방첩망을 교묘히 피해 갔다.

더욱 이때 영국에는 히틀러의 탄압을 피해 일찌감치 건너온 아버지와 오빠가 주요 거점에 둥지를 틀고 활동에 들어가 있었다. 그녀는 이런 가족 관계를 이용해 초기 조직망을 구축하기 시작한다. 특히 저명한 경제학자로 이름을 날리던 아버지 르네는 옥스퍼드 대학에서 경제학을 가르치며 영국의 주류층 내에 막대한 인맥을 갖고 있었고 이를 통해 정치와 관련된 고급 정보를 수집할 수 있었다. 또 오빠 유르겐도 런던 정경대학에서 교편을 잡고 공산주의자들을 이끌었으며 후에 미국이 참전하면서 전략사무국OSS 내 전략폭격측량부에 침투해 다량의 고급 정보를 빼돌렸다. 아울러 쿠친스키는 남편 비어튼을 루트로 영국 공군RAF에서 고위급으로 암약하던 장교와 접선해 첨단 항공기술과 보고서를 빼내 모스크바로 전달하는 등 쏠쏠한 수확을 거두고 있었다.

그렇지만 쿠친스키 스파이망이 영국에서 빼낸 이러한 질 좋은 정보들도 이후 거두게 되는 수확에 비하면 그저 그런 '군것질거리'에 지나지 않는다. 당시 오빠 유르겐은 영국 내에서 독일 공산당KPD을 이끌며 회합을 주도해 왔는데 이 모임에는 이른바 '원자폭탄 스파이'로 알려진 클라우스 푹스Klaus Fuchs가 참여하고 있었다. 푹스는 1941년부터 영국이 독일에서 망명한 저명한 과학자 루돌프 파이어스Rudolf Peierls를 중심으로 실행한 '튜브 합금 프로젝트Tube alloy'라는 위장 계획에 참여해 왔는데 이 계획이 실제로는 원자폭탄 개발 계획이라는 사실을 알아차린다. 그는 영국이 가공할 핵무기를 개발하면서도 연합국이었던 소련에는 알리지 않고 있다는 데 불만을 갖고 누설의 길을 찾는다. 그러고는 회합을 통해 알게 된 유르겐을 만나 이 사실을 털어놨고, 유르겐은 동생에게 이 소식을 전한다. 이에 GRU는 쿠친스키를 주요 접선책으로 정해 푹스가 전하는 따끈따끈하면서도 가공할 정보들을 전달받도록 했다.

이때 평범한 가정주부로 위장한 쿠친스키는 정보 전송을 위해 GRU 런던기지에서 무선송수신기를 인계받는다. 이 과정에서 어린 아들과 함께 런던으로 나들이를 하는 것처럼 꾸며 의심의 눈을 피했으며 아들의 장난감 인형 속에 송수신기를 감춰 돌아온 것으로 알려졌다. 이후 그녀는 푹스가 미국으로 떠나는 1943년까지 프로젝트 관련 자료 일체를 모스크바에 전하면서 푹스와 함께 원자폭탄을 훔친 '세기의 공범'으로 이름을 올린다.

위기일발, 탄로 난 정체

아울러 영국인 멜리타 노우드Melita Norwood라는 여성 고정스파이를 비롯해 영국 공군과 해군에 각각 주요 첩보망을 구축하고 잠수함 레이더 기술 등의 주요 정보를 빼내는 등 활동을 이어 갔다. 또한 1944년에는 에릭 헨슈크Erich Henschke와 독일 망명자들을 미국 정보기관에 침투시키는 공작을 벌였다. 이 시기 미 전략사무국OSS은 영국으로 망명한 독일인들을 모아 본토로 침투시키는 이른바 '해머 작전Operation Hammer'을 준비 중이었는데 여기에 다수의 공산주의자를 침투시켜 나치의 정보를 워싱턴뿐 아니라 모스크바에도 제공하도록 했다. 이때 그녀의 활약상에 대해 GRU 관리관은 "만약 5명의 소녀가 있다면 전쟁은 빨리 끝날 것이다"라고 극찬하는 보고서를 상부에 올린 것으로 전해진다.

반면 이러한 쿠친스키의 활약도 1947년 들어 위기를 맞기 시작한다. 1939년 스위스에서 활동할 때 포섭했던 무선전신 기술자 알렉산더 푸트가 영국으로 전향해 그녀의 이름을 실토한 것이다. 다만 푸트는 쿠친스키가 1940년 이후에는 스파이를 그만뒀다고 거짓으로 진술했고 그녀를 심문한 MI5도 평범한 주부의 일시적인 치기 정도로 여겨 혐의를 적극적으로 밝히려 하지 않았다. 그러던 1949년 말 푹스가 체포돼 스파이임을 자백하면서 조직망의 노출을 우려한 쿠친스키는 이듬해 3월 남편, 아들과 함께 베를린(동독)으로 탈출한다. 영국 당국은 그해 11월이 돼서야 푹스의 핵심 접선책이 그녀였다는 사실을 알아내고는 땅을 쳐야 했으며 노우드와의 관련성은 그 후 수십 년이 지난 뒤에야 밝혀졌다.

동독에 정착해서는 중앙 정보부서에서 서방국가 부문 책임자를 맡아 잠시 일했고 1953년 첩보계를 떠나 대외 무역과 관련한 상공회의소에서 근무하다 1956년 공직에서 은퇴했다. 은퇴 뒤에는 작가로 데뷔해 1958년 『소냐 리포트Sonjas Rapport』라는 회고록을 출간, 동독에서 베스트셀러 작가로 등극하기도 했다. 단 그녀는 이 회고록에 정체가 탄로 나 복역 중이던 클라우스 푹스나 당시에는 여전히 물밑에서 활동하던 멜리타 노우드 등은 일체 언급하지 않았다. 1987년에는 현역 시절의 업적이 인정돼 칼 마르크스 훈장Order of Karl Marx과 함께 '스탈린의 최고 스파이'라는 찬사를 받는 등 영웅 대접을 톡톡히 받았으나 자신이 헌신했던 공산체제가 붕괴되는 것을 지켜보며 2000년 베를린에서 사망한다. 이와 별도로 눈에 띄는 것은 개혁, 개방 바람에 따라 공산권이 붕괴되던 1989년 마르크스주의 경제학의 대가였던 오빠 유르겐 쿠친스키가 한 차례 한국을 방문한 적이 있다. 그는 이 방문에서 마르크스주의의 실패를 사실상 자인하는 발언으로 주목 받은 바 있다.

17

낸시 웨이크

Nancy Wake 1912~2011 –SOE–

 낸시 웨이크Nancy Wake는 뉴질랜드 출신으로 제2차 세계 대전 기간 영국 특수작전집행부SOE에 소속돼 활약한 여성 게릴라 겸 스파이다. 활동기간 나치 게슈타포Gestapo의 최우선 지명수배자였으나 신출귀몰한 도주 솜씨로 여러 차례 위기를 벗어났으며 초인적이고 헌신적인 활약으로 연합군 승리에 일조했다. 종전 후에도 영국 정보국에 근무하다 1960년 은퇴해 여생을 호주와 영국에서 보냈고 2011년 99세의 나이로 사망했다.

미모에 기자라는 전직에도 불구하고 여장부의 면모로 종횡무진 전장을 누빈 소위 '블루칼라Blue Collar'형 스파이다.

여장부 스파이, 그녀는 누구인가?

낸시 웨이크는 1912년 뉴질랜드 웰링턴Wellington의 가난한 집안에서 6남매의 막내로 태어났다. 그녀의 증조할머니는 마오리족Māori people 출신으로 유럽인과 결혼한 최초의 여성으로 알려졌다. 가족은 1914년 호주 북시드니North Sydney로 이주했으나 곧 무책임한 아버지가 뉴질랜드로 돌아가 버리는 바람에 어머니 홀로 아이들을 키웠다. 사정이 이렇다 보니 어머니도 막내딸에게는 많은 관심을 쏟지 않았다. 이로 인해 낸시는 궁핍하고 불운한 어린 시절을 보내야 했는데 이때부터 독립심 강하고 반항아적 기질이 다분한 소녀로 성장한다.—반면 이런 기질은 훗날 2차 대전에서 나치에 맞서 대담하고 눈부신 활약을 펼치는 귀한 자산이 됐다는 평가다.— 이후 북시드니 기술학교를 다니던 16세에 집을 떠나 간호사로 일하며 독립생활에 들어간다.

그러다 저널리스트를 꿈꾸며 새로운 인생을 살기로 결심하고 친척이 보내 준 2백 파운드를 밑천으로 뉴욕을 거쳐 런던에 이르는 여행길에 오른다. 이어 1933년 프랑스 파리에 도착한 그녀는 여기서 낮에는 신문사 프리랜서로, 밤에는 나이트클럽에서 일하며 꿈을 키워 갔다. 그렇게 시간이 흘러 25세가 되던 1937년 허스트 신문사Hearst newspapers에 정식으로 입사하게 되면서 본래 숙원하던 프로 저널리스트의 생활을 시작한다. 당시 낸시는 신문사의 유럽 특파원으로 채용돼 오스트리아 빈Vienna으로 파견됐고 여기서 왕성한 취재활동을 벌였다.

그러던 어느 날 그간의 가치관이 일거에 무너지는 충격적인 장면을 목격하게 되고 이는 추후 그녀가 극렬 반反나치 활동을 벌이게 되는 근본적 원인으로 자리한다. 그 충격적 장면이란 빈의 한 광장에서 나치 독일군이 유대인들을 모아 놓고 강제로 거대한 강철 바퀴를 끌고 가게 하는 것이었다. 더욱 이 과정에서 나치는 유대인들에게 연신 채찍질을 가하는 등 반인륜적 탄압을 자행한다. 이에 유대인들의 몸은 온통 피와 상처로 범벅이 됐으며 고통스런 비명이 이어졌다. 이를 본 낸시는 참담하게 무너진 인류애를 개탄하며 나치의 비인간적이고 잔혹함에 치를 떨었고 "언젠가는 본때를 보여 주겠다"고 스스로 다짐했다고 한다. 그렇지만 적어도 이때까지는 히틀러에 의한 전쟁의 포화가 유럽을 뒤덮기 전이었으며 그녀도 단순히 나치를 혐오하는 신문기자에 지나지 않았다. 그 후 1939년 11월 프랑스의 부유한 사업가 앙리 피오카Henri Fiocca를 만나 결혼했고 마르세유Marseille에 정착한다.

그러나 미처 신혼의 단꿈에서 깨어나기도 전에 낸시 부부에게는 청천벽력 같은 통지문이 날아든다. 이에 앞서 히틀러가 폴란드를 침공해 전쟁을 개시했는데 영국과 프랑스가 대독 선전포고로 맞불을 놓으면서 남편 앙리가 징집된 것이다. 가뜩이나 나치에 치를 떨고 있던 상황에서 남편마저 전장으로 보낸 그녀도 가만히 있지 않았다. 낸시는 구급차를 지원하는 조건으로 적십자 구급대에 자원해 프랑스 북부에 배치되면서 운명적 변화를 맞이한다. 그녀는 이곳에서 폭격으로 죽어 가는 많은 노인과 아이들을 보며 전쟁의 참상을 뼈저리게 경험하는 동시에 나치에 대한 분노와 증오심도 한층 커졌다.

이어 1940년 6월 파리가 함락되자 깊은 상심에 빠졌던 낸시는 단순한 봉사 활동으로는 나치를 물리칠 수 없다고 판단, 그 즉시 레지스탕스Resistance에 가담하며 포화 속으로 뛰어든다. 이렇게 시작된 초기 활동에서는 남편이 사업가라는 점을 십분 활용해 프랑스 전역을 다니며 저항 세력에게 메시지와 식량 등을 전하는 임무를 수행했고 시간이 갈수록 위험이 더해진 작전에도 참여한다. 특히 이 기간 그녀는 나치와 교전 중에 격추된 프랑스와 영국 공군 조종사나 포로가 될 뻔한 연합군 병사를 중립국인 스페인으로 탈출시키는 작전을 다수 감행해 성공시켰다. 이런 활약 덕분에 1940년부터 3년간 약 1천여 명에 달하는 연합군 조종사와 병사가 목숨을 구한 것으로 알려졌다. 이때 낸시는 이들을 탈출시키기 위해 프랑스와 스페인 국경이 인접한 최고 고도 3천 미터를 넘는 피레네 산맥Pyrenees을 도보로 17번이나 넘나드는 등 강철 같은 의지를 발휘했다.

하지만 이러한 반나치 활동은 얼마 지나지 않아 악명을 떨치던 게슈타포Gestapo의 감시망에 감지되면서 위기를 맞이한다. 당시 게슈타포는 그녀를 수상히 여기고 집 주변에 매복해 우편물을 검열하거나 통화 내용을 엿듣는 등 비밀리에 수사를 진행하고 있었다. 반면 낌새를 알아차린 낸시도 이에 대응해 가짜 신분증을 만들어 위장활동을 벌이는가 하면 이와는 정반대로 오히려 미모를 이용해 독일 병사들에게 접근하고는 꽃다발을 건네거나 추파를 던지는 등 적극적으로 위기를 모면했다.

게슈타포의 체포 작전, 그리고 반격

그럼에도 연합군 병사들이 피레네 산맥을 넘어 안전하게 탈출하는 일이 계속되자 게슈타포는 낸시로 추정되는 주동자를 일명 '하얀쥐White Mouse'로 명명하고 현상금 5백만 프랑을 걸어 공개 수배하는 등 체포 작전에 나선다. 그렇지만 낸시의 치밀한 도주행각에 체포 작전은 1943년까지 성과를 거두지 못하면서 게슈타포는 이 '하얀쥐'를 블랙리스트 1순위에 올려 체포를 종용했다. 여기에 더해 레지스탕스 내부에서도 배신자

가 감지돼 위기감이 한층 고조
된다. 사정이 이렇게 되자 레지
스탕스 지도부와 남편 앙리는
낸시에게 프랑스 탈출을 권유
했고 그녀는 마지못해 이를 수
락했다. 이때 낸시는 남편과 후
일을 기약하며 작별하게 되지
만 남편은 이후 나치에 체포돼
모진 고문 끝에 처형되면서 두
사람은 다시는 만날 수 없었다.
그녀는 이 사실을 전쟁이 끝난

레지스탕스 이들은 2차 대전 중 프랑스가 나치에 점령
당하자 반나치 저항운동을 지속적으로 벌이며 히틀러
에 맞섰다

뒤에야 알고 심한 자책에 빠졌던 것으로 전해진다.

한편 그에 앞서 피레네 산맥을 넘어 탈출을 시도하던 낸시는 그간의 도
주행각이 무색하게 현지 경찰에 체포되는 일이 발생했다. 이 어처구니없
는 과정에는 우려했던 레지스탕스 내부 배신자의 소행이 있었던 것으로
알려졌으며 비시프랑스의 툴루스Toulouse 경찰에 구금돼 약 4일간 폭력
이 동반된 모진 고문을 당했다. 그러던 중 알베르토 귀리세Albert Guérisse
라는 레지스탕스 멤버 중 한 명이 정부 경찰국 소속으로 위장해 툴루스
경찰을 협박하는 대담한 공작을 벌였고 이것이 성공하면서 그녀는 극적
으로 석방돼 프랑스를 탈출할 수 있었다. 이렇게 우여곡절 끝에 영국에
도착해서도 나치에 대항할 생각에 골몰하던 낸시는 프랑스에서의 활동
경력을 바탕으로 당시 영국 정부가 비밀리에 운영하던 특수작전집행부
SOE에 합류해 반격의 칼을 간다.

낸시는 SOE에서 무기 사용법을 시작으로 암호해독 및 통신기술, 유

격전 등에 걸친 특수 훈련을 훌륭히 소화하며 높은 평가를 받았다. 여기서 훈련을 맡았던 베라 앳킨스Vera Atkins는 그녀에 대해 "엄청난 생명력과 번뜩이는 눈을 가졌으며 모든 것을 잘했다"라고 평가하면서 "긍정적인 사고와 강인한 성격으로 남자들을 수치스럽게 만들었다"고 극찬했다. 훈련에서 드러난 이런 기질과 재능은 향후 실전에서도 고스란히 발휘된다.

이처럼 우수한 성적으로 훈련을 마친 낸시는 여성요원으로 구성된 응급간호봉사단FANY에 배속돼 1944년 4월 낙하산으로 그토록 갈망하던 프랑스 중부지방에 침투했다. 침투 직후 그녀의 임무는 지방의 소규모 레지스탕스 조직을 규합해 대규모 저항 세력으로 만드는 것이었다. 밤낮을 가리지 않은 열정적 활약에 힘입어 오베르뉴Auvergne를 거점으로 조직원이 약 7천여 명에 이르는 마키Maquis 레지스탕스가 조직됐고 이에 맞춰 연합군도 일주일에 3, 4회씩 무기와 탄약, 식량 등 보급품을 지원했다. 아울러 연합군의 유럽 진출을 위해 독일군의 주요 시설을 파괴하고 통신 회선을 차단하는 임무도 맡겨져 크고 작은 작전들이 실행됐다.

반면 이에 대해서는 나치도 보고만 있지 않았다. 저항 세력의 규모가 확대되고 기지들이 파괴되자 오베르뉴 부근으로 전력을 증강하며 레지스탕스 섬멸 작전에 들어간다. 이때 무기와 병력 등 전력에서 독일군이 압도적이었던 만큼 저항 세력에게는 커다란 위협이었다. 그럼에도 막상 시작된 전투는 호각세를 이뤘고 비록 저항 세력의 후퇴로 끝나기는 했으나 인명피해는 오히려 독일군 측이 더 컸던 것으로 알려졌다. 이러한 기세에 힘입어 이후 그녀는 더욱 대담하고 눈부신 활약을 펼친다. 한번은 몽뤼송 Montluçon이라는 도시에 위치한 게슈타포 본부에 나치의 핵심 장교들이 모인다는 정보를 입수하고 기습을 계획했다. 낸시는 차량을 몰고 본부 건물로 돌진해 장교들이 모여 있던 방안에 수류탄을 투척, 39명을 폭사시킨 것으로 전해진다. 또 나치 친위대SS 경비대를 습격하는 과정에서는 남성 못지않은 완력과 순발력으로 경비대원을 맨손으로 제압하기도 했으며 저항조직 내에서 스파이를 색출해 그 자리에서 처결하는 단호함도 보여 줬다.

무엇보다 노르망디 상륙작전Operation Neptune을 전후해 보여 준 활약은 나치에 대항하려는 그녀의 의지가 얼마나 강했는지를 여실히 보여 주는 사례다. 이때 낸시 등이 이끌던 마키 레지스탕스는 대부분의 전쟁 물자를 연합군에서 지원받고 있었다. 그런데 상륙전이 예고된 이른바 '디-데이D-Day 1944년 6월 6일'를 앞두고 나치 폭격기가 레지스탕스를 공격해 암호문이 불타고 통신장비가 파괴는 일이 벌어진다. 암호문과 장비가 없으면 레지스탕스는 연합군으로부터 일체의 보급을 받지 못하는 것은 물론이고 상륙작전 이후 지원에도 나설 수 없었기 때문에 이는 매우 심각한 문제였다. 이것을 해결하기 위해서는 오베르뉴에서 가장 가까운 샤토루Châteauroux라는 도시의 또 다른 레지스탕스 기지에 지원을 요청해야 했는데, 샤토루까지의 거리는 최소 2백 킬로미터—5백 킬로미터라는 말도 있음—이상 떨어져 있었고 여러 곳에 독일군의 검문소가 버티고 있었다. 이에 그녀는 특단의 선택으로 샤토루까지 자전거를 타고 장장 72시간을 쉼 없이 달려 도착하게 된다. 낸시는 도착 즉시 기진맥진한 상태로 말할 수 없는 고통을 맛봐야 했으나 이로 인해 마키 레지스탕스는 무사히 보급을 받아 노르망디 상륙작전 이후 연합군을 지원하며 나치 격퇴에 힘을 보탤 수 있었다.

전후에는 이러한 활약이 인정돼 영국으로부터 조지 메달George Medal을, 미국에게는 자유 메달United States Medal of Freedom을, 프랑스에서는 레지스탕스 메달Resistance Medal 등 각국을 대표하는 훈장을 받았으며 영국 항공국 정보부에 소속돼 활동했다. 그러고는 잠시 호주에서 정치에 입문했지만 성공하지 못하고 영국으로 돌아와 1957년 재혼할 때까지 공군 참모차장 부차관보의 정보장교로 일했다. 훗날 낸시 웨이크는 자신의 활동에 대해 "전쟁 전 나는 난폭한 사람이 아니었지만 적들이 나를 강하게 만들었다"라고 소회를 밝혔고, 옛 저항 세력 동료들은 "전투가 시작되면 남자 5명의 몫을 해내는 여장부였다"고 평가했다.

FOCUS 영국 특수작전집행부SOE… 처칠의 숨겨진 발톱

특수작전집행부SOE: Special Operations Executive는 2차 대전 중 영국이 운영한 전시 비밀 조직이다. 1940년 7월 내각의 승인하에 전시 경제 장관인 휴 달튼Hugh Dalton이 설립을 주도했다. 전쟁 발발 직전까지 영국 외무부의 선전담당 기관인 'EH과'와 MI6의 파괴 및 선전 등 비정규전을 담당했던 섹션D, 전쟁부에서 게릴라전을 담당했던 GS(후에 MIR로 개칭) 등 3개 부서를 묶어 만들었다. 초대부장에는 프랭크 넬슨Frank Nelson이 맡았고 1943년 9월부터는 특수작전 경험이 풍부한 콜린 구빈스Colin Gubbins 소장이 지휘봉을 잡았다.

임무는 나치 독일의 지배하에 있는 유럽 전역에서 첩보 정찰 및 비정규전 전개, 현지 저항운동 지원 등을 수행했다. 설립 초기에는 독일의 영국 본토 침공에 대비한 비밀 저항부대 편성을 주도했으며 일부에서는 '처칠의 비밀군'으로 부르기도 했다. 명칭은 합동기술위원회, 상호근무조사국 등 위장 명칭이 주어져 있었고 공군과 해군 등의 부국에 은닉돼 활동했다. 조직 구조는 전쟁 기간 많은 변화를 겪었는데 초기에는 선전, 작전,

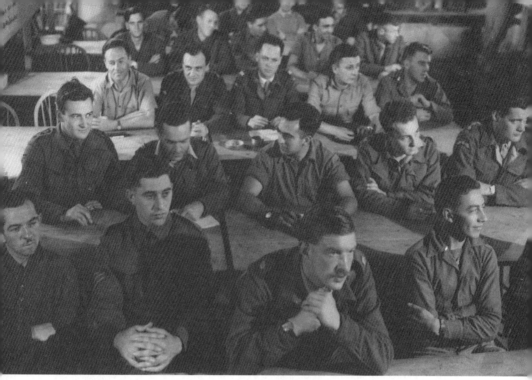

특수작전집행부 SOE는 영국 정부가 2차 대전 기간 운영한 비밀조직으로 나치독일의 지배하에 있는 유럽 전역에서 첩
보정찰 및 비정규전 전개, 현지 저항운동 지원 등을 수행해 혁혁한 전공을 올렸다.

조사연구 등 3개 부서로 구성돼 있었고 중앙 관리기관이 존재하지 않았
다. 하지만 후에는 관리 및 제어를 담당하는 평의회가 설치됐으며 15명
이 위원을 맡았다. 같은 기간 대외 공작으로 비슷한 성격의 MI6가 중립
국 등에서 정보수집과 영향력 있는 인물과의 접촉 등 비교적 소프트한
'화이트 칼라White Collar 스타일'의 첩보 활동을 했다면, SOE는 현지 반
정부 운동을 지원하거나 불안정을 일으키는 파괴공작 등 주로 '블루 칼라
Blue Collar 스타일'의 활동을 했다.

　　요원에는 군인뿐 아니라 일반 공무원과 민간 기업 직원 등 다양한 인원
이 포진돼 있었는데 작전부 내 섹션F에는 인도의 왕족부터 노동자 계급
의 인물, 심지어 암흑가에서 이름을 떨친 범죄자까지 포함돼 있었다. 사
실상 적지에서 작전을 펴야 하는 만큼 잠입 국가의 문화와 언어에 대한

충분한 지식과 능력을 갖춘 요원이 주로 선발됐고 다중국적자도 상당수 중용됐다. 아울러 탈영병 등 전직 군인도 상당수 참여했으며 프랑스의 경우 자유 프랑스 및 샤를 드골Charles de Gaulle 같은 망명 정부와 지도자에 충성을 맹세한 장병이 협력했다.

SOE는 활동 방침의 하나로 적과의 전투에 필요하다면 모든 사회 관례 등을 무시했던 것으로 유명한데 일례로 동성애자와 범죄자, 공산주의자, 심지어 반영 민족주의자 등도 선발됐다. 이에 더해 SOE는 여성들의 활약이 두드러진 기관으로 유명하며 낸시 웨이크를 비롯해 버지니아 홀Virginia Hall 등 전시 약 55명이 소속돼 맹활약했다. 이들은 초기에 주로 연락원 및 통신 기술자 또는 본국 사무직원으로 배속됐으나 점차 작전지역에 파견됐고 이 가운데 13명이 전사 또는 체포돼 강제수용소에서 사망했다. 특히 바이올렛 스자보Violette Szabo, 누르 이나야트 칸Noor Inayat Khan은 작전 중 나치에 발각돼 모진 고문 끝에 숨을 거뒀다.

한편 전쟁 말기 영국은 SOE의 유지와 후속 조직의 창설을 놓고 고심을 거듭했고 주로 소련의 위협과 중동 문제 해결 등이 주된 화두였다. 그러나 1946년 1월 총리가 된 클레멘트 애틀리Clement Attlee에 의해 공식 해산되면서 역할과 인력의 상당수가 MI6 내 특수작전부Special Operations Branch로 흡수됐다.

18

스테파니 호엔로헤

Stephanie Hohenlohe 1891~1972 −NSDAP−

스테파니 호엔로헤Stephanie Hohenlohe는 정보기관에 소속됐던 전문 첩보원은 아니며 오스트리아 · 헝가리제국Austro-Hungarian Empire 시절의 '왕자비Princess'다. 그녀는 이런 귀족 신분을 이용해 영국 상류층을 대상으로 제2차 세계대전에 앞서 나치가 벌인 대영對英 협조공작에 주도적으로 참여해 많은 공을 세웠다.

그러나 전쟁 발발 직후 영국과 독일에서 모두 버림받아 거취를 미국으로 옮겨 재기를 도모했으나 연방수사국FBI에 집중 감시를 받던 중 체포돼 구금생활을 했다.

'프린세스' 호칭에 얽힌 오해와 진실

호엔로헤의 호칭과 관련해 국내에서는 영문 '프린세스Princess'라는 용어를 그대로 해석해 소위 '공주 스파이'로 많이 알려져 있지만 왕족 직계 혈통은 아니고 평민 출신으로 왕가의 후예와 결혼해 부여받은 것이다. 빼어난 미모와 상류 지향적 성향으로 왕족에 올랐고 이를 바탕으로 영국 등 유럽 상류층 사교계에서 막대한 인맥을 형성했다. 또한 유대계 혈통에도 불구하고 2차 대전 직전 나치당NSDAP에 적극 협력해 히틀러Adolf Hitler 의 총애를 한 몸에 받는다.

반면 전쟁 발발과 함께 영국과 독일 모두에서 버림받았으며 이후 미국으로 활동무대를 옮겼으나 줄곧 스파이 혐의를 받으며 구금돼 4년간 수용소 생활을 했다. 종전이 된 1945년 수용소를 나와 기자로 활동하다 1972년 스위스에서 81세의 나이로 사망했다.

왕자비 스파이, 그녀는 누구인가?

스테파니 호엔로헤는 1891년 오스트리아 빈Vienna의 중산층 가정에서 태어났다. 본명은 스테파니 리히터Stephany Richter로 후에 왕가의 후예와 결혼하면서 성姓을 바꾼다. 아버지 요한 리히터Johann Richter는 변호사였고 어머니는 프라하 출신의 유대계 여성으로 알려져 있다. 하지만 아버지가 유대계이며 금융업자라는 말도 있다. 1906년 15세가 된 스테파니는 빈의 유명 발레학교Vienna Court Opera(현 국립발레단의 모체)에 입학했다. 당시 이곳은 부유한 집안의 딸들이 모여드는 곳으로 그녀의 가정환경도 꽤 넉넉했음을 보여 준다. 특히 어려서부터 남다른 미모로 눈길을 끌었으며 상류 지향적 성향이 두드러졌던 것으로 전해진다. 이 시기 아버지의 고객 중에 프란시스카 메테르니히라는 귀족 여성이 있었는데 스테파니는 그녀의 대저택을 자주 드나들며 귀족들과 친분을 쌓기 시작했다.

그러다 오스트리아 그문덴Gmunden에서 개최된 미인대회에 참가해 우승을 차지하면서 유명세를 타기 시작, 이때부터 많은 귀족 남성들의 구애가 이어진다. 스테파니에게 구애한 귀족들 가운데는 오스트리아 황제였던 프란츠 요제프 1세Franz Joseph I의 사위인 살바토르Archduke Salvator 대공도 있었다. 두 사람은 첫 만남에서 호감을 갖기 시작해 곧 연인관계로 발전한다. 그렇게 몇 해를 보내던 1914년 스테파니가 살바토르 대공의 아이를 임신하는 일이 벌어지고 이 사실을 알게 된 요제프 황제는 황실의 추문이 알려질 것을 우려해 전전긍긍했다. 이에 황실은 독일의 옛 제후국 왕자인 프리드리히 본 호엔로헤Friedrich Franz von Hohenlohe에게 스테파니와 결혼할 것을 제안한다. 그렇지 않아도 엄청난 도박 빚에 시달리던 프리드리히는 빚 탕감을 조건으로 마지못해 결혼을 승낙했다. 이렇게 해서 두 사람은 그해 5월 런던에서 성대한 결혼식을 올렸으며 스테파니는 일생 동안 불리게 되는 '왕자비Princess'라는 호칭을 얻는다. 이후 7월 제1차 세계대전이 발발하자 그녀도 적십자 간호사로 동부와 이탈리아 전선에 파견됐다. 그렇지만 여기서 부상자 치료 같은 본래의 활약은커녕 하인을 부리는 등 귀족으로서의 허영과 특혜를 톡톡히 누렸던 것으로 알려졌다.

몇 해 뒤 끝난 전쟁에서는 독일과 동맹국이었던 오스트리아·헝가리제국이 패배해 제국이 붕괴되면서 남편 프리드리히가 헝가리 국적을 택해 스테파니도 이를 따랐다. 그러나 본래 사이가 좋지 않았던 두 사람은 결국 1920년 이혼하고 만다. 그녀는 이혼 후에도 왕자비Princess라는 호칭과 귀족 가문인 호엔로헤 성씨를 그대로 사용했고 파리와 런던을 오가며 자신의 신분을 '왕자비' 혹은 '공주'라고 스스로 내세워 상류층 사교계 생활을 이어 갔다. 이혼 후에 호칭과 성씨를 그대로 갖고 활동하는 것은 오스트리아의 오랜 풍습이었기 때문에 문제가 될 것은 없다. 다만 스테파니가 '왕자비' 혹은 '공주'라는 호칭을 전면에 내세운 데는 풍습 이외의 다른 이유가 있었다. 그것은 그녀가 이혼하면서 받은 재산이 바닥남에 따라 상류층에서 살아남기 위한 고육지책이었던 것이다.

실제 이때 스테파니는 결혼 이후 맺은 유럽 귀족들과의 인맥이 사실상 '유일한 자산'이었을 정도로 경제 사정이 매우 좋지 않았다. 이런 이유로 1925년에는 영국 신문업계 거물 『데일리 메일Daily Mail』의 사주인 로더미어Rothermere 자작과 친분을 맺고 유럽 사교계에서 대리인을 맡아 활동하기 시작한다. 이어 1932년에는 아예 근거지를 런던의 메이페어Mayfair로 옮기고 본격적인 영국 상류층과 교류에 들어갔다. 이 역시 외형적으로 그녀가 자신의 신분을 이용해 생활고를 해결하는 동시에 허영을 채우려는 활동으로 해석할 수 있는 대목이다. 그런데 당시 영국과 프랑스 정보당국은 이와는 사뭇 다른 의미심장한 의혹을 갖고 있었다. 이때 MI6는 프랑스 정보국의 조사결과를 바탕으로 '스테파니가 로더미어와 친분을 맺는 대가로 독일로부터 거액의 자금을 받았다'는 의심을 하고 있었다. 이를 입증할 수 있는 문서를 프랑스 당국이 발견했다는 것이다. 이것이 사실인지는 확인되지 않았으나 스테파니는 영국으로 건너간 즉시 로더미어와 함께 1차 대전 패전국이었던 독일과 헝가리 등의 입장에서 승전국과 맺은 불평등 조약(베르사유 조약, Treaty of Versailles)을 개정하려는 움직임에 힘을 쏟아 의심을 부추긴다.

스파이 의혹과 대영對英 협조공작

그렇다고 이 정도 활동 내역으로 스테파니를 독일의 사주를 받은 스파이로 단정하기에는 무리가 있었다. 따라서 이를 잘 아는 MI6도 향후 영국과 독일을 오가며 가교 역할을 하게 되는 그녀를 체포나 구금은 하지 않은 채 지근거리에서 꾸준히 감시 활동을 벌이게 된다. 그러던 1933년 스테파니는 당시로서는 거액으로 일반 기자는 꿈도 못 꾸는 연봉 5천 파운드에 원고수당 2천 파운드를 받는 조건으로 로더미어와 계약—이 계약은 훗날 도리어 스테파니가 자신의 정체를 만천하에 드러내는 부메랑이 된다.—을 맺어 정식으로『데일리 메일』의 기자로 채용됐다.

한편 이 시기를 기점으로 유럽의 정세는 크게 요동치기 시작했고 그 중심에는 독일 나치당NSDAP과 히틀러가 있었다. 나치당은 1932년 실시된 총선거에서 230명의 국회의원을 배출하며 독일 의회를 장악한 데 이어 이듬해에는 히틀러가 총리에 취임하면서 독재의 기틀을 마련한다. 히틀러는 다음 해인 1934년 총리와 대통령을 겸한 이른바 '총통Fuhrer'에 올라 마침내 최고 권력을 손아귀에 쥔다. 이렇게 유럽의 정세가 급변하자 로더미어는 스테파니를 독일로 급파한다. 그녀가 파견된 명목상 이유는 취재였으나 실제 로더미어의 속내는 히틀러와 친분을 맺으려는 의도였다. 초기 로더미어는 히틀러의 추종자 중 한 사람이었다. 이를 잘 알고 있던 그녀는 곧장 베를린으로 날아갔고 나치당 집회에 참여해 히틀러에 접근한다. 이에 히틀러도 그간 자신을 지지해 온『데일리 메일』과 로더미어를 높이 평가하는 동시에 타고난 미모와 귀족의 품위를 한껏 발산하는 스테파니의 매력에도 빠져든다.

이런 친분에 힘입어 총리 관저와 나치당에 자유롭게 드나들게 된 그녀

히틀러와 나치당 집회 스테파니는 취재를 명분으로 나치당 집회에 참가해 히틀러에 접근한다. 이후 그녀는 유대계 혈통에도 불구하고 히틀러의 대영공작에 적극적으로 협력하며 총애를 받았다.

는 여기서 히틀러의 부관이었던 프리츠 위드만Fritz Wiedemann, 주영 대사인 요아힘 리벤도로프Joachim Ribbentrop 등과 교류하며 나치의 대영협조공작에 들어갔다. 이중 위드만과는 연인관계로 발전한다. 이후 이들은 다수의 굵직한 공작을 공동으로 벌이는데 그 첫 번째가 바로 1934년 비밀리에 성사된 히틀러와 로더미어의 회동이었다. 이는 당초 로더미어의 의지가 반영된 것인 만큼 그녀의 주도로 보기에는 무리가 있다. 그럼에도 이를 시작으로 히틀러는 스테파니에게 전폭적 신뢰를 보내게 됐고 그녀도 나치와 영국 우익 성향의 상류층에 비밀 메시지를 전하는 일에 팔을 걷어붙이며 한층 적극적으로 협력한다. 일부 주장에 따르며 스테파니는 영국으로 돌아온 즉시 히틀러의 지원을 바탕으로 영국 상류층 사교계에 다시 모습을 드러냈고 여기서 고위층 남성들과 친분을 맺으며 군사 및 정관계 기밀은 물론 심지어 독일에 침투한 영국 정보원들의 신상도 넘긴 것으로 알려졌다.

다만 이와 관련해서는 그녀가 사교계를 이용해 영국 왕족에서부터 관료에 이르는 막대한 인맥을 형성한 것은 분명하나 구체적이고 세부적인 정보들을 독일로 유출했는지에 대해서는 의문이 있다. 왜냐하면 스테파니는 자질구레한 정보를 전달하는 일선 첩보원의 역할보다는 나치와 영국 우익의 유력 인물들을 이어 주는 가교 역할을 주로 했기 때문이다. 이는 로비스트Lobbyist와 별반 구별되지 않는 행보다.

사정이 어떻건 본래 유대계 혈통을 망각한 그녀의 나치 협력은 이후 계속됐고 히틀러는 이러한 공로를 인정해 자신의 자화상에 '친애하는 공주 liebe Prinzessin'라는 말을 적어 보냈을 정도로 총애했다. 그렇지만 히틀러를 위한 스테파니의 활약은 여기서 그치지 않아 1937년 절정으로 치닫는다. 이에 앞서 1936년 영국 왕위에 올랐지만 사랑하는 여인을 선택하며 1년 만에 왕관을 포기해 '세기의 로맨스'를 썼던 에드워드 8세 즉 윈저공 Duke of Windsor 부부가 베를린을 방문한다. 이는 그녀가 영국 상류층을 대상으로 벌인 공작이 빛을 발한 결과다. 또 1938년에는 히틀러와 헤르만 괴링Hermann Göring에게 영국 외무부 장관인 할리팩스Lord Halifax와의 비밀회동을 주선하는 등 눈부신 성과를 올리기도 했다.

이러한 활약을 인정받아 스테파니는 1937년에는 히틀러에게 독일 적십자 명예 훈장을, 1938년에는 황금으로 만든 나치의 당원 배지를 각각 받았다. 또한 할리팩스 장관과의 비밀 회동 성과와 관련해 독일이 오스트리아를 병합하며 몰수한 잘츠부르크의 고성古城을 통째로 선물 받는다. 레오폴드스크론 성Leopoldskron Castle으로 알려진 이 성은 실은 나치가 오스트리아 유대인을 탄압하는 과정에서 유대계 배우 겸 연출가인 막스 라인하르트Max Reinhardt에게서 빼앗은 것이다. 그럼에도 그녀는 이에 아랑곳하지 않고 막대한 국비를 들여 성을 개축하고는 유력 정치가나 외교관을 맞아 고급스런 회동 장소로 활용했다. 괴링은 이곳을 유명 예술가들에게 게스트하우스로 제공하는 등 매우 유용하게 사용했다는 후문이다. 아울러 2차 대전 발발 직전까지 영국에서 대표적인 우익단체였던 영국·독일 우호협회 회원에도 포함돼 사실상 양국을 대표하는 인물로 등극하는가 하면 그녀를 집요하게 감시한 MI6도 "히틀러에게 영향력을 행사할 수 있는 유일한 여성이다"라고 평가하는 등 최고의 전성기를 구가한다.

외면하는 스폰서들… 벼랑에 선 왕자비

반면 영원할 것 같았던 유대계 왕자비에 대한 히틀러와 영국 상류층의 총애는 공교롭게 거의 같은 시기 갑작스럽게 식어 버리면서 또 한 번 인생 최대의 위기를 맞는다. 1938년 영국에서 든든한 후원자 역할을 하던 로더미어가 스테파니의 행실에 대해 '돈만 밝히는 여자'라고 불만을 드러내며 관계 정리를 선언한다. 이에 따라 금전적 지원도 중단됐다. 당시 로더미어는 히틀러가 전쟁 준비에 혈안이 된 것에 크게 실망해 초기에 보냈던 지지를 철회한 상태로 그녀와의 관계 정리에는 이 같은 영향도 작용한 것으로 보인다. 하지만 이런 냉대는 독일에서도 마찬가지였다. 화근은 스테파니가 히틀러로부터 황금으로 된 당원 배지를 받을 때 이와 함께 '명예 아리안족Honorary Aryan'으로 위촉됐는데 이를 나치 동조자들이 반발하면서 시작됐다. 더욱 1939년에는 연인 관계에 있던 히틀러의 부관 프리츠 위드만이 실각하면서 그녀는 이중 스파이 혐의까지 받게 되고 유대계 혈통이라는 사실이 나치 정권에 급속히 퍼진다. 이로 인해 나치당의 재정적 지원도 하루아침에 끊겨 버렸다.

그런데 궁지에 몰린 스테파니는 여기서 스스로를 더욱 벼랑으로 모는 자충수를 둔다. 로더미어와 1933년 기자 계약을 맺으면서 "평생 연봉을 지급받기로 했다"라고 억지 주장을 펴며 이를 법원에 고발한 것이다. 그러나 영국 법원이 로더미어의 손을 들어 줘 그녀는 패소했다. 문제는 여기서 끝나지 않았다. 재판 과정에서 스테파니가 히틀러를 적극적으로 도왔다는 사실이 밝혀져 더 이상 영국에 머무는 것이 불가능할 정도로 격렬한 여론의 지탄을 받는다. 이와 함께 정보당국이 독일 스파이 혐의로 자신을 체포할 수 있다는 위기감도 엄습한다.

이처럼 영국과 독일 모두에서 버림받은 그녀는 1939년 12월 미국행을 결심한다. 이때는 연인인 위드만도 샌프란시스코San Francisco 영사로 발령받아 미국에 머물고 있었던 터라 결심에는 오랜 시간이 걸리지 않았다. 그러나 이미 영국에서 소위 '히틀러의 공주', 혹은 '독일 스파이'로 낙인찍힌 만큼 미국 생활도 순탄치는 않았다. 이 시기 스테파니는 연방수사국 FBI의 집중적인 감시대상이 돼 있었고 특히 존 에드거 후버John E. Hoover는 그녀를 '눈엣가시'로 여기며 호시탐탐 미국에서 쫓아낼 궁리에 골몰해 있었다. 이런 이유인지는 알 수 없으나 1941년 3월 스테파니는 미국 이민국에 갑작스레 체포돼 억류된다. 당황스런 상황에서 믿을 것이라고는 빼어난 미모와 친화력이 전부였던 그녀는 며칠 후 이민국 국장이던 레무엘 스코필드Lemuel Schofield 소령을 유혹해 친분을 맺는다. 이에 스코필드는 스테파니를 석방시키고 호텔까지 잡아 주는 호의를 베풀고는 몇 달간에 걸쳐 호텔을 드나들며 밀애를 나눴다.

이후 그녀는 버지니아주 알렉산드리아Alexandria로 이주해 비로소 미국에서의 안정적 생활을 꿈꾼다. 그렇지만 이것은 스테파니 혼자만의 생각이었을 뿐 그녀를 줄곧 감시해 온 FBI의 생각은 크게 달랐다. FBI는 그해 10월에도 스테파니를 "지극히 지적이고 영리하며 위험하다"면서 "스파이로서 만 명 이상의 남자에 버금간다"는 판단하에 추방이 지연돼서는 안 된다는 입장을 갖고 있었다. 그러던 12월 일본이 미국의 진주만Pearl Harbor을 기습해 많은 전함과 항공기가 파괴되고 대규모 인명피해가 발생한다. 그렇지 않아도 참전을 저울질하던 루즈벨트Franklin Roosevelt 대통령은 기습을 허용한 이날(7일)을 '치욕의 날'로 규정하고 전격적인 참전을 선언한다. 미국이 참전을 결정함에 따라 FBI는 국내에 머물던 독일, 일본 등 이른바 적성국 국적자 및 그간 요주의 대상으로 감시를 펼쳐 온 수상쩍은 외국인들에 대한 대대적인 검거에 들어갔다. 이 과정에서 스테파니 역시 요주의 대상에 포함돼 체포됐고 이듬해 1월 법무부 장관 명의로 발표된 '수감' 권고에 따라 텍사스 수용소Texas Camp로 보내진다. 그녀는 이곳에서 전쟁 기간 내내 수용생활을 했다.

한편 종전 무렵이던 1945년 5월 풀려나 악셀 스프링거Axel Springer 등 독일 신문업계 거물 밑에서 기자로 일하며 미국 린든 존슨Lyndon Johnson 대통령과의 인터뷰를 성사시키는 등 한동안 녹슬지 않은 친화력을 과시하기도 했다. 그러나 1972년 스위스 제네바Geneva에서 위궤양 수술 도중 사망하며 파란만장한 생을 마감한다.

V

부부 스파이

19

스코블린 부부

Nikolai & Nadjeda Skoblin −CHEKA−

니콜라이Nikolai와 나드제다 스코블린Nadjeda Skoblin은 제정 러시아 출신의 부부로 볼세비키 혁명 이후 레닌의 지시로 창설된 공안 및 정보기관 '체카CHEKA'를 위해 활동한 스파이다. 남편 니콜라이는 본래 반反볼세비키 진영의 고위급 장교였으나 개인적 야심에 부인 나드제다의 포섭공작이 더해져 배반의 길을 걷는다.

그러나 1937년 스파이 행각이 발각돼 니콜라이는 소련으로 탈출하던 중 스탈린 측에 의해 제거됐다는 설이 유력하며 나드제다는 체포돼 1940년 파리에서 사망하는 비극적 종말을 맞는다.

체카와 부부 스파이의 활동 개요

스코블린 부부는 러시아 내전Russian Civil War 당시 만나 결혼했고 체카의 비밀요원이었던 부인 나드제다에 의해 반볼셰비키군White Russian의 장교였던 남편 니콜라이가 포섭되면서 부부 도합 약 20년 가까이 소련을 위해 활동했다. 이 과정에서 남편 니콜라이는 라인하르트 하이드리히Reinhard Heydrich(제28화 참조)가 이끌며 악명을 떨치던 독일의 SS보안대SD와도 내통해 스탈린의 밀명을 받고 반스탈린파 핵심세력 숙청에 힘을 보태는 등 소위 '삼중 스파이Triple Agent설'이 제기된 인물이다.

비극의 씨앗을 품은 여간첩

스코블린 부부의 스파이 행각은 종국에는 반볼셰비키 측에 발각돼 부부가 모두 사망하는 비극으로 끝난다. 그런데 이 비극의 출발점에는 부인 나드제다가 있었다. 나드제다 스코블린은 1884년 러시아 서남부의 쿠르스크Kursk에서 태어났고 본명은 나드제다 플레비스카야Nadjeda Plevitskaya다.

나드제다는 어려서부터 노래를 잘해 성가대원으로 2년을 활동한 뒤 키예프Kiev로 옮겨 직업적인 오페라 가수로 데뷔했다. 여기서 크게 성공하면서 한동안 '쿠르스크의 나이팅게일'로 불리며 높은 인기를 구가한다. 이어 모스크바Moscow로 활동무대를 옮긴 그녀는 유명 레스토랑인 야르Yar에서도 눈에 띄는 재능으로 주목받았다. 이런 인기에 힘입어 1909년에는 당대 명테너 중 한 명인 레오니드 소비노프Leonid Sobinov와 합동공연을 가지며 많은 청중을 끌어모았으며 황족들의 관심을 받았을 정도로 이름을 알린다. 이로 인해 막대한 부와 명성을 얻게 된 나드제다는 그림 같은 대저택을 소유하고 값비싼 옷과 보석들로 치장된 화려한 생활을 했다.

시기는 불분명하지만 이 과정에서 두 차례에 걸쳐 결혼을 해 모두 실패했고 특히 두 번째로 만난 육군 중위가 1915년 1월 전사하면서 불행의 그림자가 엄습하기 시작한다. 급기야 1917년 볼셰비키 혁명October Revolution이 일어나면서 부르조아로 간주돼 하루아침에 갖고 있던 모든 것을 잃었다. 이후 궁핍한 삶을 이어 가던 중 공산당에 입당해 볼셰비키군Red Army을 위한 공연에 참여했다. 그렇지만 그녀는 전성기 시절의 화려한 영광과 풍요로운 생활에 목말라했고 때마침 이를 간파한 볼셰비키 정보기관인 '체카'가 마수를 뻗으면서 포섭된다. 당시 체카가 나드제다에게 어떤 조건을 제시했으며 누가 포섭을 주도했는지에 대해서는 알려진 것이 없다.

이렇게 해서 나드제다는 1918년 후반부터 반볼셰비키White Army 진영에 침투해 부대를 순회하며 무료공연을 개최하게 되는데 혁명 이전부터 '쿠르스크의 나이팅게일'로 알려진 덕분에 높은 호응을 얻어 갔다. 이러한 높은 인기를 이용해 반군 지도층의 주요 인물들과는 잠자리를 같이하는 등 개인적 관계를 갖는 동시에 여기서 중요한 정보들을 빼내 체카에 전하는 스파이 행각을 한다. 이로 인해 내전이 한창이던 시기에 반군은 연이어 볼셰비키군에 패배하고 이를 수상히 여긴 지도층이 나드제다를 주시한 끝에 1920년 초 체카로 보내지는 첩보 메시지를 적발해 체포했다. 이후 그녀는 처형대에서 비극의 씨앗을 품은 채 그대로 죽음을 맞는 듯했다.

그런데 바로 이때 얼마 뒤에 남편이 되는 니콜라이 스코블린Nikolai Skoblin이 나서면서 반전이 시작된다. 꼼짝없이 죽음을 맞이한 나드제다를 평소 흠모해 온 기병장교 니콜라이가 사형 직전 "자신이 모든 책임을 지겠다"며 집행을 막아서면서 두 사람의 운명적 만남이 이뤄졌다. 그러나 이 만남은 훗날 소련에는 피의 광풍을, 반볼셰비키 측에는 처절한 배신을, 그리고 두 사람에게는 비극적 죽음이라는 대재앙을 각각 불러온다. 당시 니콜라이가 나드제다를 풀어 준 이유가 단지 '연모'였는지에 대해서는 의문이 있으나 반볼셰비키군에서 명성을 날리고 있던 니콜라이의 의견이 반영돼 그녀는 극적으로 사형을 면할 수 있었다.

반면 1920년 말까지의 내전 상황은 반볼셰비키군이 크게 밀리는 형국이었고 결국 이들은 터키Gallipoli까지 퇴각하며 기약 없는 망명길에 오른다. 이런 가운데 두 사람에게도 커다란 변화의 바람이 불어왔다. 터키 망명 무렵 니콜라이가 나드제다의 포섭공작에 상당 부분 넘어가 체카에 협력하기로 한 것이다. 하지만 이것은 나드제다의 공작이 주효했다기보다는 니콜라이의 '야심'과 체카의 '이해'가 맞아 떨어지면서 맺어진 일종의 '암묵적 계약'으로 보인다. 왜냐하면 이때 니콜라이는 제정 러시아의 복원을 꿈꾸면서도 한편으로는 이를 주도할 지도자가 되려는 야심을 불태우고 있었다. 이를 위해서는 먼저 망명 세력의 통제권을 장악해야 하는데 그 힘을 일시적으로 체카에서 빌리기로 한 것이다. 체카의 입장에서도 반볼셰비키 세력의 분쇄와 궤멸이 궁극적 목적이었던 만큼 내부 분열과 협력자는 반가운 일이었다. 물론 양측 모두 공통적으로 '배신'이라는 언제 터질지 모르는 시한폭탄을 안고 있었다. 이후 1922년 나드제다와 결혼한 니콜라이는 반볼셰비키 운동을 약화시키라는 체카의 첫 명령을 받고 망명 세력의 근거지가 있는 프랑스 파리Paris로 향한다.

내부자에 무력화된 망명 세력

한편 반볼셰비키 진영에서 신뢰가 두터웠던 니콜라이와 나드제다 부부는 '변심'을 감춘 채 망명 세력에 침투해 본격적인 이중 행각에 들어갔다. 특히 그간 군인으로, 또 반공주의자로 니콜라이가 보여 준 전적과 행적은 대단히 훌륭했기 때문에 하등의 의심의 여지가 없었고 요직에 오르는 데도 어려움은 없었다. 이로 인해 니콜라이는 1930년대 초에서 중반까지 망명 세력의 주력 부대인 '러시아 전군연합ROVS'의 의장이던 예브게니 밀러Yevgeny Miller 장군의 신임을 기반으로 부대의 핵심 지휘관 중 한 명으로 복무한다.

같은 시기 소련은 레닌의 시대에서 스탈린의 시대로 권력이 이동한 상황—체카도 통합국가정치국OGPU을 거쳐 1934년 내무인민위원회NKVD로 개편—이었으나 망명 세력은 본래의 목적대로 공산체제 붕괴와 왕정 복원을 위한 꾸준한 활동을 전개하고 있었다. 이 중에는 러시아 전군연합의 군사작전도 상당수 포함돼 있었는데 소련 내에 무장 세력을 침투시키거나 위조 전단을 살포하는 등 심리전을 실행한다. 하지만 이런 계획들은 모두 내부에 암약해 체카의 후신인 NKVD와 내통하고 있던 니콜라이에 의해 사전에 밀고돼 실패하고 만다.

이처럼 다년간 수차례의 작전이 매번 참담한 실패로 돌아가자 망명 세력 핵심부는 점차 내부 스파이를 의심하기 시작했다. 이에 스코블린 부부가 한때 이들로부터 의심 세례를 받는다. 이들에게 의심이 집중된 이유는 니콜라이가 평소 많은 정보를 캐고 다녔다는 것과 수입에 비해 매우 풍족한 생활을 하고 있었다는 것이다. 이와 관련해서는 1935년 망명 세력이 발행하던 신문에도 대서특필될 정도로 의혹이 짙었으나 니콜라이가 법원에 이를 제소하는 등 강하게 반발했고 부인 나드제다 역시 대부분의 수입이 파리에서 가진 '공연 수익'이라고 반박하며 위기를 모면해 갔다. 이후에도 의혹은 계속됐지만 명확한 증거가 발견되지 않으면서 논란은 차츰 가라앉았다.

그러던 1936년 니콜라이는 첩보사에서 가장 논란이 될 만한 작전을 실행하게 된다. 바로 나치 독일의 정보조직인 SS보안대SD와 접촉을 시도한 것이다. 이 접촉이 가져온 논란의 핵심은 대략 두 가지로 첫 번째는 니콜라이 스코블린의 야심에서 비롯된 의도적 삼중 스파이Triple Agent설이다. 그는 여기서 SD의 수장이었던 라인하르트 하이드리히를 만나 협조 의사를 전하는데 그 내용은 실로 충격적이다. 니콜라이가 SD에 협조하는 조건으로 망명 세력의 통제권을 장악하도록 도와 달라는 것이 골자다. 이에 더해 그는 자신이 소련에 막강한 정보망을 갖고 있으며 독일이 만약 소련을 침공할 경우에는 망명 세력 주력군의 지휘권을 SD에 넘기겠다는 것이었다. 이는 니콜라이가 망명 세력은 물론이고 소련까지 배신하며 강력한 권력의지를 드러낸 것으로 삼중 스파이설이 제기된 이유다.

그러나 논란은 여기서 그치지 않는다. 하이드리히를 만난 니콜라이는 소련 군부가 스탈린Joseph Stalin을 몰아내는 소위 '쿠데타'를 계획 중이라는 사실도 알려준다. 이를 증명하기 위해 그는 당시 소련군 참모총장이었던 미하일 투하체프스키Mikhail Tukhachevsky 원수의 서명이 든 문서를 제시했다. 훗날 이 문서는 니콜라이가 망명 세력 본부에서 위조한 문서로 알려졌다. 여기서 두 번째 논란이 제기된다. SD 접촉에서 문서 전달에 이르는 니콜라이의 행각에 '스탈린의 의중이 담겼느냐?'는 것이다. 이것은 이후 스탈린이 단행한 군부 숙청의 첫 희생자가 투하체프스키 원수였고 이를 필두로 약 3만 5천 명에 달하는 장교들이 숙청되는 '피의 광풍'으로 이어진 만큼 역사적으로도 민감한 문제일 수밖에 없다.

아울러 이와 별개의 추가적 논란으로 소련 내 반스탈린 세력의 쿠데타 음모를 나치의 SD가 독자적으로 기획했다는 설도 있어 왔다. 이 때문에 한동안은 스탈린이 하이드리히의 계략에 넘어가 '대숙청의 칼춤'을 춘 것으로 해석하는 시각도 있었으나 이는 사실이 아닌 것으로 드러나고 있다. 이러한 논란의 실체적 진실은 역사학자들의 몫으로 돌리기로 하고 세계적인 첩보사 전문가 어니스트 볼크먼Ernest Volkman의 주장을 빌어 논란을 정리해 보면 이렇다. 볼크먼은 "니콜라이의 SD 접촉은 철저한 스탈린의 과대망상이 반영된 NKVD의 지시와 치밀한 계획에 따른 것"으로 봤다. 또 "하이드리히 역시 니콜라이가 NKVD의 스파이라는 사실을 간파하고도, 소련 내부의 분열로 손해 볼 것이 없다는 판단에 따라 위조문서가 스탈린에 전달되도록 했다"는 취지의 분석을 내놨다.

니콜라이가 의도했건 그렇지 않건 그는 소련 군부에서 벌어진 '피의 광풍'에 관여한 것으로 추정돼 일면으로는 망명 세력에 도움이 됐을지 모른다. 그럼에도 이 기간 정작 자신을 둘러싼 스파이 의혹에서는 벗어나지 못하고 있었다. 설상가상으로 1937년 NKVD에서 대외정보 부국장이던 세르게이 스피겔그라스Sergey Spigelglas는 니콜라이에게 망명 세력의 군부지도자인 "안톤 밀러Anton Miller 장군을 납치하라"는 명령을 내렸다. 바로 이 사건으로 니콜라이뿐 아니라 스코블린 부부의 그간의 스파이 행각은 들통 난다. 그해 9월 니콜라이는 스피겔그라스의 지시대로 밀러 장군을 납치해 NKVD에 인계한다. 밀러 장군은 NKVD 요원들에게 납치돼 모스크바에서 모진 고문을 당한 끝에 1939년 5월 처형됐다. 그렇지만 이전에 밀러 장군이 니콜라이를 수상히 여겨 만남과 관련한 메모를 남겼고 이에 장군이 사라진 뒤 행방을 찾던 경찰이 메모를 발견하면서 니콜라이의 소행이라는 사실이 밝혀진다. 경찰의 수사망이 좁혀지면서 위기를 느낀 그는 그대로 잠적했지만 아내 나드제다는 체포돼 20년형을 선고받고 교도소에 수감됐다. 이후 니콜라이는 NKVD 구조팀을 따라 소련으로 탈출하던 중 독살된 것으로 추정되고 있으며 나드제다는 1940년 교도소에서 사망하며 '비극의 마침표'를 찍는다.

![FOCUS] 체카CHEKA… 레닌의 비수

체카는 1917년 러시아 혁명 직후 레닌의 지시에 따라 인민위원회 직속으로 창설된 비밀기관이다. 구소련을 포함한 현 러시아에 이르는 정보기관들의 기원이 됐다. 특히 냉전기에는 국가보안위원회KGB로 정비돼 맹위를 떨친 바 있다.

야심과 배신 니콜라이는 반볼셰비키군에서 총망 받던 고위급 장교였으나 개인적 야심에 나드제다의 포섭공작이 더해져 동료와 조직을 배신하고 체카를 위해 활동했다. 중앙에 서 있는 인물.

볼셰비키가 일으킨 10월 혁명October Revolution 이후 각지에서 이에 반대하는 세력이 일어나자 레닌은 그해 12월 체카의 창설을 지시한다. 이에 펠릭스 제르진스키Felix Dzerzhinsky(제29화 참조)를 수장으로 '반혁명 및 사보타주 분쇄를 위한 전 러시아 특별위원회'를 창설해 정보부, 조직부, 지국부, 단속부 등 4개 부를 두고 활동에 들어갔다. 체카에는 모든 반혁명 분자 및 볼셰비키에 반대하는 이들을 법원의 결정 없이 체포, 투옥, 처형을 할 수 있는 권한이 주어졌다. 무엇보다 레닌은 체카의 원활한 활동을 위해 1918년 6월 한때 폐지된 사형제도를 부활시켰으며 1921년에는 즉결처분권을 확대하는 조치로 날개를 달아 줬다. 체카 요원은 체키스트 Chekist로 불렸는데 '조국 보위의 중책을 맡은 사람들'이라는 의미가 담겨 영예롭게 여겼으며 처음에는 볼셰비키 당원이 주를 이뤘지만 후에는 사회혁명당원도 채용됐다.

그러나 1918년 레닌에 대한 사회혁명당원의 암살 기도 사건이 일어나면서 일제히 추방됐고 내전 격화에 따라 본격적으로 적색 테러 활동에 들어간다. 이에 체카가 보여 준 최초의 계획적 행동으로는 1918년 5월 모스크바에서 일어난 혁명세력과 무정부주의자 간의 전투로 대규모 무정부주의자와 반혁명 인사들이 체포돼 처형됐다. 또 러시아 황제 니콜라이 2세Nicholas Ⅱ 일가에 대한 살해 공작에 3명의 체키스트가 관여했으며 망명자를 제외한 미하일 대공Michael Alexandrovich 등 황족 참살에도 앞장섰다. 아울러 제정시대 귀족, 지주, 성직자, 군인 등 지배층 대부분을 '인민의 적, 반혁명 분자'로 낙인찍어 처형했고, 민간인 중에도 '외국인에게 길을 알려줬다'는 이유만으로 스파이로 몰아 처형한 사례도 있었다. 이렇게 체카에 의해 처형된 사람은 1918년에서 1920년 사이 대략 1만 2천여 명으로 전해졌지만 이마저도 제르진스키 측에 의해 축소된 최소 수치라는 것이 전문가들의 견해다. 체카의 적색 테러에 의한 처형규모를 최소 5만 명에서 최대 50만 명까지 보는 시각도 있다.

체카는 내전이 사실상 종식된 뒤에도 근대 첩보사 최고의 기만 방첩작전으로 평가받는 '트러스트 작전Operation TRUST(세기의 첩보전 제3화 참조)'을 단행해 국외에서 호시탐탐 반전을 노리던 반볼셰비키 세력의 뿌리를 송두리째 뽑아 놓는 위력을 과시한다. 그러다 1922년 2월 체카에는 커다란 변화가 찾아왔고 이 시기 '보안과 방첩'을 주요 기능으로 명칭도 국가정치국GPU으로 바뀌며 역사 속으로 사라졌다.

20

로젠버그 부부

Julius & Ethel Rosenberg –KGB–

줄리어스Julius와 에델 로젠버그 Ethel Rosenberg는 미국 출신의 유대인 부부로 1940년대 소련의 정보기관에 포섭된 것으로 알려진 인물들이다. '원자폭탄 스파이'였던 독일계 물리학자 클라우스 푹스Klaus Fuchs와 같은 시기 또 다른 루트로 핵무기 기술을 소련에 빼돌린 혐의로 연방수사국FBI에 체포됐다.

이후 진행된 재판에서는 혐의와 관련한 불충분한 근거로 인해 심각한 사회적 논란을 야기했으며 이런 상황에서도 부부 모두에 유죄가 인정돼 사형 판결을 받고 전기의자에서 죽음을 맞았다.

로젠버그 사건 개요 및 의문들

로젠버그 부부는 FBI에 체포된 직후 재판에 넘겨졌고 여기서 간첩죄가 인정돼 1953년 부부가 동시에 처형되는 비극적 운명을 맞는다. 그러나 처형을 전후해 이들을 둘러싸고 첨예한 진실 공방이 벌어진 바 있는데 반세기를 넘긴 지금도 논란은 진행 중이다. 여러 의문에도 불구하고 이 사건이 20세기 '부부 스파이 사건'의 대명사라는 점, 그리고 스파이 사건을 넘어 동서 냉전기로 대표되는 현대사에도 주목할 만한 흔적을 남겼다는 점에서 그간 드러난 쟁점들을 살펴본다.

참고로 소련의 정보기관이 국가보안위원회KGB로 안착된 것은 1954년이다. 그러나 복잡한 변천 과정에 따른 혼란을 피하기 위해 이 글에서는 소련 정보기관의 용어를 'KGB'로 통칭한다.

비극의 서막, 핵무기 스파이링

로젠버그 부부의 의문의 행적은 결국 두 사람이 '소련에 핵무기 기술을 빼돌렸다는 혐의'로 같은 날 전기의자에서 처형되는 비극으로 막을 내린다. 하지만 이들 부부의 비극적 결말, 그 출발점은 '원자폭탄 스파이Atomic Spy'로 알려진 클라우스 푹스 사건으로 거슬러 올라간다.

이야기는 영국에서 GRU의 여성 스파이 루스 쿠친스키Ruth Kuczynski를 접선책으로 양질의 핵개발 정보를 소련에 전하던 푹스가 1943년 11월 맨해튼 계획Project MANHATTAN(세기의 첩보전 제11화 참조)을 위해 미국으로 건너와 콜럼비아 대학Columbia University에 둥지를 틀면서 시작된다. 이후 공작을 KGB(당시 NKVD)가 인계 받아 미국에서 공산주의 활동을 벌이던 해리 골드Harry Gold라는 인물을 새로운 접선책으로 정해 푹스를 돕도록 했다. 골드는 본래 화학자 출신으로 한동안 콜럼비아 대학에도 근무한 경력이 있으며 1940년부터 KGB에 포섭돼 활동해 왔다. 1944년 2월 시작된 이들의 접선은 소련이 첫 핵실험에 성공하기 전까지 이어진다. 특히 푹스는 같은 해 8월 맨해튼 계획의 심장부인 뉴멕시코주 로스앨러모스 연구소Los Alamos Laboratory로 옮겨 가게 되는데 미국의 핵실험 내용을 포함한 핵무기 개발의 결정적 단서들이 대부분 여기서 건네졌다.

그런데 푹스가 골드에게 핵기술 정보를 전하던 시기 미국과 영국의 정보당국은 별도의 비밀 프로젝트로 소련의 암호체계를 해독하는 이른바 '베노나 계획Project VENONA 세기의 첩보전 제21화 참조'을 진행 중이었다. 그러던 1949년 8월 소련이 첫 핵실험에 성공하면서 미국과 영국은 대혼란에 빠졌고 '가공할 비밀이 새나갔다'는 확신을 갖고 수사에 들어간다. 이어 베노나 계획에서 추출된 암호를 해독한 결과 푹스가 스파이라는 사실이 밝혀져 당시 영국에 머물던 그는 MI5에 체포됐다. 1950년 1월 푹스는 심문에서 사형을 면제받는 조건으로 그간의 행각을 자백하고 아울러 이 과정에서 미국 내 접선책이었던 해리 골드의 행적이 파악된다.

한편 바다 건너에서 이 사실을 전해들은 FBI도 골드를 체포해 심문에 들어갔다. 여기서 골드는 푹스 외에 또 다른 정보 루트가 있었다는 점을 자백하며 로스앨러모스 연구소에서 기계 관련 기술자로 일하던 데이비드 그린글래스David Greenglass라는 이름을 실토한다. 이어 체포된 그린글래스는 FBI의 심문 과정에서 또 다른 뜻밖의 사실을 쏟아 냈다. 바로 매형인 줄리어스Julius와 누나 에델Ethel에 의해 소련 스파이로 포섭됐으며 이들에게 핵무기 단면도 스케치 등 관련 정보를 넘겼다는 것이다.

221

로젠버그 부부 이들은 핵무기 기술을 소련으로 빼돌렸다는 혐의로 유죄판결을 받고 사형에 처해졌다. 하지만 사건을 둘러싼 의문과 논란은 반세기를 훨씬 넘긴 지금까지 계속되고 있다.

이렇게 세상 밖으로 나온 로젠버그 부부는 1950년 7월 간첩 혐의로 긴급 체포된 데 이어 8월에는 모튼 소벨Morton Sobell이라는 스파이망의 일원도 체포됐다. 재판에 넘겨진 로젠버그 부부는 핵무기 관련 정보를 KGB 관리관에게 넘긴 혐의가 그대로 인정돼 1951년 사형 판결을 받고 1953년 6월 19일 뉴욕주 싱싱Sing Sing 교도소에서 전기의자에 앉아 처형됐다.

여기까지가 세간에 알려져 있는 로젠버그 부부 스파이 사건의 전후 전개 과정이다. 그러나 이들의 체포에서 사형 집행에 이르기까지는 약 3년여가 소요됐고 그 사이 수많은 의혹과 논란이 양산됐다. 더욱 사형 집행이후에도 논란은 식지 않았는데 이를 정리해 보면 쟁점은 대략 3가지로 압축된다.

쟁점 1. 부부는 정말 스파이인가?

가장 먼저 쟁점이 돼 온 것은 이들 부부가 '정말 스파이인가?'라는 의문이다. 엄연한 '스파이 사건'에서 법원의 판결로 사형집행까지 이뤄진 인물들에 대한 이런 질문은 자칫 우문일 수 있다. 그렇지만 놀랍게도 이 물음은 이른바 '로젠버그 부부 사건'이 시작된 직후부터 터져 나온 것으로 아직까지 논란이 되고 있다. 이에 대해서는 결론부터 말하자면 '절반은 맞지만, 절반은 여전한 물음표'라는 것이다.

여기서 스파이라는 확증은 주로 남편 줄리어스 로젠버그의 행적을 두고 하는 말이다. 1918년 뉴욕 태생의 유대인인 그는 뉴욕시립대학CCNY에서 전기를 전공한 공학도. 그러나 학창시절 공산주의에 빠져 미국 청년공산당연맹YCL을 이끌었으며 1936년에는 선박 노동조합 파업사태에 관여하는 등 활발한 좌익 활동을 벌였다. 이 과정에서 같은 유대인인 아내 에델을 만나 1939년 결혼했고 그해 12월 미국 공산당CPUSA에 가입한 것으로 알려졌다. 이후 1940년 뉴저지주 포트몬마우스Fort Monmouth에 있는 미 육군통신부대 공학연구소ASCEL에 들어갔으나 공산주의자라는 사실이 알려져 1945년 해고된다. 그가 혈기 넘치는 공산주의자를 넘어 첩보계에 발을 들여놓은 것도 이 시기로 1941년 미국 공산당의 고위 간부이면서 KGB의 연락관 역할을 하던 버나드 슈스터Bernard Schuster에 포섭되면서다. 투철한 사상을 바탕으로 왕성한 활동을 벌이던 줄리어스를 눈여겨본 버나드는, 그해 모스크바를 함께 방문해 KGB의 거물 세몬 세묘노프Semyon Semyonov를 소개한다. 그리고 이듬해 5월 KGB는 그에게 '리버럴LIBERAL'이라는 정식 암호명을 부여해 공식적인 스파이 활동을 하도록 했다.

줄리어스는 통신부대를 나온 뒤에도 에머슨 라디오Emerson Radio에 들어가 수천 건의 기밀을 KGB에 유출했으며 조엘 바Joel Barr, 알프레드 사란트Alfred Sarant, 윌리엄 펄William Perl, 모튼 소벨Morton Sobell 등 같은 공산주의자 겸 엔지니어로 친분을 맺어 온 동료들을 포섭하는 데도 성공하며 스파이로 활발히 활동한 것으로 파악돼 왔다. 특히 부부가 처형되고 수십 년 후인 1990년부터 그가 소련 스파이였다는 증거들이 잇달아 발견돼 크게 주목받았다. 이 중 그해 공개된 니키타 흐루시초프Nikita Khrushchev의 회고록과 1995년 FBI가 공개한 소련 암호 해독본(베노나 계획)은 줄리어스의 스파이 행각을 입증하는 주요한 근거로 제시됐다. 또 KGB 관리관이었던 알렉산더 페클리소프Alexander Feklisov는 1997년 언론 인터뷰를 통해 "1943년부터 1946년까지 줄리어스와 적어도 50회에 걸쳐 만나 보고를 받았다"고 밝힌 바 있다.

반면 이들을 '부부 스파이'로 확증하기 힘든 이유는 부인 에델 로젠버그의 행적이다. 1915년 뉴욕 맨해튼의 유대인 가정에서 태어난 에델은 해운선박 회사에서 사무원으로 근무하던 중 노조 파업사태에 관여하며 줄리어스를 만나 결혼했다. 이어 남편이 몸담고 있던 청년공산당연맹YCL에도 가입하는 등 일부 공산주의 사상을 갖고 있었던 것은 사실이다. 다만 그녀가 공산당CPUSA의 당원이었는지부터 이견이 있고 무엇보다 남편 줄리어스처럼 암호명을 가진 공식 스파이였는지는 불분명하다. 베노나 계획에서 추출된 FBI 암호 해독본에서조차 일반적으로 불리는 그의 '아내Wife' 정도로 명시돼 있으며 관리관이었던 페클리소프는 "아내는 관련이 없고 결백하다"고 증언했다.

이에 대해 그간 부모의 결백을 주장해 온 두 아들Michael, Robert은 2015년 신문 기고를 통해 "어머니가 아버지의 활동을 어느 정도 파악하고 있었던 것은 사실로 보인다"면서도 "KGB가 어머니에게 코드명도 부여하지 않았고 스파이로 여기지 않았다. 어머니는 간첩이 아니다"라고 항변했다. 이 쟁점과 관련해서는 사건을 오랜 기간 연구한 역사가들도 여전히 진위여부를 명쾌하게 규정하지 못하는 논란거리로, 줄리어스와 달리 에델의 스파이 혐의를 입증할 '명확한 증거'는 아직 발견되지 않았다.

쟁점 2. 부부는 정말 핵무기 기술을 빼돌렸나?

로젠버그 부부 스파이 사건에서 두 번째 쟁점은 이들이 빼돌린 정보가 '정말 미국의 핵무기 원천기술인가?'라는 것이다. 이는 부부의 목숨을 앗아 간 가장 치명적 혐의로 당대 세간의 이목을 집중시킨 이유이기도 하다. 그럼에도 이것 역시 결론부터 말하자면 명확한 물증보다는 관련자들의 증언에 의존한 경향이 큰 만큼 신뢰성은 크게 떨어진다고 할 수 있다. 특히 에델의 친동생인 데이비드 그린글래스가 상당 부분 증언한 것이 그대로 굳어지면서 얼마 지나지 않아 유죄 판결에 이른다.

이 가운데 그린글래스가 1951년 대배심에서 한 증언은 가장 핵심적이지만 거의 유일한 판단 근거로 보인다. 재판에서 그는 누나 에델이 매형의 간첩행위를 도와 줄 것을 요구해 가담하게 됐다는 배경 설명과 함께 "1945년 9월 한 모임에서 줄리어스에게 원자폭탄의 단면도 스케치를 건넸다"고 말한 것으로 전해졌다. 또 그린글래스는 이와 함께 자신의 자필 메모를 "에델이 타자기로 옮겨 적었다"라는 말도 덧붙여 누나 부부의 스파이 행각을 고발했다. 그의 발언 진위를 떠나 이러한 친동생의 증언은 자연히 로젠버그 부부에게 더 많은 핵 관련 혐의가 있을 것이라는 '의심'을 낳기에 충분했고 그 결과는 불과 한 달 뒤 사형 판결로 이어진다.

이에 더해 1990년에 공개된 흐루시초프의 회고록은 이후 논란에서 '로젠버그 부부는 핵무기 스파이가 맞다'라는 본래의 혐의를 기정사실화하는 근거가 됐다. 당시로서는 20년 만에 공개된 회고록에서 흐루시초프는 "스탈린에게 로젠버그가 소련의 원자폭탄 개발을 앞당겨 주었다는 이야기를 들었다"고 적었다. 또한 소련의 외무부 장관이었던 비야체슬라프 모로토프Vyacheslav Molotov도 로젠버그 부부에 대해 같은 취지의 발언을 해 '핵무기 기술 유출'에 힘을 실었다.

반면 부부가 소련에 전한 정보는 핵무기 기술이 아니었다는 주장도 만만치 않다. KGB 관리관이었던 페클리소프는 "줄리어스가 전자 공학에 관한 최고 기밀을 제공하거나 산업 스파이 네트워크 구축을 돕기는 했으나 원자 폭탄에 대한 기밀은 없었다"고 밝혀 논란을 원점으로 돌렸다. 아울러 이를 뒷받침할 수 있는 근거로 로젠버그 부부에 이어 8월 체포된 모튼 소벨이 전자회사 GE의 엔지니어 출신 산업 스파이였다는 점은 간과하기 힘든 대목이다. 이는 줄리어스 역시 단순한 산업 스파이였을 가능성을 배제할 수 없는 정황으로 꼽힌다. 부모의 혐의를 벗기고자 적극적으로 노력한 아들들도 2008년 공개된 그린글래스의 증언록을 들어 "(체포 직후 조사에서는) 뉴욕의 어딘가에서 단면도 스케치를 건넸다고 했다가 (재판에서는) 한 모임에서 건넸다고 말을 바꿨다"며 증언에 강한 불신을 드러냈다.

실제 그린글래스는 재판에 앞선 FBI 조사에서 매형 줄리어스가 자신을 스파이로 포섭하기 위해 뉴멕시코주 앨버커키Albuquerque를 방문해 아내 루스Ruth Greenglass를 설득했다고 말했는데 이는 재판과정에서 한 증언과 다른 것으로 알려졌다. 또 원자폭탄의 단면도를 건넨 장소도 처음에는 뉴

욕의 거리 모퉁이였다고 했다가 후에
줄리어스의 아파트 거실로 바꿨고 이
것이 한 모임에서 건네진 것으로 다
시 바뀌는 등 증언에 신뢰성이 현저히
떨어진다는 점도 간과할 수 없다. 이
와 별개로 루스가 재판에서 남편 그
린글래스의 형량을 낮추고 자신에게
씌워진 의심과 혐의를 벗을 요량으
로 로젠버그 부부의 혐의를 대단히 적
극적으로 증언했다는 주장도 이 사건
에서 빼놓을 수 없는 특징 중 하나다.

데이비드 그린글래스 그의 증언은 누나 부부
가 유죄판결을 받는데 결정적 근거가 됐다.

쟁점 3. 부부는 왜 협조를 거부했나?

세 번째 쟁점은 로젠버그 부부 사건에서 가장 미스터리한 대목으로 사
형집행 직전까지 '부부는 왜 끝까지 당국의 협조 요구를 거부했는가?'이
다. 결과적으로 이는 달리 표현하면 '부부는 왜 스스로 죽음을 선택했나?'
로 바꿀 수 있기 때문에 대단히 중요한 문제다.

FBI는 로젠버그 부부를 간첩 혐의로 체포한 직후부터 중형을 면하는
방법으로 자백을 포함한 협조를 요구한다. 그 협조의 범위는 사안마다 다
를 수 있겠지만 이는 클라우스 푹스에서 시작된 핵무기 스파이망과 관련
된 모든 용의자들에게 일괄적으로 적용된 것이다. 실제로 이후 형량에서
같은 시기 체포된 골드, 그린글래스, 소벨 등은 각각 15년 형을 선고받았
고 심지어 원자폭탄의 핵심기술을 통째로 빼돌린 클라우스 푹스도 14년

형을 받았다. 이들은 모두 죽음을 면하는 대신 스파이 혐의를 인정하는 동시에 접선책 등 주요 내용을 방첩당국에 넘겼다.

그런데 관련자들 중 유일하게 로젠버그 부부만이 이 요구를 거부하면서 전기의자의 비극적 주인공이 되고 만다. 죽음을 면한다고 해서 중형까지 피하는 것은 아닐지라도 이들에게는 2명의 '어린 아들'이라는 살아야 하는 분명한 동기가 있었음에도 불구하고 이는 무시됐고 시종 고집스러울 정도로 '무고'만을 주장했다. 재판과정에서도 정부의 권력남용을 경계한 미국 헌법 제5조US Constitution's Fifth Amendment 등을 들어 내내 도전적이고 반항적인 태도로 일관했다. 이러한 부부의 선택이 정치적 혹은 개인적 신념에서 비롯된 것인지, 그렇지 않으면 또 다른 접선책 등 스파이망을 보호하기 위함인지는 알 수 없다.

반면 지금까지 살펴본 것처럼 부부의 취약한 혐의에도 불구하고 두 사람 모두에게 사형 판결을 내린 데 이어 듣기에도 가혹한 '전기의자 처형'이라는 극단적 방법을 택한 당시 미국 사법당국의 처분도 이해하기 힘든 대목이다. 대중적으로 알려진 공산주의자 스파이를 가차 없이 단죄해 일부 성향의 지지를 얻을 수 있을지는 몰라도 전 세계 관심이 집중된 만큼 부담도 무시할 수 없었다. 재판에서 사형 판결이 내려지자 미국 전역에서 부부 구명을 위한 단체National Committee가 구성돼 조직적 운동이 벌어진 것은 그중 한 사례다.—반대로 부부에 대한 사형판결을 지지하는 진영의 목소리가 조직적으로 터져 나온 것 역시 사건에 대한 관심이 반영된 결과다.— 이뿐 아니라 실존주의 철학자 장 폴 사르트르Jean Paul Sartre, 작가 베르톨트 브레히트Bertolt Brecht, 대실 해멧Dashiell Hammett은 물론 이념과는 거리를 둬 온 극작가 장 콕토Jean Cocteau, 물리학자 알베르트 아인슈타인Albert Einstein, 해롤드 유레이Harold Urey 등 세계적 명사들이 부부에 대한 구명운동에 나섰을 정도로 판결에 따른 후폭풍은 심각했다. 특히 이들은 아내 에델에 대한 사형 판결에 크게 반발했으며 이 중 아인슈타인과 유레이는 해리 트루먼Harry Truman 대통령에게 로젠버그 부부의 선처를 요청하는 서신을 보내기도 했다.

그렇지만 FBI 등 당국은 사건 초기부터 부부의 자백을 받기 위해 '사형 선고'를 예고하는 등 초강경 전략으로 일관하는데, 이것이 도리어 운신을 좁히는 족쇄가 되고 말았다. 실제 FBI는 사형 집행 직전까지 '형 집행 정지'를 내심 염두에 뒀던 것으로 알려졌으나 비극을 막기에는 너무 멀리 와 있었다. FBI가 이 같은 극단적 전략을 택한 배경에는 줄리어스를 둘러싼 스파이망에 대한 발본색원이 궁극적 목적이었던 것은 분명해 보인다. 그러나 이로 인해 로젠버그 부부를 국가 폭력에 희생당한 피해자 또는 억압에 맞선 순교자로 만들어 버렸고 당대를 떠들썩하게 만들었던 '스파이 사건'은 숱한 의혹과 논란, 극심한 사회적 갈등만을 남긴 채 더 이상의 성과 없이 사실상 종지부를 찍는 역효과를 낳았다.

VI

전설적 스파이

21

이안 플레밍

Ian Fleming 1908~1964 −NID / MI6 BSC−

이안 플레밍Ian Fleming은 제2차 세계대전 기간 영국 해군정보국NID과 MI6에서 활동한 첩보원이다. 전쟁 기간 '골든아이 작전Operation Goldeneye'에 주도적으로 참여했고 윌리엄 스티븐슨이 이끈 MI6 안보조정국BSC에도 참여해 대미 공작 및 전략 사무국OSS의 창설을 도왔다.

전후에는 첩보계를 떠나 1953년 『카지노 로열』을 시작으로 『007: 제임스 본드』시 리즈를 잇달아 발표해 세계적인 스타 작가의 반열에 올랐으나 1964년 56세의 많 지 않은 나이로 사망했다.

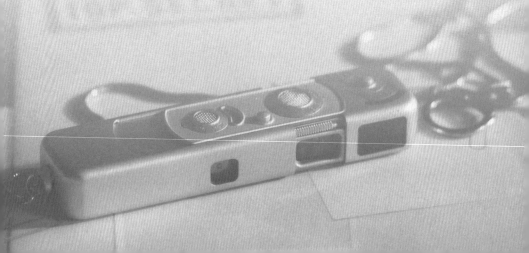

이안 플레밍의 스파이 논란에 대하여

이안 플레밍의 면면과 활약상을 알아보기에 앞서 그의 첩보원 경력 논란부터 잠시 정리해 보기로 한다. 일부 주장에 따르면 "이안 플레밍은 해군정보국에서 내근직인 정보분석관을 지냈고 현장 경험이 없었기 때문에 첩보원, 즉 스파이가 아니다"라는 주장이 있는데 이는 사실과 다르다. 내근직 분석관이었던 적도 없지만 한시적 보직만을 들어 단정 짓는 것은 맞지 않고 무엇보다 플레밍은 전시 유럽과 미국을 오가며 다수의 공작을 왕성하게 벌인 현장요원이었다. 따라서 그는 일반적 의미의 통칭 '첩보원(스파이)' 출신이 맞다.

제임스 본드의 아버지, 그는 누구인가?

이안 플레밍은 1908년 영국 런던London에서 태어났다. 본래 스코틀랜드 혈통인 플레밍 가문은 스코틀랜드 은행Robert Fleming & Co과 유명 증권회사를 소유한 대부호였으며, 그의 아버지 발렌타인 플레밍Valentine Fleming은 1910년 영국의회 하원의원에 오르는 등 상류 지도층 집안이었다. 하지만 아버지는 제1차 세계대전에 영국 경기병輕騎兵 소령으로 참전했다가 1917년 독일 서부 전선에서 포격을 받아 35세의 젊은 나이로 전사한다. 당시 정부 각료였던 윈스턴 처칠Winston Churchill은 『더 타임즈』에 직접 쓴 기고문을 통해 발렌타인의 죽음을 전하며 애도한 것으로 알려졌다.

이처럼 부유하고 명망 있는 집안에서 자란 플레밍은 14세이던 1921년 영국 명문 사립학교인 이튼 칼리지Eton College에 입학했다. 이때 그는 학업에서는 그다지 두각을 나타내지 못했지만 운동 신경이 매우 뛰어나기로 유명했고 학교 잡지The Wyvern의 편집자로 참여하는 등 활발한 청소년기를 보낸다. 그러나 머리에 기름을 바르고 고급 승용차를 몰았으며 일찍부터 많은 여성들과 관계를 갖는 등 자유분방한 성격 탓에 일부 교사와는 심한 마찰을 빚었다. 이에 학교 측에서 어머니를 설득해 플레밍을 군사학교에 보내기로 하고 1927년 왕립군사학교Royal Military College(육군사관학교)에 입학시켰으나 채 1년도 못 돼 질병에 걸리면서 중퇴하는 곡절 있는 학창시절을 보낸다. 이후 어머니의 뜻에 따라 외교관이 되기 위해 오스트리아를 거쳐 독일 뮌헨 대학Munich University과 스위스 제네바 대학University of Geneva에서 공부하며 어학 실력과 견문을 넓혔다.

반면 외무부 진출에는 실패해 진로를 모색하던 플레밍은 1931년 로이터 통신Reuters News의 모스크바Moscow 특파원으로 채용된다. 이는 그가 실력을 통해 입사한 것은 아니며 어머니가 평소 친분이 깊은 통신사 대표 로데릭 존스Roderick Jones를 상대로 벌인 로비의 결과였다. 배경이 어떻건 이렇게 소련 땅을 밟은 플레밍은 여기서 공산국가의 실상을 목격하고는 적지 않은 충격을 받는다. 이어 1933년 귀국해 가족들에게 가업인 금융업을 계승할 것을 제안받아 증권회사에 입사했지만 본래 활동적인 성격에 비해 지루하고 따분한 업무에 염증을 느끼게 된다. 이 시기 플레밍은 여러 투자자들의 주식 중개인으로 활동하기도 했으나 연이은 실패로 별다른 재미를 보지 못했고 스스로를 '최악의 주식 중개인'이라고 평가할 정도로 직업을 두고 심각한 고민에 빠진다.

그런데 이런 금융업자로서의 연이은 실패는 도리어 플레밍이 자신의 재능을 발견하는 기회가 됐고 전쟁을 거치며 이름 있는 스파이와 세계적인 스타 작가의 반열에 오르는 결정적 계기가 된다. 1939년 영국 해군정보국NID은 나치의 득세로 유럽에 전운이 감돌자 이에 대비해 역량 있는 젊은 인재들을 끌어모았고 그 중심에는 이제 막 정보국장에 오른 해군 소장 존 가프리John Godfrey 제독이 있었다. 이에 5월 그는 정보국 채용을 타진하게 되는데 뜻밖의 승낙으로 이어지면서 가프리 국장의 부관을 시작으로 첩보계에 발을 들여놓는다. 이때 가프리 국장이 플레밍을 선발한 이유에 대해서는 명확히 알려져 있지 않다. 이와 관련해 한 전문가는 "플레밍이 이 역할에 적합한 역량을 갖추고 있지 않았다"고 혹평했다. 그럼에도 가프리 국장은 종종 '엉뚱하고 기발한 아이디어'를 요구했으며 플레밍도 이에 부응하면서 능력을 인정받는다.

실제 전후 정보국의 가프리 국장 목록에서 발견된 1939년 9월 작성된 소위 '송어 메모Trout Memo'에는 나치 독일을 상대로 총 54개에 이르는 기만 아이디어가 적혀 있고 이 가운데에는 1943년 NID가 MI5와 공동으로 실행한 사체 기만술인 민스미트 작전Operation MINCEMEAT(세기의 첩보전 제15화 참조)의 원형이 될 만한 제안이 담겨 있다. 이 아이디어가 누구에 의해 제안됐는지는 확인되지 않았으나 메모를 작성한 주인공이 바로 이안 플레밍이라는 점은 주목할 대목이다.—기만술을 적은 메모 명칭을 '송어'로 정한 것은 낚시질Fishing(속임수)을 통해 물고기Enemy(송어, 적)를 낚는다(유인한다)는 의미를 담은 것으로 해석된다.— 이어 8월에는 정식 암호명17F을 부여받아 2차 대전 기간 굵직한 첩보전에 뛰어든다.

플레밍은 초기 NID 시절에는 가프리 국장의 명령에 따라 영국의 주요 정보기관 사이에서 연락책과 협조 활동을 주로 벌였다. 특히 2차 대전 발발 직후인 1940년 들어서는 그 활동범위를 총리실 및 합동정보위원회, MI6, 특수작전집행부SOE, 정부암호연구소GC&CS 등을 총망해 넓혀갔다.

심리전에서 타격전까지… 골든아이와 강습부대

한편 1940년 8월 플레밍은 가프리의 그늘을 벗어나 첩보계에서 두각을 나타낼 기회를 맞이한다. 이른바 '골든아이 작전Operation Goldeneye'의 책임자로 임명된 것이다. 지중해 관문인 지브롤터Gibraltar 해협을 중심으로 벌어진 이 작전은 히틀러가 스페인을 장악하거나 또는 프랑코 정권이 나치에 협력할 경우를 대비해 영국 해군의 해상로를 확보하기 위한 극비 공작이었다. 이를 위해 그는 외교관 신분으로 위장해 1941년 2월 스페인 지브롤터에 잠입했고 마드리드 주재 해군 무관 앨런 힐가스Alan Hillgarth 와 함께 이베리아 반도에 침투해 있는 나치에 대항하는 첩보 및 파괴, 게릴라전, 사보타주 등의 작전 일체를 입안했다. 또 만약 해협이 나치에 점령될 경우도 대비해 모로코 탕헤르Tangier를 연락 거점으로 구축하는 등 전방위 계획을 수립했다. 아울러 플레밍은 이 과정에서 미국에서 전략사무국OSS 창설을 준비하며 유럽을 시찰 중이던 윌리엄 도노반William Donovan(제38화 참조)과도 만나 친분을 맺었고 리스본에서 많은 첩보 관계자들과 조우해 협조을 얻어 내기도 했다.

이후 골든 아이 작전은 스페인이 나치에 협력할 가능성이 크게 줄어든 1943년 8월 종료됐으나 플레밍은 이 공작의 '기획에서 실행까지' 전 단계를 주도하며 존재감을 드러낸다. 참고로 작전의 명칭인 '골든아이GOLDEN EYE'는 훗날 작가가 된 플레밍이 자메이카에 지은 별장 이름으로도 사용됐으며 「007」 시리즈의 영화 제목으로도 쓰여 대중에는 친숙한 용어다.

골든아이 작전의 기반 공작을 마무리한 플레밍은 이어 1941년 5월부터는 미국으로 건너가 뉴욕에 거점을 두고 대미활동을 벌이던 MI6 안보조정국 BSC에 합류한다. 당시 사업가 출신의 윌리엄 스티븐슨William Stephenson(제

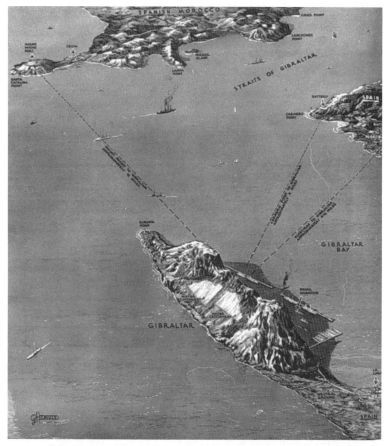

골든아이 작전 이 작전은 스페인이 나치 독일에 협력하거나 점령당할 경우를 대비해 지중해 관문인 지브롤타 해협을 중심으로 거점을 확보하고 유사시 주변 일대에서 방해공작을 수행할 목적으로 입안됐다

31화 참조)이 이끌었던 BSC는 미국의 참전을 유도하기 위해 다각도의 활동을 전개하고 있었고 이와 함께 MI6를 모방한 대외정보조직 구축도 지원하고 있었다. BSC는 캐나다 온타리오Ontario 외곽에 극비로 마련한 '캠프X'에서 미국 요원을 훈련시키는 한편 플레밍은 도노반 장군을 도와 조직의 청사진을 마련하는 데 힘을 보태며 1942년 OSS 창설에 일조했다.

이렇게 대서양을 넘나들며 활동을 이어 가던 그는 시기를 특정할 수 없지만 미국에 머물던 어느 시점 장차 적성국으로 맞서게 될 일본 영사관에 몰래 잠입해 주요 정보를 빼내는 소위 '검은가방작전Black bag job'도 실행한 것으로 알려졌다. 여기에는 OSS 창설에 대비해 선발된 전직 금고털이범이 주로 동원됐는데 영사관 내 비밀금고를 털어 암호문을 마이크로필름으로 찍어 두는 작업을 상당기간에 걸쳐 실행했다.

이어 영국으로 돌아온 플레밍은 대對나치 기만공작의 일환으로 독일어에 능통한 인물들을 골라 흑색선전용 라디오 방송을 운영하며 독일군의 사기를 쥐락펴락하는 심리전도 벌이는 등 기발하고 창의적 작전을 감행하기도 했다. 그렇지만 전쟁 기간 플레밍의 여러 활약 가운데 빼놓을 수 없는 것으로는 정보요원과 게릴라를 결합한 이른바 '30강습부대Assault Unit, 30AU'의 창설과 운영을 들 수 있다. 1942년 9월 창설된 이 부대는 최전방이나 독일 점령지에 침투해 무기 및 기밀문서 등이 보관된 전술거점을 장악하는 것이 주임무다. 이는 본래 독일군에서 운영하던 방식을 플레밍이 본떠 창설을 주도한 부대로 임무의 위험성에 비춰 요원들의 면면도 사회 부적격자 수준의 거칠고 난폭한 인물들이 주로 선발된 것으로 전해진다. 이들은 창설과 함께 작전지역에 파견돼 잇단 전과를 올리기 시작했는데 1942년 11월 연합군의 북아프리카 점령계획인 횃불작전Operation Torch에 앞서 알제리에 침투해 작전 지역 지도와 사진 및 독일, 이탈리아 해군의 위치, 암호 등이 담긴 상세한 자료를 런던으로 보내 승리에 기여했다. 또한 1943년 11월까지 그리스, 이탈리아, 노르웨이 등에도 파견돼 연합군에 필요한 거점 확보와 정보활동을 벌였다.

아울러 1944년 노르망디 상륙작전Normandy landings을 전후해서는 독일 레이더 기지를 공격해 수비군 약 3백여 명을 생포하는 전과를 올렸으며 독일이 항복한 1945년 5월에도 브레멘 기지를 점령하고 상당수의 고급기밀 문서를 확보했다. 유럽에 이어 아시아에도 파견돼 활약했는데, 1945년 8월 일본의 항복 직전까지 싱가포르, 홍콩 등지에서 상당한 기밀 정보를 입수했고 종전이 된 1946년 해체됐다. 이 기간 해군정보국에서는 가프리 국장이 교체되면서 정보국 내 플레밍의 입지도 다소 줄어들기는 했으나 강습부대에 대한 영향력은 독일이 항복할 때까지 유지했다.

007 작품 속 본드와 M은 누구?

이런 활약에 힘입어 30강습부대의 활동은 영국군에서도 매우 성공적이라는 평가를 받으며 1944년 8월에는 연합군이 나치 점령지를 탈환하거나 독일 본토를 점령할 경우 항구와 도심 등 거점을 확보하고 정보 및 경비 임무를 수행하도록 하는 이른바 T-포스Force(표적군) 부대의 창설로 확대된다. 플레밍은 30강습부대의 운영 경험을 바탕으로 이 부대에 일찌감치 합류한 것은 물론이고 창설에 깊이 관여했다. 이후에는 종전이 다가오던 1945년 5월 정보국을 떠나 선데이 타임즈The Sunday Times에서 특파원들을 관리하는 책임자로 일했고 1953년에는 제임스 본드를 주인공으로 한 첫 작품 『카지노 로열Casino Royale』을 발표하며 대성공을 거둔다. 이어 1959년 12월 신문사를 그만두고 창작에 전념하면서 '007 시리즈'로 12편의 장편과 2편의 단편집, 그리고 어린이 동화 등 4편의 작품을 집필했다. 하지만 평소 술과 담배를 즐긴 탓에 심장이 좋지 않았고 1964년 친구들과 회동하던 중 56세에 심장마비로 사망했다.

한편 플레밍이 '007 시리즈'를 통해 세계적인 명성을 얻게 되면서 작품 속 인물들의 실존 여부에 관심이 모아진 바 있다. 이 중 주인공인 제임스 본드의 경우 한 명의 특정인이 모델이라기보다 NID 시절 만난 여러 인물을 종합한 캐릭터로 그중에는 술과 담배, 여성을 좋아했던 플레밍 자신의 모습도 상당 부분 투영돼 있다. 또 제임스 본드의 상관인 'M'이라는 인물에 대해서는 한때 MI5의 맥스웰 나이트라는 설도 있었으나 플레밍 측은 공식적으로 "NID의 존 가프리 국장에게 많은 영감을 얻었다"고 밝혔다. 그는 생전 정보국 근무 경험에 대해 "이보다 더 흥미로운 시간은 없었다"는 말을 남겼다.

 영국 해군정보국NID… 1, 2차 대전 승전의 견인차

영국 해군정보국NID: Naval Intelligence Division은 1882년 해군부 산하에 설치돼 주로 해군 계획 및 정보 수집을 맡았던 기관이다. 창설 당시 해군부 내 입주한 방의 호수를 따서 '39호실 Room 39'이라는 별칭으로 불렸다. 1887년 대외정보와 병참 계획 등을 맡는 2개과로 나뉘어 체계화되기 시작했고 명칭도 공식적으로 DNI로 바뀌었다. 하

과거 영국 해군성 플레밍이 초창기 첩보원 시절 소속 됐던 해군정보국은 해군성 산하에 창설돼 1, 2차 세계 대전에서 커다란 공헌을 했다.

지만 이후에도 통칭 NID, 별칭 39호실을 그대로 사용했다.

1900년대 들어 전략과 방어 등 전쟁 관련 계획을 전담하는 별도 과를 신설했으며 1902년에는 무역상선 보호까지 포함해 4개 과로 발전한다. 이어

1914년 1차 대전이 발발하자 산하에 암호 및 신호체계SIGINT를 전담하는 부서를 신설했는데 이들은 이 부서를 '40호실Room 40'이라고 불렀다. 특히 이 40호실은 1차 대전 기간 맹활약했으며 그중 가장 대표적인 것으로는 독일의 외교 전문을 중간에서 가로챈 이른바 '치머만 전보사건Zimmermann Telegram 세기의 첩보전 제2화 참조'이 있다.

1차 대전 발발과 함께 영국이 독일의 해저 케이블을 끊어 버리자 독일은 고육지책으로 외교 전문을 암호화해 무선 통신으로 보내거나 미국, 스웨덴 등 중립국의 유선망을 경유해야 했다. 이 과정에서 1917년 1월 독일의 외무부 장관인 아르투르 치머만Arthur Zimmermann은 멕시코 주재 독일 대사에게 긴급 지시문을 보낸다. 이 지시문의 주요 내용은 독일이 미국과 중립 유지가 불가능하다는 판단하에 멕시코와 동맹을 맺으려던 것으로, 그 대가로 멕시코에 재정적 지원과 미국에 빼앗긴 영토를 되돌려 주겠다는 것이 골자다. 이에 40호실이 전보문을 입수해 암호 해독 결과를 미국에 보냈다. 해독문을 받아 보고 분노한 미국이 참전을 결정하자 멕시코는 독일의 제안을 거절한다. 그 결과 미국이 합세한 연합군은 독일을 중심으로 한 동맹국을 물리치고 승전고를 울렸다.

이렇게 커다란 성과를 올린 40호실은 1917년 약 9백여 명의 요원이 활동했던 것으로 알려졌으며 1919년 정부암호연구소GC&CS로 통합됐다. 이러한 전통은 2차 대전에서 나치 독일의 에니그마Enigma 암호기를 무력화한 블리츨리파크 암호연구소로 그대로 이어져 사실상 연합군이 1, 2차 대전에서 모두 승리하는데 견인차 역할을 했다. 전쟁이 끝난 1946년에는 세계 신호정보의 중심축 중 하나인 정부통신본부GCHQ로 성장한다. NID 나머지 부서는 전후에도 일부 존속됐으나 1965년 영국 국방부로 완전히 흡수됐다.

22

볼프강 로츠

Wolfgang Lotz 1921~1993 -Aman / Mossad-

볼프강 로츠Wolfgang Lotz는 이스라엘의 군 정보기관인 아만Aman과 대외정보기관인 모사드Mossad에서 활약한 첩보원이다. 제3차 중동전쟁인 이른바 '6일 전쟁Six-Day War'에 앞서 이집트를 상대로 대범하고 치밀한 활약으로 승리를 견인한 전설적 스파이 중 한 명이다.

같은 시기 활동했던 엘리 코헨Eli Cohen이 시리아에서 정체가 탄로 나 목숨을 잃은 반면 로츠는 전쟁 후 이스라엘로 생환해 영웅 대접을 받으며 1993년 72세로 사망했다.

영웅 스파이, 그는 누구인가?

볼프강 로츠는 1921년 독일 만하임Mannheim에서 독일인 아버지와 유대인 어머니 사이에서 태어났다. 아버지 한스Hans는 연극 감독이고 어머니 헬레네Helene는 배우로 연극인 가족이었다. 로츠는 어려서부터 아버지 외모를 빼닮아 순혈 독일인으로 보였으며 어머니가 종교에는 관심이 없었던 이유로 유대인의 관습인 할례Circumcision도 받지 않았다. 여기에 독일에서 자란 만큼 유창한 독일어 실력은 기본이었다. 이런 태생적 요소들은 먼 훗날 그가 스파이로 성공하는 데 장점으로 작용한 것은 물론 심지어 목숨까지 구하는 결정적 원인이 된다.

그러나 어린 시절의 로츠는 그다지 행복한 나날을 보내지는 못했는데 1931년 부모가 이혼한데 이어 1933년에는 히틀러Adolf Hitler가 집권하면서 유대인에 대한 탄압이 한층 강화됐기 때문이다. 이에 그는 어머니를 따라 영국령 팔레스타인 텔아비브Tel Aviv로 이주해 이곳에서 히브리식 이름인 제예브 구르 아리Ze'ev Gur-Arie로 개명하고 벤세멘Ben Shemen 농업학교에 입학한다. 로츠는 여기서 말 사육과 함께 승마 훈련 등을 받게 되는데 이 역시 후에 성공적 스파이의 요소가 됐다.

그러던 1936년 유대인 방위조직인 하가나Haganah에 입대해 복무하던 중 제2차 세계대전이 발발하면서 영국군에 소속돼 참전한다. 당시 그는 유창한 독일어 실력으로 이집트 등 북아프리카 전선의 정보부대에서 생포된 독일군 포로를 심문하는 임무를 맡았다. 전후에는 팔레스타인으로 돌아와 정유회사에 근무하며 이스라엘 독립 전쟁 발발 전까지 약 3년간 낮에는 회사에서 밤에는 하가나에서 각각 복무한다. 이때 그는 하가나의 무기 밀수를 돕는 활동을 벌인 것으로 알려졌다. 이어 1948년 결혼해 아들을 낳았으나 제1차 중동전인 독립 전쟁이 발발하면서 창설된 이스라엘 방위군IDF에 대위로 참전했고 이후에도 직업 군인으로 1956년 제2차 중동전인 수에즈 전쟁Suez Crisis까지 소령으로 보병부대를 지휘했다. 복무 시절 군인으로 로츠의 활약상에 대해서는 이렇다 하게 알려진 것은 없지만 높은 애국심과 잘생긴 외모, 수다스럽지만 호감 가는 말투로 주변에서는 인기가 꽤 높았던 것으로 전해진다.

이후 1957년 5월 전쟁이 끝나고 '말 목장' 경영을 꿈꾸며 예편을 고려하던 로츠에게 운명적 손길이 다가온다. 바로 이스라엘 군 정보기관인 아만이 영입을 제안한 것이다. 이 시기 아만은 최대 적수인 이집트가 나치 시절의 독일인 과학자들을 끌어모아 미사일과 전투기 등 신무기 개발에 열을 올리고 있는 것에 깊은 우려를 갖고 있었고 이들에게 접근해 세부 정보를 빼내 올 첩보원을 물색 중이었다. 이에 아만은 본래부터 금발에 파란 눈을 가진 풍모와 독일어에 능숙한 로츠를 눈여겨보던 중 마침내 공작의 적임자로 그를 선택한다.

로츠가 아만의 제안을 수락하면서 이후 밀봉교육 등 첩보원 훈련과 신분 세탁에 이르는 침투 준비에 들어갔다. 특히 그의 주된 임무는 나치 출신의 독일인 과학자들에게 접근하는 것이었기 때문에 과거 전력에서는 나치당원 출신으로 에르빈 롬멜Erwin Rommel이 지휘하던 북아프리카 전선에서 활약했던 독일군 장교로 조작했다. 또한 현직으로는 전후 11년간 호주에서 말을 사육하는 독일계 사업가로 위장하는데, 이 모든 것이 어린 시절과 청년기에 거친 농업학교와 2차 대전 참전 경험을 그대로 가져온 것들이다. 그는 전쟁에서 수백 명에 달하는 독일군 포로들을 심문한 경험으로 이들의 생활과 사고방식을 매우 잘 알고 있었다. 더욱 완벽한 위장을 위해 1959년 서독으로 이주해 독일 국적을 신청한다. 이 과정에는 서독의 대외정보기관인 연방정보국BND이 도움을 준 것으로 알려졌다.

특명, 신무기 개발을 저지하라

이렇게 외모와 어학능력 등 천혜의 조건에 첩보원 훈련과 위장으로 한층 업그레이드 된 로츠는 1960년 첩보전의 주무대인 이집트 카이로Cairo로 향한다. 그런데 그가 카이로에서 활동을 본격화한 시점에 대해서는 기록마다 다소의 차이가 있다. 이는 대규모 말 사육장 건립 등 공작을 위한 기반을 갖추는 데 소요된 시일 탓으로 보인다. 이듬해 1월 카이로 외곽에 농장과 승마장을 개장한 로츠는 이집트 승마클럽에 가입하며 활동을 개시한다. 당시 이집트에서 승마는 영국, 독일 등 유럽의 영향으로 상류층이 가장 선호하는 취미를 겸한 사교활동이었으며 승마클럽 회장을 이집트 경찰청장이 맡고 있었을 정도로 정관계 고위 인사들이 대거 몰려 있던 조직이다. 여기서 로츠는 롬멜 휘하의 독일 국방군 장교 출신의 사업가라는 위장 신분을 내세운다.

이러한 전력은 삽시간에 이집트 고위 장교와 경찰 관료 등 상류 사회에 퍼져 나갔다. 무엇보다 롬멜과 연관된 그의 군 전력은 가뜩이나 나치에 향수를 느끼고 있던 독일 거류민들 사이에 빠르게 전해지면서 6월에는 독일인 과학자 그룹에 접근하는 데도 성공한다. 이때 로츠를 만난 과학자들은 마치 '헤어졌던 형제'를 만난 듯 기뻐하며 환영하는 등 어렵지 않게 친분을 맺을 수 있었다. 이런 식으로 이집트 정관계 및 군부와 과학자들에게 접근하는 데 성공한 그는 지난 롬멜의 추억과 전쟁 기간의 무용담 등으로 흥미를 끌어내거나 혹은 유대인에 대한 적대적 발언을 뱉어 내며 호응을 얻어 나간다.

영웅 스파이 로츠(우측에서 두번째)는 독일인의 외모와 특유의 친화력을 바탕으로 이집트의 정관계 및 군부 고위층 인사들과 강한 유대관계를 형성해 고급정보를 빼냈다. 그의 활약으로 이스라엘을 곤경에 빠트리려던 이집트의 계획은 모두 실패로 돌아간다.

이후 그는 1961년 말 해외 출장을 빙자해 아만 상부와 접선하기 위해 프랑스 파리Paris로 날아가 발트라우드 노이먼Waltraud Neumann이라는 금발의 독일 여성과 결혼한다. 이 노이먼과 관련해서는 배후에서 암암리에 협조 관계에 있던 서독의 BND 소속 요원이었다는 설이 있고 이를 위해 아만이 본국에 있던 로츠의 본부인을 설득했다는 말이 있으나 실체는 여전히 불분명하다. 이어 노이먼과 함께 카이로로 돌아온 그는 활동 폭을 이전보다 한층 더 넓혀 나갔다. 특히 군 고위층을 포함해 정관계 인사들에게 수시로 호사스런 파티를 열어 주며 강한 유대관계를 형성했고 이 과정에서 고급정보들도 속속 입수할 수 있는 기회가 마련된다.

그렇다고 해서 이집트 정보당국이 로츠를 전혀 의심하지 않은 것은 아니다. 이들은 로츠의 활동상을 유심히 관찰하며 전력과 행적을 면밀히 살폈다. 그러나 신분세탁이 워낙 완벽하게 이뤄졌던 탓에 별 다른 혐의점을 찾아내지 못했다. 이처럼 이집트 고위층과 친분을 돈독히 한 데 이어 삼엄한 정보당국의 눈까지 따돌리는 데 성공한 로츠는 이제 본래 계획했던 공작에 착수한다. 그것은 다름 아닌 미사일과 전투기 등 신무기 개발에 열을 올리고 있던 독일인 과학자들에 대한 신원을 확보하는 것이었다.

하지만 이것도 그간 끈끈한 형제의 정(?)을 나눠 온 만큼 큰 어려움은 없었다. 그는 무기 개발에 관여하고 있는 과학자들의 이름과 주소 등 신원은 물론이고 그들의 성적 취향에 이르는 방대한 정보를 수집했다. 또 거류민 사회에도 침투해 이집트 내 독일계 인사들의 규모와 구성 등 광범위한 정보도 수집해 텔아비브Tel Aviv로 전송한다. 이에 아만은 이들 과학자들에게 우편물로 위장한 폭발물을 보내 위협하는가 하면 그들의 친인척들에게까지 공포감을 심어 상당수가 이집트를 떠나도록 했다. 결국 이 일은 이집트의 신무기 개발 계획 중단으로 이어지면서 로츠를 앞세운 아만의 '방해공작'은 대성공을 거둔다.

첩보전 제2막… 대성공, 체포, 극적 생환

이처럼 첩보원으로 제1막에서 목표했던 성과를 거둔 로츠는 이번에는 소속을 모사드로 바꿔 첩보전의 제2막을 연다. 1963년 모사드는 이집트에서 안정적 거점을 확보한 로츠에게 보다 더 광범위한 임무를 맡겼다. 이때 모사드가 그에게 부여한 임무를 간략히 표현하면 "이집트의 군사력 전반을 파악하라"는 것이었다. 한 사람의 첩보원이 해내기에는 다소 버거워 보이는 임무이긴 했으나 로츠가 이미 이집트의 정관계를 비롯한 군부에까지 상당한 인맥을 형성한 만큼 가능성이 전혀 없는 것은 아니었다. 이에 그도 그간의 기반 위에 한층 더 화려한 여흥과 사교활동으로 고위층의 환심을 사기 시작한다. 단 이 과정에서 로츠는 경비 명목의 막대한 공작금을 요구했고 모사드는 그를 파티를 자주 연다는 의미에서 '샴페인 스파이Champagne Spy'로 부르며 빈약한 재정에도 불구하고 지원을 아끼지 않았다.

이 같은 로츠와 모사드의 투자는 머지않아 그 결실을 본다. 화려한 일상의 성공한 사업가로 인식된 그에게 군 고위층들이 앞 다퉈 경계심을 풀면서 이집트군의 전력 및 작전계획, 병력 배치 상황 등을 스스럼없이 알려 주기 시작한다. 이에 더해 일부 장교들은 아예 로츠를 부대로 초대해 군사력의 실태와 방어 능력, 항공기 성능 등을 자세히 설명해 주었다. 심지어 또 다른 지휘관은 극비나 다름없는 이스라엘과의 교전 계획을 포함한 공군 현황에 대한 상세한 정보도 곁들였는데 이는 훗날 이스라엘이 '6일 전쟁'에서 단 30여 분 만에 이집트의 제공권을 무력화 시키는 결정타가 됐다.

반면 이러한 눈부신 활약도 1965년 막을 내린다. 로츠의 정체가 탄로나면서 이집트 방첩대에 체포된 것이다. 당시 그는 이전에 비해 다량의 정보를 전송하느라 발신기 사용이 잦았고 이에 주변에서 라디오 등에 방해 전파가 자주 잡힌다며 방첩대에 신고했다. 이를 수상히 여긴 방첩대가 소련의 군 정보기관인 GRU 전파탐지팀에 도움을 요청하면서 발신처가 로츠의 말 목장이라는 사실을 밝혀낸다. 방첩대가 목장을 수색한 결과 발신기가 발견되면서 그는 아내와 함께 간첩혐의로 체포됐다. 이와 관련해 공교로운 것은 반대편 시리아에서 전설적인 활약을 펼치던 엘리 코헨과 같은 시기, 같은 방식으로 그의 정체도 밝혀졌다는 점이다. 이런 이유로 후에 로츠는 "당시 모사드 내에 소련 스파이가 침투해 있었을 가능성이 있다"는 견해를 피력하기도 했다.

사정이 어떻건 로츠의 결과는 코헨과 달랐다. 그는 특유의 장점을 십분 활용해 모진 고문에도 자신을 끝까지 '독일인'이라고 주장하며 이스라엘과의 관련성을 부인했다. 또 몸을 수색한 결과 유대인의 관습인 할례 흔적이 없는 것으로 확인돼 극형은 피할 수 있었다. 다만 로츠는 말 목장 및 승마장 건립비를 마련하기 위해 이스라엘에 정보를 팔았다는 점만은 자백해 그해 8월 간첩 혐의로 재판에 회부됐고 종신형을 선고받는다. 이후 교도소에 수감돼 있던 중 1967년 6일 전쟁 직후 이집트·이스라엘 간 포로 교환 협상을 통해 1968년 석방돼 극적으로 생환했다. 석방 당시 그는 이집트로부터 이스라엘에 고용된 '독일인 스파이'로 분류돼 제3국을 거쳐 텔아비브로 돌아왔다. 귀국해서는 한때 모사드의 신입요원 훈련을 돕는 등 활동하기도 했으나 1973년 공작 과정에 만난 아내 노이먼이 사망하자 첩보계를 떠나 이스라엘, 서독, 미국 등을 옮겨 다니며 외부와의 접촉을 끊은 채 살았다. 그러다 1982년 레바논 전쟁이 일어나자 국방부 장관이던 아리엘 샤론Ariel Sharon의 부름을 받고 베이루트Beirut에서 외신 기자들을 상대하며 이스라엘의 입장을 전하는 대외창구 역할을 잠시 수행했다.

그는 첩보계를 떠난 뒤 현역시절 자신의 경험을 바탕으로 집필한 『샴페인 스파이The Champagne Spy』와 『스파이를 위한 핸드북A handbook for spies』 등의 저서를 출간하며 여생을 보내다 수감생활에서 얻은 지병으로 1993년 사망했다. 모사드는 로츠가 집필한 책의 내용을 문제 삼아 한동안 교류를 끊었을 정도로 반목했으나 사후에는 그를 '높은 전공을 올린 이스라엘 군인'으로 추앙하며 명예롭게 안장했다.

 아만Aman과 이스라엘 군 정보체계

아만은 이스라엘의 군사정보를 담당하는 기관으로 1948년 참모본부 작전국 내 정보과로 창설됐고 1953년 12월 정보국으로 격상돼 지금에 이르고 있다. 특히 건국 이전 유대인들의 군사조직이던 하가나 Haganah의 정보조직 '샤이Shai'를 모체로 대외정보기관인 모사드, 국내방첩기관인 샤바크Shabak(신베트)와 함께 이스라엘 3대 정보공동체를 형성하고 있다. 각급 보안부대 및 지역 사령부 산하 정보부, 공군과 해군 정보부의 지휘도 맡고 있으며 요원은 대략 7천여 명 규모로 알려져 있다.

조직은 크게 수집, 분석, 감독의 주요 3개 부문으로 나뉘어 있다. 수집 부문에서는 직능별로 8200부대가 아랍국을 상대로 한 도감청 등 신호정보SIGINT를, 9200부대가 공군 정보부와 함께 정찰 위성 또는 정찰기를 통한 영상정보IMINT를, 504부대는 아랍국에 침투한 요원HUMINT을 관리한다. 분석 부문에서는 지역별로 나눠 북부(레바논, 시리아)와 중앙(이란, 이라크, 요르단 북부, 사우디 아라비아), 남부(이집트, 요르단 남부)로 분담 관리하고 있으며 대테러 및 기술 정보 분석도 맡고 있다. 감독 부문은 국방부 장관 직속으로 특정 사건에 대해서는 단일 정보에 의한 의존을 피하기 위해 모든 종류의 정보를 종합 평가하는 임무를 맡는다. 이외에 군사정보 수집 기관으로는 공군과 해군에 설치된 각 정보부가 있으며 이들은 기능에 맞춰 필요한 정보를 수집하는 것을 주요 임무로 한다. 일례로 공군 정보부는 주로 기술정보TECHINT를 통한 첩보 수집을 하고 있는데 항공정찰에 의한 영상 정보 및 신호 정보를 수집하고, 해군 정보부는 해군무관 또는 소규모 함선을 이용해 첩보를 수집하고 있다.

창설 이후 아만이 거둔 최대의 전과는 1967년 일어난 '6일 전쟁'이다. 전쟁 당시 아만은 볼프강 로츠, 엘리 코헨 등 각지에 침투한 첩보원의 타전 내용을 바탕으로 이집트 공군의 대비 상황을 면밀히 관찰해 적시 타격하면서 대승의 발판을 만들었다. 이때 이스라엘 공군은 공격 개시 직후 단 30여 분 만에 이집트 전투기 419대 중 304대를 지상에서 격파하는 놀라운 성과를 거둔 바 있다. 반면에 쓰디쓴 패배의 경험도 갖고 있는데 6일 전쟁의 승전에 도취된 나머지 이집트와 시리아의 군사 동향을 알고도 낙관론에 심취해 1973년 10월 4차 중동전인 욤 키푸르 전쟁Yom Kippur War에서는 패전의 위기로 치닫는 어처구니없는 원인을 제공하기도 했다.

아만은 산하에 사예렛 매트칼Sayeret Matkal이라는 특수부대를 운영하고 있으며 이들의 주요 임무는 대테러, 정찰 및 유사시 적진지에 대한 전략적 정찰이다. 참모총장을 거쳐 1999년부터 2001년까지 총리를 지낸 에후드 바라크Ehud Barak가 이 부대 출신이다.

23

도널드 맥클린

Donald Maclean 1913~1983 −NKVD / 캠브리지 5인조−

도널드 맥클린Donald Maclean은 대학 동창생으로 이뤄진 이른바 '캠브리지 5인조Cambridge Five'의 일원으로 소련을 위해 활동한 스파이다. 영국 상류층 출신으로 줄곧 외무부에 근무하며 영국뿐만 아니라 서방 동맹국의 외교, 군사 동향 등 주요 기밀을 넘겼다. 특히 1940년대 후반 전달한 미국의 핵무기 동향 정보는 당시 소련 최고지도자 스탈린Joseph Stalin의 판단을 돕는 주요 근거가 됐다.

반면 1951년 영국과 미국의 방첩당국에 정체가 탄로 나자 소련으로 탈출한 뒤 최고 훈장과 영웅 칭호를 받는 등 호사를 누렸으나 향수병에 시달리다 1983년 사망했다.

상류층 스파이, 그는 누구인가?

도널드 맥클린은 1913년 영국 런던 매릴번Marylebone의 상류층 가정에서 태어났다. 아버지 맥클린 경Sir Donald Maclean은 1906년 하원의원을 지내고 1917년 기사 작위를 받은 명망 있는 변호사였다. 이런 부유한 환경으로 그는 청소년기를 영국 상류층만이 다닐 수 있는 명문 사립학교인 그레샴 스쿨Gresham's School에서 마쳤다. 다만 후에 드러난 맥클린의 극렬 좌파적 성향이 자유롭고 진보적인 이 학교 풍토에서 영향 받은 바가 크다는 지적이 있다. 당대 활동하던 마르크스주의 언론인이자 군사문제 역사가인 톰 윈트링엄Tom Wintringham이 앞서 이 학교를 졸업했으며 맥클린과 동급생인 제임스 크루그먼James Klugmann, 로저 사이먼Roger Simon은 각각 좌파적 역사학자 및 정치가로 성장한다는 점을 근거로 든다.

아울러 맥클린은 아버지의 지나치게 엄격하고 권위적인 교육 방식에 커다란 반감을 갖고 있었는데 이 역시 그가 대학에 진학한 후 자유분방하나 '과격한' 정치 성향을 갖는 바탕이 됐다는 견해다. 실제 맥클린은 1931년 캠브리지 대학Trinity Hall Cambridge에 입학하자마자 공산주의 선전 선동에 매료되기 시작해 이듬해에 영국 공산당CPB에 가입한다. 이와 관련해 일부 전문가들은 그가 어린 시절부터 익숙했던 부모의 속박에서 벗어나려는 행동이었다는 분석을 내놓는다.

반면 맥클린은 한때 학교 럭비부에도 들어가 약 2년간 활동하는 등 비교적 건전하고 활발한 성향을 보이기도 했지만 결국 일생의 동반자 겸 훗날 영국의 대표적인 반역자가 되는 친구들을 만나면서 깊은 수렁으로 빠져든다. 이때 그는 앤서니 블런트, 가이 버지스와 함께 좌익 성향의 비밀 조직을 만들어 교류했으며 킴 필비와 존 케른크로스가 차례로 합류하면서 비로소 '캠브리지 5인조'라는 완전체를 형성했다. 더욱 이들 중 블런트와 버지스는 이미 이름난 동성애자로, 이들에 영향을 받아 맥클린도 동성애에 빠져들며 '양성애자'의 길에 들어선다. 무엇보다 이 당시는 세계적인 대공황의 여파가 영국을 휩쓸던 때로 여러 사회 불평등과 대규모 실업 사태 등 자본주의 모순이 극에 달해 있었고 맥클린을 포함한 5인조는 그 대안으로 마르크스주의에 깊이 몰두하며 공산주의에 대한 열렬한 믿음을 갖기에 이른다.

그렇지만 이들이 당대 비판적 학생이나 지식인들과 달랐던 점은 실업자들의 시위 등에 열성적으로 참가해 난투극을 벌이는 등 차츰 마르크스주의에 대한 '믿음'이 과격성향의 '극렬 행동'으로 드러났다는 점이다. 이로 인해 맥클린은 경찰에 체포되는 일도 있었다. 나아가 이들은 소련에 대해서도 인류를 구원할 '유일한 국가'라는 막연한 환상을 갖게 되면서 반역의 수렁으로 한걸음씩 다가선다.

한편 다른 한편에서 이들의 활동을 관심 있게 지켜보는 눈이 있었으니 그는 바로 소련 공안정보기관인 NKVD(KGB 전신기관)의 모집책 겸 관리관이었던 테오도르 말리Theodore Maly다. 본래 헝가리 출신의 가톨릭 사제였던 그는 위조된 오스트리아 여권으로 영국에 건너와 사업가 행세를 하며 주로 캠브리지와 옥스퍼드 대학에서 활동하던 공산주의자 중 첩보원으로 포섭할 인물을 물색 중이었다. 1934년 맥클린에 접근한 말리는 공산주의의 또 하나의 적수였던 파시즘Fascism을 미끼로 반파시즘 지하운동을 제안하며 관심을 끌었다. 이어 세계 공산주의 조직인 코민테른Comintern을 위해 활동할 것과 장차 다가올 이상주의적 공동사회의 청사진을 제시하는 등 치밀하고 단계적인 포섭작전을 벌인다. 이는 그렇지 않아도 공산주의의 환상에 깊이 빠져 있던 그를 매료시키기에 충분했다.

이렇게 해서 소련을 위해 일하기로 결심한 맥클린에게 말리는 두 가지를 주문한다. 하나는 향후 일체의 정치활동을 하지 말라는 것으로 이는 정체를 숨기기 위한 조치였다. 또 하나는 진로와 관련해 해외 근무직을 택해 영국과 서방의 계획 및 동향을 소련에 알리라는 것이었다. 이에 그는 당초 소련에서 영어를 가르치려던 꿈을 접고 1년여의 준비 끝에 1935년 8월 영국 외무부에 들어간다. 그러고는 10월부터 네덜란드, 스페인, 포르투갈, 스위스 등의 담당부서를 거쳐 이듬해 국제연맹League of Nations에 발령받아 영국과 프랑스 주도로 구성된 '스페인 내전 불간섭위원회Non Intervention Committee'의 동향을 파악해 소련에 전했다. 이 시기 그의 활동상을 일각의 표현을 빌어 묘사하면 "이때 맥클린은 자신의 책상을 거쳐 가는 모든 자료를 NKVD에 넘겼다"라는 것으로 정리된다.

극렬 공산주의자에서 스파이로

그런데 이처럼 스파이 행각에 열을 올리고 있던 맥클린에게 1937년 커다란 변화가 찾아온다. 다름 아닌 관리관이었던 테오도르 말리가 스탈린의 대숙청에 휘말려 모스크바Moscow로 소환돼 조국 헝가리를 위해 스파이 행위를 한 혐의로 모진 고문 끝에 다음 해에 처형된다. 이에 그는 미국 공산당CPUSA 대표의 부인이자 소련의 정보임무를 돕고 있던 키티 해리스Kitty Harris의 관리를 받으며 약 2년간 45개 상자 분량의 기밀문서를 넘겼다. 이어 1939년 말리를 대신해 새로운 관리관으로 아나톨리 고르스키Anatoli Gorsky가 부임한다. 이때도 맥클린은 별다른 동요 없이 프랑스 파리Paris 주재 영국 대사관 서기관으로 충실히 임무를 수행했다.

그러나 매사에 지적이고 신중한 말리와 달리 고르스키는 전형적인 첩

영국 외무부 청사 맥클린은 활동기 내내 외무부에 근무하며 영국을 비롯한 동맹국들의 동향과 핵무기 실태 등 기밀을
소련에 넘겼다.

보맨 기질을 가진 인물로 아직 아마추어 티를 벗지 못한 캠브리지 5인조
의 활동 방식을 몹시 못마땅해했고 심지어 맥클린과는 말다툼까지 벌였
던 것으로 알려졌다. 당시 고르스키가 파악한 맥클린을 포함한 캠브리지
5인조의 활동 방식은 일선 첩보원의 매뉴얼과는 동떨어진 것으로 보안의
식이 전혀 없는 것은 물론이고 언제나 과음과 동성애에 빠져 있었다. 또
맥클린의 경우에는 스파이들의 필수품인 초소형 카메라도 다루지 못했을
만큼 심각한 '기계치'였는데 이로 인해 기밀문서를 통째로 빼내 복사하거
나 내용을 외워 전달하는 위험과 번거로움을 감수해야 했다. 그럼에도 불
구하고 맥클린이 빼내는 정보의 질이 워낙 양질이고 천부적 기억력 덕분
에 활동에는 별다른 문제가 발생하지 않아 이들의 접선망은 그대로 유지
됐다. 이어 1940년 파리가 나치 수중에 들어가자 맥클린은 영국으로 돌

아와 외무부 본청에서 활동을 재개했고 제2차 세계대전이 본격화하면서 캠브리지 5인조의 활동도 눈부시게 전개된다.

그러던 종전 무렵인 1944년 맥클린은 미국 워싱턴Washington DC 주재 영국 대사관의 1등 서기관으로 임명돼 비로소 세계 정치의 심장부에 입성했다. 그는 여기서 1948년 초까지 근무하며 본래 자신의 업무 외에도 동료의 일을 돕는 척하며 기밀을 입수했고 이렇게 수집된 정보 일체를 소련에 넘겼다. 또 워싱턴 조지타운Georgetown 주변으로 형성된 진보 성향의 사교모임 등으로도 발을 넓혀 나갔다. 당시 맥클린의 활약이 얼마나 왕성했는지 당초 런던에서 그를 관리하던 고르스키마저 워싱턴으로 둥지를 옮겨야 했을 정도다.

이렇게 활동력을 과시하던 맥클린은 1947년 마침내 소련의 귀를 솔깃하게 할 만한 첩보를 입수하기에 이른다. 미국과 영국, 그리고 캐나다 3개국은 비밀리에 원자력 연합정책위원회CPC라는 비밀 공유 회의를 만들어 운영하고 있었고 그는 이 모임에 영국 측 연락관으로 참석한다. 더욱 이 자리에는 핵무기 제작에 직접 참여했던 클라우스 푹스Klaus Fuchs도 참석했으나 두 사람은 서로의 정체를 몰랐던 것으로 추정된다. 특히 이 위원회에서 3개국은 원자력 관련 에너지 문제를 주로 협의하거나 결정했다. 이 과정에서 미국의 핵무기 실태가 일부 공개된다. 그 실태에 따르면 전후 미국은 핵무기를 추가 제작 하지 않았고 남은 핵물질도 얼마 되지 않는다는 것이 골자였다. 이는 미국의 무기고가 '핵무기'로 가득할 것이라는 당초 소련의 우려와는 크게 다른 것으로 추후 동유럽에서 스탈린이 팽창주의 노선을 취하는 데 일정 정도 영향을 미쳤다는 분석이다. 맥클린은 이외에도 전후 유럽재건계획인 마셜플랜Marshall Plan과 관련해 유럽에서 미국의 경제적 지배력이 강화될 것이라는 견해를 모스크바에 전달하기도 했다.

이후 맥클린은 1948년 이집트 카이로Cairo 참사관을 거쳐, 1950년 또한 번 소련에 공헌할 수 있는 중책을 맡는다. 바로 영국 외무부에서 미국과장에 오른 것이다. 이것은 그가 당시 소련의 최대 적수가 된 미국의 정치, 외교적 동향뿐만 아니라 백악관의 속내까지 염탐할 수 있는 위치에 올랐다는 의미다. 아니나 다를까 맥클린은 그해 12월 영국 클레멘트 애틀리Clement Attlee 총리와 미국 해리 트루먼Harry Truman 대통령이 나눈 정상회담 대화록을 유출하며 스파이로서 절정의 기량을 과시한다. 특히 그가 유출한 이 대화록은 앞서 발발한 한국전쟁의 전황과도 관련이 깊어 우리에게는 의미가 매우 크다. 이때 미국 정치권 일각에서는 중국이 참전할 것에 대비해 핵무기를 동원, 중국을 선제적으로 제압해야 한다는 목소리가 나오고 있었다. 반면 영국은 이것이 현실화될 경우 전쟁이 걷잡을 수 없이 확대될 것이라는 점을 우려하며 반대 입장을 드러냈다. 이에 애틀리가 백악관을 찾아 트루먼에게 이런 입장을 전하자, 트루먼은 미국이 핵무기를 사용하지 않을 것이며 만주 등 한반도 바깥에서 전쟁을 벌이지 않겠다는 입장을 밝혔다. 이 같은 양국 정상의 은밀한 대화는 맥클린에 의해 KGB(이하 소련 정보기관을 KGB로 칭함) 관리관이던 유리 모딘Yuri Modin(1948년부터 1951년까지 캠브리지 5인조를 관리한 인물)에게 고스란히 전달된다.

정체는 들통나고… 불행한 망명 생활

그러나 이처럼 영국 정부의 요직에 앉아 소련을 도운 맥클린의 반역은 얼마 지나지 않아 영국과 미국의 방첩 레이더에 포착되면서 그 마각이 드러나기 시작한다. 사실 이때 맥클린이 사용하던 '호머Homer'라는 암호명은 이미 1943년부터 서방 방첩당국이 추진한 소련 암호해독 작전인 '베노나 계획Project VENONA 세기의 첩보전 제21화 참조'에 의해 상당 부분 노출돼 있었고 수년간의 비밀수사로 용의자가 압축된 상태였다. 당초 이 작전은 미 육군에서 암호해독을 전담했던 통신정보국SIS, Arlington Hall에 의해 시작된 한시적이고 소규모 작전이었으나 영국과 호주가 결합하며 국제적 작전으로 확대된 데 이어 미국에서는 연방수사국FBI이, 영국에서는 MI5가 합류하면서 대규모 방첩작전으로 전환돼 1980년까지 실행된 거대한 세기의 작전이다.

맥클린과 관련해 수사가 진행 중이던 당시에는 모두 9명이 용의선상에 올라 있어 방첩당국도 스파이를 특정하지 못했다. 그러던 1951년 4월 결정적 암호문이 해독된다. 암호문은 '1944년 6월부터 9월까지' 그리고 '1945년 4월'에 각각 뉴욕, 워싱턴에서 모스크바와 주고받은 12개의 암호 전문이었다. 해독된 이 전문들에 따르면 스파이로 추정되는 '호머'라는 인물이 워싱턴에서 뉴욕을 다녀온 것으로 돼 있는데, 같은 시기 맥클린이 뉴욕을 자주 방문한 정황이 포착되면서 용의자가 압축된다.

하지만 이런 상황에서 한발 먼저 움직인 것은 소련 측이었다. 맥클린의 캠브리지 5인조 동료인 킴 필비가 1949년 9월부터 1등 서기관 신분의 정보 책임자로 워싱턴에서 활동 중이었다. 필비는 CIA와 FBI, SIS를 오가며 관련 정보를 입수해 KGB 관리관인 유리 모딘에게 이 사실을 알렸다. 이에 캠브리지 5인조의 정체가 드러날 것을 우려한 KGB는 서둘러 맥클린을 소련으로 탈출시키기로 결정한다. 그런데 여기서 예상치 못한 일이 발생했다. 그간 심리적 동요를 일으켜 온 가이 버지스가 갑작스레 동반 망명을 결행한 것이다. 이 일로 버지스와 가깝게 지낸 필비도 의심을 받는 처지에 놓이면서 캠브리지 일당의 오랜 활동은 사실상 종말을 고한다.

이렇게 소련으로 탈출한 맥클린은 초창기에는 커다란 의욕을 보이며 현지에 적응해 나갔다. 그는 그간의 공로가 인정돼 노동적기 훈장Order of the Red Banner of Labour 등을 받았고 정치, 외교, 경제 전문가로 활동하며 잡지 출판에도 관여했다. 특히 러시아어를 능숙하게 구사할 수 있을 정도로 익혀 본래 소망하던 '소련에서 영어를 가르치는 일'도 얼마간 했다. 그러나 점차 최초의 혁명정신은 사라지고 부패가 만연하는 실상에 비판을 쏟아 내는 등 체제에 강한 환멸을 드러내며 망명생활 내내 술과 향수병에 시달렸다. 그는 이 기간 소련의 원자·수소폭탄 개발에 주도적 역할을 하고도 추가 핵실험 반대를 주장하는 등 반체제로 전환한 물리학자 안드레이 사하로프Andrei Sakharov와도 교류하며 소련 정부와 기득권층을 강도 높게 비판한 것으로 추정되고 있다. 더욱 이 같은 비판적 시각은 시간이 갈수록 체제에 대한 절망감으로 바뀌어 간다. 이로 인해 함께 망명한 버지스는 1963년 알콜 중독으로 가장 먼저 비극적 생을 마감했고 맥클린도 고향을 그리워하다 부모 곁에 묻히기를 갈망하며 1983년 69세의 나이로 사망했다. 사후 그의 유골은 화장돼 유언대로 영국에 있는 가족묘지에 뿌려졌다.

FOCUS 캠브리지 5인조Cambridge Five

도널드 맥클린이 소속돼 활동했던 '캠브리지 5인조'는 영국 명문 캠브리지 대학 출신의 5명이 소련을 위해 길게는 30년간 스파이 행각을 벌여 서방세계를 충격에 빠뜨린 20세기 대표 스파이 조직 중 하나다. 희대의 이중 스파이 「헤럴드 킴 필비Harold 'Kim' Philby」 편에서 간략히 알아본 바 있는 스파이 조직이다. 이들은 2차 대전 이전부터 1960년대 초까지 영국과 미국 정부를 상대로 활동했으며 가이 버지스Guy Burgess, 앤서니 블런트 Anthony Blunt, 도널드 맥클린, 킴 필비, 존 케른크로스John Cairncross로 구성됐다. 이 가운데 가이 버지스와 앤서니 블런트는 대학 사도회 멤버였 는데, 도널드 맥클린과 킴 필비, 존 케른크로스가 합류하면서 반역을 꿈 꾸기 시작한다. 케른크로스를 제외한 4명은 모두 영국 상류층 출신이다.

이들 5인조는 학창시절인 1930년대 마르크스주의에 심취해 소련을 위 해 일할 것을 다짐했고 이후 실제 주요 각 기관에 침투해 외교 및 군사 정 보를 다량으로 유출했다. 2차 대전을 전후해 킴 필비와 가이 버지스는 MI6에서 서방의 주요 정보를 소련에 넘겼는데 이 중 필비는 MI6 워싱턴 Washington DC 책임자를 거쳐 국장 물망에도 올랐던 거물이었다. 또 앤서 니 블런트는 국내 정보기관인 MI5에서 활동하며 소련 측과 내통했고 후 에 왕실 미술고문에도 올라 기사작위까지 받은 지도층 인물이다. 도널드 맥클린은 줄곧 외무부에 근무하면서 백악관을 포함한 미국의 동향과 핵 기술 현황 등 기밀을 넘겼고 존 케른크로스는 국무조정실, 외무부, 블리 츨리파크 암호연구소 등을 옮겨 다니며 소련을 도왔다. 하지만 1950년대 초부터 마각이 드러나면서 맥클린과 버지스가 먼저 소련으로 망명했으며 이어 필비도 탈출해 조직망은 붕괴됐다. 후에 블런트와 케른크로스도 정 체가 탄로 나 방첩당국의 조사를 받았다.

한편 맥클린, 버지스, 필비는 조국을 배신한 대가로 소련에서 최고 훈 장과 영웅 칭호를 받았고 두둑한 포상금에 안정적 직장도 제공받았으나 알콜 중독과 향수병 등에 시달리며 불행한 말년을 보내다 차례로 사망했 다. 영국과 프랑스에 각각 머물던 블런트와 케른크로스는 스파이 전력을 인정해 사면을 받긴 했으나 이로 인해 블런트는 기사작위를 박탈당하는 등 불명예스런 노년을 보내다 1990년대에 모두 사망했다.

24

귄터 기욤

Günter Guillaume 1927~1995 -슈타지-

사진=Pelz

귄터 기욤Günter Guillaume은 냉전기 동독의 정보기관인 슈타지의 첩보원으로 활동한 인물이다. 특히 활동 기간 서독의 명재상이었던 빌리 브란트Willy Brandt의 최측근 비서관으로 암약하며 다수의 고급 정보를 빼돌렸다.

'귄터 기욤 사건'은 냉전기를 대표하는 스파이 사건으로 유명하며 첩보사 측면에서도 그가 소속됐던 슈타지Stasi 역시 반드시 짚고 넘어가야 할 조직 중 하나다.

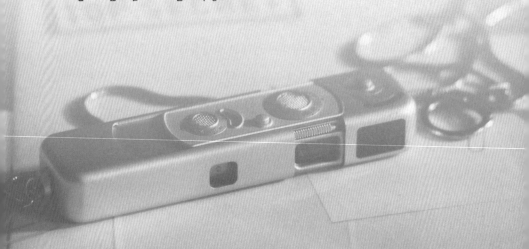

슈타지와 기욤의 대對서독 첩보전 배경

슈타지의 태동과 활동은 당시 유럽의 정세와 밀접한 관련을 갖는다. 제2차 세계대전에서 나치를 물리친 연합국은 1945년 전범국 독일에 대한 징벌적 의미와 함께 무정부 상태를 막기 위해 분할 통치를 시작한다. 이 과정에서 미국과 소련의 서로 다른 체제로 인해 미국 등 서방 점령지에서는 서독West Germany으로 불렸던 독일연방공화국이, 소련 점령지에서는 동독East Germany으로 불렸던 독일민주공화국이 탄생했다. 이후 베를린Berlin을 주요 무대로 미국과 소련이 날카롭게 대립하는 냉전이 본격화됐고 동독은 소련의 KGB를 모방한 공안 및 정보기관을 창설해 대서독, 대서방 첩보전에 돌입한다. 이때 동독은 사회주의통일당SED이 독재적 권력을 휘두르던 시기로 공산주의에 대항하거나 저항하는 모든 움직임에 대해 감시와 척결 활동을 벌인다. 따라서 이념적, 군사적 적대 세력이었던 서독에 대한 전방위 첩보 활동은 필수였다.

여기서 귄터 기욤은 서독 정계에 침투해 훗날 총리의 최측근 비서관까지 오르기도 했으며 발각 당시 최고 권력자의 공적, 사적 비밀을 손쉽게 입수했다는 것이 알려져 전후 독일에서 가장 충격적인 스파이 사건으로 기록됐다. 아울러 소련의 위성국이었던 동독은 슈타지를 통해 서유럽에 대한 공작활동에도 적극적으로 참여해 명성과 악명을 동시에 얻었다.

'최측근' 스파이, 그는 누구인가?

귄터 기욤은 1927년 독일 베를린Berlin의 노동자 계급이 주로 거주하는 프렌즐라워 베르그Prenzlauer Berg에서 태어났다. 그의 어린 시절에 대해서는 거의 알려진 것이 없다. 다만 아버지 칼 에른스트 기욤Karl Ernst Guillaume의 직업에 대해 두 개의 설이 존재하는데 모두 훗날 기욤의 행적과도 관련이 깊어 잠시 그 내용을 살펴보면 이렇다. 먼저 아버지 칼은 술집이나 무성영화를 상영하는 극장에서 배경음악으로 피아노를 연주하는 연주자였다는 말이 있다. 그런데 당시 몰아닥친 대공황과 음향영화가 도입되면서 설 자리를 잃는다. 이런 상황에서 히틀러Adolf Hitler가 나치당NSDAP을 이끌고 극단주의 정책들을 쏟아내며 등장하자, 이에 매력을 느낀 아버지 칼은 1934년 3월 나치당에 입당한다. 기욤도 이 인연으로 한때 나치당에 몸담아 2차 대전에서는 독일군으로 참전했던 것으로 전해진다.

이와 관련해 역사학자 괴츠 앨리Götz Aly의 연구를 바탕으로 2007년 독일 언론은 기욤이 17세이던 1944년 나치당에 가입해 전시 대공포 조수로 활약했으며, 전쟁 막바지 포로로 붙잡혀 영국군 수용소로 보내졌다가 이곳을 탈출해 농부로 위장해서 얼마간 지낸 뒤 1945년 베를린으로 돌아왔다고 보도한 바 있다. 그렇지만 이는 그의 사후 보도인데다 60년도 넘은 것이라 단정하기에는 힘든 측면이 있다.

아버지 칼에 대한 또 다른 설은 스파이가 된 기욤이 서독에 정착하는 과정과 이후 상관이 되는 빌리 브란트Willy Brandt와도 관련이 있다. 나치에 항거하던 시절 의사였던 아버지 칼이 반나치 활동을 벌이던 브란트의 진료를 맡아 친분을 맺고 있었고 전후 두 사람은 각각 동독과 서독에 정착한다. 이를 사전에 파악한 슈타지가 아버지 칼을 만나 위장 계획을 설명하며 브란트에게 기욤의 귀순을 알려 도움을 요청하도록 했다. 이를 전해들은 브란트의 도움으로 기욤은 난민 수용소에서 쉽게 빠져나와 프랑크푸르트Frankfurt에 정착했다는 이야기가 있으나 이것 역시 분명치 않다.

한편 어린 시절과 전쟁 기간 기욤의 행적이 다소 불분명한 것과 달리, 그는 1946년부터 베를린에 있는 언론 매체와 광고 회사 등에서 사진작가로 일했고 1950년대 초반에는 잡지 『인민과 지식Verlag Volk und Wissen』에서 편집 겸 사진기자로 근무한 것은 분명하다. 그러고는 이듬해 슈타지에서 내근사원으로 근무하던 크리스텔 붐Christel Boom을 만나 결혼해 1952년 동독 공산당인 사회주의통일당SED에 입당했다. 기욤이 슈타지에 들어가 첩보계에 발을 들여놓은 시기는 분명치 않지만 1954년 자료에 따르면 '한센Hansen'이라는 코드명의 비정규 요원IM으로 등록돼 있었으며 이후 약 1년여 간 서독 침투를 위한 스파이 교육을 받은 것으로 추정된다. 실제 그는 1956년 슈타지의 명령으로 아내와 함께 동독 체제에 불만을 갖고 탈출하는 것으로 꾸며 서독 프랑크푸르트로 이주, 여기서 담배 가게와 커피전문점을 운영하며 침투공작의 서막을 연다. 이 과정에는 장모인 크리스텔의 어머니가 프랑크푸르트에 살고 있었기 때문에 부부는 서독 공안당국의 심문을 피할 수 있었던 것으로 전해진다. 이는 앞서 기술한 기욤의 아버지 칼에 힘입어 빌리 브란트의 도움이 작용했다는 설과 차이가 있다.

그럼에도 슈타지가 이 공작에 당시 서독의 유력 정치인으로 떠오른 브란트와 그가 소속된 사회민주당SPD을 겨냥한 것은 분명해 보인다. 그 이유는 부부가 탈출로부터 불과 1년 뒤인 1957년 사민당에 입당했기 때문이다. 특히 부인 크리스텔은 사민당 지역사무소에서 비서로 일했던 전력도 있다. 또 그해 4월에는 아들 피에르가 태어났다. 아울러 기욤도 1964년부터 사민당 프랑크푸르트 지부에서 일했고 1968년에는 시의원에 당선돼 사실상 침투 공작에 성공한다. 하지만 스파이 기욤의 성공가도는 여기서 그치지 않았다. 이듬해인 1969년 실시된 연방 총선거에서 교통부 장관이

총리와 비서관 기욤(우)은 서독의 명재상이었던 빌리 브란트 총리(좌)의 최측근 비서관으로 암약하며 다량의 주요 기밀을 빼내 동독에 전했다. 사진=BArch

기도 한 게오르크 레버Georg Leber 연방의원의 선거 캠프에 합류해 헌신적이고 탁월한 재능을 발휘하며 당선에 공헌했다.—그해 빌리 브란트는 총리에 오른다.— 이를 눈여겨본 레버는 1970년 기욤을 브란트가 있는 총리실에 추천했고 여기서 그는 정책 담당 비서관을 맡는다. 이 과정에서 유력자(레버)를 배경으로 신분 조회 등의 절차도 쉽게 통과해 정체가 탄로나는 위험도 비껴갔다.

동독의 KGB… '철권' 슈타지

이것만으로도 그는 서독의 주요 정보를 빼낼 수 있는 중요한 위치에 올랐다고 할 수 있으나 고공행진은 계속됐다. 1972년 마침내 브란트 총리가 그의 능력을 높이 평가해 자신의 수행비서관으로 임명하면서 침투 공작은 절정에 이른다. 이와 함께 기욤은 사민당 내에서도 실력자로 부상하며 총리 주변에서 국가기밀과 정치 동향, 유력 정치인들의 대화 내용에도 어렵지 않게 접근할 수 있었다. 심지어 이 시기 그는 총리의 사생활에 대해서도 세세하게 파악했던 것으로 알려졌다.

기욤의 성공에 고무된 슈타지는 단파 라디오를 이용해 암호로 된 명령을 지속적으로 하달했다. 이에 그는 본부에 보낼 정보를 마이크로필름으로 만들고 담배 케이스에 담아 장모가 운영하는 담배 가게에서 손님으로 위장한 슈타지 요원들에게 전달했다. 또한 사전에 약속된 음어로 별도 접선 장소를 정해 은밀히 접촉하기도 했다. 이런 식으로 그가 슈타지에 전달한 정보에는 총리 등 서독 정관계 인사들의 동정은 물론이고 서독 정부의 대동독 전략, 그리고 미소 군축회담 내용 및 북대서양조약기구NATO의 동향 등 총리에게 보고된 국제 안보 정세 관련 내용도 다수 포함돼 있었다.

슈타지는 이러한 기용의 침투 공작 등에 힘입어 냉전기 대내외적으로는 소련 KGB의 아성에 필적하는 동구권의 비밀기관으로 성장한다. 실제 창설 초기 슈타지는 단순히 KGB를 벤치마킹한 위성국의 정보기관에 지나지 않았으나 냉전기 중후반부터 그 위세를 떨치면서 대내외적으로 막강한 영향력을 발휘했다.

당시 기용이 소속됐던 슈타지에 대해 잠시 알아보면, 명칭에서 국내외적으로 이들을 부르는 이름은 혼란스러울 정도로 여럿이 있지만 우리식으로는 동독 국가안전보위부(-MfS: Ministerium fur Staatssicherheit-통일연구원 김영윤 선임연구원의 2010년 번역 자료 참고)라 했고 통칭 '슈타지'로 불렀다. 창설은 1947년 소련 군정시절에 설치됐던 보안담당 제5위원부K-5를 원형으로, 동독 정부 수립 이듬해인 1950년 2월 '국가안전보위부법'을 제정해 내무부 산하에 있던 보안본부를 독립시키면서 시작됐다. 이 때문에 창설에는 'KGB가 키워 준 자식'이라는 말이 있었을 정도로 소련의 영향력이 크게 작용했으며 슈타지 요원들은 해체 직전까지 자신들을 소련 최초의 공안정보기관인 체카Cheka의 후예라는 점에 자랑스러워하며 '체키스트Chekist'를 자임했다.

초대 수장에는 빌헬름 차이써Wilhelm Zaisser가 올랐으며 동베를린에 중앙본부를 뒀다. 조직체계는 대외첩보HVA나 미결구금 등을 처리하는 총국이 있었고 산하에 15개 분국과 209개에 걸친 분처가 있었다. 특히 이중 대외 공작과 첩보를 도맡았던 HVA는 1952년부터 서독을 포함한 나토 동맹국 및 기타 국가들을 상대로 활동했으며 1986년까지 총책을 맡았던 마르쿠스 볼프Markus Wolf(제34화 참조)는 '얼굴 없는 스파이'로 맹위를 떨쳤다. 기욤을 서독에 침투시켜 공작을 총지휘한 곳이 바로 HVA다.

슈타지는 대외 첩보 및 공작 외에 소련의 KGB처럼 국내 첩보와 방첩, 통신 감청, 국민 감시, 반체제 인사 탄압 등 비밀기관의 총체적 활동을 도맡아 했다. 이중 분단 내내, 국민들을 철통같이 감시하며 철권을 휘두른 것으로 유명하다. 이에 대해서는 통일 이후 공개된 자료에서 슈타지가 약 6백만 명에 달하는 국민들에 대한 내역을 색인카드로 작성해 실시간 감시 활동을 펼쳤던 것으로 드러났다. 아울러 조직 운영에서는 정규 요원과 비정규 요원으로 나눠 운영했는데 1989년 기준으로 정규 요원은 9만 1천 15명에 달했고 비정규 요원은 약 17만 3천 2백 명이었다. 이는 통일 당시, 동독 인구를 약 1천 6백만 명으로 추산해 '단순' 비교할 경우 요원 1인이 1백 명이 안 되는 국민을 감시한 것으로 평균 5천 명 수준으로 추정되는 KGB에 비해서도 현저히 높은 통제 및 감시 수준이다. 단 이 수치는 대략의 통계를 단순 추산한 것으로 정확한 것은 아니다. 그럼에도 그만큼 감시 비율이 높았다는 것이 전문가들의 공통된 견해다.

이 기간 슈타지는 군 정보기관인 동독 인민군 첩보국까지 감시권에 넣는 등 무소불위의 권력을 손에 쥐기도 했으며 반체제 인사들에 대해서는 방사능이나 독극물에 노출시켜 사망에 이르게 하는 잔혹한 테러 행위도 서슴지 않았다. 그러나 이런 슈타지도 1980년대 말 공산국가에 불어닥친 개혁, 개방 바람과 국민들의 원성이 극에 달하면서 결국 1990년 3월 해체되고 만다.

들통 난 정체… 불행했던 동독생활

한편 빌리 브란트 총리의 주변에 둥지를 틀고 서독의 주요 기밀을 다량으로 뽑아내 슈타지에 전했던 기욤에게도 위기가 닥친다. 하지만 이 위기에 대해서는 그도 전혀 예측하지 못했다.

1973년 서독의 국내 정보를 담당하는 연방헌법보호청BfV이 그간 동독에 대한 암호해독 결과를 토대로 대대적인 스파이 색출 작전에 나선다. 이 과정에서 스파이 중 한 명이 소지하고 있던 메모에 또 다른 고정스파이와 관련된 암호체계가 발견됐다. 여기에는 스파이로 의심되는 용의자 가족의 이름과 생일 등이 적혀 있었다.―일부 기록에는 이 메모에 '기욤'의 이름이 적혀 있었다고 하나 분명치는 않다.― 이에 BfV는 동독에서 발신된 무선통신문 중 서독 대외정보기관인 연방정보국BND에 의해 포착된 통신문 일체에 대한 상세한 조사 작업을 벌였다. 여기서 단서가 될 만한 키워드가 일부 검출된다. 1956년 '2월 1일' 수신된 생일 축하 메시지와 10월 보내진 'Chr.'이라는 스펠링, 그리고 1957년 4월 수신된 '두 번째 남자(아들)'에 대한 탄생 축하 메시지가 그것이었다. 이를 분석한 결과 '2월 1일'은 기욤의 생일과 일치했고 Chr.은 아내 크리스텔의 철자와 관련됐다. 또 1957년 4월은 기욤 부부가 아들 피에르를 출산한 달이었다.

그러나 BfV는 이때부터 더욱 신중하게 움직인다. 우선 기욤을 스파이로 지목하고 이 사실을 은밀히 총리에게 알렸다. 무엇보다 그의 혐의를 정확히 파악하기 위해 해고나 인사이동 등의 조치를 하지 말 것을 당부한다. 그렇게 약 1년여의 수사 끝에 확증을 잡은 BfV는 1974년 4월 24일 기욤 부부를 간첩혐의로 체포했다. 체포 당시 기욤이 수사관들에게 자신을 '동독 장교'라고 말하며 그에 걸맞은 '예우'를 요구한 것은 유명한 일화다. 이 사건이 있고 나서 약 보름 뒤 브란트 총리는 사퇴한다. 이어 이듬해 서독 법원은 국가기밀누설죄를 적용해 기욤에게는 13년, 부인 크리스텔에게는 8년의 징역형을 선고하며 최고 권력자의 최측근으로 암약한 전설적 스파이의 침투공작은 대단원의 막을 내린다.

기욤 부부는 복역 중이던 1981년 동·서독 간 스파이 교환 프로그램에 따라 석방돼 동독으로 귀환했다. 이렇게 동독으로 돌아온 부부는 정부로부터 '평화의 사도'로 불리며 칼 마르크스 훈장Order of Karl Marx을 수여받았고 계급도 대령과 중령으로 각각 진급했다. 이어 그는 슈타지 공작원 양성학교에서 객원교수로 활동했으며 1985년에는 포츠담 대학으로부터 명예 법학 박사 학위를 받기도 했다.

반면 서독의 재판 과정에서 기욤의 불륜 사실이 드러나는 등 불화에 따라 부부는 동독 귀환 직후 곧바로 이혼한다. 이때부터 심한 우울증과 의욕 상실에 시달리던 그는 불행한 나날을 보내야 했고 이를 보다 못한 상관 마르쿠스 볼프의 주선으로 1986년 담당 간호사와 재혼했다. 아들 피에르도 오랜 서독 생활 탓에 동독에서 적응하지 못하고 베를린 장벽이 무너지기 1년 전 서독으로 탈출했다. 기욤은 베를린 장벽이 붕괴되고 1993년 전 상관인 빌리 브란트에게 사과를 목적으로 만나기를 희망했으나 브란트의 거절로 성사되지 않았다. 그는 독일 통일 후 브란덴부르크Brandenburg에 살다 1995년 4월 신장암으로 사망했다.

헌법보호청 쾰른 본부 BfV는 독일의 국내 정보 및 방첩을 담당하는 비밀기관이다. 영국의 MI5나 미국의 FBI와 같은 역할을 한다. 사진=BfV

📌FOCUS 연방헌법보호청BfV… 독일 국내방첩 기관

독일의 연방헌법보호청BfV: Bundesamt für Verfassungsschutz은 내무부 산하 기관으로 국내 정보 및 방첩을 담당하는 비밀기관이다. 인적, 물적 정보와 문서 등을 수집하고 분석 및 평가하는 역할을 한다. 연방에 걸쳐 보호청을 설치하도록 돼 있는 헌법 규정에 따라 연방 내무부 산하 연방보호청을 비롯해 16곳의 독자적인 주州헌법보호청이 있다. 이들의 정보수집 대상에는 자유, 민주 기본질서에 반하는 행위를 포함해 외세를 위한 안보 및 폭력 활동, 그리고 그에 준하는 예비 활동이다. 또 산업 스파이와 태업, 외국 정보기관의 스파이 활동 등을 감시한다. 극좌와 극우, 테러 조직에 대한 정보 수집 및 공작 활동도 벌이며 기밀을 다루는 공무원과 주요 인물들에 대한 신원조사도 이들의 몫이다. 그러나 의심자를 연행하거나 조사하는 경찰 기능은 수행할 수 없도록 규정하고 있다. 대신 독일 경찰은 별도의 정보 업무를 수행하지 않는다. 이렇게 두 기관을 상호 보완적 체계로 구축한 이유는 과거 나치 독일 시절 지나친 권력 집중이 가져온 폐해를 의식한 조치다.

헌법보호청의 주요 대상은 기존 공산주의 집단에서 통독 이후 급속한 변화를 거쳐 최근에는 극우와 신나치주의자들에 대한 감시 활동을 벌이는 것으로 알려져 있다. 조직은 크게 정보수집 부서와 분석 부서로 나누어져 있고 정보수집은 공개 수집부터 통신검열, 미행감시, 침투, 포섭 등 다양하다. 직제는 1청장, 1차장, 6국으로 구성돼 있으며 별도 행정국과 전산국을 두고 있다. 기능별로 제1국은 정보보호와 감시, 제2국은 극우와 대테러, 제3국은 극좌와 대테러, 제4국은 방첩 및 태업 방지, 제5국은 외국 및 외국인에 의한 위협 방지 임무를 수행한다. 또 제6국은 이슬람 극단주의와 대테러 감시 활동을 벌인다. 요원은 선발 이후 약 36개월간 기본교육을 이수하며 졸업 즉시 현장에 배치돼 정보활동에 들어간다. 기구가 연방과 주로 나뉘어 있긴 하나 종속 관계는 아니며 협력 체제를 유지한다.

25

존 앤서니 워커

John A. walker 1937~2014 –미국 해군 / KGB–

 존 앤서니 워커John A. walker는 미국 해군 소속으로 소련 KGB와 내통해 기밀을 넘긴 스파이다. 순전히 금전을 목적으로 스파이 행각을 벌였으며 더 많은 이득을 얻기 위해 동료와 친형, 아들까지 포섭해 기밀을 팔아 치우는 탐욕을 과시했다.

하지만 이혼한 부인이 위자료 문제로 앙심을 품으면서 정체가 탄로 났고 종신형을 선고받아 복역하던 중 지병으로 감옥에서 사망했다.

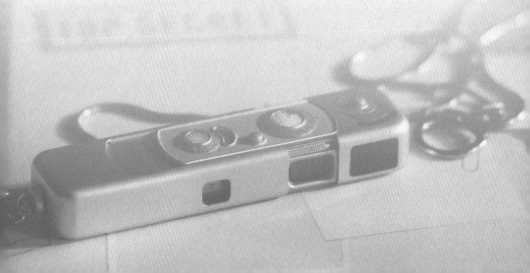

탐욕의 스파이, 그는 누구인가?

존 앤서니 워커는 1937년 워싱턴Washington DC에서 태어나 펜실베니아주 스크랜턴Scranton으로 이주해 고등학교를 다녔다. 가톨릭 계열의 학교를 다니며 영화사 마케터로 일하던 어머니 밑에서 자란 그는 16세에 신문팔이를 하며 자동차를 사는 등 나름대로 생활력이 있던 소년이었다. 그러나 일상을 술에 빠져 살며 매사에 난폭했던 아버지로 인해 지옥이 연상될 정도로 불행한 나날을 보내야 했고 이 때문에 18세이던 1955년에는 친구와 함께 주유소를 대상으로 강도 사건을 벌여 체포되는 등 비행을 저지른다. 이 과정에서 법원은 범행을 자백하고 죄를 뉘우치는 워커에게 감옥과 군대 중 하나를 택하라는 명령을 내리고 이에 그는 학교를 중퇴하고 곧바로 해군에 입대했다.

이렇게 해서 해군 복무를 시작한 워커는 무선 통신병으로 보스턴Boston과 사우스캐롤라이나South Carolina 등을 거치게 되는데, 특히 보스턴에 머물던 1957년에는 바바라 크로울리Barbara Crowley라는 여성을 만난다. 이어 두 사람은 1960년까지 세 명의 딸을 낳고 그해 결혼했다. 그는 이때 미 해군 잠수함 라조백함Razorback, SS-394에 배속돼 하사관을 눈앞에 두고 있었다. 복무 초기 워커는 청소년 시절의 불량끼를 완전히 벗어 던지고 성실한 모습과 늘 노력하는 자세로 주변으로부터 높은 평가를 받았던 것으로 전해졌으며 이런 평가 덕분에 진급도 무난하리라 생각했다. 그런데 당시 진급을 위해서는 기밀취급을 위한 '인가권'이 주어져야 했고 그의 청소년기 범죄 사실은 걸림돌이었다. 군 당국은 심사숙고 끝에 복무 이후 워커가 보여 준 성실성과 근무 성적을 참작해 진급을 승인, 그는 핵무기를 포함한 해군의 기밀 일체를 취급할 수 있는 권한을 갖게 된다.

이어 사우스캐롤라이나 시절인 1962년에는 미 해군의 핵잠수함인 앤드루 잭슨함Andrew Jackson, SSBN-619과 사이먼 볼리바함Simon Bolivar, SSBN-641 등에서 암호화 장비를 관리하며 "좋은 군인의 자질이 있다"는 평가를 받았을 정도로 능력을 인정받는다. 연이은 호평에 힘입어 그는 1963년 준위로 진급했고 딸 마가렛과 아들 마이클Michael Walker을 잇달아 출산하는 등 가정생활에도 경사가 겹치면서 불운한 성장기를 완전히 날려 버리는 듯했다. 반면 이러한 행복은 그리 오래 가지 않았으며 이와 함께 '반역의 초침'도 빠르게 움직이기 시작한다.

사건의 발단은 1966년 사우스캐롤라이나주 찰스턴Charleston에 복무하던 중 워커가 본래의 해군 업무 외에 사업을 구상하면서 시작된다. 주위의 좋은 평판과 충분한 인맥을 쌓았다고 판단한 그는 집을 사기 위해 모아 둔 돈을 몽땅 털어 기지 주변에 술집을 개업했다. 더욱 가게를 개업하는 데는 은행 대출금과 친형 아서Arthur Walker가 모아 둔 저축까지 투자하지만 장사는 신통치 않았다. 결국 사업은 참담한 실패로 돌아갔고 빚까지 떠안게 된 워커는 심각한 재정적 압박에 시달린다. 이로 인해 이 시기 그는 아내 바바라와 잦은 언쟁을 벌이는가 하면 실패의 책임을 형 아서에게 돌리며 아버지가 그랬던 것처럼 많은 술을 마시는 등 심각한 심경 변화를 보인 것으로 알려졌다.

워커는 가게를 정리한 1967년 4월 미 해군 대서양함대 사령부가 있는 버지니아주 노퍽Norfolk 기지로 발령받아 잠수함사령부COMSUBLANT에서 전자통신 임무를 맡는다. 그는 해군 입대 이후 줄곧 통신병으로 복무하며 능력을 인정받아 온 만큼 부대 장비는 물론이고 체계에 대해서는 이미 해박한 지식과 경험을 갖고 있었다. 여기에 더해 워커가 발령받은 노퍽 기지는 미국이 보유한 최첨단 핵잠수함의 움직임은 물론이고 함대 작전명령 하달 및 정보 보고가 실시간으로 집결하는 핵심기지였으며 통신은 모두 국가안보국NSA이 제공하는 최신 암호생성기로 이뤄지고 있었다. 실제 당시 미 해군이 운용하던 암호체계는 슈퍼컴퓨터에 의해 작동돼 아무리 복잡한 암호라 해도 수초 내에 해독과 생성이 가능한 뛰어난 성능을 갖고 있었는데 철통같은 보안으로 최대 경쟁국이었던 소련조차 이를 엿보거나 엿듣는 것은 사실상 불가능한 상황이었다.

문제는 바로 이 시기 이런 사실을 워커가 너무 잘 알고 있었으며 어느 때보다 '돈Money'이 절실했다는 점이다. 1967년 10월 마침내 그는 '내부의 적'이 될 것을 결심하고 암호체계 중 비교적 구식에 해당하는 KL-47 생성기의 암호코드를 몰래 복사해 주머니에 구겨 감추고 기지를 빠져 나온다. 그러고는 워싱턴을 찾아 소련 대사관으로 직행했고 안에서 차량이 빠져 나오는 것을 확인하고는 곧바로 들어가 경비원에게 "보안 책임자를 만나게 해 달라"고 말하며 접선 의사를 밝혔다. 이에 당시 대사관 보안책임자인 야코프 루카세비치Yakov Lukasevics가 KGB 관리관이었던 보리스 솔로마틴Boris Solomatin에게 연락해 워커가 복사해 온 암호코드와 스파이 행위 의사를 재차 확인한다. 이들 중 솔로마틴은 소련 흑해 함대가 주둔한 오데사Odessa항에서 자라 자국의 함대를 괴롭혔던 미국 잠수함과 내부에 탑재된 KL-47의 위력을 누구보다 잘 알고 있었다. 이런 이유로 워커가 이 자리에서 "소련에 협력하는 대가로 돈을 원한다"고 밝히자 솔로마틴은 그 즉시 1천 달러를 내놓으며 화답했다. 이렇게 해서 존 앤서니 워커의 '반역 비즈니스'는 시작됐고 미 해군은 냉전 막바지까지 전대미문의 기밀유출을 모른 채 소련을 최전선에서 상대하게 된다.

반역의 비즈니스와 푸에블로 피납 사건

한편 워커가 스파이 의사를 전하며 건넨 KL-47의 암호코드는 소련의
입장에서 당시로서는 그다지 유용한 것은 아니었다. 이것을 잘 알고 있던
그는 협상이 체결된 후인 1967년 12월 미 해군이 실제 운용 중인 최신
암호생성기인 KW-7의 암호코드를 빼내 전달했다. 그런데 이 암호코드
가 소련에 전해지자마자 대형사건이 터진다. 다름 아닌 1968년 1월 23일
발생한 '푸에블로함 피납 사건Pueblo Incident'이 그것이다. 한반도 동해상
에서 정보수집 활동을 벌이던 푸에블로함Pueblo, AGER-2이 북한 원산 인
근에서 초계정과 미그기의 위협을 받으며 납치된다. 이때 미 해군은 항공
모함 엔터프라이즈함Enterprise, CVN-65과 구축함, 잠수함 등을 파견하며
함정과 승무원의 즉각 송환을 요구해 세계적인 관심을 불러일으켰다.

하지만 송환 협상은 연말까지 지루하게 이어졌고 미국은 12월 23일이 돼서야 승무원 82명과 유해 1구를 송환받을 수 있었다. 세계 최강 미 해군 함정이 북한에 나포됐다는 것만으로도 전 세계 관심이 모이기에 충분했으나 사건이 발생한 경위에 대해 당시로서는 알 길이 없었다. 나중에 알려진 사실이지만 워커는 스파이로서 자신의 가치를 증명하기 위해 KW-7의 암호코드를 넘겼으며 KGB도 그의 기밀이 유용한 것인지 알아보기 위한 의도가 있었는데 푸에블로함이 이 장비를 사용하고 있었다는 것이다. 아울러 피납 직후 소련은 KGB 전담팀을 원산으로 급파해 장비를 면밀히 살폈고 복제기종을 만들어 냉전기 내내 미 해군의 통신망에 접근해 왔던 것으로 알려졌다.

이처럼 소련을 위한 스파이로서 존재감을 입증한 워커는 이후에도 자신을 거쳐 가는 극비 문서는 당연히 KGB로 빼돌렸고 초소형 카메라를 이용해 기밀이 보관된 자료실을 드나들며 정보를 수집했다. 이 과정에서 그는 미 해군이 첨단 수중청음장치SOSUS를 이용해 소련 잠수함의 프로펠러에서 발생하는 공동화를 기초로 잠수함의 위치를 세밀하게 파악하고 있다는 것을 알아낸다. 워커의 전갈이 있은 직후 소련은 잠수함의 프로펠러를 개선해 미국의 위치 추적을 막는 등 첨예한 냉전의 한가운데서 조국을 배신하고 소련에 적지 않은 도움을 줬다. 그는 이에 따른 대가로 주당 5백 달러에서 1천 달러를 받았으며 이로 인해 거의 파산 지경에 이르렀던 가정 형편도 차츰 풀리기 시작한다.

그렇다고 워커에게 발각 위기가 없었던 것은 아니다. 시기는 명확하지 않지만 어느 날 아내 바바라가 식료품 가방에 가득 담긴 기밀문서를 발견한다. 이에 그는 바바라에게 자신의 스파이 행각을 털어놓으며 그간 벌어들인 막대한 수입의 출처도 밝혔다. 스파이 행위가 범죄라는 사실을 바바라도 깨닫기는 했으나 연루 사실이 알려질 경우 가족이 모두 위험해질 수 있다는 판단에 따라 이를 그대로 묵인하면서 위기를 벗어났다. 그렇지만 이것은 후에 소위 '잘나가던' 워커에게는 몰락을 가져오는 불행의 씨앗이 되고 만다.

이어 1969년 캘리포니아주 샌디에이고San Diego에 배치된 워커는 무선통신 책임자 겸 통신기사 교관임무도 맡아 여기서 스파이망의 확대를 꾀한다. 그 첫 번째 대상자는 무선전신 담당 하사관이면서 자신의 교육생이기도 했던 제리 휘트워스Jerry Whitworth였다. 당시 휘트워스는 재정적으로 매우 어려운 상황이었던 것으로 알려졌으며 이런 사정을 알아챈 워커가 이스라엘을 위해 기밀자료를 빼낸다고 속여 포섭했다. 이때부터 휘트워스는 워커에게 해군 무선통신의 상세 내역을 넘겨주기 시작했고 두 사람의 관계는 1983년까지 이어진다.

이렇게 독자적 내부 스파이망을 구축한 워커는 이제 더 영양가 있는, 말 그대로 '돈이 되는' 정보 사냥에 나섰다. 그러나 여기에는 '더 많은 양의, 더 질 좋은' 정보를 바라는 KGB의 압박도 한몫했다. 이에 그는 1972년 당시 베트남 근해에서 작전을 펴던 정보수집함 나이아가라 폭포함Niagara Falls, AFS-3에 자원한다. 여기서도 워커는 통신체계 책임자를 맡아 베트남 주둔 미군과 본토의 지휘 본부 사이를 오가는 기밀 통신문을 취급하기에 이른다. 그는 이때 미 공군과 해군의 북베트남에 대한 공습작전과 B-52 폭격기 운용에 사용되는 암호체계를 빼내 소련에 전했고 이로 인해 북베트남군이 미국의 공습에 미리 대비할 수 있었던 것으로 추정되고 있다. 이와 함께 수시로 미 해군의 전함 배치 등 기밀도 다량 누설해 소련의 감시 활동을 도왔다.

패밀리 비즈니스와 바바라의 밀고

워커는 1976년 해군에서 은퇴하지만 이후에도 군 내부에 심어 놓은 휘트워스를 통해 지속적으로 기밀을 전달받아 소련에 팔아치웠다. 그럼에도 그는 KGB로부터 더 많은 대가를 받아 낼 묘안을 찾으면서 가족들을 스파이망에 끌어들이는 탐욕의 절정을 연출한다. 워커는 1979년 해군 퇴역 장교로 무기 업체에서 근무하고 있던 친형 아서를 포섭하는 데 성공했다. 다만 아서에게서 나오는 정보라는 것이 '군함의 수리 기록' 같은 자질구레한 것뿐이었다. 이에 다음 목표로 육군에 있던 막내딸 로라를 찾아가 스파이 행각을 제안한다. 하지만 당시 로라는 임신 상태로 곧 군을 떠날 계획이라며 그의 제안을 거절했다.

사정이 여의치 않아진 워커는 이어 해군에 입대한 아들 마이클을 끌어들이는데, 마이클은 추후 그에게는 금맥과도 같은 역할을 한다. 워커는 아들에게 꾸준히 해군 통신 임무를 맡을 것을 주문했고 마이클도 이에 호응했다. 이러한 노력에 힘입어 마이클은 1983년 항공모함 니미츠함 Nimitz, CVN-68에 하사관으로 승선했고 이곳에서 통신센터에 배속돼 기밀문서를 빼냈다. 이때 마이클의 주요 임무는 쓸모없어진 기밀문서를 소각하는 일이었으나 폐기장에 도착한 자료더미에서 중요해 보이는 문서는 모두 챙겨 개인 사물함에 보관했다. 이런 방식으로 소련에 넘겨진 기밀문서는 약 1천 5백 개가 넘는 것으로 전해진다. 이렇게 동료와 친형, 아들까지 끌어들인 소위 '워커 스파이망Walker Spy Ring'은 활동기간 미 해군의 암호체계를 시작으로 전함의 미사일 방어체계 및 핵미사일 인증코드, 첩보위성의 취약점 심지어 소련과의 전면전 발발 시 미 해군의 가상 작전계획도 팔아넘겼다.

반면 이러한 워커의 탐욕도 1984년부터 끝을 보이기 시작한다. 앞서 1976년 그가 해군에서 은퇴할 때 아내 바바라와도 이혼했다. 그렇지만 이혼 후에 워커가 위자료 일체를 주지 않으면서 바바라는 극심한 경제적

어려움에 직면한다. 분을 참지 못해 술로 일상을 보내던 그녀는 이에 앙심을 품고 전 남편의 스파이 행각을 FBI 보스턴지국Boston office에 신고했다.—바바라는 당시에는 아들 마이클이 스파이 행위에 연루돼 있다는 사실을 알지 못했으며 한참 후에 "그런 사실을 알았다면 신고하지 않았을 것"이라고 후회했다.— 그런데 바바라의 신고에도 불구하고 처음에 인터뷰를 직접 진행했던 보스턴지국은 그녀를 이혼한 전 남편에게서 돈을 뜯어내려는 '방탕한 여자' 정도로 여겨 신뢰하지 않았다. 단 신고 내용이 대서양함대 사령부와 관련이 깊었던 만큼 진술 보고서를 노퍽지국Norfolk office으로 보내 검토하도록 했다. 이에 바바라에 대한 선입견이 없었던 노퍽 방첩팀은 그녀의 진술을 면밀히 살피고는 이를 진지하게 받아들여 은밀히 수사에 착수한다. 그 결과 딸 로라의 증언을 확보하며 실마리를 잡기 시작했고 비밀리에 워커의 집을 수색해 KGB와의 접선 내용이 담긴 메모를 찾아내면서 수사는 급물살을 탄다.

FBI는 그로부터 수개월간 워커의 일거수일투족을 감시했다. 그러던 1985년 5월 워커가 메릴랜드주 몽고메리Montgomery에서 인적이 드문 모처에 KGB에 전달하기 위해 서류뭉치를 놓아두는 현장을 급습해 그를 체포한다. 워커가 그곳에 놓아둔 서류뭉치는 아들 마이클이 니미츠함에서 빼낸 기밀문서들로, 그와 아들의 스파이 혐의를 입증하는 증거가 됐다. 이로써 덜미가 잡힌 탐욕의 스파이 워커는 재판에 넘겨져 간첩혐의로 종신형을 선고받는다. 또한 그를 도왔던 친형 아서와 휘트워스도 같은 혐의로 체포돼 역시 종신형을 선고받았다. 이들과 달리 아들 마이클은 워커가 사법 당국과 벌인 감형 협상에 힘입어 25년형을 받는다. 이후 마이클은 2000년 가석방으로 풀려났으나 워커는 가석방 1년을 남겨둔 2014년 8월 감옥에서 지병인 암으로 사망해 영원히 세상 밖으로 나오지 못했다.

26

드미트리 폴리야코프

Dmitri Polyakov 1921~1988 −GRU / CIA−

드미트리 폴리야코프Dmitri Polyakov는 소련 연방군 정보총국GRU에서 장성까지 오른 고위급 인물이다. 그러나 미국 FBI, CIA 등과 접선해 군사 및 외교 기밀을 다수 넘긴 이중 스파이다. 특히 그가 미국에 넘긴 중국 관련 정보는 닉슨Richard Nixon 행정부의 외교 정책에 결정적 영향을 미쳤고 소련의 대전차 미사일 기밀은 미국이 1990년 걸프전Gulf War에서 승리하는 밑거름이 됐다.

반면 미국인 배반자들에 의해 정체가 탄로 나 약 25년간의 이중 행각이 막을 내리며 1988년 처형됐다. 그는 냉전기 서방에 가장 큰 공헌을 한 동구권 스파이로 평가받고 있다.

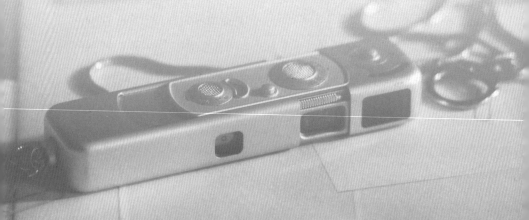

장군將軍 스파이, 그는 누구인가?

드미트리 폴리야코프는 1921년 구소련 시절 우크라이나Ukraine에서 태어났다. 아버지는 여가 시간을 목공일로 보내는 평범한 경리계원으로 그 역시 특별할 것 없는 어린 시절을 보냈다. 이후 고등학교를 졸업하고 1939년 포병학교에 들어갔을 때 제2차 세계대전이 발발하면서 1941년 6월부터는 붉은 군대의 일원으로 서부전선에 투입돼 맹활약한다. 이 시기 그의 활약상이 구체적으로 전해지지는 않지만 군내에서 '용맹한 전사'로 이름이 높았으며 이런 유명세에 힘입어 이듬해에 장교로 진급, 포병장의 수석비서가 돼 전쟁 지휘를 도왔다.

전후에는 여러 공로를 인정받아 소련 군부 실세들의 산실인 프룬제 군사학교Frunze Military Academy에 들어가 엘리트 코스를 밟기 시작한다. 당시 폴리야코프의 용맹함과 애국심은 이미 전쟁 기간 입증된 바 있고 여기에 더해 군사학교에서 보여 준 총명함은 금세 지휘부의 눈을 사로잡았다. 이에 그는 우수 학생들의 정규 코스라 할 수 있는 군 정보기관인 GRU에 발탁되면서 첩보계에 발을 들여놓는다. 이어 30세이던 1951년 유엔 군사위원회 소련 대표부Military Staff Committee of the UN의 일원으로 뉴욕에 파견된다. 여기서 그는 외교관 신분으로 위장해 활동하며 미국의 주요 기술기밀을 본국으로 보내는 일을 한다. 이때 유엔 대표부는 소련에서도 외교관들이 앞다퉈 진출하고 싶어 했던 '요직 중의 요직'이었던 만큼 젊은 폴리야코프에 대한 소련 당국의 기대와 관심이 얼마나 높았는지를 알 수 있는 대목이다.

그런데 이 기간 그에게 관심을 갖고 있었던 곳은 비단 소련뿐만은 아니었다. 폴리야코프는 뉴욕에서 1956년까지 근무하게 되는데 요직을 꿰찬

정보계통 젊은 장교라는 점에서 미 방첩당국인 FBI도 줄곧 그를 '요주의 대상'으로 점찍어 감시 활동을 벌이고 있었다. 그렇지만 이때까지 양측은 적대국의 경쟁자라는 점에서 긴장관계를 유지했으며 1957년 폴리야코프가 유럽으로 활동 무대를 옮기면서 이들의 관계는 막을 내리는 듯했다. 이후 그는 동베를린에 배속돼 대서독 공작활동 책임자를 맡아 성공적으로 임무를 수행한 것으로 알려졌다. 이에 힘입어 1959년 대령으로 진급해 유엔 군사위원회 소련 대표부 수석으로 다시 뉴욕을 찾게 됐고 덩달아 FBI도 멈춰 두었던 감시 레이더를 재차 가동하기 시작한다.

그러던 1960년경 조심스럽게 폴리야코프에 접근한 FBI는 뜻밖의 반응을 얻는다. FBI 전담요원이 "어려운 문제가 생기면 언제든 만나 이야기하자"고 넌지시 추파를 던졌다. 이에 폴리야코프가 즉답은 피하면서도 굳이 접근을 막지는 않겠다는 뜻을 내비친 것이다. 이때 그는 체제에 대한 심한 회의와 환멸을 느끼고 있었기 때문에 FBI의 접근을 어렵지 않게 수용했고 이는 곧 그의 인생은 물론이고 첩보사를 통째로 뒤흔드는 '운명적 선택'으로 나타난다.

이처럼 소련 군부에서도 유망주로 꼽히며 요직을 거쳐 온 폴리야코프가 갑작스레 심경에 변화를 일으킨 이유에는 '아들의 사망'과 관련이 깊은데 이는 곧 체제 환멸로 이어지는 결정적 원인이 됐다. 이 이야기는 「올드리치 에임스Aldrich Ames」편을 통해 한 차례 전한 적이 있지만 이해를 돕기 위해 그 요지를 잠시 살펴본다. 1950년대 후반 무렵 그의 아들이 중증에 걸려 사경을 헤매고 있었고 이를 치료할 수 있도록 당 고위층에 의학이 발달한 뉴욕행을 건의했다. 그러나 이 요구는 묵살됐고 아들은 병으로 사망한다. 이에 반해 소련의 공산당원과 정부 고위 관료는 각종 특권과 특혜를 누리며 호화로운 생활을 하고 있었으니 폴리야코프의 눈에 체제가 좋아 보일 리가 없었다. 결국 1961년 11월 한 사교회에서 미국 외교관을 통해 협력 의사를 밝힌 그는 이후 뉴욕에 머문 1962년 6월까지 약 6차례에 걸쳐 FBI와 접촉하며 소련의 기밀을 넘긴다. 다만 미국에 협력하는 이유에 대해서는 개인적 사정은 숨긴 채 당시 최고 권력자였던 흐루시초프Nikita Khrushchev의 정책을 비판하며 서구 민주주의의 도움이 필요하다는 점을 내세웠다.

심경 변화의 이유가 무엇이건 FBI의 협력자가 된 폴리야코프는 이후 소련에 포섭된 미국 내 첩자에 대한 정보를 다수 제공하며 활동에 들어간다. 여기에는 미 육군 중령 윌리엄 훼일런William Whalen과 하사관 잭 던랩Jack Dunlap, 그리고 미 공군 넬슨 드루먼드Nelson Drummond와 허버트 보켄하웁트Herbert Boeckenhaupt 등이 있었다. 이중 훼일런은 미 합동참모본부 자문관을 지냈던 고위급 인물이었으며 던랩은 국가안보국NSA 소속이었다. 또 드루먼드와 보켄하웁트는 계급은 낮았지만 각각 주요 기밀을 빼내 소련에 전해 온 인물들이다. 아울러 폴리야코프는 영국의 미사일 체계를 빼내 소련에 전한 무기업체 연구원 프랭크 보사드Frank Bossard의 정체도 밝혀 서방의 방첩활동을 도왔다.

중국과 소련의 불화, 역사를 바꾼 첩보

이후 1962년 7월 그는 뉴욕 임무를 마치고 모스크바Moscow로 귀환하고 이에 따라 미 정보기관의 관리권한도 CIA로 넘겨진다. 더욱 이 시기 폴리야코프는 GRU 내 관리관으로는 서열 3위에 오를 정도로 높은 지위를 확보하면서 종전보다 더 양질의 기밀을 미국에 전할 수 있었다. 또 한동안은 워싱턴Washington DC 주재 소련 대사관의 무관으로 파견돼 GRU

의 내부조직망과 소련의 군사동향 등 기밀을 전달했다. 이어 1965년에는 버마 랭군Rangoon 주재 무관으로 주변 중국과 베트남의 군사동향도 파악할 수 있었다. 아울러 GRU의 기밀절도에 대해서도 CIA에 전했다. 특히 그는 미국의 최신예 전투기였던 F-4 팬텀기의 기술을 훔쳐 소련이 최신예 미그 23기를 제작 중이라는 사실도 알려 준다. 실제 가변익의 미그 23기는 당시로서는 우수한 장거리 능력과 가공할 미사일 능력을 가진 F-4 팬텀기에 자극받아 내놓은 기종이었다.

그러던 1969년 12월 그는 모스크바 본부의 중국 담당으로 귀환하는데 여기서의 활약은 장차 세계사의 물줄기를 바꾸는 밑거름이 된다. 중국 관련 정보를 다루던 폴리야코프는 소련에 대한 중국의 골 깊은 불신을 알게 되고 이와 관련된 문서를 CIA에 전달했다. 문서의 자세한 내용은 알려지지 않았지만 이는 곧 백악관White House에 보고되기에 이른다. 가뜩이나 미·소 냉전으로 긴장상태에 있던 미국은 이를 중국과의 관계 개선에 활용하기로 하고 1971년 4월 미국 탁구팀을 시작으로 7월에는 당시 백악관 안보담당관이었던 헨리 키신저Henry Kissinger를 비밀리에 중국에 파견했다. 이런 움직임은 마침내 1972년 2월 닉슨 대통령이 전격적으로 중국을 방문하면서 양국의 관계 개선으로 이어지게 된다. 이에 대해 미국의 시사주간지 『타임Time』은 2001년 보도를 통해 닉슨의 이른바 '핑퐁 외교 Ping pong diplomacy'로 알려진 이 대형사건의 배경에 "폴리야코프의 대중국 정보가 공헌했다"는 분석을 내놓은 바 있다.

비록 훗날의 평가이긴 하나 이처럼 세계사의 커다란 흐름까지 바꿔 놓은 폴리야코프의 활동은 1974년 장성으로 진급한 후에도 계속된다. 이 기간 그는 잠시 GRU의 군사 외교 아카데미 교수직을 거쳐 다시 정보 일선으로 돌아왔다. 이때 CIA는 효과적인 정보 전달을 위해 특수 고안된

닉슨과 주은래 1972년 2월 25일 중국을 방문한 미국의 리처드 닉슨 대통령(좌)이 주은래 총리(우)와 건배를 하고 있다. 첨예한 냉전기 닉슨의 중국 방문이라는 파격적 행보의 막후에는 폴리야코프가 미국에 전달한 대중국 정보가 커다란 영향을 미친 것으로 훗날 알려졌다.

최첨단 발신기를 그에게 전달한다. 손바닥 크기의 이 발신기에는 상당량의 문서를 입력할 수 있었고 정보 전달을 위해 폴리야코프가 전차나 자동차에 탄 채 모스크바 주재 미 대사관을 지나갈 때 버튼만 누르면 약 2.6초 내에 전송이 완료되는 휴대 장비였다. 이는 CIA가 대인對人 접촉을 최소화해 폴리야코프의 신변을 보호하기 위한 방안으로 미국이 그를 얼마나 중요한 인물로 여기고 있었는지를 알 수 있는 대목이다.

이후 폴리야코프는 GRU가 보유한 군사기술 정보를 비롯해 소련군의 작전 계획 및 참모본부에서 작성한 주요 기밀문서들을 지속적으로 CIA에 유출했다. 이 가운데는 소련군의 대전차 미사일 기술 정보가 포함돼 있었다. 이는 미국이 1991년 걸프전 당시 소련제 무기로 무장한 이라크군을 격파하는 데 유용하게 사용된다. 또 참모본부의 전력 분석 내용 중에는 소련 내 핵무기 실태와 관련해 "미국과의 핵전쟁에서 승리할 가능성이 없다"는 자체 보고서도 들어 있었다. 이렇게 그는 장성이라는 신분을 이용해 군 기밀뿐만 아니라 소련군 수뇌부의 생각까지 읽을 수 있는 문서들을 빼내 미국의 판단을 도왔고 이는 1986년까지 이어졌다. 그럼에도 폴리야코프는 자신의 스파이 행각을 애국적 행동으로 여기며 CIA가 돈을 지불하려 할 때마다 시종 난색을 표했다. 이에 CIA는 연봉 3천 달러에 해당하는 낚시 도구나 산탄총, 전동 드릴 같은 물품을 그에게 제공하는 것으로 보상했다.

반면 소련은 지난 25년간 내부 고위직에 암약해 온 첩자에 의해 고급 정보들이 '쾰쾰' 세고 있는 것도 모른 채 미국과의 냉전을 첨예하게 이어 갔다. 적어도 두 명의 미국인 배반자가 같은 시기 출현해 폴리야코프의 이중 행각을 두 번에 걸쳐 밀고하기 전까지 소련은 아무것도 모르고 있었다.

에임스와 한센, 두 번의 결정타

이중 첫 번째 미국인 반역자 겸 밀고자는 CIA의 올드리치 에임스Aldrich Ames다. 에임스는 1985년 4월 소련을 위한 스파이가 되기로 결심하고 자신의 가치를 증명하기 위해 8월 최고 레벨 기밀에 접근해 KGB와 GRU 내에 미국 협조자들을 다수 넘겼다. 여기에는 KGB 소속의 보리스 유진 Boris Yuzhin, 세르게이 모토린Sergei Motorin, 발레리 마르티노프Valery Martynov가 있었으며 GRU 소속의 폴리야코프도 포함돼 있었다. 그러나 소련은 이들을 즉각적으로 체포하지 않았는데 이 기간 극비리에 내사를 진행했을 가능성이 커 보인다.

그러던 같은 해 10월 이번에는 FBI의 소련분석과에 근무하던 로버트 한센Robert Hanssen이 주미 소련 대사관의 KGB 요원이었던 데그티아르의 집으로 봉인된 극비 서신을 보낸다. 그런데 이 서신에는 종전 에임스가 KGB에 전한 미국 내 협조자들의 명단이 고스란히 적혀 있었고 이와 함께 한센은 미화로 10만 달러를 요구했다. 이것이 폴리야코프의 운명을 가른 두 번째 밀고로 이때부터 소련은 명단에 적힌 요원들을 반역자로 확신했을 것으로 짐작된다.

당시 두 번째 반역자 겸 밀고자였던 한센은 이 서신을 시작으로 KGB와 2001년 2월까지 약 16년간 내통하며 이중 스파이로 활동했으며 더욱 소련 붕괴 이후에는 KGB의 후신으로 러시아의 대외정보기관인 SVR에도 협력했다. 에임스와 마찬가지로 금전을 목적으로 이중 행각을 벌인 그는 활동 기간 내내 대인 접촉은 피한 채 서신과 무인포스트만을 이용해 감시망을 피하며 약 6천 페이지 분량의 기밀을 소련에 넘겼다. 다만 한센의 발각 시점이 2001년으로 에임스가 발각된 1994년에 비해 한참 늦었기 때문에 추후 폴리야코프의 신변 이상과 관련해 수년간은 에임스의 단독 범행으로 여겨져 왔다.

이렇게 해서 약 25년간 미국에 협력해온 폴리야코프의 정체는 드러났고 함께 밀고된 3명의 KGB 요원과 함께 1986년 7월 체포돼 길고 긴 이중생활의 여정에 마침표를 찍는다. 그렇다고 폴리야코프가 위기를 모면할 기회가 전혀 없었던 것은 아니다. 군에서 퇴역하던 1980년경 CIA 전담요원은 그에게 한 차례 미국 망명을 제안한 바 있다. 하지만 그는 '소련인으로 살다 죽겠다'는 뜻을 내비치며 이를 단호히 거절한 것으로 알려졌다. 또 1988년에는 미국 레이건Ronald Reagan 대통령이 소련 고르바초프

Mikhail Gorbachev 서기장에게 그의 사면 내지는 스파이 교환을 요구했으나 소련 측의 거부로 성사되지 못했다. 이후 폴리야코프는 소련 법원으로부터 사형을 선고받아 그해 8월 처형된다. 소련은 당시에는 그의 죽음을 알리지 않았고 1990년에 이르러 공산당 기관지 『프라우다Pravda』를 통해 이 사실을 서방에 전했다.

전 CIA 국장이었던 제임스 울시James Woolsey는 폴리야코프의 활약에 대해 「올레그 펜코프스키Oleg Penkovsky」보다 더 서방세계에 공헌한 인물로 평가하며 "냉전이 열전화되는 것을 막아 주었고 이중 스파이로서 폴리야코프는 왕관의 보석Crown Jewel이다"라고 말했다.

VII

세기의 스파이 두목들

27

빌헬름 카나리스

Wilhelm Canaris 1887~1945 −Abwehr−

빌헬름 카나리스Wilhelm Canaris는 나치 독일의 군 정보기관인 압베르의 수장이면서 해군 대장까지 오른 실력자다. 나치 정권하에서 군 정보조직의 기틀을 확립하고 전성기를 이끌며 히틀러Adolf Hitler를 도왔다.

그러나 1930년대 후반 나치의 안하무인식 팽창주의와 유대인 탄압 등 폭주에 실망해 반反나치 성향을 보이기 시작했고 히틀러 암살 계획에 연루돼 종전을 목전에 둔 1945년 4월 처형됐다.

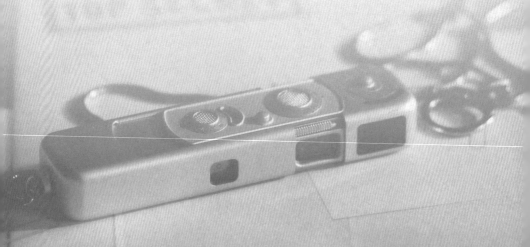

반反나치 스파이 두목, 그는 누구인가?

빌헬름 카나리스는 1887년 독일제국 시절 현재의 도르트문트Dortmund 근교에서 태어났다. 아버지 칼 카나리스Carl Canaris는 루르Ruhr 지방에서 철강 회사를 소유한 부유한 사업가였다. 본래 그리스계 혈통인 카나리스는 자신의 선조를 그리스의 독립영웅인 해군 제독 콘스탄틴 카나리스 Constantine Kanaris로 알고 훗날 해군에 입대하지만 실제로는 혈연관계가 없었고 이탈리아 롬바르디에서 이주한 그리스계 독일인 집안이었다. 1892년에는 가족이 뒤스부르그로 이주해 중등교육시설인 김나지움Gymnasium에 다니며 청소년기를 보낸다. 당초 아버지는 아들이 육군 기병대에 입대하기를 희망했으나 카나리스는 그런 바람을 등지고 1905년 사관후보생으로 해군에 입대한다. 이후 1910년에 중위로 진급했고 1913년 순양함 드레스덴함SMS Dresden의 함장 부관으로 임명되면서 이듬해 제1차 세계대전을 맞아 참전했다. 일부에서는 이때 이미 그의 신분이 정보 장교였다는 주장이 있으나 이 시기 첩보 활동과 관련해서는 알려진 것이 없다.

그러던 1914년 12월 카나리스가 소속된 독일 동양함대가 포클랜드 해전Battle of the Falkland Islands에서 영국 함대에 궤멸당했고 드레스덴함은 간신히 살아남아 약 3개월간 영국 함대의 추격을 받는다. 이들은 1915년 3월 칠레령 후안 페르난데스 제도 인근에서 다시 공격을 받게 되는데 도주 과정에서 오랜 기관 혹사와 영국 함대의 파상 공격을 받아 함정이 '조타 불능'에 빠지는 위기 상황을 맞는다. 이에 함장이 드레스덴함의 자가침몰(자침)을 결정, 결국 카나리스를 포함한 선원 전원은 칠레 당국에 의해 수용소에 억류됐다. 이어 8월 그는 현지 독일인들의 도움을 받아 수용소 탈출에 성공해 안데스 산맥을 넘어 친독일 국가였던 아르헨티나를 거쳐 10월 함부르크Hamburg로 귀환한다.

이처럼 카나리스는 입대 이래 첫 참전에서 '패배와 자침, 그리고 탈출'이라는 일생일대의 시련을 겪었지만 도리어 이것은 군에서 그의 평가를 높이는 계기가 됐다. 실제 당시 독일 해군은 그의 이런 일련의 과정을 높이 평가해 대위로 진급시켰고 해군정보국은 그에게 첩보원으로서의 자질이 있는 것으로 판단해 굵직한 공작을 맡기면서 본격적으로 첩보계에 발을 들여놓는다. 이렇게 시작된 첩보원 카나리스에게 부여된 첫 번째 임무는 '스페인이 인접한 지중해 서안까지 독일 해군의 영향력을 확대하라'는 것이었다. 이를 위해 그는 11월 당시 중립국이었던 스페인 마드리드Madrid에 잠입해 U-보트 비밀보급 기지를 만드는 공작에 착수한다. 이 공작에서 카나리스는 보급 기지에 어선으로 위장한 보급선을 배치해 수시로 U-보트에 탄약과 식량, 연료를 지원했다. 또 연합군 함정의 위치 정보도 파악해 반대편 아드리아해 인근 풀라Pula에 주둔한 U-보트 기지에 전달했다. 그의 이러한 활약에 힘입어 독일 해군은 지중해 전역에 걸쳐 영향력을 확대해 나갈 수 있었다.

또한 그는 마드리드를 거점으로 실행했던 이 공작 과정에서 스페인의 유력 인물들과도 교분을 쌓았고 이 중에는 훗날 총통으로 권좌에 오르는 프란시스코 프랑코Francisco Franco도 있었다. 일각에서는 카나리스가 마드리드 시절 마타 하리Mata Hari와 연인 관계였고 발각될 것을 알면서도 프랑스에 침투시켜 죽음으로 내몰았다는 주장이 있으나 실체는 분명치 않다. 이어 독일로 귀환한 그는 해군 본래의 임무를 부여받아 잠수함 함대에서 U-보트 함장으로 1918년 1차 대전의 종전을 맞는다.

그렇지만 카나리스는 종전 이후 더욱 바빠진다. 그해 11월 독일제국이 무너지는 독일 혁명German Revolution of 1918~1919이 일어나는데 여기서 그는 의용군을 조직해 혁명세력을 무차별적으로 진압했다. 이때 카나리스는 소련에서 시작된 공산주의 열풍에 맞서 철저한 '반공주의' 입장을 취하며 당시 독일 공산주의자로 이름 높았던 로자 룩셈부르크Rosa Luxemburg 살해 사건과 관련된 군법회의에도 관여해 암살자들을 무죄로 풀어 줬다. 이런 이유였는지는 알 수 없지만 그는 혁명세력 탄압에 앞장선 전력에도 불구하고 바이마르 공화국Weimar Republic이 수립된 직후에는 진급을 거듭해 국방부 장관의 부관을 거쳐 1923년에는 순양함 베를린함SMS Berlin 의 함장에 오르며 거침없는 출세가도를 달린다.

특히 이 베를린함에서 그는 향후 나치 정권의 정보통 일인자 자리를 두고 맞서게 되는 운명적 인물을 만나는데, 바로 '라인하르트 하이드리히 Reinhard Heydrich 제28화 참조'다. 그러나 당시 하이드리히는 갓 해군에 입대한 초년병이었고 카나리스는 그를 아껴 해군 사관학교에 진학하도록 한다. 두 사람은 많은 연령차에도 불구하고 깊은 우정을 나누게 되지만 하이드리히는 1931년 여자 문제로 해군에서 불명예 전역했다.

나치 전도사에서 반反나치주의자로

한편 1930년대 들어 독일은 히틀러 광풍에 휩싸이게 되고 카나리스 역시 나치의 권력 장악을 적극적으로 옹호하며 적지 않은 힘을 보탠다. 그는 1932년 12월 슐레지엔함SMS Schlesien의 함장으로 부임한 직후 승무원들에게 나치즘Nazism을 직접 설파했을 정도로 열성적으로 지지를 보냈다. 이 시기 카나리스는 "(히틀러) 총통과 나치당NSDAP이 없었다면 독일군의 위대함과 군사력의 회복은 불가능했을 것이다"라는 지론을 폈다. 다만 그가 이처럼 히틀러와 나치를 옹호한 이유는 철저한 반공주의 신념에 따른 것으로 이런 성향은 후에 나치에 실망해 영국과 협력을 시도하는 주요한 배경이 된다. 그럼에도 당시에는 친위대SS 등 나치 핵심부 역시 카나리스의 반공주의 이념 성향을 '완벽한 민족주의'라고 높이 평가하며 출셋길을 열어 줬고 1935년 그는 마침내 압베르의 수장으로 천거되면서 독일군 스파이들의 두목으로 탄생한다.

그런데 카나리스가 압베르의 지휘봉을 잡은 배후에는 당시 SS보안대 Sicherheitsdienst, 즉 SD의 수장으로 성장한 라인하르트 하이드리히가 있었다는 말이 있다.—이와 달리 일각에서는 전임자인 콘라드 파치Conrad Patzig의 강력한 추천이 주효했다는 또 다른 주장도 있다.— 하이드리히가 평소의 친분을 들어 압베르와 SD가 반목하지 않을 것으로 여겨 그를 천거했다는 것이다. 실제 두 사람은 서로 이웃에 살며 가족들끼리도 돈독한 친분을 유지하고 있었다. 그러나 이들의 친분은 단지 겉으로 드러난 외형이었을 뿐 시일이 흐를수록 첩보전에 대한 주도권을 노리며 카나리스는 하이드리히를 '악랄한 광신자'로, 하이드리히는 카나리스를 '교활한 늙은 여우'라고 부르며 압베르를 수시로 감시하는 등 각기 혐오와 불신의 싹을 틔워 간다.

이들의 관계가 특별히 악화된 것은 1930년대 후반 무렵으로 카나리스가 나치에 심한 반감을 갖기 시작하면서부터다. 아울러 그는 이때부터 본격적인 반反히틀러 활동에도 들어간다. 사건의 발단은 1938년 3월 히틀러가 오스트리아를 병합한 뒤 체코슬로바키아에 독일인을 이주시켜 영토(주데텐란트, Sudetenland) 할양을 요구한다. 이에 그는 히틀러의 모험주의적 팽창노선에 강한 불만을 품고 군부와 내각 고위급 가운데 같은 생각을 가진 반나치주의자들과 은밀한 모임을 만들어 히틀러 축출을 시도한다. 이들 중에는 독일 육군최고사령부OKH에서 참모장을 지낸 루드비히 벡

압베르 카나리스는 나치시절 군 정보기관의 수장을 지내며 전성기를 이끌었다. 에니그마 암호기를 조작하고 있는 요원들. 사진=BArch

Ludwig Beck 장군을 비롯해 에르윈 폰 비츨레벤Erwin von Witzleben 장군, 에른스트 폰 바이제커Ernst von Weizsäcker 외무부 장관 등의 유력자들이 다수 참여했다. 또 카나리스는 영국의 MI6와도 접촉을 시도한다. 그는 이 접촉에서 "히틀러가 체코슬로바키아를 병합할 경우 영국이 선전포고로 맞설 것"을 요구하며 "이에 맞춰 히틀러를 제거하겠다"는 계획을 제시했다. 이 접촉은 이들과 별개로 활동하며 반나치 단체를 이끌던 한스 베른트 기세비우스Hans Bernd Gisevius가 맡아 MI6 핵심부에 전달했고, MI6도 공감을 드러낸다.

반면 카나리스를 비롯한 양 정보기관의 바람과 달리 전면전 발발을 우려한 영국과 프랑스 지도자들이 그해 9월 '뮌헨 협정Munich Agreement'을 통해 히틀러의 요구를 그대로 수용하면서 계획은 허무하게 끝나고 만다.

그 사이 카나리스의 변심을 눈치챈 하이드리히는 감시 활동을 강화했고 심지어 압베르를 통제권에 넣으려는 야심을 드러내면서 갈등의 골은 더욱 깊어진다. 당시 카나리스는 자신의 일기에 "하이드리히에게 마음을 열고 함께 일하는 것은 아마 무리일 것이다. 그는 피도 눈물도 없는 나치의 광신도가 됐다"라고 개탄한 것으로 전해졌다. 그렇지만 이후 카나리스를 더욱 당혹스럽게 만드는 일이 벌어지는데 다름 아닌 히틀러의 폴란드 침공과 유대인 탄압이 그것이다. 1939년 초 나치는 전쟁 준비에 들어갔고 관련 계획이 히틀러에게 보고된다. 이 계획에는 향후 유대인에 대한 탄압 계획이 포함돼 있었고 이를 전해들은 그는 충격에 휩싸인다. 아니나 다를까 폴란드 침공 이후 나치는 친위대를 중심으로 잔혹한 유대인 말살 정책에 들어가면서 이른바 '홀로코스트Holocaust'의 서막을 열었다.

히틀러 암살미수 사건, 그리고 처형

카나리스는 1940년 1월 해군 대장으로 진급하게 되지만 이때부터 독일 국방군 내 반나치 비밀 조직인 '검은 오케스트라Schwarze Kapelle'를 주도하며 히틀러 정권의 전복 활동을 본격화한다. 이와 함께 "압베르는 유대인 탄압과 아무런 관련이 없으며 관심도 없다"는 견해를 피력하면서 위기에 빠진 많은 유대인들을 압베르 요원으로 둔갑시키고 증명서를 발급해 스페인 등지로 탈출토록 했다. 이런 활동에 힘입어 목숨을 건진 루바비처 레베Lubavitcher Rebbe 등은 전후 그의 이름을 이스라엘 야드 바셈Yad Vashem 홀로코스트 기념비에 '정의로운 이방인'으로 올릴 것을 주장했고 1993년 스티븐 스필버그 감독의 영화 「쉰들러 리스트Schindler's List」에서 유대인 수천 명의 목숨을 구해 낸 오스카 쉰들러Oskar Schindler의 신분이 카나리스 휘하의 압베르 요원이었던 것도 알려져 사실로 입증된 바 있다.

이뿐만 아니라 그는 전쟁기간 히틀러에게 조작된 정보를 제공해 스위스 침공을 막았으며 영국과 미국 정보당국에 소련 침공계획인 바바로사 작전Operation Barbarossa을 미리 알리기도 했다. 무엇보다 스페인의 실권을 장악하고 총통에 오른 프랑코를 설득해 독일군이 지브롤터Gibraltar에 진주하지 못하게 함으로써 전황이 히틀러에게 불리해지도록 한 것은 그가 벌인 반나치·반히틀러 활동의 대표적 사례로 꼽힌다.

일명 펠릭스 작전Operation Felix으로 알려진 지브롤터 진주 계획은 본래 독일이 프랑스를 점령한 직후 헤르만 괴링Hermann Göring의 제안으로 시작돼 발터 폰 라이헤나우Walther von Reichenau 원수에 의해 실행될 예정이었다. 이에 카나리스는 스페인을 찾아 앞서 마드리드 작전 시절 친분을 맺어둔 프랑코를 만난 자리에서 "스페인이 독일에 협력할 경우 영국의 표적이 될 수 있다"고 경고하는가 하면 "독일이 전쟁에서 승리할 수 없을 것이므로 참전은 어리석은 행동"이라며 필사적으로 만류했다.—당시 두 사람이 나눈 밀담은 기록으로 남아 있지 않기 때문에 한동안은 사실 확인이 어려웠으나 전후 스페인이 카나리스의 미망인에게 감사의 뜻으로 연금을 지급한 것이 알려져 신빙성이 크다는 분석이다.— 결국 이 같은 그의 물밑 방해공작은 얼마 뒤 프랑코가 히틀러를 만나Meeting at Hendaye 스페인의 참전 및 독일군의 지브롤터 진주를 공식적으로 거부하는 데 적지 않은 영향을 미쳤다.

그러나 이처럼 그는 비밀리에 '반나치·반히틀러' 활동을 벌이면서도 전시 적대국인 영국과 미국을 상대로는 각각 북극 작전Operation North Pole과 파스토리우스 작전Operation Pastorius 외에도 정보기관 본래의 첩보 수집 및 요인 포섭, 기만 공작 등을 전개하는 복잡하고 미묘한 행적을 보인다. 이러한 양면성으로 인해 사후 카나리스의 정체성에는 다소 혼란이 야기돼 왔는데 아마도 이때 그는 자신을 '나치의 군인'이 아닌 '독일의 군인'으로 규정한 듯 보인다. 그러던 1943년 카나리스는 또 한 번 영국 MI6와 비밀리에 접촉해 히틀러 제거 계획을 제시하며 평화 협상 여부를 타진했으나 독일에 대해 '무조건 항복'을 요구한 윈스턴 처칠Winston Churchill의 완강한 입장에 부딪혀 좌절하고 만다.

한편 그의 고공 이중플레이도 종전이 가까워지면서 서서히 꼬리가 잡히기 시작한다. 시작은 1943년 9월 게슈타포Gestapo가 실시한 독일 내 반나치 소탕작전에서 압베르의 대외부서 임원이었던 오토 키예프Otto Kiep가 체포됐고 그의 친구이면서 이스탄불 담당관이었던 에릭 베르메렌Erich Vermehren이 영국으로 탈출하는 일이 벌어진다. 이로 인해 베를린Berlin에서는 베르메렌에 의해 압베르의 암호코드가 영국으로 넘겨졌다는 정보가 접수되면서 히틀러의 노여움을 사게 된다. 이어 또 다른 2명의 요원이 영국으로 잇달아 탈출하자 히틀러는 1944년 2월 카나리스를 파면하고 좌천과 가택 연금에 처했다. 그는 6월 가택 연금에서 풀려나 전시 경제대책HWK 참모장으로 연합군의 경제 봉쇄에 따른 대책을 수립하기도 했으나 곧이어 7월 20일 히틀러 암살 미수 사건이 벌어졌고 게슈타포가 관련자들을 심문하는 과정에서 연루 사실이 일부 드러난다.

다만 이때 게슈타포는 카나리스가 암살 음모에 가담했다는 직접적인 증거는 발견하지 못했다. 대신 핵심 가담자들과의 긴밀한 관계, 반역적으로 보이는 일기와 문서들이 발견돼 그의 연루를 추정했다. 이에 군법회의에 회부돼 사형을 선고받았고 나치의 항복을 얼마 남겨 두지 않은 1945년 4월 9일 플로센뷔르크Flossenbürg 수용소에서 교수형에 처해진다. 전쟁이 끝나고 측근 부하들은 뉘른베르크Nuremberg 전범재판에서 카나리스의 반나치 활동 등을 증언하며 그의 이름을 세상에 알렸다.

압베르Abwehr··· 나치 독일의 군 정보기관

압베르는 독일이 1921년부터 1944년까지 운영했던 군사 정보기관이다. 1차 대전 종전으로 맺어진 베르사유 조약Treaty of Versailles에 따라 독일이 방첩 등의 방어적 목적에 국한해 창설했다. 그러나 후에 정보수집뿐만 아니라 공격적 공작활동에 이르기까지 활동 폭을 넓힌다.

초대 국장은 프리드리히 겜프Friedrich Gempp소령이 맡았으며 총 인원 10명에 3개 부서로 시작됐다. 이때 제1부는 정찰, 제2부는 암호 및 통신, 제3부는 방첩을 각각 맡아 활동했고 1928년 해군정보국과 통합돼 조직이 확대된다. 특히 1930년대 들어 나치가 득세하면서 국방부 및 군 편제가 대거 재편되자 1932년 6월부터는 상당수의 육군 장교가 압베르에 배치됐다. 그럼에도 지휘봉은 해군 대령이던 콘라드 파치Conrad Patzig에게 돌아간다. 이는 당시 정보국이 규모와 중요성에서 비중이 크지 않아 야심에 찬 장교들에게 인기가 없었고 해군 출신들이 해외 사정에 더 밝았기 때문으로 분석되고 있다. 이후 압베르는 독자적인 첩보 및 공작활동을 활발히 벌여 나갔으며 1930년대 중반에는 폴란드 국경에서 정찰비행을 주도하기도 했다. 하지만 이 정찰비행으로 압베르는 친위대 지도자 하인리히 히믈러Heinrich Himmler와 갈등을 빚으면서 파치 국장이 경질되는 사태를 맞는다. 히믈러 등 당시 나치 수뇌부는 이 정찰비행으로 폴란드 침공 계획이 유출되는 것을 크게 우려했던 것으로 알려졌다.

이에 1935년 1월 후임으로 해군 대령 빌헬름 카나리스가 국장으로 부임하면서 조직의 확대와 기틀이 마련되기 시작한다. 실제 카나리스는 1938년 압베르의 기존 3부 체제를 재편해 별도 운영 부서를 신설하는 등 규모를 대폭 확대했다. 당시 그에 의해 완성된 조직체계는 우선 총괄부서로 중앙관리부를 두어 다른 2개부의 업무, 인사, 재정에 대한 관리와 지원을 맡겼다. 카나리스 체제에서 이 역할은 전적으로 그가 신임하던 한스 오스터Hans Oster가 담당했다. 또 외국부를 신설해 외무부와 군사 문제에 관한 조정 역할과 입수 문서 및 해외 방송 조사를 각각 담당했다. 압베르 본래의 정보부서로는 정보부를 각 3개과로 나눠 두었는데 제1과를 9개 그룹으로 분산해 국가별 정보 수집을 맡겼으며 제2과는 파괴 활동 및 해외 불만 세력 접촉, 반정부 활동 지시 및 지원 등의 공작임무를 담당케 했다. 제3과는 5개 그룹으로 나눠 방첩 및 사보타주를 맡겼다. 아울러 각 군의 관할 구역에 지방국을 두고 운영했다.

카나리스는 재임 기간 친위대와의 갈등 관계로 인해 핵심부서에 나치 인물보다는 자신에 충실한 측근들을 대거 포진시켜 조직력을 강화하긴 했으나 하인리히 히믈러, 라인하르트 하이드리히 등 나치 핵심 인물들과 반목하면서 종전으로 갈수록 입지는 크게 좁아졌다. 급기야 1943년 9월 게슈타포에 의해 독일 내 반나치 소탕작전이 전개되는 과정에서 압베르의 대외부서 임원이었던 오토 키예프가 체포됐고 그의 친구이면서 이스탄불Istanbul에 파견된 에릭 베르메렌이 영국으로 탈출하는 사건이 벌어진다. 이로 인해 베를린에서는 베르메렌에 의해 압베르의 암호코드가 영국에 넘겨졌다는 첩보가 접수되면서 히틀러의 노여움을 산다. 히틀러는 카나리스를 파면하고 1944년 2월 18일 압베르 폐지안에 서명했다. 이후 카나리스는 가택연금에 이어 첩보계통과는 관련 없는 한직으로 밀려났다가 같은 해 7월 20일 히틀러 암살 계획에 가담한 혐의로 체포됐고 압베르는 국가보안본부RSHA로 흡수되면서 역사 속으로 사라졌다.

28

라인하르트 하이드리히
Reinhard Heydrich 1904~1942 -SD-

사진=BArch

라인하르트 하이드리히Reinhard Heydrich는 나치 정권의 정보조직이었던 SS보안대SD를 창설하고 수장을 지낸 인물로 후에 게슈타포Gestapo까지 통솔한 사실상 정보계통 최고 실력자였다. 재임 기간 히틀러의 정적 숙청에 앞장서며 승승장구했고 반나치 및 유대인 탄압과 학살을 진두지휘해 '냉혈한冷血漢 지휘자'로 악명이 높았다.

그러나 1942년 체코 프라하Prague에서 영국 특수작전집행부SOE 암살단의 공격을 받아 38세의 나이로 사망했다.

냉혈한 지휘자, 그는 누구인가?

라인하르트 하이드리히는 1904년 독일제국의 작센 왕국 할레Halle에서 태어났다. 아버지 리하르트 하이드리히Richard Heydrich는 저명한 작곡가이자 테너였고 어머니는 작센 왕국의 드레스덴Dresden 궁중 고문관의 딸로, 할레의 귀족 에른스트 에베르슈타인 남작이 하이드리히의 대부였을 정도로 명망 있는 상류층 집안이었다. 아버지 리하르트는 본래 가난한 목공의 아들이었으나 작곡가로 성공해 이름을 알렸으며 어머니를 만나 상류층에 오른 인물이다. 하이드리히가 태어났을 당시 아버지는 할레의 음악원 원장이었고 독실한 가톨릭 신자였던 어머니의 영향으로 어려서부터 엄격한 가톨릭 교육을 받았다.

그런데 그의 혈통과 관련해서는 어린 시절 친구들에게 놀림의 대상이 되는가 하면 훗날 나치 정권 내에서 심각한 의혹에 휩싸이는데, 그것은 아버지가 유대계 혈통이라는 소문 때문이다. 실제 하이드리히의 할머니가 한 차례 재혼한 경험이 있고 그 상대가 유대인들이 흔히 쓰는 성 씨를 갖고 있었다고 한다. 다만 이는 아버지 리하르트가 태어난 뒤의 일로 직접적인 혈연관계는 없다는 것이 정설이다. 그럼에도 하이드리히는 어려서 친구들로부터 '모세 헨델Moses Handel'이라고 불리는 등 놀림과 따돌림을 당했으며 성장해서는 나치당 내에서 이 의혹의 꼬리표가 끊임없이 따라 붙는다. 특히 정권 내내 정보통 일인자 자리를 놓고 경쟁했던 빌헬름 카나리스Wilhelm Canaris의 집요한 추궁에 시달렸다. 또 정권에서 든든한 후원자이자 상관이었던 하인리히 히믈러Heinrich Himmler도 그의 독주를 우려해 의혹의 진실을 알면서도 굳이 소문을 막지 않았다는 주장이 있다.

한편 하이드리히는 어려서부터 아버지의 영향을 받아 음악을 즐겼고 특히 바이올린에 탁월한 재능을 발휘하며 이름을 높인 것으로 알려졌다. 1914년 그는 왕립 김나지움에 입학했는데 이 시기 제1차 세계대전을 기점으로 민족주의에 심취해 인종 차별주의자가 된 것으로 전해진다. 또 1919년에는 독일 혁명에 따라 제국이 붕괴되는 과정에서 게오르크 메르카 소장이 이끄는 극우 준군사집단인 자유군단Freikorps에 참여했으며 역시 극우 민족주의 단체인 '독일민족 방위동맹'에도 소속돼 활동했다. 그는 여기서 반유대주의 영향을 크게 받는다. 성장기 하이드리히의 이런 여러 활동은 나치 득세 이후 가파른 성공 가도를 달리는 밑거름으로 작용하지만 당장은 그리 큰 도움이 되지 못했다.

우선 1차 대전의 패전으로 연합국과 맺은 베르사유 조약Treaty of Versailles에 따라 독일인들의 삶은 매우 피폐해졌고 이는 그의 고향인 할레도 예외가 아니었다. 이로 인해 아버지가 경영하던 음악원은 수강생이 줄어 재정난에 시달린다. 자연히 풍족했던 가정 형편도 크게 어려워졌다. 이에 하이드리히는 18세이던 1922년 고등학교 진학을 포기하고 안정적 수입이 보장되는 해군에 입대한다. 그는 입대 이후 브란덴부르크함과 니오베함을 거쳐 1923년 7월 순양함 '베를린함SMS Berlin'에 배속돼 장차 첩보계의 숙적이 될 인물과 조우한다. 바로 훗날 압베르의 수장이 되는 빌헬름 카나리스다. 그렇지만 당시 두 사람은 계급과 나이 차이에도 불구하고 형제 같은 우애와 친구 같은 우정을 나누며 친분을 갖고 있었다. 이때 카나리스는 하이드리히를 해군 사관학교Mürwik Naval School에 입학하도록 도왔고 하이드리히는 특유의 바이올린 재능을 뽐내며 카나리스를 가족 연주회에 초청하는 등 친밀히 교류했다.

이렇게 해서 1926년 해군 소위로 임관한 그는 북해함대 주력함정인 '슐레스비히-홀슈타인함SMS Schleswig-Holstein'에서 통신장교를 거쳐 중위로 진급한다. 특히 그는 이 기간 영어는 물론이고 불어, 러시아어에 이르기까지 어학 분야에서 발군의 실력을 발휘하며 장래가 촉망되는 유능한 장교로 꼽히기도 했다. 그러나 계급이 높아짐에 따라 점차 오만한 성격을 드러내기 시작해 결국 군인으로서의 경력을 망치는 결과를 초래한다. 사건은 1931년 5월 당시 약혼한 그가 결혼을 앞둔 또 다른 해군 중령의 딸과 비밀리에 교제를 해 온 것이 탄로 나면서부터다. 그는 이 일로 "장교에 어울리지 않는 행동을 했다"는 문제 제기에 따라 군법회의에 넘겨져 불명예 전역하면서 군인으로서의 야망을 하루아침에 접고 만다.

운명적 조우… 카나리스와 히믈러

이는 하이드리히 입장에서 허망하기 이를 데 없는 일이었으나 도리어 이 불미스런 사건은 그의 운명을 송두리째 바꾸는 결정적 기회로 돌변한다. 해군을 전역하고 약 한 달여가 지나 그는 어린 시절 자신의 대부였던 에베르슈타인 남작의 아들이면서 친위대 대령이었던 프리드리히 에베르슈타인Friedrich Eberstein의 추천을 받아 친위대 전국 지도자 하인리히 히믈러Heinrich Himmler를 만나는 자리가 만들어졌다. 이때 히믈러는 친위대 내에 '정보부' 설치를 줄곧 구상하며 이와 관련된 정보장교를 물색하던 중 때마침 하이드리히를 만나게 된다. 첫 만남에서 히믈러는 하이드리히가 금발 벽안의 장신으로 북유럽인의 외모를 가진 것에 매우 기뻐했고 이어 정보부에 대한 하이드리히의 구상을 듣고는 커다란 만족감을 표한 것으로 알려졌다.

히믈러의 눈에 들게 된 하이드리히는 그 길로 나치당 본부가 있는 뮌헨Munich으로 이주했고 1931년 8월 본부 내에 SD의 전신이 되는 정보부 즉 'IC부Service'를 설치하며 장차 정적 숙청과 대량 학살, 그리고 제2

차 세계대전에 이르는 광란의 질주를 시작한다. 반면 이러한 역사적 사건과 관련해 일부에서는 다소 실소를 자아 낼 수 있는 에피소드를 제기하기도 한다. 그 내용은 당초 히믈러가 정보부 구상에 따라 에베르슈타인에게 '정보장교' 경력자를 요구했는데 에베르슈타인이 이를 '통신장교'로 혼동해 하이드리히를 소개했다는 말이 있다. 실제 하이드리히는 임관 초기 통신장교로 복무한 경력이 있다.

전후 사정이 어떻건 이런 과정을 통해 창설된 IC부는 초기 부장을 히믈러가 겸임했으나 실질적으로는 하이드리히가 실무 총괄을 맡아 나치당의 경쟁세력이었던 공산당, 사회당 등에 대한 집요한 조사를 벌였다. 또 나치당 내에서도 돌격대SA의 과격파 등 추후 히틀러에게 방해가 될 수 있는 정적들을 조사해 색인 카드로 만들어 관리했다. 이러한 그의 활약 덕분에 조직은 나날이 성장을 거듭해 히믈러로부터 '타고난 첩보가'라는 평가를 받으며 1932년 7월 마침내 SD(Sicherheitsdienst)로 이름을 바꾼 SS보안대의 수장에 올라 사실상 나치 정권 최고의 스파이 두목으로 탄생한다.

그렇다고 하이드리히가 고속질주를 하는 동안 좋은 일만 있었던 것은 아니다. 그의 혈통과 관련해 유대계라는 소문이 퍼지기 시작한 것도 이 시기다. 이 가운데 빌헬름 카나리스는 하이드리히가 유대계 혈통이라는 것을 증명하는 문서를 입수했다고 말하고 다녔으며 친위대 지도자 중 한 명인 루돌프 조던Rudolf Jordan은 그가 순수한 아리아인Aryan이 아니라고 에둘러 의혹을 제기했다. 이에 나치당은 인종문제 전문가를 동원해 공식적인 조사를 벌였으나 소문이 사실이 아닌 것으로 확인됐고 당사자인 하이드리히도 수하를 시켜 진상을 밝히는 등 의혹에 적극 대응했다.

다소의 논란에도 불구하고 여기까지 해군에서 불명예 전역한 퇴역 군인으로서는 엄청난 위치에 오른 것이지만 그의 출세가도는 멈추지 않았다.

냉혈한 지휘자 하이드리히는 SD 수장에 오른 직후 게 슈타포의 지휘권을 흡수하며 서서히 감춰왔던 잔혹성 을 드러낸다. 사진=BArch

이듬해인 1933년 1월 히틀러가 총리에 오르면서 뮌헨 경찰총감 에 오른 히믈러를 따라 하이드 리히도 정치경찰부장에 오르면 서 권력의 핵심부에 진입했고 영향력도 바이에른주 전체로 확 대된다. 또한 이들은 1934년 4 월 게슈타포Gestapo의 지휘권까 지 친위대로 흡수하며 독일 전 체 경찰권을 장악한다. 이와 함 께 6월 9일에는 하이드리히가 이끌던 SD가 법령을 통해 나치당 유일의 정보기관으로 인정되는 동시에 조직원도 3천여 명으로 크게 늘면서 막강한 권력기관으로 재탄생했다.

그런데 이 같은 조직 재편과 함께 또 하나의 변화를 보인 것이 있었다. 하이드리히의 감춰졌던 잔혹성이 드러나기 시작한 것이다. 실제 하이드리 히는 1934년 6월 30일 이른바 '장검의 밤Night of the Long Knives'으로 불 린 나치당 돌격대 사령관인 에른스트 룀Ernst Röhm 등에 대한 숙청을 주 도하며 히틀러의 정적들을 하나씩 제거해 나갔다. 이 사건에서 두드러진 것은 룀이 하이드리히 자신의 아들인 클라우스의 대부였음에도 음모의 조 작과 체포, 처형에 이르기까지 주저하거나 망설임이 전혀 없었다는 점이 다. 이는 나치당 성장기에 오랜 동지였던 히틀러와 한때 친분이 두터웠던 히믈러조차 혀를 내두른 일화로, 당시 내무부 장관이었던 빌헬름 플릭은 "앞으로 히틀러의 입각을 지지할 수 있겠지만 하이드리히는 절대로 입각 시키지 않겠다"고 말했을 정도로 나치당에서도 충격으로 받아들여졌다.

심지어 플릭은 그를 '암살자'로 표현하며 불쾌감과 함께 지독한 거부감을 여과 없이 드러냈다.

유대인 학살과 프라하 만행, 그리고 최후

그럼에도 하이드리히는 숙청의 공적을 인정받아 친위대 중장으로 진급했고 1936년에는 기존 경찰과 게슈타포를 통합한 보안경찰제SiPo를 신설해 수장에 오르며 비상의 날개를 단다. 이렇게 정보권력SD과 경찰권력 SiPo을 한 손에 쥔 그는 이 기간 잠시 눈을 외부로 돌려 소련에서 스탈린 Joseph Stalin이 단행한 대숙청 공작에도 관여하며 미하일 투하체프스키 Mikhail Tukhachevsky 원수 등 소련군 장교 3만 5천 명이 희생되는 데 힘을 보탰다. 이 공작은 당시 반소反蘇 저항 세력에 소속돼 소련의 NKVD를 돕던 이중 스파이 니콜라이 스코블린Nikolai Skoblin에 의해 물밑 접촉이 시작됐으며, 이 과정에서 하이드리히도 소련군의 희생을 극대화할 목적으로 군부의 쿠데타 관련 위조문서를 NKVD에 전달한 것으로 알려졌다. 복잡하게 얽힌 이 사건의 진상과 관련해 철저히 스탈린이 구상한 시나리오에 따라 진행됐다는 견해가 지배적인 만큼 하이드리히가 소기의 목적을 달성했느냐는 의문이다. 다만 후에 독일이 소련을 침공했을 때 스탈린이 앞선 군부에 대한 대숙청으로 유능한 장교들을 대거 처형하는 바람에 위기를 자초했다는 평가가 있어 결과적으로 그의 노림수가 아주 빗나간 것은 아닌 것으로 보인다.

이후에는 다시 본래의 관심사인 내부 영향력 확대에 몰두, 1938년 3월 오스트리아 병합Anschluss 과정에서도 특유의 모략과 협박, 선전전 등 치밀한 배후 공작을 주도해 존재감을 과시한데 이어 베르너 폰 블롬베르크

Werner von Blomberg 국방군 최고사령관과 베르너 폰 프리츠Fritsch 육군 사령관의 해임에도 깊숙이 관여한다. 그러고는 나치 정권의 '비수'를 자임하며 1939년 8월 폴란드 침공의 명분이 된 글라이비츠 방송국 습격작전 (일명 '히믈러 작전' Operation HIMMLER 세기의 첩보전 제4화 참조)을 지휘해 성공시켰고 9월 폴란드를 점령한 뒤에는 유대인, 집시 등을 대거 이주, 격리시키면서 후에 벌어지는 대량학살Holocaust의 서막을 올린다. 이와 함께 기존 SD와 보안경찰을 묶은 '국가보안본부RSHA'를 창설해 직접 수장에 오르며 사실상 나치 정권에서 정보권력 일인자임을 만천하에 알렸다. 이때 그는 압베르도 보안본부로 흡수하려 했으나 카나리스의 완강한 저항에 부딪혀 뜻을 이루지 못했다.

이처럼 나치 정권에서 무소불위의 권력을 거머쥔 하이드리히는 이를 전후해 세계사를 통틀어 가장 잔혹한 범죄 중 하나인 '유대인 말살 계획'에 착수한다. 그는 이에 앞서 1939년 헤르만 괴링에게 독일 내 '유대인 이주 중앙본부' 설치를 지시받아 그 본부장을 겸하고 있었으며 1941년 7월 다시 '유대인 문제 최종 해결'이라는 계획을 위임받는다. 여기에 근거해 이듬해 1월 베를린 근교 반제에서 정부 관리들과 회의Wannsee Conference를 갖고 유대인들을 3개 수용소로 보내 약 1백만 명 이상을 학살토록 했다. 후에 이 계획은 '라인하르트 작전Operation Reinhard'으로 명명됐고 실무는 그의 심복 중 한 명인 아돌프 아이히만Adolf Eichmann(세기의 첩보전 제29화 참조)이 총괄했다. 또 유대인 살상만을 전담하는 별도 처형부대도 창설해 운영했는데 1941년 12월 20일 기준으로 이 부대에 살해된 유대인 수는 36만 3천 211명이다. 이는 하이드리히가 히틀러에게 직접 보고한 수치다.

하이드리히의 이런 광란의 질주에 대해 히틀러는 상당한 신뢰를 보냈고 그 징표로 1941년 9월 체코 보헤미아 모라비아Bohemia and Moravia

보호령의 부총독으로 임명한다. 이때 체코는 독일 본토의 루르 지방과 함께 나치 최대의 군수 공업지대가 있었지만 잦은 파업과 소요로 골머리를 앓고 있었고 이에 히틀러는 하이드리히의 강권을 동원해 정국 안정을 꾀한다. 그는 프라하에 도착한 즉시 계엄령을 선포하고 게슈타포를 동원해 총리 등 주요 인물을 잡아들였다. 이어 암시장 등을 수색해 반체제 세력 4천여 명을 체포했으며 이 가운데 4백 명 이상을 공개 처형했다. 이로 인해 그는 '프라하의 학살자The Butcher of Prague'라는 악명을 얻는다.

반면 얼마간의 체포와 처형이라는 공포 정국 이후 하이드리히는 소위 '당근과 채찍'을 섞어 노동계급에는 식량 배급과 연금지급액을 늘리는 등 유화책을 쓰며 환심을 샀다. 또 '학살자'라는 오명을 벗기 위해 가족을 동반하고 자주 기자들 앞에 나서 사진을 찍는다든가 경호나 호위 차량도 없이 오픈카 상태로 출퇴근을 하는 등 공개 활동을 하게 된다. 그러나 이러한 그의 방비 없는 잦은 외부 노출은 치명적 결과로 이어진다. 같은 시기 영국이 하이드리히 암살 계획인 이른바 '유인원 작전Operation ANTHROPOID 세기의 첩보전 제10화 참조'에 착수했기 때문이다.

영국 특수작전집행부SOE와 체코 망명정부가 공동으로 기획한 이 작전은 1941년 10월 수립돼 1942년 5월 27일 실행된 것으로 체코 출신의 암살단이 프라하에 침투해 출근길에 하이드리히 차량을 기습, 폭사시키는 작전이었다. 작전 당일에도 그는 운전기사 겸 수행원 한 명만을 대동한 채 출근 중이었고 길목에서 매복 중이던 암살단이 던진 폭탄 파편이 패부를 관통한다. 그럼에도 사건 직후 하이드리히는 긴급 수술을 받고 최고 의사들의 관리 속에 점차 회복된다. 그렇게 일주일이 지나 완치되는 듯했으나 갑작스런 쇼크로 혼수상태에 빠졌다가 결국 6월 4일 새벽 38세로 최후를 맞았다.

\overline{FOCUS} SS보안대SD··· 히틀러의 비수

SS보안대Sicherheitsdienst는 나치 독일의 친위대SS가 운영했던 정보기관으로 '친위대 보안부' 또는 '친위대 정보부'로도 부른다. 후에 게슈타포, 압베르Abwehr와 함께 국가보안본부RSHA로 통합됐다. 창설은 1931년 8월 친위대 전국 지도자 하인리히 히믈러와 그의 수하 라인하르트 하이드리히에 의해 뮌헨 나치당 본부에 정보부(보안부, IC부)로 설치된 것이 시초로 1932년 4월 신문 · 정보부PID로 개칭됐다. 초기 수장은 히믈러가 겸임하고 있었으나 실무는 창설 당시부터 하이드리히가 총괄했고 같은 해 7월 보안대SD로 개칭되면서 하이드리히가 정식으로 수장에 올랐다.

SD의 활동은 나치당에서도 비중이 매우 높았는데 일반 친위대SS 대원들이 무급으로 활동했던 것에 비해 SD대원들에게는 급여가 지급됐으며 여타 당 조직에 비해 고학력자들로 대거 구성됐다. 초기에는 공산당과 돌격대SA 내부 과격분자 등 반나치 척결 활동을 주로 했지만 1933년 1월 나치당이 정권을 장악하면서 SD가 사실상 첩보계통 국가기관으로 국내외 활동을 본격화하기 시작한다. 이어 이듬해 6월 법령으로 나치당 내 유일한 첩보기관으로 인정됨과 동시에 초기 나치의 군부 실력자이면서 히틀러의 경쟁자였던 에른스트 룀 등에 대한 숙청을 주도해 악명의 신호탄을 쏘았다. 또 1937년에는 국내를 벗어나 스탈린에 의해 자행된 소련 군부실력자 미하일 투하체프스키Mikhail Tukhachevsky 원수에 대한 숙청(제19화 스코블린 부부 편 참조)에도 깊이 개입한 것으로 알려졌고 1938년에는 국방부 장관이었던 베르너 브롬베르크와 육군 최고 사령관이었던 베르너 프리츠에 대한 숙청에도 관여하며 막강한 배후 세력으로 성장했다.

조직 체계는 창설부터 1939년 국가보안본부로 통합되기 전까지 대략 3

개 국局 체계를 유지했다. 제1국은 인
사관리 및 조직 통제, 제2국은 국내첩
보 및 감시, 제3국은 해외첩보를 담당
했다. 그러다 국가보안본부로 통합되
면서 본부 내에 3국과 6국에 각각 국내
첩보Inland-SD와 해외 첩보Ausland-SD
로 나누어 배치했고 분야도 세분화해
담당하도록 했다.

한편 SD는 창설 이후 국내적으로는
게슈타포, 대외적으로는 압베르와 각
각 치열한 주도권 다툼을 벌였다. 특
히 게슈타포와는 그 역할 구분이 애매
해 갈등을 벌였는데 이에 하이드리히
는 SD에 당내, 인종, 해외, 행정 등을
맡겼고 게슈타포에 공산주의, 이민,
정치범을 각각 전담시키면서 갈등을

SD의 두 주역 하인리히 히믈러(좌)와 라인하르트 하이드리
히(우)

해소했다. 아울러 압베르와 대외첩보 주도권을 두고 첨예한 대립각을 세웠
지만 1942년 수장이었던 하이드리히가 암살되면서 갈등은 수면 아래로 가
라앉았다. 이후 1943년 1월부터 에른스트 칼텐부르너Ernst Kaltenbrunner
가 후임을 맡아 이듬해 압베르를 흡수하며 종전까지 존속했으나 패전에
따른 뉘른베르크 전범재판에서 범죄 집단으로 낙인 찍혀 해체됐다.

29

펠릭스 제르진스키

Feliks Dzerzhinskii 1877~1926 -CHEKA-

사진=RIA
Novosti

펠릭스 제르진스키Feliks Dzerzhinskii는 소련에서 시작해 현재의 러시아에 이르는 공안정보기관들의 기원이 된 체카를 창설하고 이끌었던 전설적인 스파이 두목이다. '철의 펠릭스Iron Felix'라고 불릴 만큼 강한 신념과 냉정한 결단력을 소유한 인물로, 이를 바탕으로 볼셰비키 혁명Bolshevik Revolution을 성공시키는 데 크게 공헌했다. 하지만 정국 안정을 명분으로 반대 세력 숙청에 앞장서며 수많은 인명을 살상해 '창백한 살인마'라는 악명도 얻었다.

1926년 사망한 이후 스탈린 체제에서는 '혁명의 수호자'로 추앙받았으나 1990년대 초 소련이 붕괴되면서 국민들에 의해 기념 동상이 끌려 내려져 폐기되는 역사의 심판을 받는다.

철의 펠릭스, 그는 누구인가?

펠릭스 제르진스키는 1877년 러시아제국 시절 민스크Minsk의 폴란드계 귀족 가문에서 태어났다. 그의 가문은 폴란드와 리투아니아 공화국의 기사 계급인 이른바 '슐라흐타Szlachta'에 속했던 것으로 알려졌는데 이들은 가문을 상징하는 별도 문장을 달고 다녔을 정도로 높은 지위와 권세, 자긍심을 갖고 있었다. 아버지는 체호프 김나지움Chekhov Gymnasium에서 물리를 가르치는 교사였고 어머니는 상트페테르부르크 대학 교관의 딸로 학식을 겸비한 집안이었다.

1887년에는 귀족의 아들들만 다녔다는 빌뉴스Vilnius 김나지움에 입학한다. 소년 시절 그는 어떤 이유인지는 분명치 않지만 예수회 수도사가 되기를 원했고 이로 인해 매사에 경건하고 욕심이 없었던 것으로 전해진다. 특히 김나지움에 재학할 당시 제르진스키는 훗날 폴란드 제2공화국에서 참모총장과 총리가 되는 유제프 피우수트스키Jozef Piłsudski와 각별한 친분을 맺고 있었다. 이때 상급생이었던 피우수트스키는 당시 제르진스키에 대해 "겸손하고 성실한 성격에 금욕주의자의 풍모를 갖고 있었으며 거짓말을 할 줄 모르는 인물이었다"고 회고했다. 반면 두 사람은 후에 이념 갈등으로 서로에 총부리를 겨누는 혁명가와 정치가로 재회한다.

한편 제르진스키에게는 이처럼 차분하고 겸손한 성격 외에 또 다른 면이 있었다. 귀족 신분에도 불구하고 폴란드인과 유대인 노동자의 궁핍한 삶을 보면 격한 분노를 드러내는 등 열정도 내재돼 있었던 것이다. 이같은 그의 열정은 이 시기 유럽을 중심으로 급속히 퍼져 가던 마르크스주의에 심취하는 원인이 됐고 급기야 졸업을 두 달여 남기고 혁명운동에 연루돼 퇴학 처분을 당했다. 이에 18세이던 1895년 생애를 혁명에 바치기로 결심하고 마르크스주의 운동에 참여하기 위해 작위까지 거부하며 집을 떠나 러시아 노동자 동맹SDKP에 참가하면서 파란만장한 여정을 시작한다.

이렇게 시작된 제르진스키의 청년기는 이후 수배와 체포, 유형과 탈출, 그리고 도피가 반복되는 곡절 많은 궤적을 그리게 된다. 1897년 20세이던 그는 지하 노동운동을 이끌다 경찰에 체포돼 시베리아 유형 처분을 받고 강제수용소로 끌려갔다. 이에 앞서 경찰은 제르진스키를 용의자로 지목해 상부에 올린 보고서를 통해 "이 청년은 신념을 위해 필요하다고 판단하면 '어떤 행위'도 할 수 있다"고 보고한 것으로 알려졌다. 이는 훗날 체카를 창설한 이후 드러낸 잔혹성을 잘 설명해 주는 대목이다. 이후 1898년 그는 시베리아 수용소를 탈출해 리투아니아 사회민주당 창당에 참여하며 간부에 올랐고 이듬해 12월에는 폴란드 사회민주당과의 합당을 이끌며 폴란드·리투아니아 사회민주당SDKPiL을 창당했다. 1900년에는 활동 반경을 독일까지 넓히며 평소 추종하던 로자 룩셈부르크Rosa Luxemburg를 만나 친분을 맺는 등 유럽 공산주의 연대에 힘을 쏟는다.

하지만 그의 이렇듯 왕성한 활동도 1904년경 한차례 위기를 맞는다. 스위스에 머물던 제르진스키는 이곳에서 줄리아 골드먼Julia Goldman이라는 여성을 만나 약혼까지 했으나 이 여성이 결핵에 걸려 사망한다. 간병을 위해 정치 활동까지 중단하는 열성을 보였던 그는 약혼자의 죽음 앞에 적지 않은 심적 갈등에 시달렸다. 당시 그는 누나에게 보낸 편지에서 "귀족의 길을 버리고 택한 길이 무의미해졌다"고 말했을 정도로 정신적 충격이 컸던 것으로 전해진다. 그러던 1905년 러시아제국 붕괴의 신호탄이 된 제1차 혁명Revolution of 1905이 일어나자 일선에 복귀해 혁명세력에 가담한다. 그러나 리더가 부재한 상황에서 일어난 혁명이 실패로 돌아가면서 그는 제국 공안기관인 오흐라나Okhrana에 붙잡혀 다시 수감됐다가, 같은 해 러시아 황실이 발표한 '10월 선언'에 따라 풀려났다.

반면 얼마 지나지 않아 정국은 다시 혼란에 빠져 러시아 사회민주노동당RSDLP 등 혁명세력은 쫓기는 신세가 됐으며 RSDLP에서 폴란드계 SDKPiL를 대표하는 대의원을 거쳐 중앙위원으로 선출된 제르진스키도 각지를 숨어 다니는 등 도피 생활을 해야 했다. 그는 이 과정에서 동지였던 소피아 무스카트Zofia Muszkat와 결혼했고 체포 위험에도 불구하고 계속 당을 이끌었다. 1910년 들어 제르진스키는 폴란드계 세력에서는 최대의 지도자로 성장해 있었던 만큼 경찰의 추적이 집요하게 전개되던 중 마침내 이듬해 다시 체포되면서 폴란드 정치 교도소에 수감된다. 그러던 1914년 제1차 세계대전으로 독일군이 동유럽으로 진격하자 죄수들도 러시아로 이송됐다. 이때 그는 강제 노동과 모진 고문으로 얼굴에 심한 상처를 입는 등 인생 최대의 수난기를 보내기도 했으나 도리어 이것은 블라디미르 레닌Vladimir Lenin과의 조우에 이어 체카의 창설로 이어지는 일생일대의 기회로 돌변한다.

레닌과의 조우, 체카의 탄생

당시로서는 폴란드계 정치범에 불과했던 제르진스키에게 도약의 기회가 된 것은 1차 대전의 와중에 일어난 1917년 2월 혁명February Revolution이었다. 이 혁명의 결과로 제정 러시아가 붕괴되면서 그는 석방된다. 자유의 몸이 된 그의 앞에는 여러 갈림길이 놓여 있었다. 이중 다수 지지

자는 제르진스키가 폴란드로 돌아와 사회민주당SDKPiL을 이끌며 독립과 공화정 수립에 나서 줄 것을 기대했다. 또 러시아에 머물더라도 여러 갈래의 좌파활동이 가능했는데, 그는 이 가운데 가장 급진적이었던 레닌의 볼셰비키에 운명의 주사위를 던진다. 이후 SDKPiL을 로자 룩셈부르크 등에게 맡기고는 러시아 사회민주노동당RSDLP에 입당해 볼셰비키 모스크바 위원회에 합류한다. 여기서 그는 레닌으로부터 혁명 활동과 관련, 그동안의 공로를 인정받아 볼셰비키 정파를 대표하는 12명의 중앙위원으로 선출되며 본격적인 러시아 무대에 이름을 알렸다. 이어 1917년 10월 10일 페트로그라드Petrograd(현 상트페테르부르크)에서 개최된 당 중앙위에서 군사혁명위원회를 중심으로 무장봉기에 의한 즉각적인 혁명을 주장한 레닌을 적극 지원해 곧바로 이어진 볼셰비키 혁명을 성공시키는 데 공헌한다.

그렇지만 적어도 이때까지 제르진스키는 단순한 공산주의 혁명가 또는 정당 활동을 주로 해 온 정치가였을 뿐 보안 분야, 더욱 첩보계통과는 별반 관련성이 없었다. 그가 보안 분야에 발을 들여놓은 것은 10월 혁명 기간 레닌이 그를 군사혁명위원으로 지명해 보안부대를 맡기고 지배 지역에 대한 치안 유지를 일임하면서부터다. 또 혁명군의 참모본부가 있던 스몰니 수도원Smolny Institute에 대한 경비 책임도 맡겼다. 레닌이 제르진스키에게 이 같이 치안과 경비 등 주로 보안 분야를 전담토록 한 이유는 분명치 않으나 그의 혁명에 대한 냉정한 헌신과 명석한 두뇌, 무엇보다 조직을 이끄는 리더십을 높이 산 것으로 추측된다. 아울러 그가 혁명 과정에서 볼셰비키 내에서도 '혁명의 검'으로 불릴 정도로 급진적이고 때로는 잔혹하리만큼 냉혹한 성격으로 이름을 높여 온 점도 참작된 것으로 보인다.

레닌의 속내가 어떻건 이러한 그의 경험과 성품은 볼셰비키가 정권을 잡은 10월 혁명 직후 역사상 둘째가라면 서러울 정도의 '철권'을 휘두른 비밀경찰의 탄생으로 이어진다. 실제 혁명 후에도 러시아에서는 국내적으로 반대 세력의 총파업과 태업, 시위가 크게 늘었고 대외적으로는 서구 열강들이 이들 세력을 물밑으로 지원하는 군사 간섭에 나선다. 이에 레닌은 반정부 활동을 감시, 척결하는 치안기관의 필요성을 절감해 1917년 12월 충성심이 입증된 제르진스키를 '혁명의 사도'라고 추켜세우며 그 임무를 맡겼다. 이렇게 해서 체카(설립 당시 명칭은 '반혁명 및 사보타주 분쇄를 위한 전 러시아 특별위원회')는 창설됐으며 이후 반군 색출과 정적 체포 및 처형 등이 이어지면서 적게는 수만 명에서 많게는 수십만 명이 희생되고 이보다 더 많은 수가 시베리아 등 강제수용소로 보내진다.

혁명의 검에서 레닌의 검으로

체카에서 시작된 소련의 정보기관은 냉전기 국가보안위원회KGB로 이어져 '국가 속의 국가'로 불릴 만큼 규모와 위용을 자랑하게 되지만 정작 창설 당시의 여건은 그리 좋은 것은 아니었다. 이들에게는 사무실로 쓸 마땅한 본부 건물도 없었으며 최초 인력도 24명에 불과했다. 그럼에도 '신념을 위해 어떤 행위도 할 수 있었던' 제르진스키의 냉정한 결단력에 힘입어 빠르게 체계를 갖춰 갔고 조직원의 수도 크게 늘어났다. 또한 혁명 본부가 모스크바로 옮겨 가면서 루비얀카Lubyanka 거리의 옛 보험회사가 썼던 건물도 사용할 수 있게 됐다. 무엇보다 이들에게는 레닌에 의해 '영장 없이도 수사와 약식 재판, 그리고 처형까지' 할 수 있는 막강한 권한이 주어졌다. 이와 함께 제르진스키도 "우리는 조직화된 테러를 표방

레닌의 검 제르진스키(좌측에서 첫 번째)는 강한 신념과 냉정한 결단력으로 레닌을 도와 볼셰비키 혁명을 성공 시키는데 크게 공헌했다. 1926년 5월 우크라이나 지역을 방문했을 때의 모습.

한다"라는 내부 강령을 발표하며 악명의 서막을 올린다.

이렇게 체계를 정비한 체카는 제르진스키의 지휘 아래 1918년 창설 이후 첫 번째 작전에 돌입한다. 이들은 4월 11일 밤 야음夜陰을 틈타 그간 모스크바 일대에서 농성을 벌이던 무정부주의자들의 근거지 20곳을 기습해 5백여 명을 잡아들였고 이 중 40여 명을 그 자리에서 처형했다. 이어 제르진스키가 "볼셰비키에 불만을 가진 사람은 그가 누구든 발본색원하라"는 지시를 내리면서 우편, 전신, 전화, 공문서에 이르는 모든 통신망을 장악해 반대 세력의 움직임이나 민심 동향을 파악했다. 여기서 지목된 소위 '불만을 가진 것으로 의심된 사람들'은 지체 없이 루비얀카로 끌려갔으며 하루에도 수백 명이 감옥과 고문실을 채웠다. 이들 중 대부분은 살아 돌아가지 못했고 가족들에게는 "반혁명적 행위가 발각돼 처형됐다"

는 퉁명스런 통지문만 날아들었다.

그러나 이러한 제르진스키의 잔혹성은 시작에 불과했으며 곧이어 그의 악명이 서방에 전해지는 일이 벌어진다. 같은 해 8월 한 사회혁명당SR 당원에 의해 '레닌 암살 미수사건'이 발생했고 이에 제르진스키는 그에 따른 보복 조치로 '적색테러'를 발동하며 반대파를 대거 체포해 처형했다. 더욱 이때 그는 로마노프 왕조의 마지막 황제였던 니콜라이 2세 일가와 전직 관료 5백여 명에 대해서도 '인민의 적'이라는 낙인을 찍어 재판 없이 전원 총살했다. 이러한 참혹한 러시아 국내의 대량 학살로 서유럽에서는 나치즘 득세와 함께 '반공주의'가 확산되는 주요한 원인이 된다.

하지만 제르진스키의 표적은 국내 반대 세력에만 머물지 않았다. 반볼셰비키 세력의 도전과 관련해 그 배후에 영국과 프랑스, 미국 등 서방의 지원이 한몫하고 있다고 판단한 그는 체카 내에 별도 방첩부서를 만들었다. 그리고는 볼셰비키와 레닌에 강한 충성심을 보여 온 에두아르도 베르친Eduard Berzin이 지휘하는 라트비아 소총부대 군인들을 반정부 성향의 친위 경비부대로 위장 시켜 서방 외교관들의 경호 임무를 자청하도록 한다. 이 과정에서 서방의 반볼셰비키 쿠데타 계획을 알아내 러시아에 암약하던 MI6를 비롯한 미 국무부 정보국 소속 첩보원 등 2백여 명을 잡아들여 모두 처형해 버렸다. 이에 힘입어 제르진스키는 레닌으로부터 "10월 혁명 이후 볼셰비키에 닥친 위기를 막아냈다"는 평가를 받았고 1921년에는 즉결처분권이 확대되면서 잔혹극은 끝없이 이어졌다. 특히 그는 이 기간 잠시 교통인민위원도 겸하게 되는데 철도 체계의 혼란으로 식량 수송이 지연되자 철도 책임자를 불러 이들 중 관련자를 그 자리에서 즉결 처형하기도 했다. 이 일이 있은 후 철도 지연 사태는 더 이상 일어나지 않았고 식량 배급도 원활하게 이뤄졌다. 이처럼 무소불위의 철권을 앞세운 제르진스키의 활약은 당시 혁명 정부와 레닌의 권력을 지탱하는 전위부대 역할을 톡톡히 해냈다.

반면 1922년 들어 내전이 종결되면서 반대 세력도 대부분 제압됐고, 그는 새로운 진로를 모색해야 했다. 이에 기존 체카에 '보안과 방첩'을 주요기능으로 설정하고 명칭도 국가정치국GPU으로 바꿔 상설기구로 정비했다. 그럼에도 이 시기 그는 조직망을 도처에 심어 감시와 숙청을 지속하면서 여전히 두려움의 존재로 군림했으며 왕정복고를 노리는 잔존 세력을 절멸하기 위한 이른바 '트러스트 작전Operation TRUST 세기의 첩보전 제3화 참조'을 진두지휘하기도 했다. 트러스트 작전은 근대 첩보사에서도 가장 성공적인 기만술로 꼽히는 비밀 작전으로, 소련 내 반체제 위장 조직인 '트러스트'를 만들어 왕정파 등 대내외 반대 세력의 활동을 무력화시킨 것으로 유명하다. 또 서방 정보기관들을 철저히 '트러스트'에 의존하도록 만들어 허위, 거짓, 편향 정보를 통한 교란작전도 벌였으며 망명 세력 지도자 보리스 사빈코프Boris Savinkov와 MI6의 전설적 스파이 시드니 라일리Sidney Reilly를 유인해 처형하는 성과를 올린 바 있다.

한편 제르진스키는 1924년 레닌의 사망으로 든든한 정치적 후원자를 잃으며 쇠락했고 이어 벌어진 권력투쟁에서는 트로츠키Leon Trotsky 일파를 맹렬히 공격하며 스탈린의 권력 장악을 도왔다. 그러던 1926년 7월 20일 볼셰비키 중앙위 연설 직후 심장발작을 일으켜 갑작스런 최후를 맞는다. 그는 스탈린 시대에는 '프롤레타리아의 수호자'라는 칭송과 함께 그의 이름을 딴 광장이 조성됐고 KGB 본부 앞에는 거대한 동상이 세워졌으나 1991년 소련 붕괴 당시 성난 국민들에 의해 끌어 내려지면서 역사의 심판을 받았다.

30

라브렌티 베리야

Lavrenty Beriya 1899~1953 −NKVD−

라브렌티 베리야Lavrenty Beriya는 체카의 후신이며 KGB의 전신인 소련의 공안정보기관 내무인민위원회NKVD에서 제2차 세계대전 기간 수장을 지낸 인물이다. 철권을 바탕으로 반체제 학살을 주도하며 '스탈린의 검'으로 활약했고 재임 후반기에는 소련의 핵무기 개발계획을 진두지휘했다.

반면 스탈린Joseph Stalin 사후 권력투쟁에서 패배해 '반역죄'를 뒤집어쓰고 1953년 처형된 비운의 스파이 두목이다.

스탈린의 검, 그는 누구인가?

라브렌티 베리야는 1899년 러시아제국 시절 그루지야 수후미Sukhumi 근교 메르쿨리에서 소작농의 아들로 태어났다. 아버지는 베리야가 어려서 사망했고 이로 인해 집안은 궁핍했으며 여동생이 선천성 청각장애를 갖는 등 불우한 어린 시절을 보냈다. 이어 수후미 지방학교를 졸업하고 1917년 아제르바이잔으로 옮겨 바쿠Baku 공업학부에 들어간다. 여기서 그는 수학과 과학에서 상당한 재능을 발휘한 것으로 알려졌다. 그런데 그가 바쿠에 머물던 시기 러시아에서는 2월 혁명이 일어나 제국이 붕괴되면서 일시적으로 그루지야와 아제르바이잔, 아르메니아가 각기 공화국으로 분리되는 등 정세가 급변한다. 이와 함께 베리야의 신변에도 중대한 변화들이 일어나게 되는데 그는 이 기간을 기점으로 볼셰비키Bolsheviks에 가담해 공산주의 활동을 본격화한다.

다만 그의 '볼셰비키 합류 시점'을 놓고는 기록과 주장에서 의견이 분분하다. 현재까지 알려진 바에 따르면 1917년 바쿠 공업학부 입학과 함께 입당했다는 설과 볼셰비키의 주력군이었던 붉은 군대가 아제르바이잔 진주를 목전에 둔 1919년 입당했다는 설이 있다. 이것이 중요한 이유는 베리야의 행적 중 1917년 이후 반볼셰비키 정당이면서 아제르바이잔 민주공화국의 여당이었던 이른바 '평등당Mussavatists'에도 가입해 활동한 흔적이 있고 심지어 1919년에는 민주공화국 보안대의 일원으로 활동한 전력이 있기 때문이다. 또한 '1919년 입당설'에서는 평등당의 정보를 다수 제공하는 조건으로 볼셰비키에 들어갔다는 말이 있어 이 모두에서 드러난 주요한 특징은 그의 공산주의 활동이 신념이라기보다는 기회주의에 입각한 성공 지향적 '처세'의 일환이라는 점이다.

이전 상황이 어떻건 그는 1920년 펠릭스 제르진스키Felix Dzerzhinsky의 눈에 들어 체카에 들어갔으며 이듬해에는 멘셰비키Menshevik가 정권을 잡고 있던 그루지야에서 볼셰비키의 반란과 붉은 군대의 침공 과정에 깊이 개입했다. 볼셰비키 점령 직후에는 그루지야와 아제르바이잔의 반볼셰비키 탄압에 적극 가담하며 '비밀경찰계'에서 두각을 나타내기 시작한다. 베리야는 이러한 활약으로 20대 초반에 불과했던 1922년 그루지야 비상위원회의 위원으로 위촉됐고 이와 함께 체카의 후신인 국가정치국GPU 지부장 대리로도 취임했다.

그렇지만 이것은 그의 출세가도에서 시작에 불과했고 많은 스파이 두목들이 그러하듯 지위를 더함에 따라 감춰 왔던 잔혹성도 차츰 본모습을 드러낸다. 이 시기는 사실상 러시아 내전이 볼셰비키의 승리로 끝나 소비에트 연방이 팽창돼 가던 때였지만 제정 붕괴 이후 짧게라도 독립을 맛본 민족주의자들의 활동은 여전히 이어졌다. 그러던 1924년 8월 그루지야의 반볼셰비키 민족주의자들이 일제히 폭동을 일으킨 이른바 '8월 봉기August Uprising'가 일어난다. 이를 사전에 감지해 온 베리야는 GPU와 붉은 군대를 앞세워 봉기를 불과 한 달여 만에 진압하는 민첩성을 과시했다.

그러나 문제는 이때부터였다. 이후 그는 반란에 가담한 인물은 물론이고 남녀노소를 불문한 이들의 혈족들까지 모조리 처형했으며 심지어 반란과는 상관없이 당시 교도소에 수감돼 있던 사람들까지 모두 처형했다. 처형 방식도 잔혹해 수백 명을 기찻길 위에 세워 총살했는데 이는 시신을 빠르게 처리하기 위한 방안이었다고 한다. 이렇게 진압이 이어진 1924년 8월 말부터 9월 초까지 단 일주일간 약 1만 2천여 명이 희생됐고 약 2만여 명이 시베리아나 중앙아시아로 추방됐다는 조사 결과가 있다. 일부 전문가들은 훗날 베리야를 나치 독일에서 유대인 학살을 진두지휘한 친위대 지도자 하인리히 히믈러Heinrich Himmler와 동일하게 분류하곤 하는데 바로 자신의 고향 그루지야에서 자행한 진압작전이 사실상 그 '악명'의 출발점이었다.

그럼에도 이 덕분에 소련은 카프카스(코카서스, Caucasus) 산맥 이남을 수월하게 연방에 편입할 수 있었고 이러한 공로가 인정돼 베리야는 붉은 기 훈장과 함께 정식으로 남카프카스 합동국가정치국OGPU 국장에 오르며 고공행진에 시동을 건다. 이어 1926년에는 그루지야 공화국 연방정치국장에 올라 일대 공안 및 경찰권을 장악하는 등 막강한 힘을 갖게 된다. 이와 함께 이 시기 그는 훗날 자신의 보스가 되는 거물巨物과도 인연을 맺게 되면서 커다란 전환점을 맞는다. 그 보스는 다름 아닌 레닌에 이어 권좌에 오른 스탈린이었다. 베리야는 같은 그루지야 출신의 볼셰비키 혁명가인 그리고르 오루조니키제Grigol Ordzhonikidze를 통해 스탈린을 대면할 수 있었고 역시 그루지야 출신인 스탈린의 환대를 받으며 중앙 권력의 주변에 포진할 수 있었다. 이후 그는 카프카스 산맥 이남의 인접국인 터키와 이란의 정보망을 일망타진하는 한편 스탈린이 휴가차 방문할 때는 경비와 경호 일체를 전담하며 신뢰를 얻어 나갔다.

비상의 날개 달고 '변방에서 중심으로'

한편 이 같은 떠오르는 최고 권력자의 신뢰는 그렇지 않아도 일대에서 막강한 치안권을 손에 쥐고 있던 베리야에게는 비상의 날개였다. 그는 이를 바탕으로 1931년 그루지야 공산당 제1서기(서기장)에 올랐으며 다음 해에는 카프카스 이남의 지역당도 장악해 정치적으로도 실력자로 부상한다. 이 과정에서 정적 중 한 명인 가이오즈 데브다리아니Gaioz Devdariani

를 집중 공격해, 그 형제들이 사형을 당하도록 하는 등 출세를 위해서는 물불을 가리지 않았다. 이어 1934년 소련 공산당 중앙위원에 오르면서 비로소 모스크바 정계에 이름을 올렸고 스탈린이 신임하는 심복 중 한 명으로 자리한다. 이처럼 베리야가 활동 반경을 넓혀 가던 바로 이 시기 소련 내부에서도 극심한 변화가 일기 시작했다.

같은 해 12월 볼셰비키 지도자 중 한 명이며 스탈린의 정적으로 부상했던 세르게이 키로프Sergei Kirov가 암살당하면서 이른바 '스탈린의 대숙청Great Purge'이라는 음습한 기운이 드리워진다. 이와 함께 NKVD는 사실상의 비밀경찰 기능인 국가안보총국GUGB을 흡수해 무소불위의 권력 기관으로 재탄생했다. 이후 NKVD는 1936년 수장에 오른 니콜라이 예조프Nikolai Yezhov의 진두지휘 아래 1938년까지 정관계, 군부 실력자 등 약 60만 명 이상이 희생된 대숙청이라는 '피의 광풍'을 주도한다. 이 가운데는 NKVD 초대 수장이었던 겐리크 야고다Genrikh Yagoda를 비롯해 당시 소련군 참모총장이던 미하일 투하체프스키Mikhail Tukhachevsky 원수 등이 포함돼 있었다. 그 사이 베리야도 자신의 권력 기반인 그루지야에서 평소 정적들을 '반혁명'의 죄목으로 처형하며 대숙청에 편승하는 동시에 스탈린을 위한 역사 왜곡에도 참여해 충성심을 과시한다. 특히 그는 1937년 6월 한 연설에서 "레닌과 스탈린의 당 의지에 반하는 자는 가차없이 분쇄될 것"이라며 대숙청을 적극적으로 옹호했다. 다만 이때까지 베리야는 스탈린의 각별한 신뢰에도 불구하고 소비에트 연방 내 일개 변방의 실력자였을 뿐 핵심 권력과는 여전히 거리가 있었다.

호시탐탐 중앙 권력을 노려 온 변방의 야심가에게 기회가 찾아 온 것은 1938년 8월 무렵으로 베리야는 스탈린에 의해 NKVD 부위원장에 임명된다. 당시 스탈린은 NKVD 수장이던 니콜라이 예조프의 대숙청으로 정적들이 일거에 사라지는 것에는 만족했으나 이로 인해 정치적으로 예조프의 입지가 강화되고 있는 것에 대해서는 '의심'을 동반한 극도의 경계심을 갖는다. 더욱 수많은 정관계 및 군부 인재들이 연이어 처형되자 정치, 경제, 군사 등 국가 기반도 심하게 흔들리고 있었다. 스탈린이 베리야를 무소불위의 핵심기관에 투입한 것도 이런 이유로, 이때부터 그는 9월 GUGB 총책을 거쳐 11월 마침내 NKVD 수장에 오르며 소련 스파이들의 두목으로 급부상한다.

베리야는 NKVD의 지휘봉을 잡은 직후 실각한 전임자 예조프를 '반역죄'로 체포하고 처형을 기다리고 있던 10만여 명을 노동수용소에서 풀어 주며 대숙청을 마무리했다. 그러고는 NKVD 내부 조직망을 자신의 고향인 남카프카스 인물들로 채우며 체제를 강화했고 1939년에는 정치국원 후보에도 올라 소련 최고 지도자 중 한 명으로 등극한다. 이 시기 연행된 예조프는 후임인 베리야에 의해 1940년 '소련과 인민의 적'으로 낙인 찍혀 처형됐는데 이는 자신의 전임자인 겐리크 야고다의 전철을 고스란히 밟은 것이다.

이처럼 스탈린 시대 벌어진 이른바 '대숙청'에서 대부분의 체포와 처형을 주도한 것이 니콜라이 예조프였던 만큼 베리야를 잔인한 학살자로 보기에는 무리가 있다는 주장도 있다. 그렇지만 이는 어디까지나 상대적인 평가일 뿐 베리야 역시 NKVD의 철권을 앞세워 체포와 처형을 지속하며 꾸준히 악명을 쌓아 나간다. 이 중에는 1940년 3월 실행된 것으로 알려진 소위 '카틴 숲 대학살 만행Katyn massacre'이 있다. 이는 앞서 폴란드 침공 당시 사로잡은 포로와 지식인, 성직자 등 약 2만여 명을 소련 스몰렌스크 근교 카틴 숲에서 집단 학살하고 암매장한 사건이다. 베리야는 이들이 소련 안보에 위협이 된다는 이유를 들어 대량 학살을 자행, 연방 붕괴 직후인 1992년 관련 문서가 공개되면서 전모가 드러난 바 있다.

또 1943년 4월에는 군 정보기관인 GRU와 별도로 스메르쉬SMERSH라는 군 방첩부대를 창설해 운영하며 대독 전쟁 당시 탈영했거나 적에게 협력했던 부역자들을 색출해 처형했다. 여기에는 독일군에 포로가 됐다 귀환한 병사들도 상당수 포함돼 있었으나 그는 이들에게 "적에게 붙잡힘으로써 조국을 배신했다"는 어처구니없는 죄목을 들이대며 가차 없이 총살했다. 물론 이 병사들 중에는 실제 독일군에 포섭된 것이 드러나 스파이 혐의로 처형된 사례도 적지 않다.

스탈린의 의심과 권력투쟁, 최후는 다가오고

그렇다고 베리야가 잔혹성을 앞세워 살상만을 일삼은 것은 아니다. 2차 대전이 종전으로 치닫던 1944년 12월 그는 장차 소련의 운명을 결정할 중대 프로젝트에 착수하게 되는데 그것은 바로 '원자폭탄 개발계획 Operation ENORMOZ 세기의 첩보전 제12화 참조'이다. 베리야는 이를 NKVD가 가장 우선해 추진할 제1과제Task No.1로 올리고 서방에 침투한 첩보망을 총동원하며 각종 관련 자료를 빼내도록 독려했다. 또한 프로젝트 성공을 위해서는 막대한 양의 우라늄과 연구 및 가동시설이 필요했는데 이 역시 NKVD가 잡아들인 수십만 명의 수용자들을 동원해 차질 없이 진행했다. 그 결과 소련은 서방의 자만을 비웃으며 1949년 첫 핵 실험에 성공할 수 있었고 이와 함께 진행된 '탄도미사일R-1' 개발도 성공적으로 이끌어 핵무장의 단초를 마련한다.

이런 공로에 힘입어 베리야는 단 한 차례의 군사적 경력을 갖지 않았음에도 유럽 전선이 종료된 직후인 1945년 7월 군대의 원수Marshal에 해당하는 최고 지위를 부여받았으며 전후 스탈린의 지배력이 미친 동유럽의

스탈린의 검 스탈린 가족과 여가를 보내고 있는 베리야(맨 우측). 파이프를 물고 문서를 검토하고 있는 인물이 스탈린이다.

공안 및 경찰조직에도 막강한 영향력을 행사하는 등 절정의 위세를 과시한다. 아울러 같은 해 8월에는 소련이 일본에 선전 포고를 하고 한반도 북부를 점령했을 당시 좌파 진영에서 항일 무장활동을 이끌던 김일성을 비밀리에 만났다. 그는 이 만남 이후 스탈린에게 소련 점령지에 공산주의 지도자들을 심어야 한다고 건의한다. 김일성은 그 후 북한의 최고 지도자로 부상했다. 베리야는 또 6.25 전쟁이 한창이던 1952년 7월에도 극비리에 평양을 방문했던 것으로 알려졌다. 이때는 연합군 측에서 원자폭탄 사용이 꾸준히 제기되고 있었음에도 북한군은 핵무기에 대해 방어능력은 고사하고 개념 자체도 없었다. 이에 그는 일부 북한군 장교들을 소련으로 데려와 원폭 공격에 대비한 여러 방법들을 '속성'으로 가르쳐 돌려보냈다는 말이 전해진다. 다만 베리야는 1946년 안보 담당 부총리로 지명돼 NKVD 수장직을 세르게이 크루그로프Sergei Kruglov에게 내줬다. 그럼에도 오랜 기간 소련 첩보계를 주물러 온 관록으로 공안 및 치안권은 여전히 손아귀에 쥐고 있었다.

문제는 이런 일련의 변화가 그로서는 결코 달가운 것이 아니라는 점이다. 전쟁이 끝나고 스탈린이 급속히 노쇠를 드러내자 후계구도를 놓고 내부 권력투쟁이 시작된다. 동시에 스탈린 특유의 의심병까지 도지면서 소용돌이가 인다. 베리야가 직위에서는 부총리에 올랐기 때문에 얼핏 봐서는 영전榮轉된 듯 보이지만, 실은 그의 권력이 강화되는 것을 막으려는 스탈린의 의심과 견제가 작용했다는 분석이 많다. 따라서 정치적으로는 좌천左遷인 셈이다.

정황이 이렇게 돌아가자 후임인 크루그로프는 물론이고 전시에 그와 협력해 스메르쉬를 이끌었던 빅토르 아바쿠모프Viktor Abakumov가 등을 돌린다. 이와 함께 소련 첩보계에서 소위 '베리야의 사람들'로 분류된 이들이 대부분 낙마했으며, 그가 NKVD 수장 시절 전시 유대인들의 협력을 이끌어 낼 목적으로 조직을 도왔던 '유대인 반파시스트 위원회Jewish Anti-Fascist Committee'의 위원장이 살해되는 등 탄압이 노골적으로 이어졌다. 그리고 몇 해 뒤 유대인 의사들이 대거 포함돼 정부 요인들을 독살하려 한다는 이른바 '의사들의 음모 사건Doctors' plot'이 터지면서 숙청의 총구가 베리야를 정조준 한다. 후에 이 사건은 반유대주의를 강화하려는 스탈린의 자작극으로 드러났다. 스탈린은 사건이 있고 얼마 뒤인 1953년 3월 5일 사망한다.

반면 이 과정에서 베리야도 최대 경쟁자였던 안드레이 주다노프Andrei Zhdanov의 측근들을 대거 처형시키며 반격에 나서기도 했으나 주다노프의 갑작스런 사망에 따라 급부상한 니키타 흐루시초프Nikita Khrushchev에게 덜미를 잡히고 만다. 스탈린이 죽고 그해 6월 동베를린East Berlin에서 민주화를 요구하는 시위가 대대적으로 일어났다. 이에 베리야가 스탈린 체제에 대한 차별화를 꾀하며 '독일 통합' 등 유화적 입장을 내놓자, 흐루시초프 등이 이를 서방 정보기관과의 모종의 커넥션으로 몰아 공격했다. 흐루시초프 측의 파상 공세에 결국 총리이자 정치적 동맹이던 게오르기 말렌코프Georgy Malenkov마저 등을 돌리면서 그는 '국가반역죄'로 체포된다. 이후 특별재판에서 일체의 항변권을 차단당한 상태로 유죄가 인정돼 사형 선고를 받고 12월 영욕의 생을 마감했다.

FOCUS 내무인민위원회NKVD… 스탈린의 핵심적 권력 기반

NKVD(Narodnyi Komissariat Vnutrennikh Del)는 체카에서 개편된 세 번째 기관으로 우리식으로는 '내무인민위원회'로 불린다. 레닌에서 스탈린으로 이어진 '권력 재편기부터 2차 대전 종전 무렵까지' 소련을 대표한 공안, 정보 기구로 사실상 '스탈린 체제'의 가장 핵심적인 권력 기반이었다. 내무인민위원회는 본래 볼셰비키 혁명 이전 임시정부에 있었던 내무부를 '위원회'로 개편한 조직이었으나 1922년 체카의 후신인 국가정치국GPU을 일시적으로 흡수하면서 조직이 확대됐다. 이 과정에서 GPU는 다시 소비에트 연방 출범과 함께 합동국가정치국OGPU으로 재편돼 독립된다.

그러나 스탈린 체제가 공고화된 1934년 다시 내무인민위원회NKVD가 공안 및 정보 부문(국가안보총국, GUGB)을 흡수하면서 막강한 권력 기관으로 탄생했다. 이때부터 NKVD는 대외적으로는 '캠브리지 5인조 Cambridge Five'를 포섭해 운용하는 등 영국과 미국을 상대로 대서방 첩보전을 활발히 펼쳤다. 또 2차 대전 기간에는 독일 점령지에 침투해 대독 첩보 및 공작활동을 벌였으며 추후에는 핵무기 개발도 주도했다. 특히 이들에게는 포괄적인 조사권과 사법권이 주어졌는데 이 같은 권한을 이용해 1930년대 중후반 소련을 피의 공포로 몰아넣었던 소위 '대숙청'을 주도하며 악명을 떨쳤고 트로츠키 등 정적에 대한 암살 작전도 감행하면서 스탈린의 검으로 활약했다.

반면 조직이 NKVD로 유지되던 시기 모두 4명의 수장이 거쳐 갔으며 이 가운데 초대 수장이었던 겐리크 야고다Genrikh Yagoda를 시작으로 니콜라이 예조프Nikolai Yezhov, 라브렌티 베리야Lavrenty Beriya까지 3명이 대숙청과 권력투쟁 과정에서 잔혹하게 목숨을 잃었을 정도로 소련 권력 체계에서는 뇌관으로 자리했다. NKVD는 종전 무렵부터 다시 수많은 변화를 거듭하다 '정보 및 공안, 방첩 부문'이 떨어져 나오면서 1954년 내무부MVD와 국가보안위원회KGB로 재편됐다.

31

윌리엄 스티븐슨

William Stephenson 1897~1989 -M16 BSC-

윌리엄 스티븐슨William Stephenson은 제2차 세계대전 기간 영국 MI6에서도 전위조직이었던 안보조정국BSC 수장이면서 북중미 책임자를 지낸 인물이다. 본래 사업가로 정통 첩보맨은 아니지만 명석한 두뇌와 수완으로 배후에서 영국 총리 윈스턴 처칠Winston Churchill을 도와 나치 독일에 맞섰으며 미국의 참전을 유도하는데 크게 공헌했다. 이로 인해 '처칠의 비밀병기'로 불리기도 한다.

엄밀히 말해 그는 정보기관의 총수는 아니었고 지위를 기업에 비유하자면 계열사 대표 정도라고 할 수 있다. 그럼에도 최악의 상황에서 특수조직의 수장을 맡아 헌신적이고 탁월한 용병술로 절체절명의 연합군을 도와 훗날 역전의 견인차가 된다.

처칠의 비밀병기, 그는 누구인가?

윌리엄 스티븐슨은 1897년 캐나다 매니토바주 위니펙Winnipeg에서 '윌리엄 스탕거William Stanger'라는 이름으로 태어났다. 아버지는 스코틀랜드계였으며 어머니는 아이슬란드계 이민 노동자 가정이었다. 하지만 그가 4세이던 1901년 아버지가 사망하고 곧이어 어머니도 집을 나가 버린다. 이로 인해 친척들에 의해 아이슬란드계 '스티븐슨' 가정으로 입양되면서 성姓을 바꿨다. 어린 시절 그는 책벌레에 권투boxing를 무척 좋아했으며 어려운 가정형편으로 일찌감치 고등학교를 중퇴하고 사회에 진출해 전보 배달로 생계를 꾸려 갔다.

그렇게 사회에 발을 내딛은 가운데 유럽이 제1차 세계대전으로 포화에 뒤덮이면서 스티븐슨은 1916년 7월 캐나다 해외 원정군에 소속돼 영국으로 향한다. 전쟁 초기에는 주로 기지와 본부에서 전신기사로 복무하며 병장까지 진급했고 이듬해에는 영국 육군항공대 사관후보생으로 발탁된 데 이어 소위로 임관한다. 이후 영국 73 비행대대 소속으로 프랑스 전선에 파견됐다. 여기서 그는 카멜Sopwith Camel 복엽기 조종사로 활약하며 공중전에서 12승을 거두는 등 대대에서 '하늘의 일인자'라는 평가를 받을 정도로 출중한 실력을 과시한다. 그러던 1918년 7월 하순 당시 독일군 조종사 중에서 최고의 에이스로 손꼽히던 유스투스 그라스만Justus Grassmann과 자웅을 겨루는 과정에서 불행히도 아군 측의 오인 사격으로 격추돼 부상까지 입으며 포로로 붙잡히는 불운이 닥친다. 이렇게 생포된 스티븐슨은 작센주 홀즈민덴Holzminden의 장교수용소로 보내졌다. 그렇지만 얼마 뒤 종전에 따라 부대로 귀환, 전쟁 기간 쌓은 공로가 인정돼 무공십자 훈장을 받고 계급도 대위로 진급한다.

종전 후에는 고향 위니펙으로 돌아와 포로수용소에서 얻은 영감을 바탕으로 발명한 통조림 오프너를 특허 출원하며 사업에 손을 댔다. 그러나 이 사업은 큰 빚만 지고 참담한 실패로 끝나고 만다. 이에 스티븐슨은 1922년 도망치듯 영국으로 건너오는데 일설에 따르면 이때 그는 야반도주夜半逃走를 한 것으로 전해진다. 영국으로 와서는 손 베이커라는 동업자를 만나 런던에 사무실을 열고 이번에는 '사진전송 시스템Photo Telegraphy'을 특허 출원하며 재기를 노렸다. 당시로서는 거의 혁명적 기술이었던 이 아이템에 힘입어 스티븐슨은 캐나다에서와는 달리 이번에는 커다란 성공을 거두면서 막대한 수익을 올린다. 이 사업에서 그가 로열티로 벌어들인 수익은 현재(2010년 기준) 가치로 따져 연간 1천 2백만 달러에 이르는 것으로 알려졌다.

이어 1924년에는 미국 담배회사 상속녀인 메리 시몬스Mary Simmons와 결혼했고 막대한 자금력을 바탕으로 자동차와 항공기를 제작하는 철강 사업에 뛰어들었으며 건설과 시멘트 사업까지 거침없이 확장했다. 또한 유럽에서는 최대 규모의 영화 스튜디오Shepperton Studios도 설립하며 백만장자의 반열에 올랐는데 당시 그의 나이는 고작 27세였다. 이처럼 사업이 나날이 번창하면서 스티븐슨은 젊은 나이에도 불구하고 영국 상류층 사교계에도 이름을 알리게 됐고 정관계 고위층과도 친밀히 교류할 수 있었다.

그런데 1930년대 들어 그는 사업 외에 유럽을 둘러싼 중대한 변화를 알아차린다. 그것은 바로 '나치의 득세와 독일의 재무장'이었다. 특히 1936년경 스티븐슨은 독일 출장 중에 나치 정권이 비밀리에 군수물자 생산을 의심케 하는 중공업으로 급속히 전환하고 있다는 점을 간파하며 위기감을 느낀다. 이런 이유로 그는 우선 사설 비밀 조직을 결성해 첩보를 수집하는 한편 스톡홀름Stockholm에 국제 광업트러스트IMT라는 위장조직까지 만들며 독일 산업계 인물들을 통해 내부 동향을 면밀히 살폈다. 그 결과 독일 내 대부분의 철강 생산라인이 주로 전차, 야포, 총기류 등 전쟁 물자를 대량으로 생산할 수 있는 설비로 조정됐고 더욱 히틀러Adolf Hitler가 약 8억 파운드 규모의 천문학적 국방비 지출을 감춘 채 은밀히 군사력을 증강하고 있다는 상세한 정보를 입수하기에 이른다. 그는 이것을 독일이 1차 대전의 패전에 따라 연합국과 맺은 베르사유 조약Treaty of Versailles을 정면으로 위반하고 있는 명백한 증거로 봤고, 이 같은 내용을 MI6에 알려 '히틀러의 폭주'를 막겠다는 계획을 세웠다.

히틀러의 흑심을 간파한 젊은 백만장자

반면 이런 스티븐슨의 구상과 달리 네빌 체임벌린Neville Chamberlain 총리가 이끌던 영국 정부는 시종 히틀러에 유화적 입장을 취했고 덩달아 MI6도 그다지 열의를 보이지 않았다. 정치권의 사정이 이렇게 돌아가자 그는 당시 하원의원이면서 평소 신뢰를 보냈던 윈스턴 처칠을 찾아가 수집된 정보 일체를 전달하며 히틀러와 나치의 위험성을 경고한다. 처칠은 이 정보들을 바탕으로 장차 닥쳐 올 나치의 위협을 역설하며 체임벌린 총리의 대독일 유화정책을 호되게 비판했다. 다만 스티븐슨의 여러 노력은 체임벌린 총리가 전운이 짙어진 1939년 초까지 유화정책을 포기하지 않으면서 사실상 당초의 성과를 거두지는 못했으나 처칠과 공고한 협력관계를 구축하는 계기가 됐다. 아울러 그는 전쟁 발발 직전까지 국제 광업 트러스트IMT를 통해 입수한 독일의 재무장과 나치의 동향 등 주요 정보를 지속적으로 처칠에게 제공했다.

그럼에도 불구하고 적어도 이 시기까지 스티븐슨은 공식적인 첩보계통과는 다소 거리가 있는 단순한 거물급 아마추어 스파이에 지나지 않았다. 그렇지만 그간 그토록 우려하던 '히틀러의 불장난'이 시작됨과 동시에 물밑에서 꿈틀대던 그의 스파이 본능도 덩달아 가시화되기 시작한다. 실제 1939년 9월 나치 독일이 폴란드를 침공해 유럽은 포화에 휩싸인다. 그러나 이때도 영국과 프랑스는 확전만 피하면 된다는 안일한 입장을 견지하며 히틀러의 야심을 얕잡아 보고 있었다. 그러다 사정이 달라진 것은 1940년 5월로, 독일이 프랑스를 침공하면서 공방전이 시작됐고 위기감을 느낀 영국에서도 처칠이 후임 총리로 구원 등판한다. 그 사이 공방전은 약 한 달여 만에 독일의 승리로 끝났으며 일부 중립국을 제외한 사실상 유럽 전역이 히틀러의 수중에 떨어져 영국은 고립무원에 직면했다. 처칠로서는 믿을 것이라고는 대서양 건너 미국이 유일했으나 미국은 중립법안을 들어 참전에 미온적이었다.

하지만 스티븐슨은 줄곧 이런 위기 상황을 예견해 꾸준히 몸을 풀어 왔고 곧이어 진가를 발휘할 기회가 찾아온다. 미국의 입장을 돌리기 위해 처칠이 MI6 내에 안보조정국BSC: British Security Coordination이라는 대외 비밀공작부서를 창설하면서 지휘봉을 그에게 맡긴 것이다. 당시 BSC에는 '북중미를 주요 활동 영역'으로 MI5, MI6, 특수작전집행부SOE는 물론이고 심지어 대나치 프로파간다 집단인 정치전집행부PWE: Political Warfare Executive까지 총괄할 수 있는 막강한 관리권한이 주어진다. 이와 함께 영국 정보당국의 입장에서는 절대로 외부로 새 나가서는 안 될 극비작전인 울트라Operation ULTRA(세기의 첩보전 제6화 참조)의 해독본을 볼 수 있는 권한까지 부여됐다. 이 때문에 MI6 수장이던 스튜어트 멘지스Stewart Menzies 등의 반발도 적지 않았으나 처칠은 뜻을 꺾지 않았다. 또 대미활동에 대해서는 별도 라인을 거치지 않고 총리실에 바로 보고할 수 있는 '핫라인'도 구축돼 그에 대한 처칠의 신뢰가 얼마나 높았는지를 단적으로 보여 준다.

이렇게 '처칠의 비밀병기'가 된 스티븐슨은 "풍전등화의 유럽을 구하라!"는 특명을 받고 1940년 6월 미국 뉴욕New York에 상륙한다. 이후 록펠러센터Rockefeller Center에 둥지를 튼 그는 첩보기관의 전통적 방식을 따라 BSC의 외형을 여권관리 사무소로 위장한 채 공작에 들어갔다. 이 시기 미국은 유럽과 달리 전쟁의 포화가 미치지 않았으며 친親독일 세력을 중심으로 참전 반대 입장이 팽배했다. 무엇보다 1930년대부터 꾸준히 미국 외교의 빗장 역할을 해 온 '중립법Neutrality Act'은 난제 중의 난제였다.

그렇지만 암호명부터 '두려움을 모른다'는 의미의 인트레피드The Intrepid를 사용해 온 불굴의 스티븐슨에게는 이 모든 악조건이 그저 도전의 대상일 뿐이었다. 더욱 3선 고지에 오른 프랭클린 루즈벨트Franklin Roosevelt 대통령은 "미국이 전쟁에 보다 더 적극적으로 개입해야 한다"는 지론을 펴며 이른바 '무기대여법Lend-Lease Act'을 통과시키는 등 연합군에 대한 군사원조의 발판을 마련한다. 이는 참전을 선언하지 않았을 뿐 백악관이 내심 '영국을 돕겠다'는 뜻을 굳힌 것으로 보여 스티븐슨에게는 천군만마나 다름없었다. 이처럼 루즈벨트의 '암묵적 후원'에 힘입어 그는 이후 대나치 역정보 및 흑색선전 등 여론전을 중심으로 휴민트HUMINT를 동원한 염탐작전까지 스스럼없이 벌여 나간다.

특명, "유럽을 구하라"… 대서양 건넌 비밀병기

이를 위해 먼저 스티븐슨의 BSC는 영국령인 버뮤다Bermuda의 프린세스 호텔Princess Hotel을 중간 연락사무소로 정하고 검열요원 1천여 명을 배치해 미국에서 우편물을 싣고 대서양을 횡단하는 항공기가 모두 이곳에 기착하도록 한다. 그러고는 요원들이 항공우편 전량에 대한 검열을 벌여 미국에서 활동 중인 독일 스파이들의 동태를 살피게 했다. 요원들은 이뿐만 아니라 미국에서 발신되는 전신, 전화, 라디오 등의 광범위한 통신망에 대해서도 감시 및 분석활동을 벌였다. 이 모든 활동은 BSC의 물밑 작업에 의해 미국 정부의 협조 아래 이뤄졌으며 스파이들에 대한 수사와 감시는 연방수사국FBI이 맡아 커트 러드윅Kurt Ludwig 등을 검거하는 수확을 올렸다. 그는 이때의 인연으로 은퇴 후 버뮤다에 대저택을 짓고 여생을 보낸다.

또한 미국 내 여론전에서는 사회적으로 영향력 있는 언론인들을 끌어 모아 소위 중립으로 포장된 '고립주의'를 신랄하게 비판하게 했고 연일 나치가 벌이고 있는 음모를 원색적 폭로기사로 쏟아내 경각심을 고조시켰다. 여기에는 나치가 미국을 침공하기 위해 멕시코에 비밀 훈련소를 짓고 파시스트들을 훈련시키고 있다거나 히틀러가 기독교를 금지하고 교회에 십자가 대신 나치 십자문장을 내걸 것이라는 등 자극적이고 충격적인 내용이 다수 포함돼 있었다. 이 과정에서 한 나치 스파이로부터 입수했다는 남미의 비밀지도가 공개되기도 했다. 이 지도에는 히틀러가 남미 일부 약소국을 손아귀에 넣은 후 점차 북쪽으로 세력을 넓혀 결국에는 미국까지 침공할 것이라는 계획이 들어 있었다. 이는 BSC에 의해 정교하게 조작된 지도였으나 미국인들을 충격에 빠뜨리기에 충분했고 루즈벨트 대통령도 이 지도를 근거로 의회에 중립 법안 철회를 요구하기도 했다.

아울러 캐나다 온타리오Ontario에 설치한 비밀훈련시설인 '캠프X(특수 훈련학교 103호, 포커스 참조)'에서 극비리에 훈련시킨 전직 금고털이범 등 약 3백여 명의 전문가 집단을 동원해 적국의 외교 서신을 엿보거나 공관에 침입해 암호문 등을 빼내는 소위 검은가방 작전Black bag job도 벌여 상당한 성과를 거둔다.

한편 여러 성과에도 불구하고 당시 스티븐슨이 지휘했던 대다수의 첩보원들에게는 독특한 공통점이 있었는데 다름 아닌 전통적 의미의 '프로페셔널Professional 요원'이 아니라는 점이다. 이는 자신의 입장이 그렇듯 '헌신적 아마추어가 전통적 첩보맨보다 작전을 더 잘 수행할 수 있다'는 원칙이 실전에 반영된 것으로 스티븐슨만의 핵심 용병술이었다. 실제로 여론전의 일환으로 전개된 선전선동에 유령단체가 동원돼 미국의 참전을 요구하는 광고가 다량으로 실리게 되는데 이는 훗날 광고계의 마법사로 불리게 되는 데이비드 오길비David Ogilvy의 작품이었고 전쟁 기간 연합군이 유용하게 사용한 록스Rockex라는 암호기를 개발한 인물은 벤자민 베일리Benjamin Bayly라는 공학자였다. 이밖에도 외교관의 아내 출신이면서 진정한 '마타 하리'라는 평가를 받아 온 에이미 소프Amy Thorpe도 스티븐슨이 발굴한 대표적 아마추어 스파이다. 이들 대부분은 금전적 이유보다는 나치에 대한 혐오와 분노를 원천으로 임무를 헌신적으로 수행했다.

이러한 '아마추어 스파이들'의 맹활약은 마침내 견고하던 미국 내 중립여론에 균열을 가져왔고 이 분위기는 1941년 12월 일본이 진주만을 기습한 직후 이른바 '준비된 참전'으로 자연스럽게 이어지는 밑거름이 됐다는 평가다. 또 같은 기간 스티븐슨은 평소 절친인 윌리엄 도노번William Donovan을 도와 1942년 미국 최초의 통합정보기관인 전략사무국OSS 창설에도 큰 힘을 보탰다. 그는 MI6를 모델로 OSS의 청사진을 제시했으며 캠프X에서 약 2천여 명에 이르는 요원들을 훈련시켜 현장에 투입되도록 했다. 이어 1945년에는 캐나다 주재 소련 대사관에서 암호를 담당하던 GRU 요원 이고르 고우젠코Igor Gouzenko의 망명을 도왔고, 이 공작을 끝으로 첩보계를 떠난다.

종전이 되고 스티븐슨은 영국에서는 조지 6세George VI 국왕으로부터

훈장 서훈 전쟁이 끝나고 미국 전략사무국(OSS) 윌리엄 도노번 장군(좌)으로부터 공로 메달을 받고 있는 스티븐슨(우). 사진=CIA

기사 작위를 받았으며 미국에서는 해리 트루먼Harry Truman 대통령이 주는 공로 메달을 받았다. 이 메달은 전쟁 기간 긴밀히 협력했던 OSS 도노번 장군에 의해 수여됐다. 하지만 이후에는 일체의 공직을 떠나 버뮤다에 대저택을 마련하고 여유로운 여생를 보낸다. 그러던 1976년 자신의 무용담을 담은 『용맹이라 불린 사나이A Man Called Intrepid』가 출간돼 주목받은 데 이어 활약상이 TV 미니 시리즈로도 제작돼 조명받는 등 성공적 인생을 살다 1989년 1월, 92세의 나이로 사망했다.

FOCUS 캠프X… BSC와 OSS의 비밀훈련소

캠프X는 1941년 12월 영국 안보조정국BSC 수장이던 윌리엄 스티븐슨이 캐나다 온타리오 호수Lake Ontario 북서쪽에 설립한 비밀요원 훈련시설이다. 공식명칭은 특수훈련학교 103호(Special Training School 103)지만 줄곧 '캠프X'로 불렸다. 설립 당시는 미국이 2차 대전에 참전하기 이전이었다. 이에 참전을 고심하고 있던 미국과 참전을 유도하려는 영국이 물밑 협력을 주고받는 비밀장소로 활용됐다. 이 때문에 후에는 주로 미 전략사무국OSS 요원들이 훈련을 받게 되지만 설립 초기에는 영국 특수작전집행부SOE를 비롯한 미 연방수사국FBI 요원들이 이곳에서 훈련을 받았다.

시설 운영은 캐나다군이 외교부와 왕립 경찰RCMP의 도움을 받아 공동으로 운영했으나 지휘는 BSC가 맡았다. 특히 이 캠프X에는 공학자 벤자민 베일리가 만든 히드라Hydra라는 전신, 라디오 송수신 센터가 있었다. 지형적으로 이곳은 유럽과 남북미의 전파를 송수신하기에 최적의 장소였으며 더욱 전시 나치 독일의 도감청 염려 없이 연합군 간의 안전한 통신이 보장돼 다량의 암호 메시지들이 이곳을 거쳐 간 것으로 전해진다. 또한 미 본토와도 가까워 일부 극비 메시지는 육로를 통해 워싱턴Washington DC과 뉴욕 등에 전달됐다.

운영 기간 약 5백 명에서 최대 2천여 명이 훈련을 받았으며 이들은 사보타주 및 인명 살상, 통신, 폭발물 다루기, 자물쇠 따기, 비무장 전투기술 등을 익혀 전선으로 나갔다. 시설은 전쟁이 막바지에 이르던 1944년 훈련소 기능을 다해 사실상 패쇄 됐다가 이듬해 9월 소련에서 망명 의사를 밝힌 GRU 요원 이고르 고우젠코와 그의 가족들이 약 2년간 은신처로 사용했다. 종전 후에는 캐나다군의 통신부대RCCS가 무선국으로 사용하다 1969년 건물이 철거되고 그 자리에 기념비가 세워지면서 현재는 설립자인 스티븐슨의 활동기 암호명을 따 '인트레피드 공원Intrepid Park'으로 조성돼 있다.

32

프랜시스 월싱엄

Francis Walsingham 1532~1590 -영국왕실 비밀첩보대-

 프랜시스 월싱엄Francis Walsingham은 16세기 영국 엘리자베스 1세 여왕의 수석 비서 겸 국무장관이었으며 왕실 직속의 비밀첩보대를 이끌었던 인물이다. 재임 기간 능수능란한 첩보력을 바탕으로 여왕에 대한 각종 암살 음모를 사전에 파악해 분쇄했고 영국을 침공하려던 스페인의 무적함대 Spanish Armada를 격파하는 데 공헌했다.

첩보사적 측면에서 월싱엄의 업적을 꼽자면 이전까지의 주먹구구식 정보수집에서 탈피해 체계적인 정보체계를 구축했다는 점이다. 그가 확립한 이런 전통은 고스란히 근현대로 이어져 영국에서 현재와 같은 MI5, MI6, GCHQ 등 세계적인 정보기관들이 탄생하는 밑거름이 됐다.

프랜시스 월싱엄의 활동기 배경

월싱엄이 활동했던 16세기 유럽은 종교적으로 가톨릭의 구교와 개신교의 신교가 첨예하게 대립하던 시기며 정치적으로는 합스부르크Habsburg 왕가의 패권에 군소 왕국이 도전하는 형국이었다. 먼저 종교 대립의 배경에는 로마 교황을 중심으로 이전부터 수차례에 걸쳐 이어진 십자군 원정의 피로감이 극에 달하면서 가톨릭의 권위가 크게 추락했고 이를 대신해 개신교가 교세를 확장해 나갔다. 이에 영국(잉글랜드)에서는 '개신교' 신자였던 엘리자베스 1세Elizabeth I 여왕이 즉위해 가톨릭 중심의 세계관에서 벗어나려 했다. 반면 '가톨릭의 수호자'를 자임해 온 스페인 황제 펠리페 2세Philip II는 이를 마땅치 않게 여기며 가톨릭 신자인 스코틀랜드 여왕 메리 스튜어트Mary Stuart를 내세워 왕위 교체를 노린다. 아울러 정치적으로 펠리페 2세는 합스부르크 왕가를 맹주로 하는 광범위한 제국 건설의 야심을 불태우며 영국 정벌을 위해 '무적함대'를 보내게 된다.

하지만 당시 영국은 스페인에 비해 군사력에서 크게 뒤처져 있었고 엘리자베스 1세의 왕권도 취약해 심각한 위험에 노출돼 있었다. 이런 상황을 타개하기 위해 여왕은 같은 개신교 신자인 월싱엄을 자신의 비서를 겸한 국무장관에 기용한다. 이에 그는 기초적 수준에 머물던 첩보대를 보완해 체계적인 왕실 직속의 '비밀첩보대'를 창설, 운영하기 시작했다. 이후 월싱엄은 펠리페 2세를 등에 업고 호시탐탐 왕위 찬탈을 노린 메리 스튜어트의 음모를 사전에 제거해 여왕의 '절대 방패' 역할을 했으며, 종국에는 펠리페 2세의 침공 계획에 대항한 활발한 첩보작전으로 영국을 위기에서 구해내기에 이른다.

여왕의 '절대 방패', 그는 누구인가?

프랜시스 월싱엄이 태어난 해는 명확하지 않지만 대략 1532년경 영국 켄트주의 치즐허스트Chislehurst 근교에서 부유한 법률가인 윌리엄 월싱 엄William Walsingham의 아들로 태어났다. 이때는 헨리 8세Henry VIII에 의해 종교개혁이 단행돼 영국은 로마 가톨릭의 영향권에서 벗어나 있었고 월싱엄의 가문도 독실한 개신교 집안이었다. 이후 그는 1548년 캠브리지대 킹스 칼리지King's College에 입학해 또 다른 상류층 개신교도들과 어울리며 확고한 '신교적 세계관'을 갖춰 간다. 그러나 학위는 받지 않았고 1550년부터는 유럽 대륙으로 유학을 떠나 견문을 넓히다 1552년 돌아와 런던 그레이스 인Gray's Inn에서 법학 공부를 시작했다.

그러던 이듬해 헨리 8세가 사망하고 메리 1세Mary I 여왕이 후임으로 즉위하면서 영국의 정세는 크게 요동친다. 본래부터 메리 1세는 독실한 가톨릭 신자였고 더욱 바람둥이 아버지 헨리 8세를 심하게 증오했던 이유로 즉위하자마자 전대에 이뤄진 종교개혁을 뒤집으며 로마 가톨릭을 부활시켰다. 이와 함께 개신교와 성공회 등 신교에 대해서는 무자비한 탄압을 자행하며 '피의 메리Bloody Mary'로 불릴 정도로 강권을 휘두른다. 이에 월싱엄은 탄압을 피해 영국을 떠나 독일과 이탈리아에서 망명생활을 하며 법학 공부를 이어 갔다. 그는 이탈리아 파두아 대학UNIPD에 머물던 시기, 학생들에 의해 자치기구 위원으로 선출돼 대중 활동 경험을 쌓기 시작했으며 어학에 깊은 관심을 기울인 것으로 알려졌다. 특히 어학을 공부하는 과정에서는 암호작성과 해독 등 첩보술과 관련된 상당한 지식을 연마한 것으로 전해진다.

그러다 5년 만인 1558년 메리 1세 여왕이 암으로 세상을 떠나면서 이복

동생이자 개신교 신자인 엘리자베스 1세가 왕위에 오른다. 이에 다음 해에 월싱엄도 귀국했고 같은 망명자 출신인 프랜시스 러셀Francis Russell 백작의 지원을 받아 콘월주 보시니 Bossiney에서 하원의원으로 선출돼 정계에 입문, 소위 '왕당파王黨派'의 일원으로 여왕을 지원하기 시작했다. 그는 이어진 1563년 선거에서는 도싯주의 라임 레지스Lyme Regis와 옥스퍼드셔주 밴버리Banbury에서 모두 당선돼 안정적 정치행보를 이어 갔다. 그렇지만 이때까지 그는 영국 정

엘리자베스 1세 그녀는 대영제국의 기틀을 마련한 강력한 군주다. 그러나 즉위 초기에는 가톨릭계 주변 강국과 귀족들에 둘러싸여 여러 차례 암살음모에 노출되는 등 어려움을 겪었다. 즉위 당시 모습.

계에서 신참 정치인에 불과했으며 더욱 첩보계통과는 아무 관련이 없었다. 그런데 평소 이런 월싱엄을 주목하고 있던 인물이 있었으니 그는 당시 엘리자베스 여왕의 수석 비서였던 윌리엄 세실William Cecil이다. 세실은 이때 개신교와 여왕을 위한 소규모 첩보대를 운영 중이었는데 어느 날 월싱엄에게 함께 일할 것을 제안한다. 그가 이 제안을 수락하면서 본격적으로 첩보계에 발을 들여놓았고 유학과 망명시절 쌓은 그간의 인맥을 바탕으로 방대한 첩보망 구축에 힘을 쏟는다.

한편 같은 시기 영국 북부 스코틀랜드 왕국에서는 장차 엘리자베스 1세에게는 위협이 될 만한 일이 벌어지고 있었다. 명목상 최고통치자이면서 프랑스 왕실로 시집을 갔던 메리 스튜어트Mary Stuart 여왕이 내전을 틈타 귀국한 것이다. 엘리자베스의 사촌이기도 한 메리는 독실한 가

톨릭 신자로 영국의 왕위 계승권을 가진 인물이기도 했다. 하지만 그녀는 1568년 귀족들과 벌인 스코틀랜드 왕권 투쟁과 종교 분쟁에 패하면서 도망치듯 영국(잉글랜드)으로 탈출한다. 당시 엘리자베스 여왕은 메리에게 은신처를 마련해 주며 돕기는 했으나 메리 역시 영국 왕위 계승권자라는 점을 우려해 사실상 감금조치하고 삼엄한 감시를 벌였다.

아니나 다를까 이후 메리 스튜어트는 자의 반 타의 반으로 영국의 왕위를 노리며 여러 차례에 걸쳐 엘리자베스에 대한 암살 음모에 관여하게 된다. 실제로 당시 엘리자베스 여왕은 스페인, 프랑스 등 주변 강국으로부터 끊임없이 가톨릭으로 돌아오라는 압박에 시달리고 있었고 국내적으로도 가톨릭계 귀족들이 토지와 권력의 대부분을 장악하고 있었다. 이에 여왕은 마음에도 없는 스페인이나 프랑스 왕족과 결혼 가능성을 언급하며 간신히 위기를 모면해 갔다. 반면 이러한 변명도 오래가지 못했고 주변국들은 무력으로 엘리자베스를 폐위시키고 가톨릭계 계승권자인 메리를 왕위에 올리려는 물밑 움직임을 본격화한다.

"여왕을 지켜라", 암살 분쇄 작전

그 사이 월싱엄은 1570년 한차례 프랑스 주재 영국 대사로 파리Paris에 머물며 외교관으로 활약하기도 했지만 프랑스에서 벌어진 가톨릭계의 개신교에 대한 잔혹한 학살(성 바르톨로메오 축일의 학살, Bartholomew's Day)을 목격하며 경악한다. 이후 그는 영국으로 돌아와 국무장관에 임명됐고 주변국의 심상치 않은 동향에 맞서 '여왕의 방패'를 자임하며 비밀첩보대를 확대, 개편한다. 이후 월싱엄과 첩보대는 엘리자베스 암살 음모를 분쇄하기 위한 첩보전에 돌입해 얼마 뒤 그 진가를 발휘할 기회가 찾아온다.

엘리자베스 1세 여왕은 재위在位 기간 약 20여 차례의 암살 음모에 시달렸으며 그중 가장 위협적이었던 사건은 1571년 일어난 '리돌피의 음모 Ridolfi plot'다. 로베르토 리돌피Roberto Ridolfi라는 런던 주재 피렌체 은행가가 스페인령 네덜란드 군대를 영국 동부에 침략하도록 하는 동시에 영국 내에서도 가톨릭계의 봉기를 계획한다. 이와 함께 감금된 메리 스튜어트를 석방한 후 가톨릭계 귀족인 토머스 하워드Thomas Howard 공작과 결혼시켜 엘리자베스의 왕위를 찬탈하려 했다. 계획을 수립한 직후 리돌피는 로마와 스페인을 각각 들러 교황 피우스 5세Pius V와 황제 펠리페 2세에게 지원 약속을 받아 냈다.

그러나 이러한 리돌피의 수상한 동선은 이탈리아 등지에서 활동하던 이른바 '월싱엄의 첩보망'에 걸려들었고 결국 비밀첩보대는 리돌피의 음모가 담긴 편지를 하워드 공작에게 전하려던 전령을 도버Dover에서 붙잡아 물증을 확보한다. 편지는 곧장 월싱엄의 손에 들어가면서 전모가 드러났는데 음모의 주동자인 리돌피는 해외에 있었던 이유로 붙잡히지 않았지만 영국 내 핵심 협력자였던 하워드 공작은 체포돼 1572년 대역죄로 처형됐다. 이때 월싱엄은 엘리자베스 여왕에게 음모의 불씨가 된 메리 스튜어트를 처형할 것을 강하게 주장했으나 여왕은 "처형 대신 경비를 더욱 강화하라"고만 지시한다. 이 사건 직후 그는 여왕으로부터 두터운 신임을 얻었고 1573년 수석 비서에 임명되며 최측근으로 부상했다. 이와 함께 월싱엄도 첩보대에 전문가 집단을 대거 포함시키며 전력을 증강한다. 이 가운데에는 암호 해독과 문서 위조에 능한 토머스 펠리페스Thomas Phelippes와 봉인된 비밀문서를 열어 본 뒤 흔적 없이 원상태로 돌려놓기에 탁월한 재능을 가진 아서 그레고리Arthur Gregory 등이 있었다.

이어 1583년에도 또 한차례 대형 암살 음모가 진행돼 월싱엄을 바쁘게

한다. 이른바 '슬록모턴Thuckmorton 사건'으로 알려진 반역 음모다. 피우스 5세 이후 교황에 오른 그레고리우스 13세Gregorius XIII와 프랑스 귀족으로 가톨릭의 중심 세력가인 기즈공Duke of Guise은 개신교도인 엘리자베스를 끌어내리자는 데 합의한다. 그러고는 스페인 군대를 동원해 영국을 침공하고 갇혀 있는 메리 스튜어트를 새로운 여왕으로 옹립하기로 한다. 이 계략은 런던에 주재한 스페인과 프랑스 대사관에 각각 전달됐고, 이들은 영국 가톨릭계 귀족인 프랜시스 슬록모턴Francis Throckmorton을 협력자로 반란을 준비했다. 그러나 월싱엄도 이런 주변국의 적대적 움직임을 일찌감치 간파하고 적극적으로 방비한다. 그는 각 대사관에 심은 첩자를 통해 음모를 낱낱이 파악하고는 슬록모턴을 잡아들여 처형했다. 또한 음모에 가담한 스페인 대사 베르나르도 멘도사Bernardino Mendoza를 추방시키며 사건을 마무리했다.

그렇지만 이듬해 스페인에 대항해 네덜란드에서 반란 세력을 이끌어 엘리자베스 여왕에게는 우군이나 다름없던 윌리엄 사일런트William the Silent가 갑작스레 암살당하면서 월싱엄을 긴장시킨다. 이는 여왕에 대한 스페인의 압박이 한층 강화된 것을 의미하는 신호였기 때문이다. 이에 그는 메리 스튜어트에 대한 감시를 절친한 친구이자 동지인 아미아스 파울렛Amias Paulet에게 맡기고 모든 서신을 철저히 관리할 것을 당부한다. 다만 서신이 드나드는 한곳의 '빈틈(함정)'을 둬 메리가 이 통로를 감시자들이 모르는 것으로 착각하게 하라고 지시했다.

실제 이 통로로 대형 음모가 적발되고 이를 알지 못했던 메리는 목숨을 잃는다. 바로 1586년 일어난 배빙턴의 음모Babington Plot가 그것이다. 그해 7월 영국 가톨릭 신자인 앤서니 배빙턴Anthony Babington이 런던에 비밀결사대를 조직해 엘리자베스 여왕을 암살하고 메리 스튜어트를 구출하겠다는 계획을 세운다. 배빙턴은 이 반란 계획을 암호화된 편지로 만들어 메리에게 알렸다. 그런데 이 편지가 전달된 통로는 월싱엄이 의도적으로 설치한 그 '빈틈'이었다. 자연히 편지는 월싱엄 손에 들어갔고 암호도 첩보대에 의해 어렵지 않게 해독됐다. 그러고는 반란 세력 누구도 부인할 수 없는 증거를 잡기 위해 편지가 메리에게 전달되도록 한다. 이런 사실을 까맣게 몰랐던 그녀는 배빙턴에게 여왕 암살 소식을 들은 간수가 자신을 해치지 못하도록 먼저 자신을 구출하라는 답장을 보냈다. 답장은 말할 것도 없이 월싱엄의 손에 쥐어졌다.

이렇게 반란의 증거를 확보한 그는 엘리자베스 여왕에게 전모를 고하며 메리의 처형을 거듭 주장한다. 몇 차례의 같은 요구를 거절했던 여왕이지만 이번에는 메리 스튜어트 등 반역자 일당을 모두 처형하도록 사실상 묵인하면서 오랜 물밑 공방전은 마침내 종지부를 찍는다.—단, 메리의 처형 과정은 월싱엄과 세실이 주도했다. 이들은 '여왕이 모르는 사이'에 메리를 처형하는 방식으로 부담을 덜어 줬다고 전해지지만 정말 엘리자베스가 이 상황을 몰랐는지에 대해서는 의문이 있다.— 아울러 월싱엄이 지휘한 비밀첩보대도 이 사건을 통해 여왕을 완벽하게 호위하는 '절대 방패'임을 재차 입증해 보였다.

'절대 방패'에 무릎 꿇은 무적함대

그렇다고 이 사건을 끝으로 영국이 모든 위험에서 벗어난 것은 아니었으며 이런 사실을 잘 알고 있던 월싱엄도 '최후의 일전'을 준비한다. 스페인 황제 펠리페 2세는 메리 스튜어트의 처형 소식을 전해 들으며 격노했고 급기야 1587년 자신의 대함대인 아르마다Armada(무적함대)로 영국 정

아르마다의 침공 영국 함선들(중앙)이 스페인의 무적함대를 상대로 화선을 앞세워 선제적 기습 공격을 감행하고 있다.

벌을 계획했다. 그러나 월싱엄도 첩보망을 정비하고 상업지역과 공공기관에 심어 놓은 첩보대 요원들을 통해 이 같은 스페인의 움직임을 낱낱이 파악하고 있었다. 이 과정에서 그는 무적함대의 전력을 분산시킬 계책으로 터키Ottoman Empire 주재 영국 대사인 윌리엄 하보네William Harborne를 시켜 술탄의 군대가 지중해에 있는 스페인의 거점을 공격하도록 설득하라는 지시를 내렸으나, 이것은 실패로 돌아간다.

그럼에도 월싱엄은 첩보수집에 필사적으로 매달려 1587년 4월 함대 주요 전력이 스페인 남부 카디스Cadiz항에 정박해 있다는 첩보를 입수했다. 이에 영국 해군제독 프랜시스 드레이크Francis Drake가 30척의 군함을 이끌고 카디스항을 선제공격하면서 막대한 피해를 입힌다. 이로 인해 스페인은 침공 계획에 커다란 차질을 빚었고 영국은 월싱엄의 첩보에 힘입어 전면전에 대비할 수 있는 1년이라는 시간을 벌었다.

그러고는 시간이 흘러 1588년 5월 마침내 약 150여 척이 넘는 무적함대가 영국 정벌을 위해 스페인을 출발해 네덜란드 그레벨링겐Grevelingen 부근에 정박한다. 함대는 이미 약 2만여 명의 병력을 보유하고 출항했으나 여기서 약 3만여 명에 달하는 병력을 추가로 지원받을 계획이었다. 하지만 병력이 워낙 많아 집결이 더뎌진 데다 악천후가 겹쳐 출항이 지연됐다. 같은 시각 찰스 하워드Charles Howard를 사령관으로 드레이크를 부사령관으로 하는 영국 함대 55척이 포츠머스Portsmouth항을 출발한다. 스페인 함대의 위치와 상황을 파악한 영국은 함선에 황과 화약을 싣고 불을 붙인 소위 '화선火船' 공격을 감행했다. 이 공격으로 무적함대는 규모와 명성이 무색하게 전열이 급격히 흐트러진다. 기선을 제압한 영국은 여세를 몰아 연이어 공격을 가하면서 무적함대는 퇴각할 수밖에 없었고 퇴각 중에도 큰 폭풍우를 만나 2차 피해를 입게 된다. 결국 엘리자베스를 끌어내리려던 펠리페 2세의 마지막 승부는 첩보전을 시작으로 전투에서도 참담하게 패배하며 체면을 구겼을 뿐만 아니라 스페인은 제해권까지 영국에 내주며 몰락의 길을 걷는다. 반면 최대 위협을 막아 낸 영국은 이후 대영제국British Empire의 기틀을 다져 간다.

한편 이번에도 유럽 최강의 '절대 방패'임을 과시한 월싱엄은 전쟁이 끝나고 몇 해 후인 1590년 4월 지병으로 사망했다. 그는 활동기 내내 지병에 따른 극심한 통증으로 휴양과 복직을 반복한 바 있고, 비밀첩보대에 소요된 경비 일체에 대해서는 사제를 털어 운영했던 탓에 사망 당시에는 재산보다 부채가 더 많았던 것으로 알려졌다. 또한 생전 검은색 옷을 주로 입어 정적들에게는 '악마'로 여겨졌다는 말이 전해진다.

33

라인하르트 겔렌

Reinhard Gehlen 1902~1979 -BND-

라인하르트 겔렌Reinhard Gehlen은 제2차 세계대전 종전 후 서독에서 대외정보기관인 연방정보국BND을 창설하고 초대 수장을 지낸 인물이다. 본래는 나치 장성 출신으로 참모본부에서 대소련 업무를 담당하며 막대한 정보를 축적했고 이를 자산으로 종전과 함께 미국에 협력했다. 전후에는 공산권을 상대로 활발한 공작활동을 벌여 냉전기 서방에 공헌했다.

반면 전쟁 기간 자행한 잔혹행위가 묶인돼 줄곧 논란을 빚었으며 BND 내부의 소련 스파이 사건 등으로 퇴임한 후 1979년 사망했다.

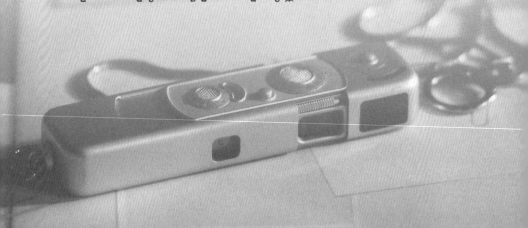

BND의 창설자, 그는 누구인가?

라인하르트 겔렌은 독일제국 시절인 1902년 튀링겐주 에르푸르트 Erfurt의 독실한 가톨릭계 집안에서 태어났다. 청소년기에는 쾨니히 빌헬름 김나지움을 다녔으며 훗날 유명한 사회학자 겸 보수주의 철학자로 성장한 아놀드 겔렌Arnold Gehlen과는 사촌 형제지간이다. 18세이던 1920년 바이마르 공화국이 창설한 국가방위군Reichswehr에 사관후보생으로 들어가면서 군과 인연을 맺었으며 1933년부터 약 2년간 육군 참모대학에서 체계적인 교육을 받은 뒤 대위로 진급했다. 이어 1936년에는 당시 아돌프 호이징거Adolf Heusinger 대령이 이끌던 총참모본부 작전과에 배속된다.

그런데 그가 군에 복무하던 시절 독일의 정세는 극심한 변화를 겪게 되는데 대공황의 여파와 공산주의의 득세로 정치 불안이 가중됐고 이 틈을 이용해 나치당이 의회 권력을 장악한다. 이어 1934년에는 히틀러Adolf Hitler가 총통에 오르면서 바이마르 헌법을 폐기하는 등 독재체제를 구축하고 군대를 재무장시키면서 본격적인 팽창주의 노선을 걷는다. 이와 함께 그간 참모본부에서 여러 보직을 거친 겔렌은 1939년 히틀러의 폴란드 침공에 따라 보병 사단의 참모장교로 일선에 배치됐다. 여기서 그는 당시 육군 총사령관이던 발터 폰 브라우히치Walther von Brauchitsch와 참모총장이던 프란츠 할더Franz Halder의 연락관 및 부관으로 활동하며 전쟁 초기를 보낸다. 따라서 적어도 이때까지 겔렌은 첩보계통과는 거리가 먼 일반장교에 지나지 않았다.

그러던 1941년 6월 히틀러가 스탈린Joseph Stalin과 맺은 불가침협정을 어기고 소련을 침공하면서 전선이 동부로 확대됐고 기존 참모본부 내

나치장교 시절의 겔렌 그는 전시 나치독일 참모본부에서 동방외국군과(FHO)를 이끌며 막대한 양의 소련 관련 정보를 축적했다. 사진=BArch

에 소련 및 동유럽을 담당하는 '동방외국군과(제12과, FHO)'의 중요성이 크게 부각됐다. 이 시기 FHO의 주요 임무는 소련에 대한 정보 수집과 전략을 수립하고 공작 활동을 벌이는 것으로 겔렌은 1942년 4월부터 이 부서의 책임자로 임명되면서 비로소 첩보계에 발을 들여놓게 된다. 그는 부임 직후 육군 인사파일을 샅샅이 뒤져 언어, 법률, 사회학에 걸친 전문가들을 대거 합류시키고 다수의 젊은 인재들도 선발해 조직을 일신하는 의욕을 보였다. 이에 힘입어 조직 역량이 당시 독일군 정보국(압베르)에 필적하는 수준에 도달하면서 전시 소련에 반대하는 발트해 연안 국가 출신자나 소련군 포로를 상당수 포섭할 수 있었다.

　실제 FHO는 종전이 가까워진 1944년까지 소련은 물론이고 우크라이나, 유고슬라비아, 라트비아, 루마니아 국적의 첩보 및 전투부대를 운영해 여러 전공을 세웠다. 이 가운데에는 레닌그라드 공방전에서 스탈린의 의심과 불충분한 지원으로 포로가 된 소련 붉은 군대의 안드레이 블라소프Andrei Vlasov 소장 같은 거물도 포함돼 있었다. 블라소프는 독일에 생포된 뒤 겔렌의 회유를 받아들여 동방부대의 일원으로 '러시아 해방군'을 이끌며 반소련·반스탈린 활동을 벌인 바 있다.

반면 겔렌은 활동 기간 첩보수집과 협력자 포섭을 위해 여러 잔혹한 행위를 서슴지 않았는데 협조를 거부하는 소련군 포로를 심하게 고문하거나 처형하기 일쑤였으며 설령 정보를 제공했다 해도 그대로 굶겨, 죽게 하는 경우도 허다했던 것으로 전해진다. 이런 이유로 종전 무렵 소련은 겔렌과 그 조직원들을 찾는 데 혈안이 돼 있었고 이는 후에 그가 미군에 자발적으로 투항하게 되는 여러 이유 중 하나가 됐다.

한편 그 사이 그는 육군 소장까지 진급했고 소련을 통제·관리 할 수 있을 만큼의 막대한 정보도 축적한다. 그러나 1944년 들어 전세가 불리해지면서 그의 주변으로도 이상 기류가 흐르기 시작했다. 겔렌은 그해 7월 동료 장교들에 의해 결행된 '히틀러 암살 음모'에 가담할 것을 제안받았으나 애매모호한 입장을 취하며 피의 보복을 비껴갔다. 이어 참모본부에 패색이 짙어진 동부전선을 포기하고 독일 국경으로 병력을 집중해야 한다는 분석 내용을 보고했다가 히틀러로부터 "패배주의에 찌든 사고"라는 격한 핀잔을 듣는다. 결국 이 일은 불리한 전세로 가뜩이나 날카로워져 있던 히틀러의 역린을 건드린 것이 돼 그는 1945년 4월 해임됐다.

대소련 데이터와 겔렌 조직의 탄생

그렇지만 같은 기간 겔렌은 또 다른 생각을 하고 있었다. 그는 동부전선의 첩보를 담당하며 소련의 속내를 간파했고 이것이 '장차 서방에는 위협이 될 것'이라는 판단을 내린다. 이에 전후 자신이 가진 방대한 정보가 유용할 것으로 여겨 그 즉시 심복들을 동원해 FHO가 보유한 소련 관련 정보들을 마이크로필름으로 찍어 뒀다. 이렇게 만들어진 드럼통 50여 개

분량의 데이터베이스에는 소련의 비행장과 군수 공장, 발전소, 정유소 등 군사 및 주요 시설의 상세 내역이 포함된 다량의 기밀자료들이 들어 있었다.

겔렌은 나치가 항복한 직후 약 2주간에 걸쳐 이 기밀자료를 오스트리아 알프스 일대에 은닉하고 부하들과 함께 1945년 5월 중순 경 미군 방첩부대CIC에 투항했다. 이후 미군 정보참모부G-2의 에드윈 시베르트Edwin Sibert 장군이 사실관계를 확인하면서 그의 전시 활동과 은닉한 기밀자료에 대한 중요성은 삽시간에 미국의 정보라인에 알려진다. 특히 이 소식은 전략사무국OSS의 수장이던 윌리엄 도노번 장군과 스위스 베른에 주재하던 앨런 덜레스Allen Dulles 지국장의 귀에도 들어갔다. 이들은 1945년 9월 겔렌을 비밀리에 미국으로 데려와 협상을 벌인다.

당시 이들 간의 협상 내용은 자세히 공개되지 않았지만 대략적으로는 겔렌이 소련 기밀자료를 넘기는 조건으로 미국으로부터 서독에서의 정보조직 구성 및 활동을 약속받았다는 것이 정설이다.—여기서의 서독은 당시 소련을 제외한 서방 3개국의 점령지를 말한다.— 또 겔렌의 활동에 대해 미국이 재정 지원을 할 것과 정부 수립 이후에도 조직이 존속될 것, 아울러 미국과 서독의 이해가 다를 경우 서독의 관심사를 따를 것 등도 포함돼 있었다. 이에 미국은 나치 시절의 SD와 게슈타포 요원들을 채용하지 않는다는 조건을 들어 겔렌의 요구를 들어주었다. 이 과정에서 겔렌이 나치 시절 포로들에 행한 잔혹행위 전력은 묵인됐고 이후에도 나치 부역자들을 상당수 채용하며 약속을 어겼으나 미국은 이것도 눈감아 주었다.

이렇게 해서 서독으로 돌아온 그는 1946년 12월 최초 350명으로 구성된 이른바 '겔렌 조직Gehlen Organization'을 창설하고 활동에 들어간다.

이 조직은 외형적으로는 남부독일개발기구SGDO라는 위장명칭을 사용했으며 후에 조직원의 수는 4천 명까지 늘어났다. 이어 겔렌 조직은 이듬해인 1947년 미국이 창설한 중앙정보국CIA과도 긴밀한 협력 관계를 구축하고 냉전기 내내 대소련 · 대동독 첩보전에 적극적으로 개입한다. 하지만 조직원을 구성하는 과정에서 나치 친위대 대위를 지내고 '리옹의 도살자Butcher of Lyon'라는 악명까지 얻었던 전범 클라우스 바르비Klaus Barbie 같은 인물들을 다수 포함시키면서 프랑스의 반발을 샀다.—바르비는 이때 신분이 탄로 나 이름을 바꾸고 사업가로 변신했다가 1980년대 들어 프랑스 법원으로부터 종신형을 선고받고 복역하던 중 옥사獄死했다.— 또한 영국의 전설적 언론인으로 전시 정치전을 주도했던 세프턴 델마Sefton Delme는 "히틀러의 장군이 스파이 짓을 하고 있다"며 겔렌의 전력을 대놓고 공격하는 등 논란은 끊이지 않았다.

그럼에도 소련을 대척점에서 상대하기 위해 당장 일손이 필요했던 미국은 모호한 입장을 취하며 논란은 여러 차례 흐지부지 된다. 그도 그럴 것이 당시 겔렌 조직은 동유럽 출신이면서 소련의 팽창에 따라 공산화된 조국을 떠나 서유럽으로 탈출한 망명자들이 구성한 소위 '반공 네트워크'와 긴밀한 관계를 유지하며 고급 정보를 수집했고 요원들을 소련이 점령한 발트해 연안 국가나 우크라이나 등에 침투시켜 철도 및 공항, 항구를 염탐하게 해 상당한 성과를 거두고 있었다. 따라서 미국의 입장에서 이토록 쓸모 있는 겔렌 조직과 전범 전력을 이유로 협력을 끊기란 쉽지 않았다. 이런 식으로 겔렌은 자신의 생존을 위해 미국과 소련의 첨예한 냉전까지 이용하는 놀라운 수완을 발휘하며 점차 조직의 규모를 키워간다.

연방정보국 겔렌 조직을 모체로 탄생한 BND는 독일의 대외정보를 담당하는 국가안보의 핵심기관이다. 사진=BND

BND 창설… 하인츠 펠페 사건

그러나 그의 생존본능은 여기서 그치지 않았고 1949년 서독 정부가 수립되면서 또 한 번 기묘한 처세술을 선보인다. 당시 초대 총리였던 콘라드 아데나워Konrad Adenauer에 접근한 겔렌은 서독 내 정적들의 동향이 담긴 극비 파일을 건네며 환심을 샀고 이후에도 총리가 원하는 정보들을 지속적으로 제공하며 신임을 얻는 데 성공했다. 이런 신임은 '겔렌 조직'이 미국의 그늘을 벗어나 독립기관으로 자리 잡는 데 결정적 배경이 됐으며 1956년 4월 마침내 연방정보국BND이 공식 출범, 신흥 조직의 지휘봉을 거머쥐면서 겔렌은 명실상부한 서독 스파이들의 두목으로 탄생한다.

BND 창설 후에도 그는 조직원의 절반가량을 대소련 · 대동독 업무에 투입해 포섭 공작과 첩보 활동을 벌였다. 특히 이들의 주요 관심사는 이 시기 동독에 주둔했던 약 40만 명에 달하는 소련군으로, 요원을 여행자로 위장시켜 침투하게 하거나 실제 여행자들을 활용해 동태를 살피는 등 군사정보 수집에 많은 역량을 할애했다. 무엇보다 이때는 베를린에 장벽이 세워지기 전으로 비교적 동서 왕래가 자유로웠고 10년 넘게 활동하며 체계를 잡은 서독과 달리 동독에는 이에 맞선 조직이 이제 막 태동하던 시기였기 때문에 자연히 성과는 클 수밖에 없었다. 이러한 활동에 힘입어 BND는 1961년 소련과 동독 정부가 베를린에 장벽을 세울 것이라는 첩보를 가장 먼저 입수하기도 했다. 이와 함께 겔렌은 종종 언론 등 공식석상에 중절모와 흰색스카프 차림으로 나타나 존재감을 한껏 과시하며 유럽 첩보계에서 거물이미지를 쌓아 나갔다.

하지만 이렇게 끈질긴 생명력을 이어 온 겔렌에게도 위기가 닥친다. 1961년 BND 내 소련과장이었던 하인츠 펠페Heinz Felfe가 실은 KGB를 위해 일한 이중 스파이라는 사실이 밝혀진 것이다. 펠페는 본래 나치 친위대SS 대위 출신으로 겔렌의 신임을 얻어 조직에 합류했으나 1951년 KGB에 포섭돼 약 10년간 기밀이 담긴 3백 개의 마이크로필름과 1만 5천 페이지 분량의 사진 및 문서, 30여 개의 녹음테이프를 소련에 전해 왔다. 이 사건으로 언론은 펠페와 함께 겔렌의 나치 전력도 집중 부각하며 공격했다.

그런데 정작 이 사건의 유탄은 엉뚱한 곳에 떨어진다. 비판 여론이 나치 출신의 정보기관장을 제쳐 두고 그를 중용한 아데나워 총리에 정치적 책임을 묻는 쪽으로 흐르면서 총리는 사임하고 만다. 이어 총리에 오른 루드비히 에르하르트는 취임 직후 겔렌의 해임을 검토하기도 했지만 동독과의 첨예한 긴장 관계를 감안해 유임시켜 얼마간의 생명력은 이어졌다. 그는 1968년에 와서야 BND 지휘봉을 나치 시절부터 자신의 심복으로 활동해온 게르하르트 베셀Gerhard Wesel에게 넘기고 물러났다. 후임인 베셀은 나치 전력에도 불구하고 BND를 현대화하고 동독 정보기관인 슈타지Stasi의 공격과 각종 스파이 사건으로 흔들리던 조직의 체계를 바로잡는 데 공헌했다는 양면적 평가를 받는 인물이다. 한편 겔렌은 퇴임 후에는 바이에른주 슈테른베르크Starnberger 호반에서 노년을 보내다 1979년 77세의 나이로 사망했다.

🔫 FOCUS 연방정보국BND… 독일 연방의 핵심기관

독일의 연방 단위 정보 및 보안기관으로는 연방총리실 산하 연방정보국BND: Bundesnachrichtendienst을 비롯해 연방내무부 소속 헌법보호청 BfV과 범죄수사청BKA, 국방부 소속의 국방보안국MAD 등이 있다. 이 가운데 연방정보국은 독일 연방공화국에서 대외정보를 담당하는 핵심 기관으로 2차 대전 후 미국의 지원을 받은 겔렌 조직을 모체로 1956년 4월 창설됐다. 이 조직은 독일 최고의 정보기관으로 동구권 지역을 포함해 전세계 첩보를 수집해 분석하고 국가 정책의 근거가 되는 주요 정보를 총리에게 보고한다. 조직은 국장 휘하 외교와 군사 분야를 각각 담당하는 2명의 차장에 8개 부서를 두고 있으며 약 6천여 명의 인력이 활동 중이다. 이 중 상당수는 연방군 출신이다.

부서별 역할에 따르면 1부는 공작부로 비밀공작에 대한 수집이나 조정등이 주임무다. 이들은 주로 인적 네트워크HUMINT를 활용해 정보를 취득하는 것으로 전해지며 활동 분야는 정치와 경제, 군사, 과학 등 광범위하다. 2부는 과학기술부로 주로 기술적 수단에 의해 정보를 수집하는 것으로 파악되고 있다. 통신수단을 감청하거나 신호정보SIGINT를 분석하는 것이 이들의 주요 임무다. 3부는 분석부로 연방정부의 정보 관련 임무와 대부분 연관성을 갖는 주요 부서다. 특히 정보국에서도 1, 2, 5부와 직접적인 연관성을 갖는 부서로 공작과 기술정보 등을 융합하거나 분석하는 일을 한다. 4부는 총무부로 인사관리와 재정, 법무를 수행한다. 또 5부는 국제테러부로 조직범죄와 테러 등에 대한 정보를 주로 수집하며 최근에는 마약거래에서 돈세탁, 불법 이민 등에 대한 정보도 다루는 것으로 알려져 있다. 6부는 기술지원부로 여러 과학기술을 지원하는데 통신기술을 포함해 화학, 물리, 엔지니어, 전자공학 등 다양한 전문지식과 전문가들이 포진해 있다. 7부는 직원들의 교육을 담당하는 학교로 전문분야에 대한 지식과 기술 습득이 주목적이다. 8부는 보안부로 인적, 물적 보안 등 정보부서의 보안유지를 위해 운영된다.

연방정보국은 전국 16개 지방정부에 분실을 두고 수집한 정보를 총리실로 보고하며 총리실에는 별도 정보수석실이 있어 이곳에서도 조정이 이뤄진다. 냉전이 종식되고 안보 환경의 급변에 따라 최근에는 산업정보 및 사이버정보 활동에 상당한 전력을 투입하고 있다.

34

마르쿠스 볼프

Markus Wolf 1923~2006 −슈타지 HVA−

사진=BArch

마르쿠스 볼프Markus Wolf는 냉전기 동독 정보기관인 슈타지Stasi에서 해외 정보 및 공작을 담당했던 대외첩보총국 HVA의 수장을 지낸 인물이다. 약 34년간 재임하며 시종 혁신적이고 창의적인 발상으로 상대의 허를 찔렀고 신출귀몰한 행적으로 30년 가까이 '얼굴 없는 스파이'로 불렸다.

그러나 독일 통일 이후에는 현역 시절 자행한 일부 혐의로 법정을 드나들며 말년을 보내다 2006년 사망했다.

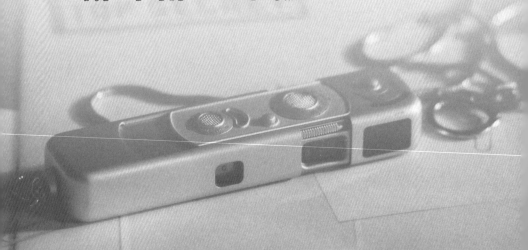

얼굴 없는 스파이, 그는 누구인가?

마르쿠스 볼프는 1923년 독일 남부 슈투트가르트 근교 헤힝겐Hechingen
의 유대인 가정에서 태어났다. 아버지 프리드리히 볼프Friedrich Wolf는 대
체의학 전문가였고 작가로도 이름을 알렸으며 동생 콘라드Konrad Wolf는
훗날 동독을 대표하는 영화감독으로 성장하는 등 넉넉하지는 않았으나 다
재다능한 가족이었다. 반면 그의 어린 시절은 공산주의자였던 아버지의
영향으로 '이주와 망명'이 연속되는 굴곡 많은 나날을 보내야 했다. 실제
볼프가 10세이던 1933년 2월 독일 의회 의사당에 방화사건이 일어났는데
당시 권력의 주류로 등장하던 나치는 이를 공산주의자들의 소행이라고 발
표하며 대대적인 탄압을 시작한다. 사건 직후 헤르만 괴링Hermann Göring
이 이끌던 프로이센 경찰은 네덜란드인 공산주의자 마리누스 루페Marinus
Lubbe 등 4명의 좌익 활동가를 붙잡아 재판에 넘겼다. 이들 가운데 루페는
고문에 의한 자백인지는 알 수 없지만 유죄를 인정해 이듬해 처형된다.

이러한 정치 상황은 그렇지 않아도 공산주의자이면서 유대인이라는 점
에 위기감을 갖고 있던 아버지 프리드리히에게는 큰 충격이 아닐 수 없었
다. 이에 그는 가족을 이끌고 스위스를 거쳐 프랑스로 터전을 옮긴다. 그
렇지만 가는 곳마다 '낯선 이방인' 취급을 받으며 적응에는 실패했다. 결
국 1934년 소련으로 건너간 볼프 가족은 가까스로 모스크바Moscow에 정
착하게 된다. 하지만 소련에서의 생활도 그리 녹록지 않았다. 볼프는 당
초 독일에서 온 망명자들이 다녔던 독일 학교에 입학해 비로소 정규교육
을 받기 시작했으나 이마저도 얼마 가지 않아 폐교되면서 러시아 학교로
옮겨야 했다. 그 사이 그는 차츰 독일어보다는 러시아어에 더 익숙해졌고
음식도 시베리아식 만두인 펠메니를 가장 좋아할 정도로 현지화된다.

그럼에도 볼프의 곡절 많은 청소년기는 여기서 그치지 않았고 1940년 우주비행사를 꿈꾸며 모스크바 항공대학Moscow Aviation Institute에 입학했지만 다음 해 6월 나치 독일이 소련을 침공하자 카자흐스탄 알마아타Alma Ata로 이주하라는 당의 명령이 떨어진다. 그렇게 우여곡절 끝에 알마아타에 도착한 그의 앞에 이번에는 운명이 송두리째 바뀔 만큼의 소식이 기다리고 있었다. 소련 공산당 상임위원회가 볼프에게 당시 NKVD 산하 특별임무학교로 전학할 것을 명한 것이다. 이 특별임무학교는 NKVD가 소련의 정보장교 양성을 위해 1938년 설립한 기관으로 고등정보학교라는 개칭과정을 거쳐 KGB 시절에는 붉은기대학赤旗大学으로 불리기도 했던 사실상 '소련 스파이들의 산실'이다. 덧붙여 이 학교는 현재 '대외정보 아카데미'로 개칭돼 러시아 대외정보기관인 SVR의 요원 양성소로 운영되고 있다.

이렇게 해서 볼프는 1942년 특별임무학교에 입학하며 일찌감치 첩보계와 인연을 맺는다. 여기서 그는 무기 사용법과 폭발물을 다루는 기술 그리고 접선, 기밀유지, 메시지 전달, 선전선동에 이르기까지 스파이들이 갖춰야 할 기본적인 소양들을 철저히 교육받았다. 이후 1943년 5월부터 정치전의 일환인 대독일 라디오 방송의 진행자 겸 해설자로 활약했고 1945년 5월 나치가 항복하면서 독일로 귀국한다. 당시 22세의 어엿한 성인으로 고국을 찾은 볼프는 전쟁으로 중단했던 학업을 이어 가리라 열망했으나 지금까지 그래 왔듯 이번에도 그의 꿈과 계획은 본인의 것이 아니었다. 공산당이 그에게 베를린의 소련 점령지역 라디오 방송에서 기자로 일할 것을 명했고 이후 1949년 후반까지 근무한다. 이 기간 볼프는 종전과 함께 시작된 뉘른베르크 전범재판Nuremberg trials의 모든 과정을 취재하며 나치가 저지른 홀로코스트 만행 등을 속속들이 전했다. 특히 취재 현장에는 훗날 서독 총리에 오르는 빌리 브란트Willy Brandt가 망명지였던 스웨덴의 방송기자 신분으로 취재 경쟁을 벌이고 있었던 것으로 알려졌다. 다만 이때 두 사람은 서로의 존재를 알지 못했다.

한편 볼프가 기자로 한창 현장을 누비는 사이 독일에는 재차 커다란 변화가 찾아온다. 1949년 10월 서방 3개국 점령지에서는 서독이, 소련 점령지에서는 동독이 각각 정부를 출범 시키며 두 개의 독일로 나뉜 것이다. 이러한 정세변화는 그에게도 영향을 미쳤고 11월 그는 기자직을 떠나 외교관으로 발탁돼 모스크바 주재 동독 대사관에 영사로 배치된다.

실패가 준 교훈, 역발상 '로미오 작전'

볼프는 어린 시절을 소련에서 보낸 덕에 이미 능숙하게 러시아어를 구사할 수 있었으며 러시아식 생활습관도 몸에 배어 있었다. 또 첩보학교를 거치며 익힌 빠른 판단력과 높은 사상적 기반은 소련 관료들을 사로잡기에 충분했다. 이때 그에게 매료된 소련 관료들 중에는 후에 KGB 수장을 거쳐 최고 권력자에 오르게 되는 유리 안드로포프Yuri Andropov도 있었다. 이렇게 약 2년여의 외교관 생활을 지낸 1951년 8월 그는 느닷없는 귀국 통보와 함께 동독 '경제연구소IPW'라는 낯선 이름의 신설기관에 배치된다. 그런데 이 '연구소'로 이름 붙여진 기관의 실제 정체는 동독이 비밀리에 추진 중인 대외정보기관(APN College, 훗날의 HVA)의 위장조직이었고 볼프는 여기서 '분석관'으로 첫 임무를 수행하며 본격적으로 첩보계에 발을 들여놓았다.

하지만 이듬해 그를 둘러싼 또 하나의 급변사태가 발생하는데 바로 연구소를 이끌던 안톤 아커만Anton Ackerman이 동독 공산당 실력자들과 벌인 권력투쟁에서 패배하며 실각한 것이다. 이로 인해 볼프는 1952년 12월 불과 30세의 나이에 동독의 대외정보를 책임지는 수장에 오르며 스파이 두목으로 급부상했고 그로부터 1986년까지 장장 34년간 전설적인 첩보역사를 쓰게 된다. 아울러 그가 젊은 나이에도 불구하고 정보기관의 수장에 오를 수 있었던 배경에는 외교관 시절 쌓은 소련 권력 핵심부의 강력한 지지가 작용했다는 분석이 있다.

그러나 너무 의욕이 앞선 나머지 거물의 시작은 매우 미숙했다. 볼프는 지휘봉을 잡은 직후 노련한 경력자들을 제쳐 두고 첩보 학교까지 설립하며 신참 요원 선발에 열을 올린다. 이 시기 그는 약 30여 명의 신입 교육생을 선발해 기밀유지와 메시지 전달 등 첩보원의 소양을 집중적으로 교육했다. 특히 강의실에서만 이뤄지는 교육이 한계가 있다고 판단해 교육생들을 서독 현지로 침투시키는 현장 교육도 병행한다. 그런데 이것이 화근이었다. 공산주의 체제에 익숙해져 있던 교육생들이 휘황찬란한 자본주의 불빛에 눈을 빼앗겼고 더욱 몇 푼 되지 않는 공작금을 아끼느라 '지나치게' 검소한 체류 생활을 했던 것이 서독 방첩당국의 주목을 끌었다. 이들 대부분이 침투하고 얼마 뒤 체포되면서 사실상 첫 작전에서 어처구니없이 큰 좌절을 맛본 볼프는 참담한 교훈을 가슴에 새겨야 했다.

그 후 절치부심하며 실패를 곱씹던 그는 장차 첩보의 개념을 뒤집어 놓을 만한 혁신적이고 창의적인 첩보술을 고안해낸다. 고대부터 이어진 첩보술 가운데 동서를 막론하고 보편적으로 활용돼 온 소위 '미인계美人計'를 뒤집은 '미남계美男計'를 기획한 것이다. 이는 셰익스피어William Shakespeare의『로미오와 줄리엣』에서 보통의 사람들이 주로 '줄리엣'에 주목한다는 점에 착안해 볼프는 반대로 로미오에 초점을 맞춰 이를 침투 공작에 응용하기로 했다. 이른바 '로미오 작전Operation ROMEO 세기의 첩보전 제25화 참조'으로 불린 이 역발상 공작은 1979년 그 전모가 드러날 때까지 서독의 총리실과 국방부, 외무부 등 핵심 정부조직은 물론이고 심지어 나토 사령부를 대상으로 광범위하게 이뤄지며 혁혁한 전과를 올렸다.

작전의 골자는 정부 주요 인물들의 측근이면서 정보가 흘러가는 길목에 있는 사람을 노리는 것으로, 여기에는 주로 문서 작성과 일정을 관리하는 여비서들이 있고 이들의 외모, 성격, 나이, 처지를 고려해 그에 적합한 남성 요원을 접근시킨다는 내용이다. 볼프의 입장에서도 서독의 요인을 포섭하거나 기관에 첩자를 심는 것이 가장 유용한 방법이라는 점을 알지만 실행이 어렵고 위험 부담이 크다는 점에서 일종의 우회로를 택한 셈이다. 그렇지만 작전이 시작된 1952년 이후 이 우회로는 아우토

얼굴 없는 스파이. 볼프는 재임기 내내 용모와 신원이 파악되지 않아 수수께끼의 인물로 여겨졌다.사진=BArch

반의 무제한 질주를 연상시키듯 정보를 쏟아 냈고 시간이 지나면서 KGB가 눈독을 들일 만큼 '정보의 보물창고'로 변한다.

볼프는 로미오 작전을 위해 대학과 청년조직의 파일을 샅샅이 뒤져 외모와 성격, 성적, 배경 등으로 인재들을 엄선했고 전국을 돌며 '숨겨진 로미오'를 발굴하는 데 많은 시간을 할애했다. 또 서독 지역에 거주하다 사망했거나 해외로 이주한 사람들의 서류를 입수해 로미오들의 신분을 감쪽같이 세탁했다. 이들은 하나같이 영화배우를 연상시키는 준수한 용모와 세련미로 무장하고 서독에 침투해 정부 기관에 근무하며 혼자 사는 중

년 여성들을 집중 공략했다. 출중한 외모에 친절한 로미오들의 마력에 넘어간 여성들은 경계심을 푼 채 기밀문서를 제공했으며 문서들은 모두 마이크로필름에 담겨 동독으로 보내졌다.

이런 방식으로 볼프는 당시 아데나워Konrad Adenauer가 이끌던 총리실의 내부조직망을 시작으로 총리가 라인하르트 겔렌Reinhard Gehlen과 나눈 기밀 대화록 등을 전달 받았고 나토 사령부의 통역 담당비서를 통해서는 나토군의 동향과 병참 계획 등을 입수했다. 작전은 1979년 서독 방첩기관인 연방헌법보호청BfV에 적발돼 위축됐으나 활동은 1980년대 헬무트 콜Helmut Kohl 총리 시절까지 계속됐다.

귄터 기욤 침투 공작… 벗겨진 베일

이처럼 볼프는 재임 기간 내내 이어진 로미오 작전 외에도 3천명이 넘는 첩보원들을 BND 등 서독 주요 기관에 침투시켜 교란 및 역공작, 분쇄작전을 각각 지휘했다. 또 당시로서는 KGB조차 접근에 어려움을 겪고 있던 베를린 토이펠스베르크Teufelsberg 소재 미 국가안보국NSA 비밀기지인 빅이어 Big Ear에 대해서도 독자적인 포섭공작을 벌여 상당수의 핵심 기밀을 빼냈다. 그는 터키인 협력자를 시켜 미 육군 출신 제임스 홀James Hall을 포섭한 뒤 NSA가 극비로 추진 중이던 '트로이의 목마 작전Project Trojan'을 비롯해 약 4천 페이지 분량의 비밀문서와 각종 군사기밀을 빼냈다. 특히 트로이의 목마 작전은 미국이 소련과의 전면전을 염두에 두고 마련한 전자 네트워크로, 소련과 동맹국의 미사일, 항공기 등이 방출하는 신호를 잡아 위치를 파악하는 최첨단 시스템이었다. 이런 극비자료들은 속속 소련으로 보내져 만약을 대비하도록 도왔다.

그러나 볼프가 지휘한 대서독·대서방 공작 가운데 백미는 역시 빌리 브란트 총리의 비서관으로 수년간 암약해 세계를 놀라게 한 '귄터 기욤 Gunter Guillaume 침투 공작'이다. 이 공작은 「귄터 기욤」 편에서도 자세히 소개했으나 이해를 돕기 위해 간략히 살펴본다. 동독의 슈타지 HVA 소속의 귄터 기욤과 그의 아내 크리스텔은 1956년 체제에 불만을 가진 것으로 위장해 서독에 침투했고 이후 정당 활동을 거쳐 시의원에도 당선되며 정치인으로 성공한다. 이어 1970년부터는 브란트 총리의 비서실에 근무하며 고급 기밀을 빼냈으며 1972년에는 총리의 수행비서에 올라 서독의 대동독 전략과 나토의 동향 같은 최고 기밀은 물론 나아가 총리의 사생활까지 파악해 슈타지에 보냈다. 그러던 1974년 부부가 서독 방첩당국에 체포되면서 길고 긴 침투 공작은 막을 내린다. 결국 이 일로 브란트 총리는 불명예 실각했고 서방세계는 커다란 충격에 빠졌다. 반면 볼프는 이 공작을 기획에서 실행까지 총체적으로 지휘하며 이름을 높였을 뿐만 아니라 이때까지 KGB의 위성조직으로 여겨졌던 슈타지와 HVA는 독자적인 위상을 인정받는다. 다만 이러한 떠들썩한 사건이 있고 난 한참 후에도 그의 정체는 여전히 베일에 싸여 있었다.

그러다 1979년 볼프의 심복이면서 과학기술SWT 담당이었던 베르너 슈틸러Werner Stiller가 서독으로 망명하는 사건이 일어나 감춰 왔던 베일도 벗겨지기 시작한다. 슈틸러는 당시 슈타지와 HVA 소속 비밀요원들의 신상 파일도 함께 들고 탈출했는데 그중 서독 입장에서 가장 큰 수확은 볼프의 용모와 신원을 확인할 수 있었다는 점이다. 앞서 1978년 볼프는 휴가차 스웨덴을 방문했고 이곳에서 현지 정보당국Sapo이 의심 인물로 찍어 둔 사진을 슈틸러가 확인해 주면서 비로소 '얼굴 없는 스파이'의 정체가 세상에 드러난다. 아울러 그는 슈틸러 사건으로 17명 상당의 고위급 정예요원을 잃으며 자신의 시대가 저물고 있음을 직감하게 된다.

이후에도 볼프는 서독의 방첩기관인 연방헌법보호청BfV의 클라우스 쿠론 이중 스파이 작전에 직접 관여하는 등 나름 활동적으로 조직을 이끌었다. 쿠론은 1962년 BfV 요원이 된 이래 약 20년간 방첩 부문에서 근무하며 이중 스파이 색출작전을 지휘해온 베테랑 요원이다. 그는 뛰어난 정보력과 작전수행 능력에도 불구하고 학력문제를 이유로 BfV에서 승진 기회가 제한된 데다 경제적 불만이 겹쳐 HVA와 접선하기 시작했다. 볼프는 쿠론이 워낙 거물이면서 고급 정보를 전달했던 이유로 이례적으로 '직접 대면'이라는 위험을 감수했을 정도로 공을 들였다. 아니나 다를까 쿠론은 볼프와의 만남에서 HVA 소속으로 서독과 내통하고 있는 첩자의 정체를 알려 준 것을 비롯해 통일 직전까지 서독 당국의 스파이 색출작전 및 역공작 계획, 서방에 여행 중인 동독인 감시 실태 등 방첩작전 일체에 대한 진행 상황을 상세히 전달했다.—쿠론은 독일이 통일된 직후인 1990년 10월 형刑을 면제받는 조건으로 방첩당국에 자수했지만 재판에서 12년형을 선고받아 6년을 복역했다.—

그 사이 볼프는 미국 본토 침투공작에도 꾸준히 공을 들였으나 큰 성과를 거두지 못한 채 1986년 11월 HVA 수장에서 공식적으로 은퇴한다. 그는 1990년 불어 닥친 동독 정권의 붕괴로 황급히 소련으로 피신했다가, 외교적 부담을 우려한 소련의 냉대를 받고 다시 독일로 돌아와야 했다. 이 과정에서 체포돼 통일된 독일 법정에서 간첩죄 등의 혐의로 징역 6년형을 선고받는다. 그리고 얼마 후 항소심에서 불법감금 등 일부 혐의만 유죄로 인정돼 집행유예로 석방됐다. 석방된 뒤에는 베를린에 머물며 자서전과 러시아 요리책을 출간하는 등 말년을 보내다 2006년 11월 83세로 사망했다.

35

대립

戴笠 1897~1946 -중국 국민당 군사위원회 조사통계국-

대립戴笠은 중국 국민당國民黨 정부에서 줄곧 정보조직의 수장을 지낸 인물로 호칭에서는 다이리, 혹은 타이리로 많이 알려져 있다. 장개석의 친위조직인 남의사藍衣社에도 소속 돼 공산주의자 및 반대파 제거에 앞장서며 '장개석의 검'으로 활약했다.

그러나 국공내전國共內戰이 한창이던 1946년 항공기 추락 사고로 갑작스럽게 사망하며 국민당이 모택동毛澤東의 공산당에 패배하는 주요 원인 중 하나가 됐다.

장개석의 검, 그는 누구인가?

대립은 1897년 중국 절강성 강산현 보안향에서 대戴씨 가문의 춘풍春風이라는 이름으로 태어났다. 대립이라는 이름은 후에 '장개석을 호위하는 삿갓이 되겠다'는 의미로 한자의 '삿갓 립笠'을 넣어 개명했다는 주장이 가장 유력하다. 1910년 소학교를 졸업하고 절강성립 제1중학교에 입학한 그는 봉건적 잔재인 전족(纏足: 여성의 발을 작게 하기 위해 헝겊으로 묶는 행위)과 사회적 문제가 된 아편을 반대하는 학생모임을 이끌었을 정도로 건전하고 적극적인 성품이었다. 이어 1915년에는 인근 지주의 딸과 결혼했고 이듬해 첫 아들을 얻는다.

그런데 대립은 이 시기부터 알 수 없는 이유로 도박에 심취하기 시작해 여러 도박장을 전전하며 분란에 휩싸였다. 급기야 그는 이 일로 학교에서 퇴학 처분을 받게 된다. 그렇지만 이후에도 도박장을 드나들며 속임수를 쓰다 들통이 나면서 항주杭州로 쫓겨 가 여기서 절강성 육군에 입대해 군 생활을 시작했다. 그럼에도 대립은 몹쓸 버릇을 고치지 못하면서 이를 문제 삼아 상부에서 징계를 내리려 하자 이번에는 급히 상해上海로 도주한다. 그는 상해에서도 도박에 손을 대며 점차 지하세계로 빠져들었다.

한편 당시 상해는 열강들의 공관이 모여 있던 중국 외교의 중심지였으며 이에 더해 서구 자본주의의 영향으로 물자가 넘쳐나는 경제의 중심지이기도 했다. 이로 인해 연일 치열한 이념 및 이권 경쟁이 벌어지는 복잡한 양상을 보이고 있었다. 대립은 상해에 도착한 얼마 뒤 두월생杜月笙이라는 인물을 만나게 되는데 그는 이때 상해를 근거지로 각종 이권에 개입하던 '청방青幇'이라는 일종의 마피아 집단의 중간 보스였다. 청나라 말기에 활개 치기 시작한 청방은 도박과 마약 밀매, 매춘, 청부 폭력 등 여러 불법행위로 막대한 이득을 챙기고 있었다. 후에 두월생은 청방의 보스에 올라 상해 암흑가의 황제로 군림한다.

또한 대립은 두월생을 통해 장차 자신의 운명을 통째로 바꾸는 중대한 만남을 갖게 되니, 그 만남의 주인공은 바로 향후 중국 국민당을 이끌게 되는 장개석蔣介石이었다. 이 시기 장개석은 국민당의 자금을 마련하기 위해 상해 증권거래소에서 중역을 맡고 있었고 이와 함께 이권에 밝은 청방과도 긴밀한 협력관계를 구축 중이었다. 1921년경 두월생의 소개로 장개석과 그 측근들을 만난 대립은 이들이 손문孫文을 배후에서 돕고 있다는 사실을 알아차린다. 특히 대립은 이 가운데 같은 절강성 출신으로 성씨도 같았던 대계도戴季陶라는 거물 측근과 특별한 유대관계를 가졌고 이때부터 장개석의 개인 기밀요원으로 활동하기 시작했다.

그 사이 국민당은 내부 쿠데타로 한차례 내분을 겪은 데 이어 손문이 갑작스럽게 사망하며 충격에 휩싸였고 좌우대립이 본격화하는 등 극심한 내홍에 시달린다. 더욱 소련을 방문하고 돌아온 장개석은 "공산주의와 국민당의 삼민주의三民主義는 공존할 수 없다"라고 공개적으로 천명한다. 이에 1926년 열린 전당대회에서 장개석이 좌파 진영의 모택동에 대항해 중앙위원에 선출되며 사실상 우파를 대표하는 지도자로 부상했다. 같은 해 대립은 장개석을 돕기 위해 국민당에 입당하는 동시에 대계도의 추천으로 황포군관학교黃埔軍官学校에도 입학한다. 그는 입학과 함께 장개석에 충성을 맹세하고 그 증표로 "평생의 삿갓笠이 되겠다"며 이름을 바꾼 것으로 전해진다. 이후 대립은 장개석의 반공주의 노선에 적극적으로 호응해 공산당과 국민당 좌파에 대한 감시 및 조사 활동에 팔을 걷어붙였다.

그러던 1927년 국민당이 북방 군벌 장작림張作霖 등을 정벌하기 위해 나선 이른바 '북벌北伐' 과정에서 공산당원에 대한 대대적인 숙청을 단행한다. 이때 대립은 자신의 군관학교 동문 중 약 20여 명의 공산당원을 색출, 고발하는 공을 세웠다. 이는 곧 총사령관이던 장개석을 흡족하게 했고 병영을 대표하는 국민당 집행위원에 선출되면서 권력의 주변부에 포진한다. 그는 이후에도 반反장개석파에 대한 감시 활동을 꾸준히 벌였으며 이런 노력은 얼마 가지 않아 결실을 맺는다. 1928년 장개석이 국민혁명군총사령부 내에 밀사조密査組라는 군사정보기관을 창설하면서 그 지휘봉을 대립에게 맡긴 것이다. 이를 시작으로 그는 사망할 때까지 국민당의 정보통 일인자로 대륙을 호령하며 공산당과 당내 정적들에게는 공포의 대상으로 자리하게 된다.

남의사의 행동대장… 깨어난 암살본능

같은 시기 장개석은 북벌을 통해 당시 북방의 맹주였던 장작림을 무릎 꿇리고 국가 주석에 오르면서 사실상 대륙 전역을 장악했다. 반면 북벌기간 단행한 공산주의자들에 대한 숙청으로 국공내전에 불이 붙는가 하면 만주를 노린 일본이 가세하면서 정세는 한층 복잡해진다. 급기야 이러한 정세는 1931년 9월 만주사변滿洲事變으로 표면화됐으나 장개석이 "일본에 앞서 공산당을 먼저 소탕해야 한다"면서 무대응 전략을 취하며 일본의 침략을 방치했다. 이 사건으로 장개석은 한동안 당정 일선에서 물러난다. 그럼에도 대립은 밀사조를 통해 첩보 활동을 이어 갔고 이듬해 장개석이 복귀하자 장문의 보고서를 내놓으며 변치 않는 충성심을 과시했다. 이에 그는 밀사조를 확대 개편한 군사위원회 특무처에서 정보조情報組를 담당하는 제2과장에 임명됐다. 이와 함께 대립은 또 하나의 특별임무를 부여받으며 내면에 감춰 왔던 '암살자 본능'을 서서히 드러내기 시작한다.

장개석이 공식기구와는 별도로 비밀리에 황포군관학교 출신을 중심으로 친위조직인 '삼민주의역행사(중화복흥사)'라는 조직을 만들어 특무처를 두고 처장에 대립을 임명한 것이다. 조직원들이 남색 옷을 입는다고 해서 소위 '남의사藍衣社'로 불리기도 했던 이 조직은 파시스트 성격의 전위부대로, 이때부터 대립은 국민당 안팎의 공산당원이나 진보인사 및 정적들에 대한 납치, 테러, 암살 작전을 거침없이 자행했다. 특히 그는 특무처장에 오른 직후 철혈대라는 별도 암살조를 결성해 1933년 5월, 당시 좌파적 진

장개석의 겸 대립(우)은 장개석(좌)에 강한 충성심을 바탕으로 공산주의자와 정적을 척결하는데 앞장섰다.

보단체인 '중국민권보장동맹中國民權保障同盟' 소속의 응수인을 비밀리에 납치해 제거했고 6월에는 단체의 리더격인 양전楊銓을 암살했다. 또 이듬해에는 좌파 성향의 언론인인 사량재와 항일무장투쟁을 벌이며 국공내전을 반대한 길홍창도 비밀리에 살해했다.

이런 식으로 당시 대립은 장개석의 지배에 반대하는 정치, 문화, 언론인들을 모두 암살대상으로 삼으며 '남의사의 행동대장'으로 악명을 떨친다. 이런 이유로 국민당 우파를 제외한 모든 세력이 '남의사'라면 치를 떨었고 심지어 만주국 수립을 주도한 일본조차 강화講和 교섭에 나서는 조

건으로 남의사 해체를 요구할 정도였다. 결국 제2차 국공합작의 시발점이 된 1936년 12월 서안사변西安事變을 통해 남의사는 해체 수순을 밟게 되는데 장개석은 이를 공식기구인 군사위원회 조사통계국, 이른바 '군통軍統'으로 흡수하며 기능은 유지시켰다. 이에 따라 대립은 군통의 정비와 실질적 지휘권을 일임받아 추후 조직원 수가 최대 5만 명에 이르는 명실상부한 대륙의 정보통 일인자로 부상한다. 이와 관련해 이때 군통의 '국장'에는 군사위원장인 장개석이 겸임했고 대립은 재임 내내 '부국장'의 직함으로 활동했다. 단 이는 명목상 체계일 뿐 군통의 실질적 지휘자, 즉 '수장'은 대립이었다는 데 이견이 없다.

이를 보여 주듯 대립은 지휘권을 일임받은 직후 군통 소속 요원들에 대한 교육에도 팔을 걷어붙인다. 비록 정적들에게는 남의사 시절부터 '피도 눈물도 없는 암살자'라는 악명이 높았으나 훈련병들에게는 일면 덕장德將의 면모를 보이며 결속력을 높였다. 그는 훈련병들에게 사격, 폭파, 메시지 전달 같은 전투 및 첩보술을 교육하면서도 충의忠義를 기본 덕목으로 손문의 삼민주의를 이어 나갈 것을 주문했으며 개인의 이익을 따르지 말고 무명의 영웅이 돼야 한다고 강조했다. 일선에서 임무 중 사망한 요원들에게는 가족 앞으로 장례비 등을 지급하고 위로를 전하는 세심한 배려로 부하들의 충성심을 이끌어 내기도 했다. 아울러 군통 소속의 충의구국군忠義救國軍이라는 일종의 별동부대도 창설해 대일항전對日抗戰에서 정규군을 지원하고 적 후방을 교란하는 임무를 수행했다. 충의구국군은 후에 미국의 참전에 따라 구성된 합작기구에서 일본뿐만 아니라 공산당 등 좌파 진영에 대한 대립의 무력武力 기반이 된다.

이렇게 요원 양성과 조직의 결속력, 그리고 무력까지 갖춘 대립은 그 첫 번째 공작으로 1939년 친일파이면서 국민당 내 반反장개석파의 중심

인물인 왕정위汪精衛 암살작전을 지휘한다. 그러나 작전에는 실패해 왕정위는 목숨을 건졌고 후에 친일괴뢰 정권인 신新남경정부를 수립했다. 사정이 이렇게 되자 대립은 이번에는 회유책으로 전략을 바꿔 물밑 공작을 벌여 나갔다. 특히 이때 그는 공산당과의 연합 전선에도 불구하고 공산 진영의 세력 확장을 막는 데 모든 힘을 쏟았고 이를 위해 일명 '오동나무 작전桐工作'으로 알려진 일본과의 비밀협상을 주도하기도 한다. 오동나무 작전은 1939년 말부터 1940년 9월까지 대립이 일본 육군 참모부의 이마이 다케오今井武夫와 홍콩에서 벌인 강화講和 협상이지만 급변한 정세로 타결에는 이르지 못했다. 또 신남경정부의 핵심 인물과도 접촉하며 이들이 공산당과 손을 잡지 못하도록 여러 방해공작을 병행했다.

음모냐, 사고냐… 미스터리한 죽음

이후 대립은 1942년 미국이 제2차 세계대전에 참전해 일본에 맞서게 되면서 미 해군정보국 및 전략사무국OSS과 '중·미 합작기구SACO'를 구축하는 것에 중추적 역할을 한다. 그는 이듬해 설립된 SACO의 총책임자를 겸하며 자신의 별동부대인 충의구국군을 동원해 항일무장 투쟁을 지원했다. 이 과정에서 공산당에 대한 와해공작도 동시에 진행해 상당수의 조직을 파괴하고 많은 진보적 인물과 공산당원들을 감금, 고문하고 살해했다.

대립은 전쟁이 끝난 후에는 일본에 부역한 반역자 처리 일체를 위임받게 되지만 1946년 3월 17일 청도에서 남경으로 돌아오던 도중 비행기 추락 사고로 사망한다. 그런데 그의 죽음이 워낙 갑작스러웠고 더욱 추락 직전 폭발이 있었다는 증언이 있었던 만큼 의문은 여전히 남겨진 상태다.

이 가운데는 대립이 탄 비행기가 추락한 지점이 남경에서 공산당 점령지였다는 점을 들어 공산 진영의 계획된 암살로 보는 시각이 많다. 더욱 그의 암살을 주도한 배후가 당시 공산당의 정보수장으로 정보계통에서 숙적이었던 '강생康生'이라는 주장이 있다. 이와 달리 일부이긴 하지만 군통을 기반으로 대립의 영향력이 커지는 데 대해 장개석의 견제가 있었다는 말도 있어 내분에 혐의를 두는 시각도 있다. 아울러 군통의 북평지역 책임자인 마한삼馬漢三이 횡령 등 자신의 비위가 적발되자 처형을 우려한 나머지 심복을 시켜 대립의 비행기에 시한폭탄을 설치, 폭파시켰다는 설도 있으나 마땅히 증거가 발견된 것도 없고 마한삼의 후손들이 이를 강하게 부인하고 있어 사실로 단정하기에는 어려움이 있다.

그의 미스터리한 죽음을 둘러싼 의혹과는 별개로 국공내전이 국민당의 패배로 끝난 후 장개석은 "대립이 살아 있었다면 대만으로 철수하지 않았을 것"이라며 뼈아픈 아쉬움을 토로했고, 공산당의 승리를 이끈 주은래周恩來조차 "대립의 사망으로 공산혁명을 10년 앞당길 수 있었다"라는 의미 있는 평가를 내놔 중국 대륙을 휘감았던 대격변 시기에 그의 비중이 얼마나 컸는지를 짐작케 한다.

FOCUS 대만의 정보체계 약사

대립이 활동하던 시기에 만들어진 국민당의 정보조직은 대부분 현재 대만臺灣으로 이어져 명맥을 유지하고 있다. 현 대만의 정보체계는 크게 해외, 국내, 군사의 주요 3대 부문으로 나뉘어 운영된다. 먼저 해외담당 기관으로는 '국가안전국NSB'이 있는데 주요 3대 기관 중에는 가장 늦게 창설됐으나 총통을 의장으로 하는 국가안전회의NSC의 직속 기관으로 안

보 전반을 총괄하는 중추적 역할을 한다. 최
초 창설은 1967년 국가안전회의 사무국 형
태로 조직돼 1994년 국가안전국법에 따라
정부 공식기관으로 정비됐다. 양안시대에
대응해 대중국 정보 및 공작 활동을 담당해
왔고 국가전략 개발과 총통, 부총통에 대한
경호 임무도 맡는다.

국가안전국 NSB는 대만의 대외정
보 및 공작활동을 총괄하는 정보기
관이다.

　국내를 담당하는 기관으로는 '법무부 조사
국MJIB'이 있다. 이는 1928년 국민당 중앙조직부 조사과調査科가 시초로
장개석은 이 조사과에 당시 자신의 비밀 조직이었던 CC단을 흡수해 1937
년 중앙집행위원회 조사통계국, 이른바 '중통中統'으로 개편했다. 이후
1949년 국공내전에서 패한 뒤 대만으로 건너가 기능이 사법 행정부로 이
관됐다가 1980년 현재의 법무부 조사국으로 개칭됐다. 이들은 내란, 외
환 감시 및 방첩 기능을 맡고 있다.

　군 정보기관으로는 '국방부 군사정보국MIB'이 있다. 이 역시 1928년 장
개석이 국민혁명군총사령부 내에 밀사조密查組라는 조직을 창설한 것이
시초다. 이때부터 대립이 수장을 맡아 장개석의 호위와 군사정보 수집에
역점을 두고 활동했으며 1932년 군사위원회 특무처特務處로 바뀌었다.
이어 1937년 군사위원회 조사통계국, 이른바 '군통軍統'으로 체계화되며
막강한 권력을 휘둘렀다. 반면 군통의 실질적 수장이었던 대립이 사망하
고 국공내전에 패하면서 국방부 정보국으로 개편됐고 다시 1985년 군사
정보국으로 정비돼 지금에 이르고 있다.

36

이세르 하렐

Isser Harel 1912~2003 −Shabak / Mossad−

이세르 하렐Isser Harel은 이스라엘 건국 초기 국내 방첩
기관인 샤바크Shabak(일명 신베트)와 대외기관인 모사드에서
연이어 수장을 지낸 인물이다. 건국 이전 유대인 방위조직이
었던 하가나Haganah 출신으로 샤바크 창설을 주도하며 초대
수장에 올랐고 모사드가 세계적인 정보기관으로 기틀을 다지
는 데 크게 공헌했다.

특히 모사드에 재임하던 시절 나치 전범 아돌프 아이히만 체포 작전을 성공적으
로 진두지휘해 한동안 '이스라엘 첩보계의 제왕'으로 군림했고 퇴임 후에는 정치가
와 저술가로 활동하다 2003년 사망했다.

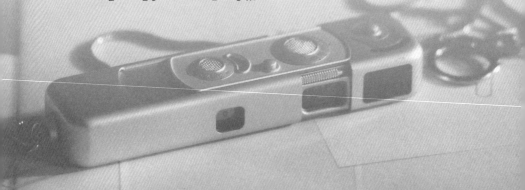

이스라엘 첩보계 제왕, 그는 누구인가?

이세르 하렐은 1912년 러시아제국 시절 벨로루시 비쳅스크Vitebsk의 유대계 가정에서 태어났다. 아버지는 명망 있는 변호사였으며 할아버지가 러시아의 식초 제조권을 가진 공장을 소유하고 있어 매우 부유한 유년기를 보냈다. 하지만 1917년 볼셰비키 혁명Bolshevik Revolution으로 전 재산을 몰수당하고 이때부터 생존을 위협받을 만큼 어려운 시기를 맞는다. 이에 따라 1922년 가족들과 함께 혁명 이후 독립한 라트비아로 이주했다. 이들은 이주 과정에서도 러시아 군대에 남은 재산마저 빼앗기는 등 심한 고초를 겪는다.

곡절 끝에 라트비아 동남부에 있는 다우가프필스Daugavpils에 도착한 하렐은 여기서 초등학교에 입학하며 비로소 정규교육을 받을 수 있었다. 그는 초등학교를 졸업하고 상급학교에 진학할 무렵 정체성에 중대한 변화를 겪게 되는데, 바로 유대 민족주의 즉 '시온주의Zionism'에 눈을 뜬 것이다. 이후 시온주의 청년운동에 가담해 활발한 활동을 벌이던 중 이를 문제시한 학교 당국에 의해 퇴학 처분을 받는다. 이와 함께 팔레스타인의 헤브론에서 폭력사태가 일어나 아랍인들에 의해 유대인 70명 가까이가 목숨을 잃은 이른바 '헤브론 대학살Hebron massacre' 사건이 일어난다. 그는 학교 처분에 더해 학살 사건에 심한 충격과 분노를 느끼며 유대인 정착촌에 힘을 보태기 위해 팔레스타인으로 떠날 것을 결심하고 집단농장(키부츠, Kibbutz)에서 농업 훈련을 받는 등 이주 계획에 들어갔다.

그렇게 1년이 지나 하렐은 불과 18세에 그토록 열망하던 팔레스타인으로 향한다. 이때 이탈리아 제노바Genoa를 거치게 되는 입국 과정에서는 빵 속에 권총을 숨기고 지중해를 건넌 것으로 알려졌다. 이는 어린 나이에도 불구하고 그의 결기와 각오를 느낄 수 있는 유명한 일화로 회자되고 있다. 이어 팔레스타인에 도착한 그는 그 즉시 키부츠 운동에 뛰어들어 '쉬페임'이라는 농장 건설에 참여해 과수원에서 일했다. 또 같은 시기 만난 여성과 결혼해 가정도 꾸렸다.

그런데 이 쉬페임이라는 키부츠는 당시 유대인들의 방위조직인 하가나와 연계된 곳으로 이로 인해 하렐은 농업에 종사하는 동시에 군사훈련도 받았다. 이 과정에서 그는 훗날 하가나의 정보조직인 샤이Shai의 수장이 되는 이스라엘 아미르Yisrael Amir라는 인물과 만나 인연을 맺는다. 하렐보다 10살이 많았던 아미르는 러시아제국 시절 빌뉴스Vilnius에서 태어나 1923년 팔레스타인으로 이주한 뒤 줄곧 하가나에 몸담으며 유대인들의 방위력 향상에 힘을 쏟고 있었다.

하지만 쉬페임에서의 생활은 오래가지 못했다. 하렐은 1935년 해외에 있는 장인과 장모를 입국시키기 위해 빚을 지게 되지만 키부츠가 원조를 거부하면서 심기가 틀어진다. 이에 그는 쉬페임을 나와 포장 출하장 등을 전전하며 일용직으로 지내다 과수원을 시작했다. 그러던 1939년 제2차 세계대전이 발발하면서 영국군에 채소와 과일을 공급하는데 이것이 성공하면서 생활이 크게 나아졌다. 동시에 유대인 친구들이 영국군 등에 소속돼 전장에 나가는 것을 보고는 '자신이 돈벌이에만 집착하고 있다'는 자괴감과 죄책감에 시달린다.

고심 끝에 하렐은 1942년 영국군에 입대하기로 마음먹고 하가나에 허가를 신청했다. 그렇지만 당시 롬멜Erwin Rommel 장군이 이끄는 독일군이 이집트로 진군하면서 긴장이 고조됐고 하가나는 방어가 우선이라는 점을 들어 그를 전선에 내보내는 대신 분대장 양성 교육을 거쳐 치안유지를 맡긴다. 교육 이후에는 식민지경찰에 배속돼 독일인 의심자 등을 추적하는 일을 했다. 그리고 얼마 뒤 영국군에 합류했으나 역시 전투부대는 아니었고 해안 경비 임무가 주어진다.

그렇게 임무를 수행하던 1944년 초 하렐은 골치 아픈 일에 휘말린다. 어느 날 영국군 장교로부터 놀림을 받은 그는 분노를 이기지 못하고 그 장교를 폭행했다. 사태가 커지자 하가나 지휘관들이 하렐에게 먼저 사과할 것을 명령했지만 그는 이를 무시하고 경비대를 그만둬 버렸다. 이때 영국과 유대인들의 관계에 비춰 자칫 낭패가 될 것 같았던 이 불미스런 사건은 도리어 하렐에게는 일생일대의 전환점이 된다. 사건을 전해 들은 하가나의 정보조직 샤이의 수장이 그의 행동을 마음에 들어 하며 만나기를 희망한 것이다. 당시 샤이의 수장이 바로 키브츠 시절 그와 친분을 맺었던 이스라엘 아미르였고, 아미르는 하렐의 결기를 높이 평가하며 샤이에서 근무할 것을 제안한다. 그는 이 제안을 흔쾌히 수락하며 본격적으로 첩보계에 발을 들여놓았다.

뛰어난 직관력… '사냥개'라 불린 사나이

한편 하렐이 몸담게 된 샤이는 하가나에 소속된 정보조직으로 1930년 최초로 활동을 시작한 이후 유대과와 아랍과, 공산과, 영국과 등 총 4개과로 운영되고 있었다. 이 중 그는 유대인 이주를 포함해 내부 반역자 및 반체제에 대한 관리와 감시 활동을 벌이는 유대과에 배속된다. 반면 하렐의 초기 임무활동은 그리 순탄치 않았다. 무엇보다 그간 육체노동에 익숙해졌던 만큼 자료를 정리하고 분석하는 일은 무척 낯설었고 '첩보'에 대한 개념도 일천했다. 더욱 본래 과묵한 성격으로 주변 동료들과도 쉽게 어울리지 못했다. 이로 인해 그는 잦은 갈등을 빚었으며 심지어 주변으로부터

'무능하다'는 평가를 들었을 정도로 쉽지 않은 초창기를 보낸다.

그러나 불과 18세에 권총 한 자루에 의지해 지중해를 건넌 바 있는 하렐은 강인한 내면의 소유자였다. 그는 주변의 평판에 아랑곳하지 않았고 퇴근을 미룬 채 파일 더미에 묻혀 밤을 새우기 일쑤였다. 주말이나 돼서야 집에 돌아가는 것이 일상이었지만 아내도 불평하지 않았다. 이렇게 적지 않은 시간을 보내고서야 비로소 그는 첩보계에 눈을 뜨며 그 속성에 매료됐고 샤이에 무엇이 필요한지, 어떤 첩보술이 유용한지 등에 대한 명확한 눈을 가질 수 있었다. 주변의 평가도 시간이 갈수록 달라져, 그는 뛰어난 직관력과 집중력을 발휘해 동료들을 놀라게 했다. 이러한 특징은 종종 동료들로부터 '사냥개'에 비유됐는데 여기서 '사냥개'라는 평가는 목표물에 대한 맹목적 돌진을 말하는 것이 아니라 사냥감을 본능적으로 잘 찾고 집요하게 추적한다는 찬사로, 이 같은 성격은 후에 샤바크와 모사드 수장 시절에도 여러 차례 발휘된다.

그리고 얼마 후 내부 인사에 따라 하렐은 '유대과' 책임자로 승진했고 전쟁이 끝나면서 벤구리온David Ben Gurion 총리의 특명으로 반체제 및 과격파에 대한 감시 활동을 벌이며 이스라엘 건국에 일익을 담당했다. 이에 힘입어 1948년 그는 샤이에서 분화된 3대 정보기관 중 국내 방첩기관인 샤바크Shabak, Shin Bet의 지휘봉을 거머쥐며 이른바 '스파이 잡는, 스파이들의 두목'으로 탄생한다.

그렇지만 건국 초기 그의 행보는 여기서 그치지 않았다. 이때 신생국이었던 이스라엘은 국내외적으로 매우 어수선했으며 정보 체계에서도 '해외공작권'을 두고 외무부와 국방부 간에 치열한 알력으로 몸살을 앓고 있었다. 실제 1950년 당시 외무부 소속이던 모사드를 총리실로 이관하는 과정에서 이에 반발한 정치국 요원들이 공문서를 불태우는 등 '항명 파동'

을 벌였고 이듬해에는 바그다드 조직망이 이라크 방첩대에 일망타진당하는 등 불미스런 사건이 연이어 일어났다. 이런 어수선한 상황에서 1952년 하렐은 로마 주재 모사드 공작관이 이집트와 내통한 사실을 알아낸다. 이 일이 있은 후 모사드의 초대 수장이었던 루벤 실루아Reuven Shiloah는 실의에 빠진 채 사임했다.

모사드의 수장직을 오랜 기간 공석으로 둘 수 없었던 벤구리온 총리는 샤이 시절부터 자신을 든든하게 뒷받침해 온 하렐을 핵심기관의 두 번째 수장으로 낙점한다. 이렇게 해서 1953년 모사드의 지휘봉을 잡은 하렐은 이후 10년간 재임하며 조직망 정비를 시작으로, 모사드가 세계적인 정보기관으로 발돋움하는 기틀을 마련하게 된다. 그는 재임 기간 뛰어난 보안의식을 바탕으로 아랍국을 비밀리에 방문해 해외 조직망을 직접 구축하거나 챙기기를 즐겼으며 특유의 사냥개 근성으로 내부 반역자 색출과 적국 스파이들의 침투 공작을 사전에 분쇄해 명망을 높였다.

특히 하렐의 재임기 치적으로 첫 손에 꼽을 수 있는 공작은, 단연 '아이히만 체포 작전Operation EICHMANN 세기의 첩보전 제29화 참조'이다. 1957년 말 최초 첩보가 입수된 이후 1960년 5월에 성공적으로 막을 내린 이 작전은 2차 대전 기간 나치 장교로 유대인 학살Holocaust을 주도하고 신분을 감춰 살아온 아돌프 아이히만Adolf Eichmann을 체포해 역사의 심판을 받게 한 세기의 작전이다.

특명! "아이히만을 체포하라"

1957년 11월 어느 날 하렐은 '아이히만이 신분을 위장한 채 아르헨티나에 숨어 살고 있다'는 충격적인 제보를 받는다. 당시 독일 헤센Hessen

주의 지방검사인 프리츠 바우어Fritz Bauer에 따르면 부에노스아이레스 Buenos Aires에 살고 있는 한 유대계 이민자가 자신의 딸이 아돌프 아이히만으로 추정되는 인물의 아들과 친분을 맺어 왔다고 전했다. 하지만 이런 제보에도 불구하고 처음에 하렐은 이스라엘을 둘러싼 복잡한 정세와 제보자의 신뢰성이 낮다고 판단해 적극적으로 나서지 않았다. 그러다 1959년 바우어가 또 다른 첩보를 전하면서 양상이 달라진다. 이번에는 제보의 신빙성이 크다고 판단한 그는 요원을 현지로 급파해 은밀한 추적에 나섰다. 그 결과 아이히만이 '리카르도 클레멘트Richardo Klement'라는 이름으로 산페르난도 근처에 살고 있는 것을 확인한다.

하렐은 아이히만의 정체가 파악됨과 동시에 라피 에이탄Rafi Eitan 등 12명의 정예요원으로 구성된 특별팀을 꾸리고 작전에 들어갔다. 특히 그는 작전의 중대성을 감안해 계획 수립에서 검거 및 탈출에 이르는 전 과정을 아르헨티나 현지에서 진두지휘한다. 이때 특별팀은 7곳의 안가와 12대의 차량을 동원해 수시로 위치와 신분을 바꿔 가며 혹시라도 있을지 모를 의심의 눈을 피했다. 그의 놀랍도록 치밀한 작전 계획과 일사불란한 지휘력, 그리고 동족들을 무참히 살해한 원흉을 잡고야 말겠다는 요원들의 헌신이 더해져 작전은 아무런 희생이나 말썽 없이 그야말로 '쥐도 새도' 모를 정도로 순조롭게 마무리된다. 모사드라는 올가미에 걸린 아이히만은 체포되고 약 열흘 뒤 비밀리에 이스라엘로 압송돼 1962년 5월 처형으로 죗값을 치렀다.

이렇게 모사드는 유대인들의 맺혔던 응어리를 풀어 주며 전 세계에 이름을 알렸으며 그 중심에 있던 하렐은 국민적 영웅으로 추앙받는다. 그는 오랜 시간이 흐른 뒤 "작전이 조금 더 일찍 시작됐더라면 아우슈비츠 Auschwitz 수용소에서 학살대상자와 강제노역자를 선별한 악명 높은 내

과의사 요제프 멩겔레Josef Mengele
도 체포했을지 모른다"며 아쉬움을
드러내기는 했으나, 신생국의 신생
기관이 세계적인 정보기관으로 자리
매김하는 데는 이것으로도 충분했
다. 이후에도 하렐은 이스라엘 내부
적으로 유대교 원리주의자와 수정주
의자들 간에 갈등의 뇌관이었던 '요
셀레'라는 소년을 찾아내는 데도 탁
월한 지휘력과 수사력을 발휘하며
명성을 이어 갔다. 이 시기 그는 모
사드의 수장이면서 샤바크까지 영향
권에 두고 있어 그 위세는 하늘을 찔

법정에 선 아이히만 그는 2차 대전 기간 나치
의 행동대장으로 유대인 학살의 실무를 총지휘
했다.

렀고 이에 더해 연이은 작전 성공으로 사실상 '첩보계의 제왕'으로 군림하
기에 이른다.

이에 더해 1956년에는 소련에서 스탈린Joseph Stalin 사후 권력을 잡은
니키타 흐루시초프Nikita Khrushchev의 이른바 '비밀연설문Secret Speech'
도 입수해 미국 중앙정보국CIA에 전했다. 본래 이 연설문은 폴란드의 유
대계 기자인 빅토르 그라예프스키Viktor Grayevsky가 바르샤바 대사관
의 샤바크 요원에게 전한 것을 다시 하렐이 CIA의 방첩부장이던 제임스
앵글턴James Angleton(제39화 참조)에게 전달한 것이다. 이 일로 모사드는
CIA와 끈끈한 협력체계를 구축하는 등 외연 확대에도 크게 공헌했다.

반면에 이렇듯 하늘 높은 줄 모르고 치솟던 위세가 꺾이기까지는 많은
시간이 걸리지 않았다. 1962년 10월 오스트리아 과학자 오토 요클리크

Otto Joklik는 이집트가 방사성 물질과 화학 무기를 탑재한 미사일을 개발 중이라는 사실을 모사드에 알렸다. 이와 함께 이 계획에 나치시절 V2 로 켓 개발에 관여한 독일인 과학자들이 관련돼 있다는 의혹도 불거진다. 하 렐은 이를 나치 잔당들이 이집트와 결탁해 이스라엘에 대한 공격을 획책 하는 것으로 판단하고 벤구리온 총리에게 독일인 과학자 제거 작전을 제 안한다. 당시 서독과의 안정적 관계를 원했던 벤구리온이 제안을 거부했 으나 평소의 냉정함을 잃어버린 하렐은 모사드 수장의 직권으로 암살 작 전인 일명 '다모클래스 작전Operation Damocles'을 주도한다.

그러나 1963년 초에 결행된 2차례의 암살 시도가 모두 실패로 돌아갔 고 심지어 독일인 기술자의 딸을 납치하려던 모사드 요원이 스위스 경찰 에 체포되는 어처구니없는 일이 이어졌다. 이로 인해 하렐의 계획이 만천 하에 탄로 난 것은 말할 것도 없고 독일과 외교문제로 비화되며 총리에게 커다란 부담을 안긴다. 더욱 내부적으로 치열한 경쟁 관계를 이어 온 국 방부가 이 문제를 집중 추궁하면서 궁지에 몰린다. 그는 재임 기간 여러 차례에 걸쳐 국방부 내 비밀 조직인 레켐Lekem을 모사드로 흡수하려 했 지만 시몬 페레스Shimon Peres 등 핵심인물들의 강한 반발에 부딪혀 뜻을 이루지 못했을 정도로 양측은 앙숙이었다. 결국 하렐은 총리와 냉각 상태 가 극에 달한 1963년 3월, 10년간의 모사드 지휘봉을 내려놓았다. 그는 모사드를 떠난 뒤 1969년 한 차례 국회의원에 당선돼 정계에 진출했다가 다음 선거에서 패배해 짧은 정치인생을 마감한다. 이후에는 10여 권의 저술서를 출간하며 말년을 보내다, 2003년 91세로 사망했다.

37

메이어 다간

Meir Dagan 1945~2016 -Mossad-

 메이어 다간Meir Dagan은 이스라엘 대외정보기관인 모사드의 열 번째 수장으로 약 9년간 재임하며 중동지역 첩보계를 호령한 인물이다. 대담하고 치밀한 작전 설계와 지휘 능력으로 과격파 테러단체에 맞서 '어둠의 제왕'으로 불렸고 시리아와 이란의 핵개발 저지 공작을 배후에서 주도해 명성을 얻었다.

정세 변화에 적응하지 못하고 표류하던 모사드를 전성기 수준으로 재건한 인물로 평가받고 있으며 퇴임 후에는 이스라엘 항만청장 등을 지내다 2016년 사망했다.

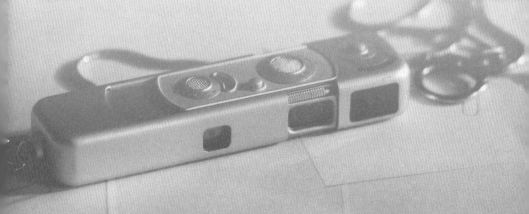

'어둠의 제왕', 그는 누구인가?

훗날 '어둠의 제왕'으로 불리며 중동 첩보계를 주무르는 큰손으로 성장한 메이어 다간은 범상치 않은 출생기를 갖고 있다. 제2차 세계대전이 막바지로 다다르던 1945년 1월 그의 부모는 시베리아에서 폴란드로 향하는 열차 안에 있었다. 그런데 당시 소련의 헤르손Kherson(현재의 우크라이나 지역)을 지나던 중 어머니가 산통을 시작했고 그렇게 해서 달리던 열차 안에서 그는 태어났다.

또 같은 시대 유대인들이 그렇듯 그의 혈족도 나치에 의해 참혹한 학살을 당했는데 여기에도 그만의 특별한 사연이 있다. 외할아버지가 슬로바키아 루코프Lukov에서 처형 직전 어깨에 숄을 걸치고 무릎을 꿇은 채 손을 높이 들어 기도하는 모습이 사진으로 남아 있는 것이다. 그 앞에는 권총을 차고 곤봉을 든 나치 장교들이 기도가 끝나기를 기다리는 듯 버티고 있었고 실제 할아버지는 기도가 끝난 뒤 곧바로 살해당했다고 한다. 다간은 참혹함과 비장함이 동시에 담겨 있는 이 사진을 부적처럼 여기며 군 복무시절에는 커다란 액자로 만들어 근무처가 바뀔 때마다 벽에 걸어 두고, '불행한 역사가 되풀이되어서는 안 된다'는 각오를 되새긴 것으로 알려졌다. 이 사진은 2009년 이스라엘 언론을 통해 일반에 공개돼 나치의 잔혹성을 고발한 바 있다.

그렇게 헤르손의 달리는 열차 안에서 세상에 나온 다간은 이후 1950년 이스라엘로 이주해 텔아비브Tel Aviv 근교의 가난한 마을에서 평범한 세탁소 집 아들로 자랐다. 그가 자란 마을은 아랍인들이 많이 거주했던 곳으로 여기서 아랍어와 아랍인들의 습관 등을 자연스럽게 배울 수 있었고 이는 후에 주요 작전을 성공적으로 수행하는 데 많은 보탬이 된다. 다간에게는 무뚝뚝하고 거칠어 보이는 외모와 달리 예술적 재능이 있어 어려서부터 그림 그리기를 좋아했고 성장해서는 텔아비브 대학에 진학해 회화와 조각을 전공했다.

반면 신생국 이스라엘을 둘러싼 주변 정세는 그가 '예술가'로 성장하도록 내버려 두지 않았다. 1963년 입대해 군과 인연을 맺기 시작한 그는 처음에는 최정예 특수부대인 사예렛 매트칼Sayeret Matkal을 지원했으나 아깝게 낙방한다. 다만 동료들은 그의 '백발백중' 단검 던지기와 타고난 격투 실력, 무엇보다 두려움을 모르는 투지에 대해서만큼은 언제나 엄지손가락을 추켜세웠다. 이후 1966년 낙하산 여단에서 의무복무를 마치고 전역하게 되지만 이듬해 제3차 중동전인 '6일 전쟁Six Day War'이 발발하면서 장교로 임관해 다시 군에 복귀한다. 이 전쟁에서 그는 소대를 이끌고 시나이 전선Sinai front을 누비다 불행히도 지뢰를 밟아 부상을 입었고 이로 인해 평생 다리를 저는 처지가 됐다.

그렇지만 이런 불행에도 불구하고 이 시기 다간은 향후 운명을 송두리째 바꿀 만큼의 중대한 인물을 만나 새로운 전기를 맞는다. 그 인물은 바로 낙하산 여단의 선배이면서 보병부대 사령관이었던 아리엘 샤론Ariel Sharon 장군이다. 훗날 총리에도 올라 그를 모사드 수장으로 이끌게 되는 샤론은 이때 이미 백전노장으로 이스라엘 군에서도 막강한 영향력을 쌓아 가고 있었다. 나이와 계급차가 뚜렷한 두 사람이 언제, 어떻게 친분을 맺었는지는 정확히 알려지지 않았으나 군인으로서 평소 다간의 배짱과 재능을 샤론이 눈여겨봐 둔 것으로 보인다. 이후 몇 해 뒤 다간은 샤론의 부름을 받는다.

1970년 이스라엘이 점령한 가자Gaza 지구는 팔레스타인 테러 조직의 빈번한 출몰로 평화로운 날이 없었다. 급기야 이듬해 1월 과격파 테러 조직원에 의해 5살에 불과한 이스라엘 어린이 2명이 희생되면서 국민적 애도 물결이 이어진다. 이에 샤론은 특단의 대책으로 옛 전우와 정예 병사들을 모아 새로운 부대를 편성하게 되는데 다간도 여기에 포함됐다. 이 과정에서 그는 부대 안에 소규모 대테러 전담분대 결성을 제안했고 샤론이 이를 받아들이며 그에게 지휘봉을 맡긴다. 이렇게 비밀특수분대인 '사예렛 리몬Sayeret Rimon'이 만들어지면서 다간과 분대원들은 밤낮을 가리지 않고 가자 지구 일대의 과격파 테러 조직을 차례로 제압해 나갔다. 더욱 그는 불편한 다리에도 불구하고 교전규칙에 얽매이지 않는 자유분방함으로 매번 창의적이고 대범한 작전을 구상해 성공시키며 '특수전의 귀재, 최고의 게릴라'라는 찬사를 받기에 이른다.

이 가운데 1971년 여름 다간이 레바논 테러 조직원으로 위장해 가자 지구 내 과격단체 핵심부를 일망타진한 소위 '카멜레온 작전Operation Chameleon'은 한 편의 액션스릴러를 방불케 하는 전설로 회자되고 있으며 수류탄의 안전핀을 뽑아 든 테러범에게 맨손으로 달려들어 제압한 일화는 적들에게는 공포, 그 자체였다. 이러한 그의 활약에 힘입어 가자 지구는 수년간 조용하고 평화로울 수 있었다.

표류하는 모사드, 샤론의 '보증수표'

이후 다간은 1973년 제4차 중동전인 '욤 키푸르 전쟁Yom Kippur War'이 발발하자 정찰대의 일원으로 수에즈 운하를 건너 이집트 군영을 염탐하는 임무를 수행했고 1978년 레바논 내전에서는 남레바논군의 창설자 중 한 명으로 참여한다. 이어 1982년 레바논 전쟁이 일어나면서 대령 계급으로 기갑사단을 이끌고 베이루트Beirut에 입성해 경계구역을 관리하는 사령관을 맡기도 했다. 그는 여기서도 특유의 게릴라전을 지휘하며 치밀한 작전과 위장, 교란, 타격으로 상대를 두려움에 빠뜨려 '어둠의 제왕'이라는 별칭을 얻게 된다.

이렇게 종횡무진 전장을 누비던 다간은 1991년 에후드 바라크Ehud Barak 참모총장의 보좌관을 거쳐 1995년 소장 진급과 동시에 예편했다. 예편 후에는 베냐민 네타냐후Benjamin Netanyahu 총리 취임에 따라 총리실 소속 대테러부장에 임명됐다가 2000년에는 앞서 정계에 진출해 있던 아리엘 샤론

어둠의 제왕 다간은 군복무 시절부터 치밀한 작전과 위장, 교란, 타격으로 상대를 두려움에 빠뜨려 '어둠의 제왕'으로 불렸다. 1992년 준장 시절의 다간. 사진=IDF

을 도와 잠시 선거운동에도 참여한다. 하지만 그 후에는 "일체의 공직을 맡지 않겠다"며 자택이 있는 갈릴리Galilee로 내려가 어린 시절의 꿈이었던 그림 그리기와 조각에 몰두해 말년을 보낼 계획을 세웠다.

그러던 2002년 8월 그는 젊은 시절 가자 지구에서 그랬던 것처럼 또 한번 샤론의 부름을 받는다. 이때 샤론은 총리로 다간에게 모사드 수장직을 제안했지만 그는 자신이 첩보업무에 문외한이라는 점을 들어 처음에는 거절한다. 그럼에도 모사드의 변화가 절박했던 샤론은 포기하지 않았고 다간의 주특기인 "대담한 특수전이 필요하다"는 말로 거듭 설득했다. 결국 샤론의 간곡한 제안에 힘입어 그는 지휘봉을 받아든다. 실제 기존 모사드의 명성에 비춰 수장의 자리는 마땅히 영예로워야 했다. 그러나 앞선 10여 년에 걸친 정체성 혼란으로 조직은 활력을 잃었고 스위스, 요

르단, 키프로스, 네덜란드 등지에서 벌인 작전이 잇달아 실패해 국제적인 조롱거리가 돼 있었다. 특히 1997년 요르단 암만에서 실행된 팔레스타인 과격단체 하마스Hamas의 지도자 칼레드 마샬Khaled Mashal암살 작전인 이른바 '암만 사건AMMAN Scandal 세기의 첩보전 제36화 참조'은 모사드 사상 최악의 실패로 끝났고 결과는 그야말로 재앙이 됐다. 이 작전에서 모사드는 마샬을 암살하지도 못했을 뿐만 아니라, 사태 수습을 위해 구금 중이던 하마스의 정신적 지도자 '아메드 야신Ahmed Yassin'을 석방하며 국민적인 지탄을 받는다.

이에 샤론은 평소 특수임무에서는 '보증수표'나 다름없던 다간을 기용해 표류하던 모사드의 재건을 꾀한다. 그렇지만 그의 임기 초반도 그리 순탄치는 않았다. 과감한 조직 개편을 통해 작전 파트를 강화했고 이전의 과오를 철저히 파헤쳐 책임 있는 간부들은 물러나도록 했다. 이에 대해 몇몇 고위 간부들은 "다간이 정보분석이나 비밀외교에는 관심이 없다"면서 "수장으로 인정하지 못하겠다"고 반발했으며, 언론도 "다간이 직원들을 심하게 다룬다"면서 비난을 쏟아 냈다.

그렇지만 그는 별다른 동요 없이 아만Aman과 샤바크Shabak 등에서 유능한 젊은 인재들을 잇달아 수혈해 조직을 일신하는 동시에 그간 소원해진 CIA, MI6, BND 등 우방국 정보기관들과의 협력체계도 복원한다. 그 사이에도 케냐에서 유대인을 상대로 한 폭탄 테러가 일어나자 다간은 비밀리에 작전팀을 꾸려 현지로 급파했다. 작전팀은 모사드 특유의 '눈에는 눈, 이에는 이' 전략으로 테러 배후를 응징한 것으로 알려져 부활의 신호탄을 쏜다. 일각에 따르면 당시 모사드 작전팀은 사로잡은 배후 인물들을 악어에게 던져 줬다는 말이 전해질 정도로 강력하게 대응한 것으로 알려졌다.—다만 모사드의 무용담에는 지나치게 화려하거나 잔혹한 설정이

'의도적'으로 뒤따른다는 점에 유의할 필요는 있다.— 이렇게 눈코 뜰 새 없는 5개월여가 지난 가운데 모사드는 점차 활력을 되찾아 갔고 국민적 여론도 우호적으로 바뀌기 시작했다. 그는 이때부터 하마스Hamas, 헤즈볼라Hezbollah, 알카에다Al Qaeda 등 과격파 테러 조직에 대한 대응공작을 적극적으로 펼쳐 간다.

부활한 모사드… "아랍의 핵개발을 저지하라"

그 징후는 2004년부터 나타났다. 그해 3월 하마스의 창설자이면서 정신적 지도자로 앞서 암만 사건에 따라 석방됐던 아메드 야신이 이스라엘군의 로켓포 공격으로 사망한 것을 시작으로 거물들이 차례대로 제거된다. 야신에 이어 한 달 뒤 그의 후계자 압델 아지즈Abdel Aziz도 최후를 맞았고 9월에는 차량에 설치된 폭발물에 의해 역시 하마스 지도자 알 셰이크 칼릴Al Sheikh Khalil이 사망했다. 또 2008년 2월에는 미국 FBI가 5백만 달러의 현상금을 내걸고 25년간 추적하고도 체포하지 못한 레바논 헤즈볼라 지도자 이마드 무그니예Imad Mughniyeh가 차량 폭발로 사망했으며 8월에는 헤즈볼라에 무기를 공급해 온 시리아의 무하마드 슐레이만 Muhammad Sulaiman이 불시의 총격에 숨졌다. 이런 일련의 암살사건에서 명확한 증거는 발견되지 않았으나 해외 유력 언론과 첩보계에서는 '모사드가 배후이며, 다간이 지휘했을 것'으로 보는 시각이 지배적이다.

이처럼 다간은 자국 이스라엘을 위협해 온 과격단체를 상대로 무모하리만큼 대담한 공작을 펼치면서도 증거 하나 남기지 않는 치밀함으로 '어둠의 제왕'임을 입증했다. 그는 이와 동시에 전통적 앙숙인 아랍 국가들이 "이스라엘을 지도에서 없애 버리겠다"고 공언하며 비밀리에 추진 중이던 핵무기 개발에도 맞서 사실상 최후의 승자가 된다. 여기에는 시리아와 이란이 그 희생양이다.

모사드는 2006년 시리아가 핵개발에 나섰다는 첩보를 입수한 이후 2007년 비밀공작을 통해 실제 디르 아 주르Dir A Zur 사막지대에 핵 원자로가 존재한다는 사실을 확인한다. 이어 내부 과학자를 포섭하는 데 성공하면서 시설물의 세부 이미지를 확보했고 야음을 틈타 특수부대인 사예렛 매트칼을 투입해 방사성 물질이 담긴 토양 시료까지 채취한 끝에 확신을 굳힌다. 이들은 2007년 9월 공군기를 출격시켜 한밤중에 원자로를 파괴해 버렸다. 시리아에 이어 이란도 다간의 전방위적이고 집요한 방해 공작에 시달려야 했다. 그는 이 공작(이란 핵개발 저지공작, 세기의 첩보전 제37화 참조)에서 목숨을 건 휴민트(인적정보, HUMINT)들의 첩보수집을 기반으로 요인암살, 파괴공작, 교란작전, 비밀외교 등 모사드가 할 수 있는 모든 역량을 총동원하는 무서운 집념으로 결국 이란을 굴복시켰다. 그의 방해로 이란이 1990년대부터 시작한 핵무기 보유 계획인 아마드 프로젝트AMAD Project는 사실상 지속불능에 빠진다.

이와 관련해 2010년 다간의 활약상에 대해 이집트의 한 언론인은 칼럼에서 "다간이 없었다면 이란의 핵개발은 몇 년 전에 이미 완성됐을 것"이라며 앞선 과격단체에 대한 암살작전도 언급해 "이 모든 업적으로 다간은 이스라엘의 슈퍼맨이 됐다"고 극찬했다. 아울러 이 칼럼이 게재된 언론은 이집트에서도 가장 이스라엘에 적대적이고 비판적 성향으로 알려져 있어 그의 진가를 확인할 수 있는 대목이다. 이처럼 다간이 재임한 이후 모사드는 적대적인 세력에서조차 존경의 목소리가 터져 나올 정도로 예전의 위용을 되찾았다.

그렇다고 해서 그의 작전이 모두 완벽했던 것은 아니며 이 중 2010년

1월 아랍에미레이트의 두바이Dubai에서 벌인 하마스의 무기 공급책 무하마드 마부흐 암살 작전은 성공에도 불구하고 다간을 퇴임으로 이끈 단초가 됐다. 이 작전에서 모사드 요원으로 추정되는 용의자들의 동선이 주변 CCTV에 모조리 녹화됐고 이들이 우방국의 위조여권을 소지하고 있었던 것이 외교적 마찰을 빚는다. 또한 이 기간 다간은 당시 네타냐후 총리와 이란 핵 문제의 후속 처리를 두고도 갈등을 빚고 있었다. 당장이라도 이란 핵시설을 공격해야 한다는 강경론에 맞서 그는 줄곧 신중한 입장을 드러냈다. 결국 2010년 11월 네타냐후는 그의 후임으로 타미르 파르도Tamir Pardo(2011~2016 재임)를 결정한다.

이렇게 해서 이듬해 모사드 수장에서 물러난 다간은 이스라엘 항만청장을 거쳐 자원 개발업체 회장직을 맡아 오다 2016년 3월, 71세의 나이로 사망했다. 추모식에서 레우벤 리블린Reuven Rivlin 대통령은 "그는 유대인이 가졌던 가장 용감하고 '창의적인' 전사였다"고 평가했고, 재임기뿐만 아니라 퇴임 후에도 반목했던 네타냐후조차 그의 선구적이고 획기적인 작전들을 들어 "위대한 전사를 잃었다"고 애석해 했다. 한편 다간은 사망하기 전인 2013년 10월 서울에서 개최된 세계지식포럼에 연사로 초청돼 한차례 한국을 방문한 바 있다. 그는 여기서 중동 정세와 북핵 문제, 국가정보기관의 발전 방안에 대해 조언했다.

38

윌리엄 도노번

William Donovan 1883~1959 -OSS-

윌리엄 도노번William Donovan은 미국 중앙정보국CIA의 전신인 전략사무국OSS의 창설자 겸 수장을 지낸 인물이다. 타의추종을 불허하는 모험심으로 무장하고 미국 최초의 통합적 대외정보체계 구축에 몰두했으며 제2차 세계대전에서 OSS를 이끌고 유럽과 아시아에서 맹활약했다.

전후에는 중앙정보기관의 창설을 주도했으나 조직의 해체와 함께 수장에서 물러났고 본래의 직업인 법률가로 활동하다 1959년 사망했다.

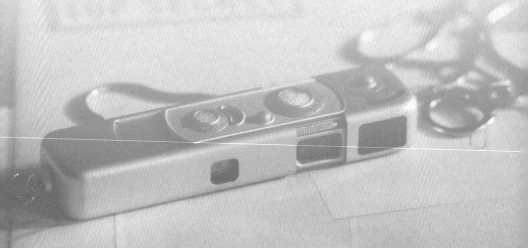

'모험왕' 스파이 두목, 그는 누구인가?

월리엄 도노번은 1883년 뉴욕주 버팔로Buffalo에서 아일랜드계 이민자의 아들로 태어났다. 삼촌이 가톨릭 교구 사제였을 만큼 종교적으로 독실한 집안이었으며 아버지 티모시 도노번Timothy Donovan은 정치에 뜻을 두고 있었지만 크게 성공하지는 못했다. 집안의 영향으로 가톨릭계 성 조셉 예비학교St. Joseph's Collegiate Institute를 거쳐 한때 성직자가 되기 위해 가톨릭계인 나이아가라 대학에 진학했으나 사제가 되기에는 부족하다는 판단에 따라 콜럼비아 대학Columbia University 법학과로 편입해 법률 공부를 시작한다. 평소 활발하고 모험심이 강했던 도노번은 여기서 우드로 윌슨Woodrow Wilson, 존 F. 케네디 주니어 등도 가입했던 적이 있는 학생 동우회 '파이 카파 사이Phi Kappa Psi'라는 단체에서 활동했으며 미식축구팀에도 소속돼 맹활약했다. 특히 그는 후에 본명보다는 '와일드 빌Wild Bill'로 더 많이 알려지게 되는데 이는 당시 축구팀에서 '거침없이 질주하는 근성과 남다른 승부욕'을 보며 동료들이 붙여 준 별칭이다.

이후 1905년 콜럼비아 대학 로스쿨에 들어갔고 여기서도 각종 사교모임에 가입해 왕성한 활동력을 과시한다. 또 이 시기에는 후에 미국의 제32대 대통령이 되는 프랭클린 루즈벨트Franklin Roosevelt도 로스쿨 과정에 있었던 것으로 알려졌다. 먼 훗날 도노번과 루즈벨트는 '나치와 일본의 불장난'으로 세계가 포화로 뒤덮이던 2차 대전에서 힘을 합치게 되지만 이때 이들의 친분관계는 그다지 알려진 것이 없다. 서로의 존재를 아는 정도로 동문 이상의 의미는 아니었던 것으로 보인다.

한편 로스쿨을 졸업한 도노번은 뉴욕을 거점으로 하는 대형 로펌에 들어가 월가Wall Street를 주름잡는 변호사 중 한 명으로 성공한다. 그러나 얼마 가지 않아 안락하지만 단조로운 생활에 싫증을 느끼는 동시에 특유의 모험심이 발동하면서 새로운 삶을 설계하기 시작했다. 이에 그는 1912년 뉴욕주 민병대에 들어가 그 안에 기병대騎兵隊를 새로 창설하고는 스스로 지휘관에 오른다. 이와 함께 이때부터 군사전략과 전투기술 등에 대해 많은 공부를 하기 시작했다. 1916년에는 미국의 전설적인 육군 장성 존 퍼싱John Pershing의 지휘 아래 뉴멕시코주를 습격한 멕시코 혁명군의 판초 빌라Pancho Villa 추격전에 참가했으며 이를 계기로 미국과 멕시코 국경의 경비임무를 맡는다.

이어 이듬해 소령이 된 도노번은 미국이 제1차 세계대전에 참전하면서 원정군 소속의 보병사단 대대장으로 프랑스 전선에 배치된다. 그는 1918년 10월 프랑스 세인트 조르주Saint Georges 부근 참호전에서 영웅적 활약—이 활약상은 1940년 영화로 만들어져 일반에 알려졌으며 대통령이 된 루즈벨트가 그를 신뢰하는 데 큰 역할을 했다—을 펼쳐 명예훈장을 받았고 종전에 이르러서는 대령으로 진급해 수훈십자훈장Distinguished Service Cross을 받으며 '전쟁 영웅'으로 화려하게 귀환했다. 이로 인해 귀국 당시에는 뉴욕주 주지사 후보로 유력하게 거론됐으나 이를 거부하고 한동안 한국과 중국, 일본 및 유럽 등지를 여행했으며 JP 모건Morgan의 대리인으로 국제 공산주의에 대한 정보를 수집하기도 했다.

그리고는 다시 법률 일선에 복귀해 1922년부터 약 2년 간 뉴욕주 서부지역 담당 연방검사로 일한다. 이때 그는 금주법 위반자를 적극적으로 단속해 밀매단에게 살해는 물론 자택 폭파 위협까지 받는 등 협박을 당하기도 했지만 이에 굴하지 않는 엄격한 법 집행으로 다수의 밀매자를 잡아들였고 많은 불법 주류를 압수했다. 특히 1923년에는 상류층을 상대로 하는 한 클럽을 기습해 불법 주류를 다수 압수했다. 그는 이 일로 상류층으로부터 '반역자'라는 말을 들었으며 한때 법률 파트너였던 친구 법률가가 결별을 선언하기도 했다. 반면 다수 서민, 노동자들에게는 "지위고하를 막론한 정의로운 법집행"이라는 평가를 받으며 커다란 지지를 얻는다.

이에 힘입어 도노번은 1924년 캘빈 쿨리지Calvin Coolidge 대통령의 눈에 띄면서 법무부 차관보로 기용된다. 여기서 그는 매우 흥미 있는 인물과도 인연을 맺는데 그는 바로 29세의 젊은 나이로 법무부 소속 수사국(당시 BOI, FBI의 전신) 수장에 오른 존 에드거 후버John E. Hoover(제40화 참조)였다. 두 사람은 훗날 국가 정보체계를 두고 날카롭게 대립하게 되지만 이때는 도노번이 수사국을 감독하는 지위에 있었다. 그는 법무부 반독점 부서도 맡아 정력적 활동을 펼치며 워싱턴에서는 유력인물 중 한 명으로 평가받는다. 이러한 유명세에 힘입어 1932년 루즈벨트가 대통령에 당선되면서 무주공산이 된 뉴욕주지사 선거에 공화당 후보로 출마했으나 낙선의 고배를 들고 만다.

새로운 첩보 역사의 시작… 통합기관 밑그림

비록 정계 진출의 꿈은 무산됐지만 '새로운 세계'에 대한 도노번의 호기심과 모험심은 여전히 내면에서 불타고 있었다. 이 시기 그는 향후 자신의 일생은 물론이고 미국의 첩보 역사를 바꿀 두 가지 중대한 행보를 보인다.

하나는 뉴욕을 중심으로 정부 및 금융, 민간단체 등 각계 인사들과 교분을 쌓아 나가는 것으로, 이들 중에는 후에 해군장관이 되는 프랭크 녹스Frank Knox를 비롯해 전략사무국OSS 창설 과정에서 그의 심복이 되는 데이비드 브루스David Bruce와 앨런 덜레스Allen Dulles도 포함돼 있었다.

또 하나는 세계정세에 대한 깊은 관심과 호기심으로, 유럽과 아프리카 등을 돌며 사정을 살피고 요인들과 교류한 것이다. 실제 도노번은 1935년 이탈리아가 벌인 에티오피아 전쟁에도 깊은 관심을 기울이며 직접 전선을 둘러봤고 2차 대전 발발 직전까지 유럽을 여행하며 주요 인물들을 만난 것으로 전해진다. 이 과정에서 이탈리아의 베니토 무솔리니Benito Mussolini를 단독으로 만나 이탈리아의 파시즘과 루즈벨트의 재선 등에 대해 환담한 것으로 알려졌다. 심지어 그는 독일도 방문해 나치 지도자들을 만나는 등 정세 파악에 많은 노력을 기울인다.

그런데 이처럼 많은 사람과 다양한 나라를 둘러보는 과정에서 도노번은 유럽을 중심으로 시시각각 전쟁 가능성이 높아지고 있다는 우려를 갖게 된다. 이는 곧 자신의 사교모임 등을 통해 정부 및 단체의 주요 인물들에게 전해지면서 비상한 관심이 모아졌다. 아니나 다를까 1939년 9월 결국 히틀러Adolf Hitler에 의해 유럽에서 포성이 울리면서 그의 우려는 현실이 된다. 이후 1940년 들어 유럽의 상황이 더욱 심각해지자 루즈벨트 대통령도 전시체제에 대비해 프랭크 녹스를 해군장관으로 임명한다. 이에 녹스는 루즈벨트에게 도노번을 추천하며 가까이 둘 것을 건의했다. 본래 학교 동문이었던 루즈벨트도 그의 활동을 익히 알고 있었다. 다만 루즈벨트가 민주당 소속으로 대통령에 오른 데 반해 도노번은 공화당 소속으로 선거에 출마하는 등 정치적 성향은 달랐다. 그럼에도 도노번의 넓은 식견과 왕성한 활동력에 더해 때마침 1차 대전 당시 그와 소속 부대의 활약을 담은 영화가 개봉되면서 가치는 한층 높아진다. 이에 루즈벨트는 도노번에게 개인특사 자격을 부여하며 유럽의 전세와 영국의 상황을 살펴볼 것을 당부했다.

이렇게 해서 영국을 방문한 도노번은 조지 6세George VI 국왕을 시작으로 윈스턴 처칠Winston Churchill 총리 그리고 MI6의 스튜어트 멘지스 Stewart Menzies, 해군정보국NID의 존 가프리John Godfrey 등 정보기관 수장들을 차례로 접견했다. 이 만남에서 처칠은 미국의 협력을 적극적으로 요청하며 도노번에게는 기밀정보에 무제한으로 접근할 수 있는 권한을 부여한다. 다만 후에 멘지스는 도노번과의 견해차로 인해 영국에서 OSS의 활동을 엄격히 통제했다. 방문을 마치고 돌아온 그는 루즈벨트에게 전황 보고에 곁들여 영국의 MI6를 본뜬 통합적 정보체계의 필요성을 강조했다. 보고를 받은 루즈벨트도 이에 크게 공감하며 1941년 7월 11일 백악관 내에 정보조정국OCI을 신설하고 도노번을 책임자인 정보조정관COI으로 임명해 통합기관의 밑그림을 그리도록 했다.—여기서 OCI는 기관의 명칭이고 COI는 직책을 뜻한다. 일반적으로 두 용어가 혼용되고 있기 때문에 어떻게 표기되든 같은 것을 의미한다— 이 결정은 20세기 초강대국 미국이 장차 초강력 정보기관을 보유하게 되는 사실상의 첫 걸음으로 이로써 세계 첩보역사는 새로운 전기를 맞는다.

반면 이런 역사적 의미와 달리 도노번의 출발은 그리 녹록지 않았다. 이때 미국은 대외 첩보 활동에서 국무부와 육군MID / G-2, 해군ONI, 연방수사국FBI 등으로 나뉘어 각 기관의 이해에 따라 활동했으며 획득한 정보도 거의 공유하지 않았다. 그가 맡은 역할은 이들을 통합적으로 관리하는 것이었으나 도리어 각 기관의 알력에 시달리며 작업은 더뎌진다. 하지만 그는 계획을 멈추지 않았다. 그해 10월 앞서 "미국의 참전을 유도하라"는 영국 처칠 총리의 특명을 받은 윌리엄 스티븐슨William Stephenson의 안보조정국BSC이 둥지를 틀고 있던 록펠러 센터에 OCI 뉴욕 본부를 설치해 후배 변호사인 앨런 덜레스Allen Dulles에게 본부장을 맡기는 등 외연을 확대해 나갔다.

곳곳에 암초, 녹록지 않은 출발

뉴욕의 같은 건물 위 아래층에 나란히 입주한 도노번의 OCI와 스티븐슨의 BSC는 서로의 이해를 주고받으며 긴밀히 협력했다. 이때 도노번은 미국의 참전을 위해 고군분투하던 스티븐슨을 배후에서 도왔고 스티븐슨은 MI6의 노하우를 전수하며 첩보요원 양성에 힘을 보탰다. 그렇게 도노번이 악전고투를 벌이는 상황에서 그의 구상이 실현될 기회는 예기치 않게 찾아온다. 1941년 12월 일본이 미 태평양함대 사령부가 있는 진주만 Pearl Harbor을 기습한 것이다. 당초 미국은 일본의 기습과 관련된 첩보를 휴민트HUMINT(인적정보)와 시진트SIGINT(신호정보)를 통해 이미 여러 기관에서 입수하고 있었다. 실제로 미 해군정보국ONI은 일본의 군사, 외교 암호를 해독하는 '매직 작전'으로 침공 가능성을 어느 정도 인지하고 있었고 연방수사국FBI도 영국과 독일에서 이중 스파이로 활동하던 듀스코 포포프Dusko Popov에 의해 한 차례 첩보가 전달된 상태였다. 그러나 입수된 첩보라는 것이 각 기관으로 분산돼 '조각' 정보에 그치면서 세부 내용을 파악하지 못한 채 기습을 허용하고 말았다.

일본에게 불시의 일격을 당한 루즈벨트 행정부는 즉각적인 참전 선언과 함께 이를 미국 역사상 '최악의 정보정책 실패'로 규정하고 각 정보기관의 통합관리가 시급하다는 점을 절감한다. 이에 따라 1942년 6월 기존 백악관 산하 OCI를 확대, 개편하고 소속을 합동참모본부JCS로 바꿔 전략사무국OSS을 창설하게 된다. 이와 함께 지휘봉을 쥔 도노번도 육군 대령으로 현역에 복귀했다. OSS는 창설 당시 한 치 앞을 내다보고 준비에 박차를 가한 도노번의 노력에 힘입어 조사분석, 첩보수집, 파괴공작, 대외방첩에 이르는 임무를 수행할 수 있을 정도의 조직 체계를 갖추고 있었고 영국의 도움으로 즉시 전력이 가능한 요원도 상당수 보유하고 있었다. 그는 요원 선발에 지식인, 예술가는 물론이고 금고털이 같은 범죄전력이 있는 전과자까지 망라했으며, "여성은 스파이 활동에 적합하지 않다"는 선입견을 일축하고 마리 퀴리(퀴리부인)의 딸 이브 퀴리Eve Curie, 유명 요리 연구가인 줄리아 차일드Julia Child 등 많은 수의 여성 요원들을 선발해 현장에 투입했다. 또한 그는 스파이들이 소지하기에 적합한 총기류와 카메라, 폭발물 개발도 직접 감독하는 등 의욕을 보였다.

그렇지만 미국 내 정보기관들 간의 알력은 여전했고 이로 인해 OSS는 대외공작 활동에 많은 제약을 받는다. 이때 존 에드거 후버는 남미 관할권과 관련해 FBI의 기득권을 주장해 OSS의 활동을 막았으며 서남태평양 지역 최고 사령관이었던 더글러스 맥아더Douglas MacArthur도 OSS의 아시아 진출을 견제하며 필리핀에서의 활동을 금지시켰다.

그럼에도 '전쟁 영웅' 출신의 모험왕은 주눅 들지 않았다. 도노번은 OSS 창설 직후 영국 특수작전집행부SOE와 협정을 맺고 유럽과 아시아를 넘나들며 대독·대일 전선에 뛰어든다. 이들은 참전 초기에는 SOE와 공동으로 프랑스, 벨기에 등 독일과 인접한 서유럽에서 활약했고 중반 무렵부터는 이탈리아를 중심으로 활동 반경을 넓혀 헝가리, 루마니아, 불가리아 등 주로 동유럽에서 저항 조직을 지원하는 작전을 여럿 수행했다. 독일 본토에 대해서는 저널리스트였던 로버트 셔우드가 이끄는 대외홍보팀FIS이 단파라디오 방송을 이용한 정치전을 집중적으로 전개했다. 또 중국, 베트남, 미얀마 등 아시아 전선에도 진출해 상당수의 저항조직에 무기 등 전쟁 물자와 첩보 및 특수전 요원 양성을 도왔다. 특히 중국에서는 국민당 정부와 공동으로 일본에 맞섰으며 한국광복군과도 연합으로 한반도에 침투해 정보수집과 거점 확보, 사보타주 활동을 핵심으로

OSS 전략회의 도노번(중앙)을 중심으로 전략회의 중인 전략사무국 간부들. 이런 노하우는 훗날 중앙정보국 탄생의 밑거름이 됐다. 사진=CIA

하는 이른바 '독수리 계획EAGLE Project 세기의 첩보전 제19화 참조'을 수립하기도 했다.

CIA로 이어진, OSS의 모험정신

한편 1943년 준장으로 진급한 도노반은 스위스 베른Bern에 지부를 설치하고 앨런 덜레스를 지부장으로 임명해 포섭공작을 실행토록 했다. 이 과정에서 덜레스는 독일 외교관 프리츠 콜베Fritz Kolbe를 포섭해 종전 직전까지 약 1천 6백여 건의 비밀문서를 빼내는 성과를 거둔다. 이 비밀문서에는 독일이 개발 중인 V2 장거리 미사일과 제트전투기인 메서슈미트 262기(Me 262)에 대한 정보도 포함돼 있었다. 이처럼 OSS는 전쟁 기간 비밀첩보SI, 특수공작SO, 대외방첩X-2 등에 걸친 방대한 작전을 실행해 막대한 노하우를 쌓았고 이런 경험에 힘입어 비밀첩보의 데이비드 브루스와 특수공작의 프레스톤 굿펠로우Preston Goodfellow, 대외방첩의 제임스 앵글턴James Angleton 제39화 참조, 그리고 조직의 야전사령관이면서 전후 CIA 수장에도 오르게 되는 앨런 덜레스 등 기라성 같은 인물들을 다수 배출한다.

그러던 1944년 11월 소장으로 진급한 도노번은 루즈벨트 대통령에게 한 통의 편지를 보냈다. 그는 편지에서 "전후 평시에도 정보 업무를 통합 지휘할 정보기관이 창설돼야 한다"고 강하게 주장했다. 이 편지 내용은 이듬해 2월 워싱턴 타임즈Washington Times Herald에 실려 일반에 공개된다. 또한 도노번은 FBI 등 기존 정보기관들의 견제를 의식해 통합기관이 해외에서만 활동하게 될 것이라는 점을 강조했다. 그러나 기존 기관들의 저항은 만만치 않았고 설상가상으로 든든한 후원자였던 루즈벨트가 종전을 목전에 둔 1945년 4월 갑작스레 사망하면서 상황이 더욱 악화됐다. 기회를 포착한 존 에드거 후버는 신임 해리 트루먼Harry Truman 대통령에게 OSS의 실패가 나열된 보고서를 제출하며 해체를 요구했고 보수 성향의 언론들도 일제히 "도노번이 미국의 게슈타포American Gestapo를 만들려 한다"며 공격했다. 이에 트루먼이 1945년 9월 20일 OSS에 해체 명령을 내리면서 결국 도노번의 꿈은 좌절되고 만다.

하지만 불과 4개월 뒤 연합국에서 적수로 돌변한 소련의 약진이 두드러지자 미국은 체계적인 정보체계의 필요성을 거듭 절감한다. 트루먼은 다시 1946년 1월 산산조각 난 채 각 부처에 흩어져 있던 옛 OSS 조직들을 끌어 모아 중앙정보단CIG을 출범시키는데 이 조직이 바로 1947년 6월 중앙정보국CIA으로 발전했다. 이 과정에서도 도노번은 CIA 창설의 근거가 된 국가안전보장법National Security Act이 의회에서 통과되도록 물밑으로 활발한 로비를 벌였으며 조직의 명칭이 'CIA'로 확립된 후 첫 수장에 오르기를 고대했다. 하지만 그의 꿈은 이번에도 좌절돼 그 영광은 해군제독 로스코 힐렌코에터(Roscoe Hillenkoetter, 그는 앞선 CIG까지 포함하면 역대 제3대 수장에 해당한다)에게 돌아갔다. 도노번은 전시 OSS 활동을 높이 평가해 좋은 관계를 유지하고 있던 드와이트 아이젠하워Dwight Eisenhower의 선거운동도 도와 다시 한번 CIA 지휘봉을 노렸으나 아이젠하워가 대통령에 오른 직후 그에게 태국 대사를 제안해 끝내 꿈은 좌절되고 만다.

그렇지만 태국에 부임한 후에는 약 1년여의 짧은 재임에도 불구하고 베트남 등 동남아 지역에 CIA 조직망 구축을 위해 힘을 쏟았으며, 대사직을 사임하고 귀국해 변호사로 활동하면서도 태국을 위한 로비스트로 등록할 만큼 태국 정부와의 관계도 원만하게 이끌어 극찬받았다. 이후에는 국제교류단체 회장을 맡아 헝가리 난민들을 위한 모금활동 등을 벌이며 활동하다 1959년 2월, 76세로 사망했다.

전시 도노번이 이끌었던 OSS는 무모한 모험주의와 미숙함, 불충분한 성과로 인해 전후 비판의 도마 위에 오른 바 있다. 영국의 전쟁사학자 존 키건John Keegan은 유럽에서 OSS의 활동에 대해 "이탈리아에서만 일부 성과가 있었을 뿐 대부분의 작전이 연합군 승전에 크게 기여하지 못했다"고 혹평했다. 그럼에도 불구하고 그의 지칠 줄 모르는 모험심과 도전정신 덕분에 미국은 정보체계의 중요성을 깨달을 수 있었고 첨예한 냉전에 앞서 정교하게 재련된 창과 방패로 무장할 수 있었다. 원조 '캡틴 아메리카' 윌리엄 도노번은 현재 미국 CIA의 시조이면서 특수전의 아버지로 기억되고 있다.

FOCUS 전략사무국OSS… 미국 첫 통합대외기관

    윌리엄 도노번이 창설하고 지휘한 전략사
무국OSS: Office of Strategic Services은 1942
년 6월부터 종전 직후인 1945년 9월까지
활동했던 미국의 특무, 첩보기관이다. 2차
대전 기간 유럽과 아시아에서 각각 첩보수
집 및 대외공작, 특수임무를 수행했다. 미
중앙정보국CIA이 창설되는데 밑거름이 된
기관으로 잘 알려져 있으며 도노번의 도전

OSS 뱃지

정신을 기려 미 특수전사령부SOCOM에서는 OSS의 휘장을 그대로 사용
하고 있다.

    창설 배경은 1941년 12월 일본의 진주만 기습과 관련이 깊지만 프랭클
린 루즈벨트 대통령과 윌리엄 도노번은 이미 이전부터 영국의 도움을 받
아 미국 내 통합적 대외정보기관의 창설을 추진하고 있었다. 특히 히틀
러에 의해 2차 대전이 개전되고 서유럽 대부분이 나치 수중에 떨어지자
1941년 7월 루즈벨트는 도노번에게 정보조정국OCI라는 실무조직을 꾸리
도록 한다. 이와 함께 그를 책임자인 정보조정관COI에 임명했다. 이때 정
보조정국OCI에는 도노번 외에도 작가 겸 대통령 연설비서관이었던 로버
트 셔우드Robert Sherwood가 비중 있게 합류했다. 여기서 도노번은 첩보
수집과 비밀공작 등을 담당했고 셔우드는 라디오 방송을 이용한 심리전
을 맡았다.

    그러다 진주만 기습 이후 창설에 박차를 가해 1942년 6월 기존 정보조
정국OCI을 확대, 개편한 전략사무국OSS을 창설한다. 당시 OSS는 조사분

석R&A과 비밀첩보SI, 특수공작SO, 대외방첩X-2 등을 주요 부서로 약 6백여 명으로 구성돼 있었다. 이들은 창설과 함께 그해 11월 북아프리카 상륙작전인 '횃불작전Operation Torch'에 참가해 연합군을 도왔고 전쟁 기간 조사분석부의 분석 내용을 바탕으로 독일 본토에 대한 공습작전도 감행했다. 또 특수공작부는 영국의 특수작전집행부SOE를 도와 프랑스 등 독일 점령지에서 파괴공작과 교란작전, 저항세력 지원 등의 활약을 펼쳤다. 아울러 런던에 본부를 둔 대외방첩부도 영국의 MI6가 주도한 독일 암호해독 프로그램인 '울트라 계획'에 참여하며 많은 경험을 쌓았다.

그러나 활동기간 연방수사국FBI, 해군정보국ONI, 육군정보참모부G-2 등 기존 정보기관과 존 에드거 후버, 체스터 니미츠, 더글러스 맥아더 등 거물들의 심한 견제를 받기도 했다. 이에 따라 OSS는 전후 전시 임시기구로 인식돼 1945년 9월 해체됐다가 얼마 후 '냉전'이라는 새로운 도전이 도래하면서 흩어져 있던 조직들을 끌어모아 CIA로 재탄생한다.

39

제임스 앵글턴

James Angleton 1917~1987 -CIA-

 제임스 앵글턴James Angleton은 미국 중앙정보국CIA에서 20년 넘게 방첩 담당 책임자를 지낸 인물로 냉전기 서방을 대표하는 '스파이 잡는 스파이'로 평가받았다.

그러나 소련에 대한 과도한 경계심과 망상에 사로잡혀 내부 첩자 색출에 집착하며 커다란 논란을 야기했다. 이어 내국인 반체제 인사들에 대한 비밀사찰 공작인 이른바 '카오스 작전Operation CHAOS'이 폭로되면서 자리에서 물러난 뒤 1987년 사망했다.

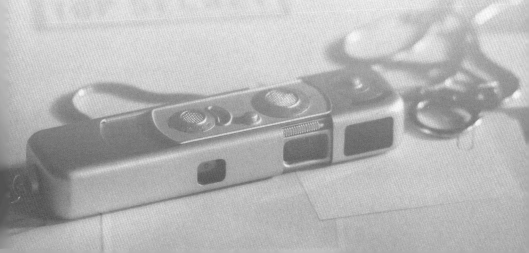

망상의 방첩 두목, 그는 누구인가?

제임스 앵글턴은 1917년 미국 아이다호주 서부 도시인 보이시Boise에서 태어났다. 아버지 휴 앵글턴Hugh Angleton은 젊은 시절 미 육군의 전설적인 장성인 존 퍼싱 부대의 기병이었으며 멕시코에 주둔할 때 어머니 카르멘Carmen Moreno을 만났다. 특징적인 것은 휴 앵글턴과 윌리엄 도노번William Donovan이 같은 퍼싱 부대에 있었고 원정 시기도 겹친다는 점이다. 이때 두 사람이 서로의 존재를 알고 있었는지는 알 수 없으나 훗날 아들 제임스는 도노번이 창설한 전략사무국OSS에 들어가 활약한다.

이후 아버지 휴 앵글턴은 사업가로 변신해 미국의 정보통신업체인 NCR의 이탈리아 자회사를 사들인다. 이로 인해 앵글턴은 어린 시절을 밀라노Milan에서 보냈다. 청소년기에는 영국으로 옮겨 몰번 칼리지를 졸업하고 1937년 예일 대학Yale University 문학부에 진학한다. 대학 시절 그는 시詩 창작에 많은 흥미를 갖고 있었으며 후에 시인이면서 작가가 되는 리드 위트모어Reed Whittemore와 함께 '격정Furioso'이라는 문예지를 창간해 편집을 맡았다. 이 잡지는 1953년까지 발행됐고 발행 기간 윌리엄 카를로스William Carlos, 에드워드 커밍스Edward Cummings 등 유명 시인들의 작품도 실리는 등 큰 성공을 거둔다. 더욱 당시 문예비평을 공부하던 그는 이미 유명시인이었던 T. S. 엘리엇Eliot, 윌리엄 엠프슨William Empson과도 편지 왕래를 할 만큼 열정적인 학창시절을 보냈다. 특히 이 시기 앵글턴은 후에 자신을 첩보계로 이끌게 되는 운명적 인물과 인연을 맺게 되는데 바로 담당학과 교수였던 노먼 피어슨Norman Pearson이다. 피어슨은 영문학의 권위자이면서 예일대에 미국학을 최초로 개설한 인물로 제2차 세계대전이 발발하자 OSS의 방첩부서인 X-2의 유럽 책임자를 맡게 된다.

한편 1941년 예일을 졸업한 앵글턴은 하버드Harvard에서 한동안 법학을 공부하기도 했지만 졸업은 하지 않았고 1943년 3월 육군에 입대한다. 그런데 이때는 이미 전쟁의 포화가 전 세계를 뒤덮고 있었으며 미국도 유럽과 아시아 전선에서 각각 독일과 일본을 맞아 분투 중이었다. 그는 그해 12월 전장과는 다소 거리가 있던 영국 런던London에 배치돼 여기서 OSS의 방첩부서인 X-2에 소속되면서 첩보계, 그중에서도 '방첩CI' 분야에 첫 발을 내딛는다.

당시 OSS의 '방첩' 임무는 미국에서는 FBI의 격렬한 반발에 부딪혔고 육군과 해군도 임무 수행의 필수인

OSS 대외방첩부 앵글턴은 방첩부인 X-2에서 첩보계 경력을 시작한다. 사진=CIA

적국의 신호정보SIGINT 제공을 거부해 커다란 어려움을 겪었다. 이에 윌리엄 도노번은 부서 성격을 '대외 방첩'으로, 영역을 '서유럽'으로 한정하고 MI6의 도움을 받기 위해 런던에 본부를 마련한다.―이 과정에서도 MI6 수장이던 스튜어트 멘지스와의 견해차로 활동에 많은 제약을 받는다.― 무엇보다 이때 MI6는 블리츨리파크 암호연구소를 중심으로 나치의 암호 체계를 해독하는 이른바 '울트라 작전Operation ULTRA 세기의 첩보전 제6화 참조'을 진행 중이었으며 X-2는 부족한 일손을 보탠다는 명분하에 계획에 참여할 수 있었다.

한동안 문학도를 꿈꾸던 섬세하고 예민한 앵글턴이 어떻게 이와는 사뭇 다른 성격의 첩보기관 방첩부서에 배치됐는지는 명확하지 않다. 다만 X-2에는 이미 예일대 교수이면서 그의 은사인 노먼 피어슨이 유럽 본부장을 맡고 있었던 만큼 피어슨의 영향이 절대적이었을 것이라는 게 대체적 시각이다. 이렇게 해서 OSS 소속이 된 그는 이후 피어슨 밑에서 착실히 노하우를 쌓아 나간다. 앵글턴의 족적을 살피다 보면 심심치 않게 첩보사에서 내로라하는 거물들과의 직간접적인 연관성이 발견되는데 이는 영국 체류 시절에도 마찬가지다. 그는 이 시기 후에 희대의 이중 스파이로 이름을 떨치게 되는 '킴 필비Kim Philby'와 만나 친분을 맺는다. 당시에는 필비도 MI6 방첩부서에 있었기 때문에 두 사람은 자연스럽게 친해질 수 있었다. 이들의 관계는 필비가 이중 스파이라는 것이 탄로 나 소련으로 탈출하기 전까지 상당 기간 계속됐다.

이탈리아 총선 개입… '앵글턴 시대' 개막

앵글턴은 1944년 2월 X-2의 이탈리아 담당관에 올랐고 10월에는 로마Rome 지국으로 발령받아 이탈리아에서 울트라 작전을 수행하는 비밀 방첩대Unit Z의 책임자가 된다. 이탈리아는 그가 어린 시절을 보냈던 매우 친숙한 곳으로 이곳에서 해군과 정보국 요인을 다수 포섭해 울트라 작전을 도왔다. 또 미군 방첩부대CIC와 교류하며 울트라 정보를 쉽고 안전하게 사용할 수 있는 독창적인 방법을 고안해 연합군 승리에도 기여했다. 이러한 활약으로 앵글턴은 종전 무렵 이탈리아 첩보계에서 거물로 성장해 있었고 CIA에서 입지를 굳히는 중요한 자산을 마련한다.

종전 이후 미 정보체계는 OSS가 해체되고 CIA가 창설되는 부침을 겪었으나 그는 로마에서 여러 해외 정보기관들과 유기적인 관계를 구축해 상당수의 정보를 워싱턴Washington DC에 타전했으며 굵직한 작전을 진두지휘했다. 특히 이 시기 앵글턴은 공산주의의 확장을 막는다는 명분을 들어 바티칸Vatican의 정치조직인 '가톨릭 행동'을 손아귀에 쥔 것은 물론 나아가 시칠리아 마피아와도 제휴 관계를 구축하는 등 막강한 배후 영향력을 갖고 있었다.

그러던 1948년 4월 그는 진가를 발휘할 기회를 맞이한다. 이탈리아의 오랜 군주제가 무너지고 첫 총선거가 예고된 것이다. 그러나 공산당PCI과 사회당PSI이 연합해 '공산정권'을 수립할 것이라는 위기감이 워싱턴을 덮친다. 불과 2개월 전 체코슬로바키아Czechoslovakia를 공산당이 장악한 뒤라 백악관의 긴장감은 더 클 수밖에 없었다. 이에 이탈리아를 손바닥 위에 놓고 있던 앵글턴이 해결사로 나선다. 그는 자신이 관리해 온 첩보망을 통해 '현금 살포' 계획을 밝히며 현지 사정을 면밀히 조사한 결과 '1천만 달러' 상당의 소요 경비를 추산했다. 계획을 전해 들은 본국에서는 앨런 덜레스Allen Dulles가 월가를 중심으로 기업가들과 유럽재건 기금 등을 이용해 경비를 마련했다. 이렇게 마련된 1천만 달러는 곧장 이탈리아로 송금됐고 현금은 '검은 가방'에 담겨 비밀리에 각 거점에 배분됐다. 당시 작전에 참여했던 전직 CIA 간부는 검은 가방이 "이탈리아 정치인들과 가톨릭 행동 등에 전해졌다"고 밝힌 바 있다. 그리고 이어진 선거에서 기독교민주당DC이 승리하면서 공산정권의 수립은 분쇄된다. 이 일로 백악관은 안도의 한숨을 쉴 수 있었고 작전을 총지휘한 앵글턴은 CIA에 단단한 기반을 구축한다. 아울러 CIA와 이탈리아 기독교민주당의 25년간의 밀월도 이때부터 시작됐다.

이렇게 워싱턴의 고민을 단번에 해결한 앵글턴은 1949년 5월 CIA 내 특수작전국 스텝A의 수장에 오르며 화려하게 귀국한다. 당시 그가 맡은 임무는 대외정보 수집과 함께 다른 국가 정보기관과 긴밀한 협력관계를 구축하는 것으로 여기에는 이스라엘의 모사드와 서독의 겔렌 조직(BND의 전신) 등 신생기관도 다수 포함돼 있었다. 또 이 시기 그는 반가운(?) 인물과도 재회하게 되는데 전쟁 기간 영국에서 인연을 맺었던 MI6의 '킴 필비'가 1등 서기관 신분의 정보 책임자로 워싱턴에 파견된 것이다. 이들은 수년간 교류하며 업무를 넘어 사교적으로도 두터운 친분을 유지했다. 그러나 1951년 필비의 친구들인 도널드 맥클린Donald Maclean과 가이 버지스Guy Burgess가 스파이 혐의를 받자 소련으로 탈출하는 사건이 일어난다. 필비는 조사 과정에서 이름이 거론돼 MI6에서 해고됐으나 앵글턴은 필비를 신뢰하며 옹호했다. 이 사건은 후에 그의 심경 변화에 지대한 악영향을 미친다.

앵글턴은 1954년 CIA 방첩부CI 부장으로 임명되면서 상승 가도를 달렸다. 그리고 몇 해 뒤 그는 입지를 더욱 단단히 할 만한 메가톤급 정보를 입수한다. 그것은 바로 소련의 전임 권력자 스탈린을 강도 높게 비판한 니키다 흐루시초프Nikita Khrushchev의 '비밀연설문Secret speech'이었다. 소련의 새로운 실력자가 된 흐루시초프는 1956년 2월 제20차 공산당 대회에서 비공개로 스탈린을 "지독한 이기주의자며 사디스트고 권력욕심에 사로잡힌 인간"이라고 선언했다. 연설문은 이를 듣던 일부 공산당 간부들이 실신할 정도로 시종 충격적이었고 소련은 이를 일반에는 극비에 부친 채 동맹국 정상들에게 전달한다. 백악관과 CIA도 연설의 대략적 내용을 감지하고 있었으나 원본을 입수할 수 없어 속만 태우고 있었다. 이때 앵글턴이 이 연설문의 전체 원고를 내놓으며 이번에도 수뇌부의 고민을 해결한다.

본래 이 연설문은 이스라엘의 샤바크Shabak가 폴란드의 유대인 기자에게서 입수한 것으로 이것이 모사드의 수장 이세르 하렐Isser Harel을 거쳐 협력관계에 있던 앵글턴에게 전달된 것이다. 배후 사정이 어떻건 그는 소위 '월척'을 낚으며 입지를 공고히 했고 모사드와의 관계도 더욱 돈독해진다. 1967년 '6일 전쟁' 직전에도 앵글턴은 모사드로부터 전쟁계획을 미리 입수해 백악관의 우려를 불식시켰다.

망상의 시작, 재앙이 된 '두더지 사냥'

이후 앵글턴은 동남아시아와 카리브해 국가들의 비밀경찰 창설에 관여했으며 미국인 공산주의자 제이 러브스톤Jay Lovestone을 포섭해 세계 노동조합 좌경화에 맞서 국제 자유노조 총연맹을 결성하도록 배후에서 도왔다. 이런 활약들에 힘입어 그는 본명이 '제임스 지저스 앵글턴James Jesus Angleton'인 것처럼 CIA에는 '구세주Jesus', 그 자체였고 이 같은 입지는 쉽게 허물어지지 않을 것같이 보였다.

반면 주변에서 눈치를 채지 못했을 뿐 앵글턴의 내면은 이미 심하게 무너지고 있었다. 발단은 킴 필비가 맥클린과 버지스 탈출에 연루됐던 때부터다. 앵글턴은 필비의 결백을 믿었지만 잇달아 증거가 발견됐고 급기야 1961년 KGB의 거물 아나톨리 골리친Anatoliy Golitsyn이 서방으로 망명해 '캠브리지 5인조'의 존재를 폭로한다. 이어 1963년 필비가 소련으로 탈출하면서 앵글턴은 심한 배신감에 휩싸인다. 그런데 그의 심경을 뒤흔드는 또 다른 충격적인 사건이 일어났다. 같은 해 11월 존 F. 케네디John F. Kennedy가 오스왈드Lee Harvey Oswald에게 암살당한다. 그러고는 그 배후에 소련과 쿠바가 있을 것이라는 의혹이 미국 첩보계를 뒤덮었다.

여기서 앵글턴은 매우 위험한 가설을 만든다. 두 사건과 일련에 벌어진 스파이 사건들이 모두 관련성이 있을 것이라고 여긴 것이다. 그는 본래

CIA에서 방첩담당 일인자답게 모든 비밀기관에 소련 및 공산권의 스파이들이 침투해 있을 것이라는 지론을 갖고 있었다. 이것은 방첩부 책임자로 당연히 가질 수 있는 생각이었으나 앵글턴은 한발 더 나간다. 그는 소련이 서방과 CIA를 붕괴시킬 체계적인 전략을 '이미 수립해 실행하고 있다'고 믿기 시작했다. 실제로 당시에는 영국과 소련의 이중 스파이였던 조지 블레이크George Blake가 세상을 한바탕 흔든 뒤였으며 서독 BND의 고위직에 있던 하인츠 펠페Heinz Felfe 역시 소련 스파이로 드러났다. 반대로 소련에서 미국을 돕던 표트르 포포프Pyotr Popov와 올레그 펜코프스키Oleg Penkovsky는 정체가 탄로 나 처형당하는 등 불행한 일들이 연이어 일어난다.

더욱 앵글턴은 필비가 MI6의 수장을 목전에 두고 있었던 점에 주목하며 소련이 케네디의 암살 사건에서 자신들의 소행을 감추기 위해 '고위직'의 이중 스파이를 파견, 혹은 포섭했거나 할 것이라고 여겼다. 그러고는 시간이 갈수록 이 생각을 강하게 믿게 된다. 이와 함께 그는 이 가설을 KGB 전략본부에서 근무하다 망명한 골리친이 입증해 줄 것으로 확신하고 협조를 구하기에 이른다. 자신의 존재 가치를 높일 필요가 있었던 골리친도, 앵글턴의 기대에 부응하며 불충분한 근거와 허위사실을 곁들여 또 다른 망명자와 CIA 내부자, 심지어 서방의 지도자들까지 소련에 포섭된 스파이라고 증언했다. 이 가운데 1964년 KGB에서 망명한 유리 노센코Yuri Nosenko는 앵글턴과 골리친의 망상이 결합된 이른바 '두더지 사냥Molehunts'으로 3년간 감금과 폭행, 고문에 시달렸다. 또 사냥의 주요 표적이 된 CIA 소련분과는 수년간 인력이 300명에서 80명으로 줄어들며 사실상 업무가 마비되다시피 했다.

그럼에도 앵글턴은 자신의 생각을 좀처럼 굽히지 않았다. 그는 스웨덴의 올로프 팔메Olof Palme, 서독의 빌리 브란트Willy Brandt, 영국의 해럴드 윌슨Harold Wilson 같은 지도자들도 'KGB의 사람들'이라고 여겼다. 심지어 1970년대 들어 중국과 관계 개선을 주도한 헨리 키신저Henry Kissinger에 대해 "소련의 영향력하에 있었기 때문에 가능했다"며 의혹을 제기했고 당시 CIA 수장이던 윌리엄 콜비William Colby에게도 '소련의 스파이가 아니냐?'는 의심의 눈초리를 보내기에 이른다. 이에 콜비는 앵글턴의 '망상'이 지나치다고 우려하며 그의 처리문제를 본격화했다.

그러던 1974년 12월 뉴욕 타임즈The New York Times를 통해 CIA가 내국인을 대상으로 벌인 비밀사찰 활동인 이른바 '카오스 작전'이 보도돼 파문을 던진다. 카오스 작전은 1967년 린든 존슨Lyndon Johnson 대통령의 지시로 전임 CIA 수장인 리처드 헬름스Richard Helms가 베트남 전쟁에 반대하는 미국인을 대상으로 실행한 것이었다. 헬름스는 이 비밀사찰팀을 앵글턴의 방첩부에 숨겨 관리해 왔는데 이것이 약 7년 만에 언론에 의해 폭로된 것이다. CIA는 1947년 제정된 '국가안전보장법'에 따라 미국 내에서는 정보수집 활동을 할 수 없도록 규정돼 있기 때문에 이는 명백한 불법 작전이었다. 이에 사건의 진상을 밝히기 위해 상원의원 프랭크 처치Frank Church를 위원장으로 하는 처치 위원회가 구성돼 CIA의 우편물 검열 등 불법 행위를 밝혀낸다.

이와 함께 콜비가 단행한 조사에서도 앵글턴이 노센코에 대해 불법적인 감금과 반인륜적 고문을 자행했다는 것을 포함해 여러 CIA 직원을 상대로 도청 및 우편물 검열 등을 비밀리에 실행해 온 것이 드러난다. 이런 사건의 여파로 앵글턴은 결국 1975년 12월 심복 3명과 함께 사직하며 전설적인 방첩 경력을 불명예로 마감한다. 그는 1987년 69세로 사망할 때까지 CIA가 KGB의 영향력하에 놓여 있다는 극단적이고 망상적인 지론을 버리지 않았다.

40

존 에드거 후버

John Edgar Hoover 1895~1972 -FBI-

 존 에드거 후버John Edgar Hoover는 무려 48년간 미국 연방 수사국FBI의 수장을 지내며 '장막의 대통령', '실존했던 빅브라더'로 위력을 떨친 인물이다. 젊은 나이에 법무부 수사국장에 올라 대공황기를 틈타 활개 치던 강력 범죄자들을 일망타진하고 조직 정비와 과학수사 도입 등의 강도 높은 혁신을 통해 FBI를 세계 최고의 수사 및 정보기관으로 만드는 데 공헌했다.

반면 세계 정보제왕을 꿈꾸며 CIA 등 타 정보기관들과 반목했으며 막강한 정보력에서 비롯된 수많은 정치적 뒷거래와 각종 추문에 휩싸이면서 1972년 사망한 이후에는 줄곧 논란의 대상이 돼 왔다.

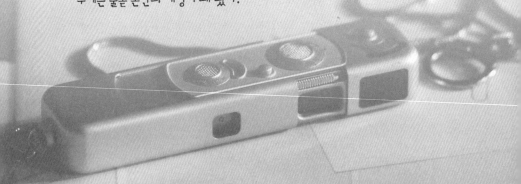

실존했던 '빅 브라더', 그는 누구인가?

존 에드거 후버는 1895년 미국의 수도 워싱턴Washington DC에서 태어났다. 아버지 디커슨 후버Dickerson Hoover는 연방정부에서 해안 측량 및 지도제작 등의 업무를 수행했으나 심신이 미약해 일찍이 요양생활에 들어간다. 이로 인해 그는 어려서부터 엄격한 도덕주의자인 외삼촌의 훈육을 받으며 의회 의사당 부근에서 자랐다. 청소년기에는 센트럴 고등학교 Central High School를 다니며 학교 합창단에 가입해 활동했고 당대 쟁점이던 여러 사회문제에 대해 보수적 관점의 확고한 입장을 드러내는 등 명석한 두뇌와 뚜렷한 주관을 갖고 있었다.

그러나 가정 형편이 좋지 않아 고등학교를 졸업한 뒤에는 조지 워싱턴 대The George Washington University 야간학부 법학과에 진학해 의회 도서관에서 일하며 학사 학위를 취득한다. 훗날 그는 도서관에 근무하던 이 시절에 대해 "자료 수집의 가치를 배울 수 있었고 정보와 증거를 수집하는 것이 중요한 FBI에서 일할 수 있는 훌륭한 기반을 제공했다"고 회고한 바 있다. 이후 1916년 조지 워싱턴대 로스쿨에 진학했으며 이듬해에는 사법 시험에 합격해 졸업과 함께 곧바로 법무부에 들어간다.

그런데 여기서 그는 향후 일생을 좌우할 만한 잠재력을 발견하게 된다. 당시 유럽에서는 제1차 세계대전이 한창이었고 곧이어 미국도 참전했다. 이에 미국에 체류하는 독일인 등 적성국 국민에 대한 관리가 시급했던 법무부는 '적성국 등록과Alien Enemy Bureau'라는 비상 임시부서를 설치하고 후버에게 책임을 맡긴다. 더욱 이 부서에는 간첩죄Espionage Act를 다룰 수 있는 조사 권한도 주어졌다. 그는 이곳에서 독일인 체류자 중 1천 4백여 명을 의심자로 분류해 이 가운데 혐의가 드러난 98명을 체포하고

1천 1백여 명을 추가로 적발하는 성과를 올린다.

전쟁이 끝나고 1919년 법무부는 전시 치안유지에 공헌한 후버의 성과와 재능을 높이 평가하며 그를 수사국BOI 내에 신설한 첩보부문의 책임자로 임명했다. 이곳에서도 그는 이른바 '팔머 레이드Palmer Raids'로 불리는 좌익 척결활동에서 혁혁한 공을 세운다. 당시 알렉산더 팔머Alexander Palmer 법무부 장관이 주도한 이 척결활동은 공산주의자와 무정부주의자 등 좌익세력을 대상으로 단행한 강제 수사 및 체포로, 후버는 이 활동에서 무정부주의자였던 알렉산더 버크만Alexander Berkman과 엠마 골드만Emma Goldman 등 약 5백여 명을 적발해 추방하며 명성을 얻었다. 이런 활약에 힘입어 그는 26세의 젊은 나이에도 불구하고 1921년 수사국 부국장으로 승진하며 고공행진에 시동을 건다.

한편 후버가 부국장에 올랐을 당시 수사국의 상황은 한마디로 엉망이었다. 조직의 권한은 매우 약했으며 국민들은 요원들에 대해 '어리석고 부패한 공무원' 정도로 인식할 만큼 평판도 좋지 않았다. 이때 국장을 맡고 있던 윌리엄 번스William Burns는 해군이 보유한 유전을 입찰 없이 민간 기업에 임대해 말썽을 빚은 이른바 '티포트 돔 비리사건Teapot Dome scandal'에 연루돼 있었다. 그렇지 않아도 자신부터가 악명 높은 사립탐정 출신이면서 사기 전력의 지인을 수사국 요원으로 채용하는 등 문제를 야기해 온 번스는 이 일로 1924년 해임돼 후버가 국장 대행을 맡는다. 그리고 같은 해 5월 캘빈 쿨리지Calvin Coolidge 대통령은 29세에 불과한 그를 정식 수사국장으로 임명했다. FBI에 정통한 전문가들에 따르면 후버는 당시 수사국장에 오르기 위해 워싱턴의 모든 인맥을 총동원하는 등 야심을 불태웠던 것으로 알려졌다.

이렇게 원하던 자리에 오르며 비상의 날개를 달게 된 '젊은 야심가'는 그로부터 무려 48년간 최강의 수사, 정보기관을 이끌며 첩보사에서도 전무후무한 전설적인 역사를 쓴다. 후버는 사망할 때까지 막후 최고 실력자의 지위를 놓치지 않았으나 그렇다고 해서 그가 그 지위를 야심만 갖고 얻은 것은 아니다. 앞서 밝힌 것처럼 취임 당시 수사국의 상황은 매우 좋지 않았다. 예산은 턱없이 적었고 규모도 매우 왜소했다. 거기에 '부패 기관'이라는 부정적 시각은 넘기 힘든 산이었다.

젊은 야심가 1932년 법무부 수사국장 시절의 후버

이에 후버는 국장에 취임한 직후 대대적인 인사 개편을 시작으로 수사국을 일신하는 데 팔을 걷어붙인다. 그는 직원들의 사생활을 면밀히 조사해 비리, 불륜, 부채, 심지어 체중 등을 이유로 결격 사유가 있는 직원들은 차례로 해고했다. 그 대신 미국 전역에서 우수한 경찰관들을 선발해 활력을 불어 넣었으며 엄격한 내부 규율을 만들어 체계를 잡아 나갔다. 다만 이 과정에서 여성 요원들을 모두 해고하는가 하면 능력이 있음에도 마음에 들지 않는 요원은 수사국에 남겨 두지 않는 억지스런 행태를 보이기도 한다. 이런 인사 스타일은 후에 당대 최고 범죄자로 악명을 떨치던 존 딜린저John Dillinger 등을 소탕하는 데 혁혁한 공을 세운 멜빈 퍼비스Melvin Purvis(2009년 영화 「퍼블릭 에너미」에서 크리스찬 베일이 연기했던 인물)에게도 적용됐다는 주장이 있다.

FBI의 탄생과 정보제왕의 꿈

그럼에도 당시 수사국을 쇄신하고자 한 후버의 노력은 간과할 수 없는 대목이다. 그는 요원들의 이미지를 청렴하고 신사적으로 바꾸는 데 많은 공을 들였다. 이를 위해 먼저 요원들에게 검은 양복에 넥타이, 광을 낸 검은 구두를 착용할 것을 요구한다. 국민들의 눈에 요원들이 기존 부패하고 게으른 공무원 티를 벗고 법률가나 전문 직업인으로 비춰지기를 바라는 의미에서다. 이런 노력은 머지않아 수사국 요원에게 'G·맨Government Man'이라는 긍정적이고 스마트한 별칭이 따라 붙는 결과를 가져온다. 이와 함께 초창기 후버의 공헌으로는 전·현직 범죄자들의 지문과 범죄파일을 통합적으로 관리하는 현대적 시스템을 구축한 점을 들 수 있다. 그는 일선 경찰에 각종 기록을 수집할 것을 명령했고 수사국 내에 '범죄기록과'를 신설해 파일을 통합, 관리하도록 했다. 또한 현 FBI 연구소의 모태가 된 '범죄수사연구소' 설립 등 범죄를 과학적으로 분석하는 과학수사 기법도 도입했다.

이처럼 후버는 미국의 형사 체계를 근본적으로 탈바꿈시키며 커다란 반향과 호응을 얻었고 조직도 1933년 수사단DOI으로 개편돼 한층 강화된다. 이것만으로도 후버는 뛰어난 역량을 발휘한 것이지만 그에게는 아직 외부로 드러나지 않은 또 다른 잠재된 능력이 있었으니 그것은 바로 '정치 감각'이었다. 그는 여론의 흐름을 잘 파악해 대중이 원하는 것을 정확히 꿰뚫고 있었다. 실제로 1930년대 들어 미국은 고질적인 강력 범죄로 연일 몸살을 앓았다. 이들 대부분이 총기와 자동차로 무장하고 주로 은행을 대상으로 대형범죄를 일으키는 통에 언제나 아침신문에는 이러한 강력 범죄들이 헤드라인을 차지하며 국민들에게 불안감을 안겼다. 이

가운데 '기관총' 켈리Machine Gun Kelly로 알려진 무장 강도와 항상 삐딱한 미소를 짓는 존 딜린저, 그리고 '베이비 페이스' 넬슨Baby Face Nelson 은 특별한 골칫거리였다. 특히 존 딜린저는 같은 시대에 활동한 여러 강력 범죄자들 중에서도 거물로 여겨졌고 일부에서는 '영웅'으로 부를 만큼 영향력도 적지 않았다.

사정이 이렇다 보니 후버는 멜빈 퍼비스를 책임자로 최정예 요원들로 구성된 별도의 '대책반Manhunts'을 꾸려 대응에 나섰고 그 결과 1933년 기관총 켈리 검거를 시작으로 이듬해에는 딜린저와 넬슨을 각각 사살하는 데 성공한다. 당시 언론은 극악무도한 악당들에 용감하게 맞서는 'G·맨'들의 활약상을 대서특필했고 후버는 정의로운 'G·맨들의 대장'으로 묘사되며 대중적인 스타로 떠오른다.—이와 관련해 일각에서는 퍼비스가 범죄 소탕에 공헌해 언론의 주목을 받자 후버가 이를 경계한 나머지 수사국을 떠나도록 했다는 주장이 있다. 그 진위는 논란의 여지가 있으나 퍼비스는 사건이 종결된 다음해에 수사국을 떠나 변호사로 활동한다.— 이런 우호적인 여론을 등에 업은 존 에드거 후버는 1935년 마침내 법무부 내 일개 부서에서 벗어나 범정부적 수사기관인 연방수사국FBI을 창설하며 자신만의 강력한 왕국을 만들게 된다. FBI는 이후에도 거물급 강력 범죄자들을 연거푸 척결해 지지를 얻었고 1939년까지 '범죄기록과'에 미국 내 대부분의 전과자 파일이 보관되면서 국내 첩보에서는 상대가 없는 명실상부한 최고 기관으로 성장했다.

이와 함께 불안정한 세계정세에 따라 이 무렵부터 FBI에는 중대한 변화가 찾아왔고 후버는 새로운 야망을 품기 시작한다. 1930년대 중반부터 팽창을 거듭하던 나치 독일에 의해 유럽에서 포성이 들려오자 1940년 루즈벨트Franklin Roosevelt 대통령은 특단의 대책으로 미국의 각 정보기관에 임무를 할당했다. 이 중 FBI에는 북중미와 남미, 즉 '서반구'에서 첩보 활동 일체를 관할토록 한다. 아울러 루즈벨트는 국가안보 사항에 대해 FBI에 도감청과 우편물 검열, 불법 침입 등의 소위 '검은 가방 작전Black bag job'도 허가했다. 이로써 후버는 국내 최고기관을 넘어 세계 최고기관으로 발돋음 할 수 있는 기회를 맞았고 은밀한 국내 사찰도 가능해졌다.

후버는 대통령의 재가가 떨어지기 무섭게 FBI에 특별정보부서SIS를 설치해 즉각적인 활동에 들어가 1941년 6월 미국에서 장기간 암약하며 군사 동향을 파악해온 독일의 프리츠 듀케인Fritz Duquesne(세기의 첩보전 제8화 '트램프 작전' 참조) 등 약 50여 명에 달하는 대규모 스파이망을 적발한다. 또 이듬해에는 미국의 산업시설 파괴를 목적(파스토리우스 작전 Operation Pastorius)으로 침투한 게오르그 다쉬George Dasch 등 압베르 소속 공작원들도 체포했다. 이 사건은 다쉬의 자수에 의한 것이었지만 후버는 FBI의 성과로 언론에 발표했다. 아울러 1944년 1월에도 뉴욕에 인형가게를 차려 놓고 일본에 협력해 오던 벨바리 디킨슨Velvalee Dickinson을 간첩 혐의로 붙잡는 성과를 올린다. 이 기간 후버는 세계 정보제왕을 꿈꾸며 멕시코, 카리브해, 브라질 등 중남미에 요원을 파견하고 대외정보까지 손아귀에 넣고자 했다.

벽에도 귀가 있다… 비밀사찰과 '후버파일'

그러나 이 과정에서 윌리엄 도노번William Donovan에 의해 대외공작을 담당할 전략사무국OSS이 창설돼 기세는 한풀 꺾인다. 이러한 상황에서도 후버는 포기하지 않았고 전후 OSS의 실패가 나열된 보고서를 백악관에 전달해 대외기관 창설을 막았다. 하지만 이마저도 소련의 약진과 FBI의

후버빌딩 창설자이자 최장 수장을 지낸 존 에드거 후버의 이름을 따서 지은 연방수사국 워싱턴 본부. 사진=FBI

독주를 우려한 트루먼Harry Truman 대통령이 중앙정보국CIA을 창설하면서 결국 그의 야망은 좌절되고 만다. 또한 FBI는 영국과 합동으로 소련의 암호를 해독하는 '베노나 계획Project VENONA 세기의 첩보전 제21화 참조'에도 비중 있게 참여해 왔는데 1952년부터 정보를 CIA에 넘기며 독점권도 사라졌다.

반면 비록 세계 정보제왕의 꿈은 물거품이 됐으나 그는 여전히 미국을 쥐락펴락할 수 있는 막강한 무기를 손에 쥐고 있었다. 루즈벨트 재임 때부터 실시해 온 도감청 등 비밀사찰 활동이 그것이다. 본래 전시 나치 독일이나 일본의 스파이를 잡기 위해 일시적으로 허가됐던 이 권한은 종전과 함께 사실상 중지됐다. 그렇지만 후버는 1956년부터 미국 내 공산당과 공산주의자에 대한 감시 및 분쇄, 와해, 다시 말해 '방첩'을 명분으로 한 체계적인 프로그램COINTELPRO(세기의 첩보전 제28화 참조)으로 재가동했으며 그 대상도 갈수록 확대해 흑인민권운동가를 비롯해 정관계 요인에서 사회 저명인사, 반전운동가, 문화예술인, 일반인에 이르기까지 광범위한 것으로 알려졌다.

문제는 이렇게 얻은 정보가 지나치게 민감한 내용이거나 취득 경위가 불법이라는 이유로 대부분 FBI 공식문서로 보관되지 않았다는 점이다. 따라서 흑인민권운동의 상징인 마틴 루터 킹Martin Luther King 목사 등 의회 조사나 정보공개를 통해 확인된 몇몇 주요 인물에 대한 사찰 사실을 제외하고 상당수는 그저 추측에 의존하고 있는 상태다. 전문가들은 이른바 '후버의 비밀파일'로 알려진 이 문서들에 대해 "후버가 직접 관리했고 이것으로 그가 막후 권력을 누렸을 것"으로 추정하고 있다. 파일의 존재 여부에 대해서도 상당 분량이 '후버 사후死後' 폐기됐으며 더 많은 분량이 알 수 없는 장소에 은닉돼 있을 것으로 짐작할 뿐 실체는 여전히 불분명하다.

이 가운데 후버의 비밀 파일에 있을 것으로 추정되는 문서 중 일반의 호기심을 자극하는 것으로는 단연 '존 F. 케네디John F. Kennedy'와 관련된 것이다. 그는 1950년대 후반 첨예한 쟁점이 된 마피아Mafia 척결에 소극적인 모습을 보이며 입지가 급격히 쇠퇴하고 있었고 나이도 60대 중반에 이르러 퇴임을 해도 무방할 나이였다. 때를 같이해 1961년 1월, 45세에 불과한 케네디가 대통령에 당선됐고 그의 동생 로버트 케네디가 법무부 장관에 오른다. 특히 로버트 케네디는 그간 신성불가침처럼 여겨지던 후버의 정년을 꺼내 들어 압박하면서 양측에는 팽팽한 긴장감이 흐른다. 그렇지만 FBI는 오랫동안 존 F. 케네디를 주시해 왔고 그의 사생활, 그중에도 '여성 편력'에 대해 속속들이 알고 있었다. 이에 후버가 케네디와 가진 밀담에서 비밀파일 내용을 언급하며 자리를 유지했다는 일종의 '정치적 뒷거래' 의혹이 마치 정설처럼 떠돌고 있다.—단 후버 연구가 중 한 명인 케네스 아커만은 이 거래 의혹에 대해 "근거 없는 신화에 불과하다"고 반박했다.— 이처럼 양측의 관계가 냉랭했던 이유로 케네디 형제 암살사건에 후버가 관련됐을 것이라는 의혹이 한때 제기되기도 했으나 근래 기밀해제 된 문서를 통해 이는 사실이 아닐 가능성이 큰 것으로 나타나고 있다. 2000년대 초에 공개된 '1963년 12월 10일자 메모'에서 후버는 케네디 암살 사건에 대해 'FBI의 총체적 무능'을 꼬집으며 자책한 것으로 전해졌다.

그러나 '후버의 비밀파일'에 얽힌 뒷거래 의혹과 관련된 권력자는 비단 케네디에만 그치지 않는다. 이후 뒤를 이은 린든 존슨Lyndon Johnson 역시 비밀파일에 발목 잡혀 70대에 들어선 후버를 '종신終身 국장'으로 유임시켰다는 말이 있고 워터게이트의 무법자 리처드 닉슨Richard Nixon조차 그를 경질하는 데 실패하면서 그 배경에 많은 의혹이 제기된 바 있다. 이렇게 당대를 호령한 최고 권력자와 유력 인물들도 후버 앞에서만은 꼬리를 내렸을 정도로 그의 위세는 대단했다. 하지만 이런 최강의 막후 실력자도 이기지 못한 것이 있었으니 바로 세월이다. 후버는 닉슨의 재신임이 있고 얼마 뒤인 1972년 5월 워싱턴 자택에서 숱한 의혹을 남긴 채 77세의 나이로 사망하며 역사의 장막 뒤로 사라졌다. 사후 그의 자택 등 유산 일체를 재임 기간 부국장이었던 클라이드 톨슨Clyde Tolson이 상속해 주목받았는데, 톨슨은 1930년대 이후 줄곧 FBI에서 2인자로 군림하며 후버와 깊은 친분을 나눈 사이다. 두 사람의 친분이 워낙 친밀해 한동안 동성애 의혹이 불거지기도 했으나, 톨슨이 후버 사후 3년 만에 세상을 떠나면서 이 역시 풀리지 않은 의문으로 남겨졌다.

참고자료

- 김재천, 『CIA 블랙박스: 모든 사건의 뒤에는 그들이 있다!』
- 데이비드 그랜, 『플라워 문: 거대한 부패와 비열한 폭력, 그리고 FBI의 탄생(원제 Killers of the Flower Moon)』
- 린다 로드리게스 맥로비, 『무서운 공주들: 동화책에는 없는 진짜 공주들 이야기(원제 Princesses Behaving Badly)』
- 미카엘 바르조하르, 니심 미샬, 『모사드: 이스라엘 비밀정보기관의 위대한 작전들(원제 Mossad: The Greatest Missions of the Israeli Secret Service)』
- 베어 그릴스, 『베어 그릴스의 서바이벌 스토리』
- 손관승, 『탑 시크릿, 그림자 인간』
- 어니스트 볼크먼, 『스파이의 역사 – 작전편(원제 Espionage)』
- 어니스트 볼크먼, 『20세기 첩보전의 역사 – 인물편(원제 Espionage: the greatest spy operations of the twentieth century)』
- 위톈런, 『대본영의 참모들: 일본 군국주의의 광기』
- 유리 모딘, 『나의 케임브리지 동지들: KGB 공작관의 회고록(원제 Mes Camarades de Cambridge)』
- 정두음, 『장제스와 국민당 엘리티스트: 1930년대 남의사(藍衣社)』
- 조엘 레비, 『비밀과 음모의 세계사(원제 Secret History)』
- 존 키건, 『2차 세계대전사(원제 The Second World War)』
- 제프리 리첼슨, 『거의 모든 스파이의 역사』
- 팀 와이너, 『잿더미의 유산: 세계 역사를 조종한 CIA의 모든 것(원제 Legacy of ashes: the history of the CIA)』
- 김명호, 「김명호의 중국 근현대」, 중앙선데이 제302호
- 김선미, 「일본의 정보기관: 연혁, 조직, 활동」, 국제뇌교육종합대학원
- 김선한, "스파이열전 시리즈", 연합뉴스
- 김영윤, 「슈타지: 그들의 정체는 무엇이었나?」, 통일연구원
- 김용옥, 「차이나는 도올」, JTBC

- 김태호, 「중국의 당정군 정보체계」, 국방연구원
- 박재선, 「박재선의 유대인 이야기」, 중앙일보
- 이호철, 「중국의 정보조직과 정보활동: 국가안전부를 중심으로」, 인천대
- 최유환, 「독일 정보기관의 개혁: 연방정보부(BND)를 중심으로」
- 현이섭, 「공산당 90년, 마오를 다시 말한다」, 미디어 오늘
- 『국가정보학 개론』, 한국국가정보학회 및 국가정보포럼
- 미국 연방수사국 홈페이지(www.fbi.gov), "핵무기 스파이 유형 '로젠버그 사건'"
- 미국 중앙정보국 홈페이지(www.cia.gov), "OSS란 무엇인가?"
- 미국 중앙정보국 홈페이지(www.cia.gov), "CIA 히스토리 처치 위원회"
- 이안 플레밍 공식 홈페이지(www.ianfleming.com)
- 위키피디아(일본판), 리하르트 조르게(ウィキペディア: リヒャルト ゾルゲ)
- 위키피디아(일본판), 조지 블레이크(ウィキペディア: ジョージ ブレイク)

세기의
스파이

개정판

ⓒ 박상민, 2022

개정판 1쇄 발행 2022년 10월 15일

지은이   박상민
펴낸이   이기봉
편집   좋은땅 편집팀
펴낸곳   도서출판 좋은땅
주소   서울특별시 마포구 양화로12길 26 지월드빌딩 (서교동 395-7)
전화   02)374-8616~7
팩스   02)374-8614
이메일   gworldbook@naver.com
홈페이지   www.g-world.co.kr

ISBN   979-11-388-1283-2 (03900)